易学与儒佛道审美文化

谢金良 著

复旦大学出版社

谢金良

男,汉族,1971年生,福建安溪人,南京大学哲学博士,复旦大学中国美学博士后,现任复旦大学中文系教授、博士生导师,兼任复旦大学中国学研究中心副主任、国际易学联合会副会长、中国周易学会常务理事、上海市周易研究会副会长、中华美学学会中国美学专业委员会副秘书长、上海市美学学会理事、甘肃省天水市伏羲学院特约教授、河南省汤阴县易学文化产业发展顾问、山东省孔子研究院易学研究中心顾问、安溪县凤山书院文化建设顾问、上海共青团市委青年人文经典读书工程特聘专家、人文经典论坛主讲人等。

曾任职于福建师范大学易学研究所,先后师从易学专家张善文、道学专家詹石窗、佛学专家洪修平、美学专家王振复等著名教授研习中国学术,与易学结缘已逾卅六载。目前教学与科研的主要领域为易学与儒佛道审美文化、易学与美学、中国古典美学等,已出版《穀梁传漫谈》《<周易禅解>研究》《融通禅易之玄妙境界》《审美与时间:先秦道家典籍研究》《穀梁传开讲》《<周易>与审美文化论稿》《身国共治:政治与中华传统文化》(合著)等著作,参与校勘整理大型丛书《中华道藏》(第十六册)中二十几种道教易学典籍、《中华道经精要》、编撰《美学大辞典》(中国美学分科负责人)、校理《尚氏易学存稿》第一卷之《焦氏易诂》、撰写《续修四库全书》之易学提要、编写《西方宗教学名著提要》等项目,在海内外刊物上发表学术论文一百三十余篇。

学术上提出易学与美学的融通,主张在传承古今中外优秀学说的基础上,力求开创时间学来加以重新理解和弘扬,提出妙用文化智慧以化解诸多问题和烦恼,不懈追求真正幸福快乐的人生境界。

目 录

引论

走向时间学研究 / 3
关于国学研究的若干思考 / 6
中国文化研究的历史回顾 / 15

水部　易学与中华文化

论生生之易学 / 21
《易经》中"君子"的出处及其审美特征 / 38
《封神演义》的天道思想与易学观 / 51
关于文王与《周易》的若干思考 / 63
略论老子与《周易》思想的关系 / 75
融旧铸新　别开生面 / 85
　　——读《周易郑氏学阐微》有感
继往开来　推陈出新 / 88
　　——《历代易家与易学要籍》评述

木部　道家与道教文化

道家审美观与时间问题研究方法论　　/ 97

对《老子》研究存在问题的若干思考　　/ 116

地方志中的白玉蟾生平简历　　/ 122

榕城南关白真人庙及其遗存文物　　/ 131

白玉蟾的生卒年月及其有关问题考辨　　/ 144

论签占语言的通俗文学化和宗教神学化　　/ 162

　　——以"北帝灵签"文本衍变为例

《封神演义》的宗教神学体系辨析　　/ 180

火部　美学与审美文化

关于转型时期审美文化研究与建设问题的思考　　/ 203

中国古典美学的定位与思考　　/ 212

中国神话传说与古代审美意识初探　　/ 225

诗性·巫性·神性与审美根性　　/ 244

　　——中国易学与美学发微

关于构建和书写中国美学史的讨论　　/ 262

　　——中国古典美学高端论坛相关发言引得

中华文化审美基因初探　　/ 288

　　——在中和之美研究基础上对"中"范畴的理解

江南文脉的历史传承与文化使命　　/ 312

土部　儒学与儒家文化

《大学》的德育思想体系述评　　/ 321

关于经学存废问题的若干思考　/ 326

《穀梁传》的真伪和写作时代问题考辨　/ 344

西汉中期以前《春秋穀梁传》流传情况辨异　/ 356

《春秋穀梁传》风格论　/ 364

清禅旧隐古名儒　/ 371

  ——詹敦仁与儒、道、佛文化思想研究

略论詹敦仁美学思想及其当代意义　/ 381

金部　佛学与佛教文化

欧阳渐生平简历存在问题考论　/ 397

欧阳渐"佛法非宗教非哲学"思想衍论　/ 413

重提竺道生与涅槃学的若干问题　/ 428

  ——读汤用彤先生《竺道生》一文

从《天童密云禅师年谱》看密云生平审美归趋　/ 439

  ——密云圆悟禅师的审美观初探

易理与佛理本无二致　/ 459

  ——论《周易禅解》思想创新

易辞与佛法互证互通　/ 476

  ——再论《周易禅解》的思想创新

易道与佛性相提并论　/ 490

  ——又论《周易禅解》的思想创新

杂论

从先秦文化看当代别墅　/ 505

略论东方管理与中国传统文化　　/ 507

先秦政治决策思想绎评　　/ 518
　　——儒道文化的互补功能

后记　　/ 531

引论

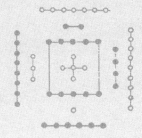

走向时间学研究

时间是什么？这个问题似乎无须解释就能明白清楚。如果你最近有兴趣到上海科技馆参观来自日本的"时间探索展"，你一定会强烈地意识到：时间是一个最简单而又最深奥的问题。时间有起源吗？有规律吗？有方向吗？有速度吗？能计量吗？能分割吗？能超越吗？……诸如此类的问题，足以让你如坠五里云雾之中。在日常生活中，你最想拥有的就是属于你的快乐时光！因为大脑对时间的错觉，会让你痛苦时感到度日如年。因为时间转瞬即逝，会让你不时叹息：时间不饶人！时间是公平的，又是无情的，真是不可思议、莫名其妙的存在。可以说，一切都是时间问题！

时间问题是人类迄今为止遇到的最大难题，人类从开始懂得思维时起就持续不断地研究这个问题。我们把研究时间问题的学问统称为时间学。实际上，人类自古以来形成的自然科学、社会科学、人文科学等学科的研究始终没有离开时间学的范畴，但由于分类的细化而使人们遗忘了问题的本质。

如何正确看待时间，是每一个社会每一个人都必须思考和回答的根本性问题。在科学家看来，时间与空间包容了宇宙的奥秘；在哲学家看来，存在与时间是紧密相关的；在资本家看来，时间就是金钱；在活生生的人看来，时间就是生命……人类跟时间是那么的关系密切！无论是幸福快乐，还是悲哀痛苦，都必须依靠时间标准来加以衡量。但是，时间又往往被世俗的现象遮蔽了，被虚假的形色遮蔽了。于是，时间问题日趋多样化和复杂化。

中国人是如何看待时间问题的呢？在天文学方面，我们早已拥有了相当成熟的历法；在为人处世方面，我们的先圣早就认识到时间的重要性，并提出"与时偕行""当下即是"的思想；在认识和改造自然方面，我们的历代祖先运用简朴的天干地支与阴阳五行相结合的理论解决了各种难题。时至今日，我们的党和政府在改革发展的重要关头，又及时地提出"与时俱进"的治国方略。事实充分表明，我们中国人一向都很注重时间问题。但相比较而言，外国人似乎更加注重时间问题。只要读一读海德格尔《存在与时间》、霍金《时间简史》等一大批早已闻名世界的关于时间问题的研究著作，你就会相信外国人比我们拥有更科学客观的时间观！

时间学研究的范畴和对象非常广泛，非常具体。可以研究地球、星体、宇宙的时间，可以研究人类、物体、社会的时间，可以研究个人、个体、个案的时间。就现实情况而言，我们可以通过时间问题的研究，来解决科学、哲学、宗教学、历史学、管理学、文学、美学等学科中的重要问题。不妨以传统学术的研究为例。如何才能客观理解和评判东西方圣人孔子、老子、释迦牟尼、耶稣的思想？说得更浅显些，如何才能大致比较他们思想的高低？如果我们能从时间学的角度出发，先澄清他们各自的时间观，再分析其时间观与科学真理的差距，就能有效地说明其思想的价值和意义。有与无是文史科哲讨论的焦点，其实说到底就是一个典型的时间问题。孔子认为"逝者如斯夫"，认为自然界有"有"也有"无"，而且有与无是相对的；老子认为"有生于无"，认为是"无中生有"，是先无后有；释迦牟尼则认为"不有不无"，因为没有任何东西可以在时间的长河中始终保持其"有"或其"无"，有与无是因缘和合而造成的，所以任何东西都是"不有不无""可有可无"的。这些道理看上去非常玄妙深奥，其实只要运用时间学的方法，都可一一迎刃而解。依我看来，爱因斯坦的"相对论"、海德格尔的"此在"、霍金的"黑洞"，之所以能震撼人类，就是因为他们能正视时间问题并为此问题做积极的研究。广而言之，人类历史上所有做过突出贡献的，都是对时间问题有独特感悟的人。在最近的五十年里，人类取得了前所未有的成就，归根结底就是因为人类在时间问题上的认识取得了巨大的进步。因此，我们人类必须更自觉地走向时间学的研究，才能化解更多的生存问题。

走向时间学研究，根本的意义在于重新回到问题的本身，严格运用时间的标准来衡量人类所有行为的得失成败，使人类的活动能在与时俱进的实践中不断造福宇宙万物！如何认识和运用时间规律来造福万物，必将是时间学研究的重点和难点。我们期待有更多的人来研究时间学，发现更多的时间奥秘，共同寻找趋于最科学的时间观！

（作者参加复旦大学第三届博士后学术演讲比赛演讲文稿，2004年5月）

关于国学研究的若干思考

提倡国学研究已经有一个世纪。然而,国学一统中国的时代毕竟过去了。如何才能使国学重新焕发生机而避免沦为绝学呢?这无疑是一个世纪以来始终摆在国学研究者面前最严峻的问题,尽管有不少前辈时贤对这个问题进行了长期的思考和探讨。回顾国学研究的历史与实际,我们很有必要重新思考一系列问题。

一、什么是国学?

"国学"一词,据说是从日本语译过来的,章太炎称之为"国故"。[①]张岱年《国学丛书·序》认为"国学是中国学术的简称"。[②]但是,哪些可以称得上是中国学术呢?这是一个难以说清的问题。从狭义的角度讲,今人所谓的中国学术应该是指中国传统的学术,没有夹杂任何西学的成分。从广义的角度讲,中国学术应该还可以包含近现代以来以中学为主体而融合西学成分的学术。但是,从以往的研究成果来看,人们大多从狭义的角度来理解中国学术。如此而言,国学大致上就是清末以前中国学术的简称了。这样的理解,无形中人为割断了国学的历史,自然呈现不出国学发展的生机。中国传统学术内容驳

---

① 曹聚仁:《中国古代学术思想史随笔》,上海三联书店,1986年。
② 参见张岱年:《国学丛书·序》,载张善文《象数与义理》,辽宁教育出版社,1993年。

杂，门类繁多。秦汉以降，各种学术交相迭见，相关书籍日益增多，较为严格的学术门类区分逐渐展开。根据《汉书·艺文志》，汉代的书籍就开始分为六类：六艺、诸子、诗赋、兵书、数术、方技。汉代以来，历代的学术分类大体本于此而略有增减，但总的趋势是以经学为首，诸学并重。明清之际的方以智将学术分为三种：一、质测之学，即自然科学；二、通几之学，即哲学；三、宰理之学，即关于社会政治的学说。清代修《四库全书》，将各种学术书籍分成四部：一、经部，包括经学和小学；二、史部，包括史学和地理学；三、子部，包括诸子、兵家、农家、医家、天文、历算、艺术、小说以及佛道典籍；四、集部，主要是文学。清代乾嘉以来的许多学者，又把国学简单分为三类：一、义理之学；二、考据之学；三、词章之学。这三学仅相当于今天所说的文史哲，不包括自然科学。可以发现，清代以来的学术门类区分更加简略，而且总的趋势是以儒学为重。而实际上，按今天大学科的分类标准，中国传统学术的内容是相当完备的，既包括哲学、经学、文学、史学、政治学、军事学、宗教学、艺术学等人文社会科学，又包括天文学、算学、地理学、农学、水利学、医学等自然科学。①但是，时至今日，我们在提倡国学研究的时候，仍没有完全脱离传统的局限，过于偏重文史哲，而冷淡其他学科成分的"国学"。

尽管以往的学者，对国学的门类能够按各种标准加以区分，但这种区分实际上并不严格，无法解决交叉学科的分类问题。换句话说，一方面，以往的门类区分仍失于笼统，不能充分体现各种学科的范畴及其发展的脉络，而给人一种纷繁杂乱的感觉，无形之中掩盖了不少学科蕴涵的价值。以最被看重的经学为例。传统的经学其实就是儒家经学，是一门研究儒家重要经典（主要是十三经）的学问。就经学的内容而言，虽然是对先秦儒家经典的诠释与演绎，但涉及的内容却是

---

① 参见张岱年：《国学丛书·序》，载张善文《象数与义理》，辽宁教育出版社，1993年。

非常广泛的，主要是文史哲，也有政治、经济、军事、伦理、艺术等多方面的内容。可是传统的经学研究，却大多局限在义理、考据、词章方面，而缺乏相关学科理论的研究，致使经学研究日益衰微。而现当代的经学研究，切入的角度改变了，研究的思路拓宽了，可是又过于脱离了经学的传统研究方法，造成经典的诠释各抒己见，致使经学固有的特色逐渐丧失。另一方面，随着新的学科体系的建立，国学几乎丧失了原来的整体性，被蚕食得支离破碎，被瓜分得四分五裂，被批判得体无完肤，被改造得毫无用处。换句话说，在某种意义上国学的内容被形形色色的新兴学科掩盖和取代了，似乎只有古籍文献而没有国学特色。

中国传统学术流派众多，典籍浩繁。但学界的研究重心一直都集中在人文社会科学方面，侧重于文史哲典籍方面的研究。这种研究路向是有失误的，不完全符合国学内容的实际。既然以"国学"来指称中国学术，就意味着"国学"只能是一个笼统的概念，是一个区别于西学、外学的专业术语，而不是一个学科的总称。换言之，国学包含的学科是非常广泛的，涵盖了文、理、工、术及相互交叉的学科。因此，我们今天来研究国学，就应该实事求是地探究国学在各学科领域的成果，结合当今学科发展的趋势，提倡诸学并重，做到文理并重，努力挖掘各种国学的精华，在新的融合中创新，以科学的精神赋予国学新的生机。这就需要在国学研究的内容和方法上加以更新和发展，走出以往国学研究的误区。

二、国学有何用？

国学研究相对而言比较冷淡，跟它的作用不明显是很有关系的。于是，又一个让人难以回答的问题摆在面前：国学有何用？有人说国学是无用之学，又因无用而变得最有用；而有人将之同西学相比，认为它的确是无所用处之学。从现实利益出发，研究国学并不能带来直接的经济效益，反而要进行大量的成本投资，的确无法满足发展经济的需要。因此，研究国学者只好更多地从哲学、思想、文化等角度来阐述国学的价值，而很少能直接运用国学为新时代的政治、经济服务（在这方面，只有中医学的推广和应用比较多）。难道国学的价值和功用只剩下作为"文物古董"的精神价值吗？回答应该是否定的。在笔者看来，中国传统的学术是"学"和"术"并重的，只有让"学"与"术"相互发明，才能做到学以致用；国学既有有形载体的学说理论（图书古籍），又有无形载体的技术方法（民间传承）。国学研究也因此呈现出两大特色：一是以学院派为主的史论研究，倾向于刨根究底地挖掘史料以说明国学产生、发展、流变的过程，并试图诠释或构建出一些理论规律来；二是以民间非学院派为主的运用方法研究，倾向于根据传统的技术方法来解决日常生活中遇到的问题，并试图结合新的科学发现来完善和发展传统学术。从目前的情况来看，学院的研究与民间的运用仍存在很明显的脱节现象。平心而论，这两者之间是各有优劣的：学院派的文学理论功底扎实，学风严谨，能够从整体到局部对国学进行系统的研究和总结，但在具体的实际运用方面显得束手无策；民间派的技术方法奇特独到，面面俱到，能够针对生活中的现实问题进行及时的救治和解决，但在提供理论和进行逻辑思维方面显得尤为欠缺。从这一事实中可以发现，传统的国学研究在受到西学排挤之后已经走向分裂。这种分裂表现在：学院派为了迎合西学的理论和逻辑，不惜以牺牲国学特色为代价，强行借助不同的理论和方法来诠释国学，致使国学在某种科学的意义上只能屈从于西学，原有的功用被强行压抑而得不到应有的发挥；相反，民间派能够更多地保存国学的特色，但又因知识阶层在该领域的缺席导致民间研究者的理论和技术水平得不到迅速的提高，甚至导致不少传统技术方法的传承出现断层而沦为绝学。如果未来国学的研究，能够吸取"学"与"术"分裂的教训，让学院派主动向民间的学者靠拢，使学院与民间形成优势互补的研究态势，必能凝聚出国学的威力来。否则，国学在外国人看来，依然只能停留在文字理论层面上，而显示不出巨大的功用和价值，甚至连潜力也会被消磨殆尽。

话说回来，即使学院派与民间派的国学研究合流，国学能发挥出什么功用呢？这也是一个值得认真思考的问题。为了便于说明问题，不妨把功用区分成三种。一是治国安民。中国既是文明古国，又是礼仪之邦，跟国学的世代传承不无关系。以儒家典籍思想为代表的国学，对维护中华民族的稳定与发展，发挥着巨大的作用。从今天来看，国学中蕴涵的大量思想精华，并没有过时，仍然可以帮助我们解决不少管理决策方面的问题。二是治病救人。这一点不能只从医学上来看。若论医术治病，西医在许多方面比中医更有实用价值。但从时代的发展来看，人们的心理健康问题远比身体健康问题严重。对于身体疾病，随着医科学迅速发展，不少疑难病症都能得到较好的治疗。而心理疾病，则将会随着社会的发展变得更加严重。国学中的主要思想，提倡以修心养性为本，有助于解决因科学负面影响所引致的社会心理疾病。所以，进一步加强国学的心理对治作用，必能起到治病救人的效果。三是理论支持。从宏观的角度看，国学是以传统儒、释、道相异与相融的学说为核心的所有具有中国文化特色的学术整体，具有广泛性、传统性、历史性、开放性、神秘性、特殊性等特点。这一系列特点表明，国学的思想理论仍可以在新的时代环境中有所创新，尤其是能够为社会的发展提供不少理论方面的支持，尽管国学不能成为主导思想。在二十世纪，不少外国著名科学家在取得重大科学理论突破之前，曾因求助国学经典而得到启示的事例，深刻说明了国学对于发展未来科学和造福人类未来具有深远的意义。所以，进一步整理出更多的优秀国学古籍，让国学研究深入每一个领域，也能发挥出国学的巨大功用。

三、国学需要大师吗？

新中国成立以来，由于很长一段时间里不提倡国学研究，致使国学研究人才出现严重的断层现象。尽管二十世纪八十年代以来，又有一些学者陆续提倡国学研究，但随着一批少数的所谓国学大师的退隐和离世，到目前为止真正可以称得上国学大师的学者已是寥若晨星了。二十世纪九十年代初期，我国就一直在呼唤新的国学大师出现，于是陆续在高校建设文科基地以培养"大师"新苗，在一些重大社科项目上投入大批资金以便一些较有成就的中老学者能迅速成长为"大师"。这几年一些被标榜为新一代国学大师的人物似乎也因此与日俱增了，但是真正能被学界共同接受的大师级人物依然没有几个。于是，"大师"成为国学研究者的心中渴望，也逐渐成为一个具有讽刺意味的流行名词。国学大师的缺席，会影响国学的研究和推广吗？或者说，国学需要大师吗？这个问题不妨从以下三个方面加以思考。

首先，国学大师应该具有什么标准？为什么有些成果卓著的学者仍是"伪大师"？纵观二十世纪，被人称为国学大师的人物至少几十个，如章太炎、梁启超、王国维、陈寅恪、冯友兰、张岱年等。但只要认真检讨这些大师们的工作成绩，就会发现他们的成就也只局限在国学研究的某个或某几个主要领域而已，关键在于他们能在所工作的领域中做出显著的成绩来。如果能大致依照前国学大师的成绩作为标准，那么评判一个学者是否能成为大师也就有了较为客观的依据。但问题是，所有的大师都不是按照既定的标准评选出来的，而是由于他们巨大的学术影响力而被社会公众自然造就的。所以，是否能成为国学大师，关键还在于能否得到公众的认同，而与所谓的标准关系并不大。

其次，国学大师如何造就？退一步说，国学研究人才如何培养？这几年来，国学又逐渐得到重视。具体表现为：教育部陆续推行一些新政策鼓励国学研究人才的培养；不少高校纷纷成立国学研究的科研机构；国学网站和报刊逐渐增多；社会上提倡儿童读诵国学经典的潮流也开始出现；地下文献的出土为国学的深入研究提供新的平台；等等。人们似乎开始意识到，要造就新一代的大师，必须依靠社会的支持和教育的引导。这对国学研究来说，当然是很好的现象。但是，我们仍然必须追问：这样做能造就大师吗？我们不妨再回头看看，以往的国学大师都是怎样造就的。总结以往的经验可以发现，一个大师的造就需要多种特殊因素：一是特殊天赋，二是热爱国学，三是家学渊源，四是家底深厚，五是转益名师，六是海外留学，七是政府支持，八是社会重视，九是长期钻研，十是忧患经历。以此观之，我们今天的努力只是主观地为人才培养提供良好环境而已，并非就能因此造就出大师来。当然，提供重视国学的环境，对提倡国学研究无疑是很有意义的。

再次，国学大师与国学研究有什么关系？一个时代里拥有的大师越多，表明这个时代的国学研究水平越高，这似乎已成为共识。因此，人们也就很自然地把国学的价值与是否拥有大师直接联系起来。但是，我们也应该看到所谓的大师，往往是在学术上能自成体系、独树一帜的，其富有影响力的学术思想也是良莠并蓄的，因此虽然能标举一时的学术成就，也会产生诸多负面影响。简言之，大师对国学研究进程的阻碍作用也是不可忽视的。如此而言，没有大师的年代，国学研究或许能得到更为健康的发展，能够朝着更纯学术的方向前进，尤为可喜的是能够在更宽广的领域中出现新的学术成果。所以，从理想化的角度出发，笔者认为国学研究最需要的不是拥有大师，而是拥有弘扬人文科学精神的时代，拥有大批专注具体领域踏实研究以求创新的人才。

四、国学前景光明吗？

这个问题大致可以分成两个小问题：一是未来三十年国学研究

前景如何？二是三十年以后国学研究前景如何？后一个问题跟前一个问题是紧密联系的，但因距离今天相对遥远而难以预见，且与当下所关注的不太密切，这里暂且存而不论。那么，如何来思考前一个问题呢？笔者以为，可以从三个方面来说明未来三十年国学研究会展现光明的图景。第一，就以往的国学研究而言，已有相当扎实的基础。自从二十世纪八十年代以来，一度被废弃的国学研究又得到新的提倡。在八十年代，最明显的标志是设立一些国学研究所（包括易学研究所、道教研究所、佛教研究所等），召开几次大规模的国际学术会议，并出版一系列学术论著。在九十年代，除了继续八十年代所做的各项工作外，最明显的标志是高等院校开始大规模培养国学研究人才，一大批高学历高职称的新时代国学研究人才脱颖而出，并在海内外拥有一定的学术影响。本世纪以来，不仅继续巩固了前二十几年的研究基础，而且在更宽广的领域里开展国学研究，最值得一提的是提倡国学已逐渐深入人心，赢得教育部门和社会各界的关心支持。如果能按照这样稳步推进，未来三十年的国学研究必将是光明的。第二，就目前国学研究的成果而言，也有较好的基础。可以说，国学的核心是儒学、道学、佛学。而这三学的研究，在目前国内不仅都拥有一大批人才，而且都取得较为突出的成果。值得高兴的是，国内学者对国学不再仅仅满足于大而空的宏观研究，而是逐渐过渡到宏观和微观、理论和实践相结合的研究。随着一批批新出土文献的问世，研究的思路不断得到改变，也因此产生出一些具有原创性的研究成果来。如果国内学者能够立足于实证材料与理论创新相统一的研究，国学研究的主要领域在未来三十年里取得一些重大的突破还是很有希望的。第三，就未来中国社会的需求而言，国学研究仍会得到大力提倡。提倡国学研究，很容易陷入复古主义的误区。但是，从以往二十多年的经历来看，国内学者的复古倾向并不明显。当然，我们也不能忽视，现在仍有些人打着提倡国学研究的旗号,使国学中的糟粕、迷信成分沉渣泛起。从社会上看,人们对国学的关心和重视,更多的是出于对中华民族未来命运的关注,而图谋靠国学来骗钱和复古的毕竟是少数。在学术界,提倡单纯依靠国学来振兴中华的学者是很少的,更多的学者是能够从全球化的角度来审视国学,深入比较国学与西学的优劣,并对国学思想进行批判和创新。也许正因如此,中国政府和社会各界才会逐步意识到国学研究和教育的重要性,并给予一定的支持。如果国学研究者能在政府和社会的支持下,以振兴和繁荣中华民族文化为己任,认真整理和总结出优秀的国学研究成果,并与国际的学术研究和交流接轨,那么可以预见未来三十年的国学研究将展现出前所未有的光明前景!之所以只预见未来三十年,主要是考虑到现有的一大批中青年国学研究人才,在未来三十年里都是年富力强,只要国学研究不再被人为割断进程,就一定能取得比较满意的预期成果。至于三十年以后,是否能拥有更具生机活力的研究队伍,从目前情况分析还是难以预料的。

综上所述,正确认识国学,逐渐走出误区,在更宽广的学术领域中发挥国学的功用,在更单纯的学术氛围中造就国学的人才,在更圆融的学术概念中拓展国学的视阈,传承和弘扬国学精粹,创新和重构国学思想,国学对中国乃至全人类发展的功用必将与日俱增,国学研究的未来前景也必将逐渐光明!

(原载上海市社会科学界第四届学术年会青年文集《中国的前沿——文化复兴与秩序重构》,上海人民出版社,2006年,第1—6页)

中国文化研究的历史回顾

在我国几千年文明发展历程中，源远流长、博大精深的中国文化为中华民族发展壮大提供了强大精神力量，为人类文明进步作出了不可磨灭的贡献。实际上，中国文化不是一朝一夕形成的，它蕴涵着无数中华贤哲几千年来的辛劳与智慧。因此，研究中国文化，传播中国文化，增强文化自信，建设文化强国，在当下显得尤为必要。而正确理解中国文化发展和研究的历史，是研究中国文化的前提和关键。

一、中国文化的传统方向

回顾中国文化研究，历史漫长，情况复杂，但中国文化始终是在探究中前进和发展的。到春秋战国时期，我国的许多文化品种和特色已经基本形成。流传至今的先秦五经和百家经典，不仅描绘了当时社会的繁荣、思想的成熟、文化的多样，也同样诉说着一个民族文化形成和崛起的不平凡历程，并开启了中国传统文化创新发展的几种主要方向。

第一，在持续不断研究中变异和创新的典籍文化。尽管经历了焚书坑儒，或载之竹籍或口耳相传的《诗》《书》《礼》《易》《春秋》五种重要经典，还是以顽强的生命力延传到汉代。虽然也因此开启了中国学术文化史上的今古文之争，但仍无碍儒家经典长期成为官学显学。思想文化的交融和合流，使得儒家经学文化史上人才辈出、硕果累累、高潮迭起。即使多了道学与佛学的影响，儒家的经典文化仍然魅力不减,始终占据着中华传统文化的主导地位。不难发现,中华文化的正统是以先秦五经为代表的典籍文化——以儒家经典为核心,以儒、道、佛的典籍为重要组成部分,囊括其他各种历代百家图籍所形成的浩如烟海的中国古籍文化。典籍文化见证了我国古代哲学、史学、文学、美学等思想文化的发展,也包容了儒、道、佛等宗教文化的发展,甚至由此影响到社会生活的方方面面。因此,研究中国文化离不开古代典籍。

第二,源于上古史官文化而秉承《春秋》史书传统开创的史籍文化。我国自古及今都有修史传统,《尚书》开其先河,《春秋》成编年体例,《史记》创正宗历史,《汉书》始以断代,自《清史稿》出,形成记录完备的正史25部,还有许多私人著述的野史,以及各种地方志、谱牒、碑记等,朝代分明,卷帙清晰,包罗万象,巨细无遗,造就了洋洋大观的史籍文化。透过史籍文化,可以发现历朝历代的典章制度、礼节民俗、重大事件、科技发明、稀奇怪事、名人传记等,可以以古鉴今和继往开来,梳理中国文化发展的来龙去脉,谱写无数动人的古代传说。由此,研究中国文化必须依托丰富史籍。

第三,延传诸子百家的言说思维方式而开启的私人著述文化。著述文化与典籍文化、史籍文化有相同之处,但也有明显区别。如果说典籍文化与史籍文化属于官方文化,那么,著述文化则属于民间文化。著述文化的范围广泛,既有围绕经典的阐述,更有个人的心得笔记、事迹传闻、文学创作、思想主张,往往能补正史典籍之偏颇与不足,亦能具体再现某家某派的独特与创新,不失为文化研究的佐证材料。因此,研究某一特色的中国文化,需尽可能掌握相关的著述文化典籍,这样方能更客观真实地看清事相缘由。

以上三种不同的文化,实际上殊途同归,共同推陈出新,谱写了中国文化的精彩篇章,留给后人汗牛充栋的古籍和纷繁多样的文化,以及神奇独特的魅力和经久不衰的精神。

二、中国文化的传承发展

近现代以来，中国文化研究仍延续这三个方向，但已经有了根本改变。主要是儒家思想衰落，经学开始缺席，呈现出"中学为体，西学为用"的学术文化格局。西学的引进，逐渐改变了以往的研究方式，出现以学科理论思想为平台的研究模式。从整个过程看，即使西学占有一定的主导地位，但在很大程度上它也被中国化了。清末以来，出现了一批提倡中国学术文化、力图补偏救弊治国的国学大师，这些人大多有一定西学背景，见解独特，著作等身，对中国学术文化深有研究和建树，影响深远。

而在当代，学者们更加深入地推进中国文化研究。无论是研究项目的规模数量，还是研究的深度广度，从整体上看都是超越前人的。尤其是新的时代、新的科技、新的文物材料、新的比较思维，使得文化研究空前繁荣，成果日新月异。

总的来看，文化研究离不开对真相的探究、对传统的张扬、对人性的尊崇、对现实的超越、对理想的向往、对幸福的追求。当我们把研究的方向转向人本身时，中国文化就显得更有用武之地，其中丰富的遗产宝藏、文明智慧有待人们去发现和运用。

（原载《人民日报》理论版，2013年1月31日）

水部

易学与中华文化

论生生之易学

2023年6月2日，习近平总书记在北京参观了新建成的中国国家版本馆和中国历史研究院的考古博物馆之后，出席文化传承发展座谈会并发表重要讲话，指出"在新的起点上继续推动文化繁荣、建设文化强国、建设中华民族现代文明，是我们在新时代新的文化使命"，并着重强调三点：

第一，坚定文化自信。自信才能自强。有文化自信的民族，才能立得住、站得稳、行得远。中华文明历经数千年而绵延不绝、迭遭忧患而经久不衰，这是人类文明的奇迹，也是我们自信的底气。坚定文化自信，就是坚持走自己的路。坚定文化自信的首要任务，就是立足中华民族伟大历史实践和当代实践，用中国道理总结好中国经验，把中国经验提升为中国理论，既不盲从各种教条，也不照搬外国理论，实现精神上的独立自主。要把文化自信融入全民族的精神气质与文化品格中，养成昂扬向上的风貌和理性平和的心态。

第二，秉持开放包容。……无论是对内提升先进文化的凝聚力感召力，还是对外增强中华文明的传播力影响力，都离不开融通中外、贯通古今。经过长期努力，我们比以往任何一个时代都更有条件破解"古今中西之争"，也比以往任何一个时代都更迫切需要一批熔铸古今、汇通中西的文化成果。我们必须坚持马克思主义中国化时代化，传承发展中华优秀传统文化，促进外来文化本土化，不断培育和创造新时代中国特色社会主义文化。

第三，坚持守正创新。对文化建设来说，守正才能不迷失自我、不迷失方向，创新才能把握时代、引领时代。守正，守的是马克思主义在意识形态领域指导地位的根本制度，守的是"两个结合"的根本要求，守的是中国共产党的文化领导权和中华民族的文化主体性。创新，创的是新思路、新话语、新机制、新形式，要在马克思主义指导下真正做到古为今用、洋为中用、辩证取舍、推陈出新，实现传统与现代的有机衔接。新时代的文化工作者必须以守正创新的正气和锐气，赓续历史文脉、谱写当代华章。①

"第三届中国哲学论坛"的主题"建设中华民族现代文明的哲学贡献"，乃是对习近平总书记于2023年6月2日在文化传承发展座谈会上的讲话所作出的积极响应。读完这篇重要讲话，结合本次论坛的主题，给予笔者深刻的启发：建设中华民族现代文明，必须有足够的文化自信；如果我们的哲学文化还是以舶来的"西方哲学"为主导，必然缺乏应有的文化自信；只有建立以"中国学术"为主导的思想理论系统，才能树立起真正的文化自信。纵观中国学术史，最独具特色又一以贯之的当属"中国易学"②，而在西学东渐的背景下，"中国易学"已经逐

---

① 习近平：《在文化传承发展座谈会上的讲话》，《求是》第17期，2023年9月1日。
② 习近平在《在文化传承发展座谈会上的讲话》中指出："中华优秀传统文化有很多重要元素，比如，天下为公、天下大同的社会理想，民为邦本、为政以德的治理思想，九州共贯、多元一体的大一统传统，修齐治平、兴亡有责的家国情怀，厚德载物、明德弘道的精神追求，富民厚生、义利兼顾的经济伦理，天人合一、万物并育的生态理念，实事求是、知行合一的哲学思想，执两用中、守中致和的思维方法，讲信修睦、亲仁善邻的交往之道等，共同塑造出中华文明的突出特性。"不难发现，习总书记所提及的"重要元素"，几乎都直接或间接源于《周易》的思想，可见中国易学的重要性应该是无与伦比的。

渐沦为"中国哲学"的一个组成部分而已。如此,"以西统中"既不利于学术思维、思想的发展,也不利于形成中国风格、中国气派、中国特色、中国模式。中国的文化自信,必须牢牢建立在中国易学的基础上。只有以中国易学思想理论为核心,不断传承与发扬,中国哲学才有可能在建设中华民族现代文明的过程中做出巨大贡献。有鉴于此,本文拟从"生生之易学"的角度,来探讨"建设中华民族现代文明的哲学贡献"。

一、论易学与哲学之异同

易学是中国土生土长的一门学问,也逐渐发展成一个"学科"。易学作为一门学问,源于中国,非常古老,源远流长,博大精深,可以说是毫无疑问的。但易学作为一个类似学科的名称,并非古已有之,而是近现代以来学术研究的产物。目前,易学作为一个分支学科名称,已为大多数学人所接受,但学界并未对此作出明确的界定。因此,仁者见仁,智者见智,莫衷一是,尚难定论。在笔者看来,易学是有广义和狭义之分的[①]。狭义的易学,主要是指研究《易经》(不包括《易传》)的学问。如果以阴阳、八卦的创制(《易经》的基本象征符号)作为起点,那么易学研究的历史可以追溯到远古时期。如果仅以卦辞、爻辞的创制(《易经》的文本)作为起点,那么易学研究的历史也可以追溯到西周时期。广义的易学,既包括研究《周易》经传的学问,也包括许多与《周易》内容有所相关的内容,涵盖天文、地理、人事等,可谓是无所不包。

哲学作为一门爱智慧的学问,属于形而上学,形成于西方,是西

[①] 对此,笔者之前有所论及,详见谢金良:《浅谈易学文化的传承与发展》,《周易研究》,2005年第4期。

方学术中最为重要的一门学科，对于中国而言属于舶来品。易学与哲学，在近代中国西学东渐的背景下逐渐碰撞和交融，并在经学缺席的前提下，《周易》迅速丧失儒家群经之首的显赫地位，而使易学沦为中国哲学的一个并不起眼的分支。显而易见，易学已经被西方哲学踩在脚下，《易经》不再被中国人当作圣经来看待了。所以，我们现在看到的情况是，哲学作为一级学科，主要包括逻辑学、伦理学、美学、马克思主义哲学等方面，二级学科是西方哲学与中国哲学，而中国易学相当于中国哲学的一个研究方向，可以算是三级学科了。把易学变成哲学的一个细小分支，不伦不类，符合易学与哲学的关系吗？这是中国学术界很久以来不认真加以深究的。如果易学真的是从属于哲学，事实上也就意味着中国学术理当从属于西方学术，那么我们还有什么理由去追求文化自信？以后还能拿什么学术理论去文化输出呢？反过来，如果易学不是从属于哲学，甚至是高于哲学，那么长期以来颠倒了易学与哲学的关系，再不尽快得到纠正，中国易学乃至中国学术怎么可能实现伟大复兴，中国哲学如何为建设中华民族现代文明做出巨大贡献？因此，摆在我们面前的首要问题，就是要正确区分易学与哲学的不同之处，并进一步厘清易学与哲学之间的关系。

也许正是易学与哲学有许多共同之处，前辈学者才会不加分辨地把易学归属于哲学学科之中。易学探赜索隐、原始要终又揭示许多哲理和智慧，与爱智慧、善追问的哲学明显具有相同之处。但是，又有明显的不同。易学是包罗万象的，而西方哲学更多的是局限在逻辑学、伦理学和美学之内。易学的主要思路是对天地万物的准拟，又对天地自然万物进行效法；既观物取象和观象系辞，又观象制器和假象寓意，而后又与阴阳五行学说相结合演变成一个极其庞大而又简要的系统。而哲学更为注重的是对宇宙世界及其万事万物的分析与追问，是透过现象看本质，是打破砂锅问到底，是建构之后再解构的不断循环，是对真理永无止境的追问。在笔者看来，易学与西方哲学最明显的不同，就在于易学不止于问道、求道和悟道、体道，不止于探求洁净精微的易道，还衍生出许多与日用生活密切相关的法与术，可谓是道术相兼且可为用。通俗地说，广义的易学不仅可以用于占卜预测，推天道以明人事，助人穷理尽性以至于命，还可以算命、看相、择吉、取名、治病、观天象、看风水、练气功、练武术……可谓上察天文，下知地理，中通人事，五花八门，无奇不有，神秘莫测，但都植根于《周易》"太极阴阳八卦"的思想理论之中。在这一点上，西方哲学显得非常纯粹，是根本做不到道术相兼而为用的！简单比较一下，西方哲学在形而上和终极问题上的问道，易学园地里向来不缺，无论是孔子的易学思想，还是后来由易学影响而演变的玄学、理学、心学等，都有中国特色的高深的哲学思想与智慧，可与西方哲学相媲美。而与易学密切相关的术数，显然是西方哲学所空缺的。相比之下，易学真是包罗万象，源远流长，更加博大精深，如此看来把中国易学当作中国哲学的分支肯定是失之偏颇的。那么，为什么近一百多年来我们都不能把西方哲学置于中国易学之下呢？主要原因就是自清代中期以来，西方迅速发展，各方面都遥遥领先，并通过发动侵略战争对中国进行殖民和征服，于是西学东渐并赢得国人的认可，使得西方的学术和学科全面碾压和取代中国原有学术体系和学科布局，直至差点全盘西化。中国经历一百多年的西化，逐渐暴露了许多问题，促使国人开始警醒，并充分意识到被文化殖民的严重后果。如今，习近平总书记一直高度重视这个问题，多次发表重要讲话，要求不断深化"两个结合"，就是为了进一步巩固中华文化的主体性[①]。但是，中国的学术界依然沉浸在西学主导的范式里，无法跳脱出来，甚至已经成为西学在中国发展的有生力量，根深蒂固，难以再改变。因为在许多学者的心中，哲学是

---

① 吴新文：《不断深化"两个结合"，是进一步巩固文化主体性的必由之路》，《上观新闻》，2023年11月8日。

极其重要和尊贵的,而易学还在卑贱的泥沼中打滚,甚至仍被认为是愚昧和迷信的。崇洋媚外何时休?中国易学何时才得以复兴而登上大雅之堂?这些问题对当今中国学术界,无疑将面临着百年未有之大变局所带来的巨大挑战,而且又是在建设中华民族的现代文明进程中不可回避的根本性难题。

正如王学典在《守住中华民族的"根"与"魂",建设中华民族现代文明》文中所指出:"需要我们高度关注的是,习近平总书记这一系列重要论述的落脚点,是更加强调'现代',强调创新,强调创造属于我们自己这个时代的新文化,强调赋予中华优秀传统文化以现代属性""与守正创新、创造属于我们这个时代的新文化密切相关的,是构建中国特色哲学社会科学,建构中国自主的知识体系""我们建设中华民族现代文明,同样也应守正不守旧、尊古不复古,熔铸古今、汇通中西,充分运用中华优秀传统文化的宝贵资源,积极主动地学习借鉴人类创造的一切优秀文明成果,探索面向未来的理论和制度创新,创造出人类文明的新形态。"①众所周知,《周易》是中华文化和文明的源头活水,是中华民族的本根,因此必须重视《周易》学说的传承,使易学重新成为显学,并与马克思主义哲学思想相结合,与国外一切先进思想相融通,不断守正创新,开创人类文明的新范式,才能把"根"守住,把"魂"定住!

二、论易学与科学之异同

在当代易学研究中,易学与科学的关系问题无疑是一个让人百思不得其解的难题。尽管人们对易学、科学的概念都没有真正准确的定

---

① 2023年11月2日,政协第十四届全国委员会常务委员会第四次会议闭幕后,全国政协常委、山东大学儒学高等研究院执行院长王学典应邀作题为"守住中华民族的'根'与'魂',建设中华民族现代文明"的学习讲座。

义,但是相对而言人们似乎都已能够理解科学是什么,并相信科学是个好东西。而对易学的理解,由于普及程度有限,甚至有许多人一直把易学当作迷信的东西,甚至是作为伪科学、反科学的代名词。因此,即使是对易学有所研究的人,也很难把易学与科学的关系理清楚。有鉴于此,本文拟在解读《易传》相关文句的基础上,结合当今实际发表一些笔者的浅见,以就正于大方之家,庶几有补于学界对该问题的认识。

易学与科学并行不悖。这是许多人都意识不到的!科学,一般都认为是肇始于西方,与易学毫无关系。其实,从全球学术历史来看,东西方发展各有先后,也都存在相互影响。中国在文明时代的早中期,很长时间内是领先的,甚至可以说是在许多领域遥遥领先的;而西方是在文艺复兴之后,才逐步走向强盛的。东西方之间文明互鉴古已有之,古代中国学术对西方的影响,也是非常深刻且明显的。西方近代科学的萌生,不是横空出世,必然也得益于中国学术的影响[1]。如果仅仅把近代科学当作"科学",是不合情理的,因为中国古代的许多技术发明创造和理论发现,也是"科学"的重要组成部分。《周易》学说的萌生、形成、发展、演变过程,归根结底也是离不开"科学"的,否则即使生了根也发不了芽,即使出现了也造福不了百姓生活。从这个意义上看,易学与西方近代科学一样,都是"科学"的。据说,爱因斯坦在看过《易经》之后,曾发出感叹:看来科学发展的道路并不是只有一条!可见,在著名科学家爱因斯坦的眼里,易学与科学的发展是可以并行不悖的。在著名科学家玻尔心里,最崇拜的就是太极图及其系统的易学思想理论。而在著名科学家杨振宁的一次重要演讲中,则将近代科学没有在中国产生的原因直接归咎于《易经》,笔者早就

---

[1] 对此,笔者早在十几年前就有过思考和论述,详见谢金良:《〈易经〉与李约瑟难题刍议》,《国际易学研究》第十一辑,线装书局,2011年。

对此加以驳斥①,此不赘述。其实,早已有人意识到,科学技术发展越进步,越能说明易学是具有科学性的。

易学滥觞于观物取象。讨论易学是否科学,离不开考察易学的来源及其历史。易学是如何产生的呢?追根溯源,至少可以追溯到阴阳和八卦符号的产生。阴阳八卦符号,是凭空产生的吗?《周易·系辞下传》云:"古者包牺氏之王天下也,仰则观象于天,俯则观法于地,观鸟兽之文,与地之宜。近取诸身,远取诸物,于是始作八卦,以通神明之德,以类万物之情。"根据这段记载,一般认为《易经》乃滥觞于观物取象。尽管记载十分简略,但大体情况还是清楚的。时间是远古时期,创制发明者是包牺氏(即伏羲氏),创制的过程是非常复杂的:"三观"(观天象、观地法、观天地间的动植物)、"两取"(取之于身,取之于物)。换句话说,伏羲氏创制八卦时,是经过对万事万物进行全面、深入、细致的观察之后才总结、概括出来的,不是随便草创的。更通俗一点的说法,创制八卦符号,乃是伏羲氏的一大科研成果,是其认真观察、思考和总结的成果。这项成果的直接功效是"以通神明之德,以类万物之情"。有了可以表情达意的符号系统,就可以与神明,与他人进行思想沟通和交流了。就此而言,如果阴阳八卦符号的产生,是早期科研的成果,那么我们就不能简单地否认其具有一定的科学性。

易学具有一定的科学性②。在许多人看来,易学是一门带有神秘性和实用性的玄学。但是,易学思维、思想、理论中也都具有与科学相通相融之处。这个问题并非三言两语能够说清,兹略举几个典型案例

---

① 谢金良:《〈易经〉何错之有——杨振宁〈易经对中华文化的影响〉刍议》,载《卿云集三编——复旦大学中文学科发展八十五周年纪念论文集》,复旦大学出版社,2010年。
② 可参见谢金良、胡劼辰:《也谈〈周易〉的科学性》,2009年11月清华大学主办"第三届中国经学国际学术研讨会"论文集;另载《国际易学研究》第十二辑,中国书籍出版社,2012年,第405—416页。

加以说明。《周易·系辞上传》"易与天地准,故能弥纶天地之道"一句,就道出易学具有科学思维,是建立在扎实的科学基础之上的。此处的"易",主要指易象,即卦爻之象,包括阴阳爻、八卦、别卦等易象符号。正是因为伏羲氏通过观物取象所获得的卦爻之象,完全可与天地之间的万事万物相准拟,建构在阴阳八卦基础上的易学理论才能弥纶天地之道。既然易学能弥纶天地之道,那么易学当然具有无与伦比的科学性。换言之,易学思维从某种意义上说,也是一种科学思维。《周易·系辞上传》"一阴一阳之谓道",运用阴阳思想来说"道",可以说是非常到位的。"道"是什么呢?《老子》第一章认为"道可道,非常道",即"道"是不可言说的一种客观存在。"道"是一个整体,相当于一个"太极",但是难以用语言表达清楚。"太极"又是什么呢?《周易·系辞上传》"是故易有太极,是生两仪,两仪生四象,四象生八卦,八卦定吉凶",明确指出"太极"属于"易"所"有"。可见"道""太极""易"三者之间的关系极其密切,几乎是等同的,只是名称不同而已。"太极"是一个整体,也就意味着只要是一个整体便可称之为"太极"。那么,整个宇宙有多少"太极"呢?那个无边无际、不可名状、不可思议的最大宇宙作为一个最大的整体,是一个"太极";反过来,作为一个最小整体的粒子,比如说夸克或者量子,也是一个"太极";而在最大与最小之间的无数个整体,都是可以成为一个"太极"的。因此,用"其大无外,其小无内"来形容"太极"是非常恰当的。如此而言,"太极"与"易""道"一样,作为一个整体,即使是最小的粒子,也仍然是包含"一阴一阳"的。这与物理学上科学家发现的"量子纠缠"现象,在道理上是相通的。易学具有科学性,最明显的莫过于体现在宋代面世的一些易图中包含了二进制原理,如先天八卦图、伏羲六十四卦次序图等都有明显体现,德国著名数学家、哲学家莱布尼茨能够发明二进制很可能是受到易图的启发。而二进制是后来能够发明计算机的重要基础。易学本于象数,发为义理，包含了道、理、象、数、占等一整套完备的思想理论与方法，尤其是"数"始终贯穿其中，并与中国古代数学有密切联系，由此也可说明易学确实具有一定的科学性。

三、论易学与美学之异同

有汉以来，《周易》开始被冠为"群经之首"，被誉为"大道之源"。《周易》的学说也被越来越多的学者传习和创新，并被公认为中华传统文化的本根和核心，对历代审美文化有着非常广泛而深远的影响。现当代以来，易学逐渐成为一门非常具有本土特色的学问，备受社会各界的关注。而美学作为一门学科，肇始于西欧，后经日本辗转传入中国，在近现代以来众多美学研究者的不懈努力下，中国美学的研究已然走上了康庄大道，并日益引起人们的重视。随着学术研究的深入，中西方学术思想开始碰撞和交融，易学与美学之间关系日益显明，易学与美学融通并作为一门崭新学问也应运而生。在易学与美学的研究方面，复旦大学中文系的王振复教授可以说是最早的开拓者，目前学界也取得不少的成绩[1]；而把易学与美学紧密结合，试图作为一门新的学问或学科来加以研究，则是笔者近年来极力主张的，业已做出了一些有益的成果[2]。

如何理解易学与美学的关系呢？笔者早在《关于〈周易〉与美学的若干思考》一文中有比较深入的分析和比较，并提出个人的独特看法："必须着重指出的是，美学走向研究人与世界的关系，研究主客体之间的关系，与重在研究阴阳关系的易学可谓是殊途同归，不谋而合；

---

[1] 易学与美学的研究概况，详见谢金良、黄瑞：《融通之境的寻求——当代易学与美学研究史抉要》，《周易研究》，2021年第2期，第53—63页。
[2] 谢金良：《〈周易〉与审美文化论稿》，复旦大学出版社，2023年。

但相比之下,以卦爻符号为主体的易学原理体系,毫无疑问在解释可知与不可知的世界时更为根本和透彻""易学与美学是有机统一的。以易学观美学,美学处处是易学;以美学观易学,易学样样是美学。倘若我们能打破学科的界限,从大哲学、大理论的角度出发,实事求是地理解历史和现实,那么就有可能找到更好地解释宇宙世界和人类现象的思想理论,使原有的知识、经验、文化、学术等融会贯通,让后来者更易于理解和运用。因此,以'审美'之心来研究易学,与以'变易'之道来研究美学,都同等重要,也同样具有无比重要的价值和意义。"①

而在最近的研究成果中,笔者又有进一步的认识:"从某种意义上说,易学是本国固有之学,是无所不包的;美学是西方哲学发展到近代的新产物,也是无所不包的。表面上看,易学更关注天,而美学更关注人,其实都与天人关系的研究密切相关,两者的结合无疑更有利于究天人之际,更有利于深入认识宇宙世界的宏观与精微,更有利于引导人们在生活中正确地体悟道并审察美,让中西学术得以巧妙结合的所谓'易学与美学'思想理论更好地服务人类的未来,以至真正实现人类命运共同体,和衷与共,天下大同,早日抱团谋求人类共同向更大更远的星空发展。所以,从人类未来发展的目标和需求来看,中国易学与美学研究理应被当作一个新的学科方向,并确实加以重视。"②

四、论"生生易学"之妙用

理解了易学与哲学、科学、美学的关系之后,我们就可以进一步理解中国易学的广博与独特、包容与创新,从而明白将易学仅仅局限

---

① 谢金良:《关于〈周易〉与美学的若干思考》,《文学教育》"每月一家"专栏论文,2014年第5期,第8页。
② 谢金良:《诗性·巫性·神性与审美根性——中国易学与美学发微》,朱志荣主编:《中国美学研究》第二十一辑,商务印书馆,2023年,第34页。

在某个西方的学科之中都是不合理不切合实际的。易学,就是易学,就需要用"易学"来定位其学科属性,从而确立中华文化的主体性,以与西方学科区别开来,并逐渐从"以中容西""以易统哲"过渡到"中西交融"的新型学术范式。正是从"生生之谓易"中,笔者逐步领悟到"生生易学"不仅涵盖了"生生哲学"和"生生美学",而且可与未来的科学自然接轨,可在文化传承的过程中充分彰显中国学术的主体性和独特性。

"生生之谓易"出自《周易·系辞上传》:"一阴一阳之谓道。继之者善也,成之者性也。仁者见之谓之仁,知者见之谓之知,百姓日用而不知,故君子之道鲜矣。显诸仁,藏诸用,鼓万物而不与圣人同忧。盛德大业至矣哉!富有之谓大业,日新之谓盛德。生生之谓易,成象之谓乾,效法之谓坤,极数知来之谓占,通变之谓事,阴阳不测之谓神。"何谓"生生"呢?古往今来,学者看法大同小异。如孔颖达在《周易正义》中既认为"生生,不绝之辞。阴阳变转,后生次于前生,是万物恒生谓之'易'也。前后之生,变化改易",又认为"生必有死,《易》主劝诫,奖人为善,故云生,不云死",显然是从生生不绝的自然现象来形容易道变化,大体相当于"阴阳相生而变易"。《周易译注》认为"生生,阴阳转易相生;易,指《周易》的变易思想。此句以下,结束对'道'的论述"①,《周易全解》则将"生生之谓易"解作生长变化之意,认为"'易'讲阴阳,但阴阳并不就是'易',阴阳生生才是'易'",并举《系辞下传》"天地之大德曰生"为证,认为通行本《周易》六十四卦的排列顺序,都是不断变化、发展的。②在老一辈的学人中,方东美也和金景芳一样很重视"生生之德"③,因为

---

① 黄寿祺、张善文:《周易译注》(修订本),上海古籍出版社,2018年,第701—702页。
② 金景芳、吕绍纲:《周易全解》,吉林大学出版社,1989年,第475页。
③ 丁四新、费春浩:《〈周易〉的生生哲学及其诠释——以〈易传〉和"易一名而含三义"为中心》,《学术论衡》,2021年第4期。

这种化生思想在《易传》中多有体现，如"是故《易》有太极，是生两仪，两仪生四象，四象生八卦，八卦定吉凶，吉凶生大业"。笔者的硕士生李治磊在提交的作业《学易札记——"生生之谓易"》中发现：随手查阅了几篇知网论文（以引用量从高到低为序），多将"生生"理解作"某物从某物里新生长出来"，将前面的"生"理解为动词，后面的"生"则是名词，整句话解作"创生万物"与"万物相生"①；或者将其解作一种"生命哲学"②，此种说法似更为流行。李治磊同学对前辈学人大多把"生生"理解为生长生育，感到似乎存在不足："从这个意义上来讲，'生生之谓易'绝不仅是生长、生育之意，内在涵义要丰富得多。但至于进一步对'生生'的解释，笔者目前尚无思路，姑且搁笔于此。"李治磊同学的疑惑是有一定道理的，但他并未能更好地理解"生生"之玄妙、"易"在"生生"之中如何的变幻莫测。其实，笔者对该问题也早已有自己独特的看法：

> 绕了一圈之后，再回到《周易》经传中，我们会惊奇地发现：其中"易"之意义复杂多变，说明《易传》作者并没有把"易"义定死了，而是赋以变化之美，唯一如同下定义的表达"生生之谓易"，也是运用变化的思想来加以体现。生生不息，既是现象，也是规律；既是理论，也是方法；既很简易，又很复杂；既是本质，也是差异；既是原因，也是结果；既是可知，也是不可知；既是主观，也是客观，真是妙不可言！说不可说之道，就是如此而言！明于此，我们就不必再千方百计去考证"易"作为书题的含义了，因为："易"作为书题的含义因其命题者"引

---

① 刘泽亮：《生生之道与中国哲学》，《周易研究》，1996第3期，第57—64页。
② 陈伯海：《"生生之谓易"——一种生命哲学的存在本原观》，《社会科学战线》，2008第9期，第156—163页。

而不宣"而彻底隐蔽了,但又因为"易"的意象群在史料中和生活中广泛存在而且意义"显露无疑",尤其是《周易》经传的完整传世,使得后人可在易学思维的指引下更加全面深刻地理解"易"的符号与意义。套用海德格尔的话,"易存在,但不可言说"。……

整个宇宙世界是一个太极整体(即道体),任何事物无论巨细都是一个太极整体(物物一太极);任何一个太极整体,都必须包含阴和阳两个方面(两种东西);任何一个太极整体都是无法运用语言(符号)准确描述的,只能运用语言(符号)加以准拟(象征)。当人类懂得运用语言(符号)准拟事物(太极整体)之后,时空观念才逐渐得以形成,世界才得以定位。于是,人类开始拥有描述历史的时间观念。依据长期观察和记录而形成的时间学(天文历法之学),人们开始主观地认识客观世界。在认识过程中,人们发现任何事物都有开端,有始终,有历史。依据历史时间观,人们通过追溯发现:万事万物都有一个共同的本源(道、无极、太极、时间起点,太极本无极),伴随时间的展开,本源中的存在物自然而然地按照时间顺序(理)发生演化(造化、变化、独化、自化、物理和化学变化),如同前一世界生出后一世界直至现在世界(生生之谓易),如同一阴一阳的不断转化(一阴一阳之谓道);每一次演化的现象结果(气、象),都是自然程序密码(数)的体现;时间之流,是绵延不绝的,前后贯通的,时空混合的,一时一世界,所有的世界同属一个整体,是没有间隔距离的,是不可思议的,是妙不可言的;因此,面对具有同一性的世界,只要掌握其中任何一个事物(太极整体)的信息,借助独特的天人合一思维模式(心物合一、物我两忘、与时偕行)就能彰往察来(占)——"易无思也,无为也,寂然不动,感而遂通天下之故。"①

生生之变易,是非常真实,又非常玄妙的。生生之易学,正是在如此玄妙自然的学说中形成自己的特色。必须郑重说明,生生之易学,不是对生生哲学或生生美学等新提法的彻底否定,而是认为应该运用中国特有的"易学"来阐释"生生",才能更加圆融而真实,才能更有中国特色和文化自信。因为,哲学的主体性在西方,而易学的主体性在中国;易学在某种意义上可以代表整个"中国哲学",是中国传统文化的根脉和命脉所在。"生生",说到底是阴阳相生,是虚实相生,是环环相扣的时空演变,乃是对宇宙世界及其万事万物的最真实最自然最简洁的描述,真正回到事相本身。"生生",从表面上看就是"太极生两仪"的现象推演,其中蕴含着华夏民族独有的太极思维(即易学思维),运用这种独特思维,可以化繁为简,化腐朽为神奇,可以在各个学科中发挥独特的功用。兹以易学与审美艺术文化的创作鉴赏为例,略谈其功用。

以太极整体而论,所有审美现象都"同一太极",彼此联系,不可分割,都是美学研究的对象;以太极整体中的情况看,"一阴一阳之谓道",任一"美"的整体都包含两方面的关系(阴和阳),美学要研究的就不能只是"阴",也不能只是"阳",而必须是"阴和阳之间的关系"。同理,"美"不只是"阴",也不只是"阳",必须是"有阴有阳",是虚实相生的一种意象或意境。明于此,我们就可以使中西方美学理论对接融通:所谓"美"就是阴阳相依的太极,是意象或意境式的东西,只可意会,不可言传;所谓"审美"(艺术鉴赏)就是知道、悟道(感知太极之道),阴阳合德,物我交融,人天合一,神与

---

① 谢金良:《关于〈周易〉与美学的若干思考》,《文学教育》"每月一家"专栏论文,2014年第5期,第4—8页。

物游，主体与客体瞬间的有机统一；所谓"作美"（艺术创作）就是合道、体道（模拟太极之道），阴阳相须，有无相生，文质彬彬，情景交融，虚实相伴，真幻相即，形神兼备，色相俱空，物我两冥，生动逼真，形成一种具有"艺术真实"的作品。[①]

不难发现，当我们运用"生生易学"作为理论基石，便可使中西学术在极为便捷的方式中得以对接融通，可以把看似繁杂的问题简单化。大道至简，易学具有普适功用，何不重拾易学而非得挂上西方学科之名不可呢？

五、结语

习近平总书记在文化传承发展座谈会上的讲话中特别重视文化主体性和"第二个结合"，并做出简要而透彻的论述："任何文化要立得住、行得远，要有引领力、凝聚力、塑造力、辐射力，就必须有自己的主体性。中国共产党历来重视文化，新时代我们在道路自信、理论自信、制度自信的基础上增加了文化自信。文化自信就来自我们的文化主体性。这一主体性是中国共产党带领中国人民在中国大地上建立起来的；是在创造性转化、创新性发展中华优秀传统文化，继承革命文化，发展社会主义先进文化的基础上，借鉴吸收人类一切优秀文明成果的基础上建立起来的；是通过把马克思主义基本原理同中国具体实际、同中华优秀传统文化相结合建立起来的。创立新时代中国特色社会主义思想就是这一文化主体性的最有力体现。有了文化主体性，就有了文化意义上坚定的自我，文化自信就有了根本依托，中国共产党就有了引领时代的强大文化力量，中华民族和中国人民就有了国家

[①] 谢金良：《关于〈周易〉与美学的若干思考》，《文学教育》"每月一家"专栏论文，2014年第5期，第8页。

认同的坚实文化基础,中华文明就有了和世界其他文明交流互鉴的鲜明文化特性。"因此,为了建立中华文化的主体性,就必须重新确立中国易学的主导地位,守正创新,在传承优秀传统文化的基础上,把"第二个结合"重点先放在马克思主义同中国易学文化相结合的课题中,并在马克思主义指导下真正做到古为今用、洋为中用、辩证取舍、推陈出新,实现传统与现代的有机衔接,在哲学与人文社科领域为建设中华民族现代文明做出应有的贡献。

（原载《第三届中国哲学论坛论文集》,中国社会科学院哲学研究所、中国社会科学院—上海市人民政府上海研究院、上海大学共同主办,2023年11月,第237—245页；将刊于《中华易学》第14卷,文物出版社,2024年12月。）

《易经》中"君子"的出处及其审美特征

"君子"一词,在先秦典籍中可谓司空见惯,以致许多学人在阅读《周易》时,也容易对其熟视无睹。大多数接触过《周易》的人可能都比较熟知《易传》中有不少的"君子",但对《易经》中是否有"君子"一词就不太敢确定了,至于《易经》中共出现几处"君子"以及具体的出处在哪,恐怕不是专门有所研究的人是很难确知的。有鉴于此,本文拟从这个最基本的问题入手,在精确统计和细致分析的基础上,进一步厘清《易经》中"君子"的形象特征。

一、《易经》中"君子"的出处情况分析

在通行本《易经》(不包括《易传》)中共有20处出现"君子"一词,其中上经三十卦中共有13处,占全经总数约三分之二,依次是[①]:

1. 九三:<u>君子</u>终日乾乾,夕惕若,厉无咎。(《乾》卦九三爻辞)

2. <u>君子</u>有攸往,先迷;后得主,利。西南得朋,东北丧朋。安贞吉。(《坤》卦卦辞)

---

① 按:对于通行本《易经》的文本内容,本文主要参考黄寿祺、张善文《周易译注》,上海古籍出版社,1989年。为了便于精确统计,以下每条涉及统计"君子"一词的引文中,在开头都特地加了序号,并对"君子"一词加下划线。

3. 六三：即鹿无虞，惟入于林中；君子几，不如舍，往吝。（《屯》卦六三爻辞）

4. 上九：既雨既处，尚德载；妇贞厉，月几望；君子征凶。（《小畜》上九爻辞）

5. 否之匪人，不利，君子贞；大往小来。（《否》卦卦辞）

6. 同人于野，亨，利涉大川，利君子贞。（《同人》卦卦辞）

7. 谦：亨，君子有终。（《谦》卦卦辞）

8. 初六：谦谦君子，用涉大川，吉。（《谦》卦初六爻辞）

9. 九三：劳谦，君子有终，吉。（《谦》卦九三爻辞）

10. 初六：童观，小人无咎，君子吝。（《观》卦初六爻辞）

11. 九五：观我生，君子无咎。（《观》卦九五爻辞）

12. 上九：观其生，君子无咎。（《观》卦上九爻辞）

13. 上九：硕果不食，君子得舆，小人剥庐。（《剥》卦上九爻辞）

稍作分析，在以上13处中，属于卦辞的仅有4处（《坤》《否》《同人》《谦》），属于爻辞的有9处，其中属于阳爻的6处（兆辞显示依次是"无咎""征凶""吉""无咎""无咎""得舆"），属于阴爻的3处（兆辞显示依次是"往吝""吉""吝"）；属于初爻的2处（兆辞显示"吉"和"吝"），属于第三爻的3处（兆辞显示"无咎""吝""吉"），属于第五爻的1处（兆辞显示"无咎"），属于上爻的3处（兆辞显示"征凶""无咎""得舆"）；《谦》和《观》卦中各出现3处，《谦》卦中有2处属于爻辞，《观》卦中有3处属于爻辞。在上经中与"君子"直接相关的卦象依次是：《乾为天》《坤为地》《水雷屯》《风天小畜》《天地否》《天火同人》《地山谦》《风地观》《山地剥》九卦，这九卦中除了《屯》以外每卦中都包含有经卦乾或坤（九卦共由18个经卦组成，其中含经卦乾5个，含经卦坤6个）。"君子"一词，在下经三十四卦中，仅出现7处，占全经的三分之一，依次是：

14. 九四：好遯，君子吉，小人否。(《遯》卦九四爻辞)

15. 九三：小人用壮，君子用罔；贞厉，羝羊触藩，羸其角。(《大壮》卦九三爻辞)

16. 初九：明夷于飞，垂其翼；君子于行，三日不食。有攸往，主人有言。(《明夷》卦初九爻辞)

17. 六五：君子维有解，吉。有孚于小人。(《解》卦六五爻辞)

18. 九三：壮于頄，有凶；君子夬夬独行，遇雨若濡，有愠，无咎。(《夬》卦九三爻辞)

19. 上六：君子豹变，小人革面；征凶，居贞吉。(《革》卦上六爻辞)

20. 六五：贞吉，无悔；君子之光，有孚吉。(《未济》卦六五爻辞)

稍作分析，在以上7处中，没有一处是属于卦辞的，属于爻辞的有7处，其中属于阳爻的4处（兆辞显示依次是"吉""贞厉""有言""无咎"），属于阴爻的3处（兆辞显示依次是"吉""居贞吉""吉"）；属于初爻的1处（兆辞显示"有言"），属于第三爻的2处（兆辞显示"贞厉""无咎"），属于第四爻的1处（兆辞显示"吉"），属于第五爻的2处（兆辞显示都是"吉"），属于上爻的1处（兆辞显示"吉"）；此7处分布在7个卦中，即未出现在同一个卦中多次出现的情况。在下经中与"君子"直接相关的卦象依次是：《天山遯》《雷天大壮》《地火明夷》《雷水解》《泽天夬》《泽火革》《火水未济》七卦，这七卦的卦时大多是处于某种趋于极端的背景，如"逃遁退避""大为强盛""光明陨伤""舒解险难""以刚决柔""推行变革""未济之难"，大多是处于某种极度忧困之中的情状。

不妨再进一步加以归纳：在以上20处中，属于卦辞的仅有4处且都在上经中（《坤》《否》《同人》《谦》），属于爻辞的有16处（其中属于阳爻的10处，属于阴爻的6处；属于初爻的3处，属于第三爻的5处，属于第四爻的1处，属于第五爻的3处，属于上爻的4处，第二爻中未出现）；《谦》和《观》卦中各出现3处，是全经中出现最多的两卦。在上经四个卦辞有"君子"的四个卦象中（《坤》《否》《同人》《谦》），主要是由乾、坤、离、艮等三爻经卦组成的六爻别卦，其中包含经卦乾有2个（《否》和《同人》），包含经卦坤有4个（《坤》2个、《否》《谦》），包含经卦离有1个（《同人》），包含经卦艮有1个（《谦》）；这4条卦象文辞对应的征兆结果主要是吉和亨（《坤》"安贞吉"、《否》"君子贞"、《同人》"亨"、《谦》"亨"）。在上下经16条有"君子"的爻辞中，兆辞显示主要是"无咎"和"吉"，其中显示"无咎"的有4处，显示"吉"的有6处，显示"得舆"与"有言"的各1处，显示"吝"的有2处，显示"厉"的1处，显示"征凶"的仅1处（未必是"凶"）。由此可见，与"君子"一词相关的卦爻辞对应的征兆结果绝大部分是"吉""亨""无咎"。这一现象充分表明：君子为人处世的思维方法是有利于趋吉避凶的，这无疑也是《易经》作者所倡导的。

此外，上下经中出现"君子"的卦象共有十六个，这十六个卦象在汉代的《八宫卦图》中，属于乾宫的有5个（上经4个：《乾》《否》《观》《剥》；下经1个：《遁》），属于坎宫的有3个（上经1个：《屯》；下经2个：《明夷》《革》），属于震宫1个（下经《解》），属于巽宫的有1个（上经《小畜》），属于离宫的2个（上经《同人》、下经《未济》），属于坤宫的3个（上经《坤》、下经《大壮》和《夬》），属于兑宫的1个（上经《谦》），在艮宫中未出现。联系前面对与"君子"相关卦象的初步分析，大致可以判定这十六个卦象在六十四卦中都是比较有代表性的（大多数包含经卦乾和坤，有半数属于乾、坤两宫卦），与君子的德位较为般配（大多数处于初、三、五、上爻，居处阳位和上位）。

通过以上的分析和归纳，我们试图寻找"君子"一词在卦爻辞中分布的特点，尽管已经发现"君子"一词所处的卦爻有一定的特殊性和倾向性，但仍难以得出一些基本规律。也许，其中并无基本规律可言。如果真有一定基本规律的话，那么仅仅从卦爻辞的表面恐怕是很难总结出来的，这必须有待日后更为全面深入的研究才有可能搞清楚卦爻辞作者的用意所在。但是，总的来看，我们似乎有理由相信，不论是卦辞的作者，还是爻辞的作者，在使用"君子"一词时都不是随意的，更有可能是与作《易》的旨意密切相关的。相关问题，留待后文再探讨，暂不述及。

二、《易经》中与"君子"相关的词语比较

在先秦典籍中，"君子"一词是很常见的[①]。但似乎仍有几个基本问题难以说清：一是"君子"的本义是什么？是指"君王之子"吗？或是指"有学问有修养的人"？二是从什么时候开始出现和使用"君子"这个词语？是在哪本著作中最早出现的？三是《易经》的作者是以"君子"自居？还是以"君子"作为理想榜样？诸如此类的问题不少，看似无关紧要，在笔者看来不仅牵涉到《周易》甚至包括儒家经典的核心思想问题，都离不开对这些基本问题的解答。但是这些问题都非常复杂，亦非本文所能完美解决的。有鉴于此，倘若我们能借助

[①] 一般而言，研究"君子"至少要做好两个方面：一是梳理此前学者对相关问题的研究；二是考察与《易经》同时代的作品中对"君子"的表述。但是，必须指出的是，本文是就《易经》文本内容展开对"君子"的研究，而不是研究君子文化的演变史。回到本义的研究，如果再和以往的君子文化研究过多地扯在一起，就跟以往的研究没有差别了。

《易经》的"君子"问题作为突破口,或许将有助于问题的进一步解决。基于以上粗浅的想法,本文拟先初步探讨一下"君子"在《易经》中究竟属于什么样的社会角色,以及其所体现的审美形象。

我们知道,在现存的古籍中,《易经》《诗经》《尚书》等经典是最为古老的,这三部经典中都有出现"君子"一词且较多使用,但又很难确定哪一处是最早出现的(主要是《易》《诗》《书》所反映的时代较为接近,被尊奉为经典的经历也大体相当,因此学术界向来难以判定其写作时代孰先孰后)。问题还在于,在这三部最古老的经书中,都没有直接给"君子"作下定义式的阐释,因此后人始终找不到相关问题的标准答案,只能借助各种史料文献的相关记载作一些带有推测性的理解,以致难以解决相关的基本问题。在笔者看来,在早期史料缺失的前提下,尽可能深入挖掘经典文本中的思想蕴涵与倾向,或许能从一些端倪中找到蛛丝马迹,进而找到发现和解决疑难问题的突破口。因此,以下拟通过比较《易经》中与"君子"相关的词语,使"君子"形象得到更加清晰的体现。相关的词语主要有:

其一,"小人"。在《论语》中,"君子"与"小人"经常对举并见。这早在《易经》中已不罕见,上下经中共有6处出现"君子"与"小人"对举并见(出现在上经《观》卦初六和《剥》卦上九、下经《遁》卦九四、《大壮》九三、《解》卦六五、《革》卦上六爻辞中)。"小人"在《易经》中单独出现的还有4处(《师》卦上六"小人勿用"、《否》卦六二"包承,小人吉"、《大有》卦辞"公用亨于天子,小人弗克"、《既济》卦九三"高宗伐鬼方,三年克之,小人勿用")。值得注意的是,在《易经》中,"小人"既与"君子"对举,也有1处与"大人"并举出现(《否》卦六二"小人吉,大人否"),还与"大君""天子""高宗"一起出现,与"大君"同时出现的有1处(《师》卦上六"大君有命,开国承家,小人勿用"),与"天子"同时出现的有1处(《大有》卦辞"公用亨于天子,小人弗克"),与"高宗"同时出现的有1处（《既济》卦九三"高宗伐鬼方，三年克之，小人勿用"）。由此可见，在《易经》中，"君子"既与"小人"相对而言，又与"大君""天子"等有明显区别。

其二，"大人"。在《易经》中共出现12处"大人"，依次是上经《乾》卦九二、九五爻辞"利见大人"、《讼》卦辞"利见大人"、《否》卦六二爻辞"大人否"、九五爻辞"大人吉"；下经《蹇》卦辞和上六爻辞"利见大人"、《萃》卦辞"利见大人"、《升》卦辞"用见大人"、《困》卦辞"大人吉"、《革》卦九五爻辞"大人虎变"、《巽》卦辞"利见大人"。"大人"与"小人"在同一条爻辞中出现的仅有1处（《否》卦六二），在同一卦的爻辞中出现的也仅有1处（《革》卦九五爻辞"大人虎变"与上六爻辞"小人革面"）。不难发现，凡是出现"大人"的卦爻辞，兆辞显示大多数是非"吉"即"利"，最常见的是"利见大人"。从这里也可以发现，"君子"与"大人"有别，"大人"可能是指具有爵位、掌管权力和利益的官员。《易经》中不言"利见君子"，而常见"利见大人"，可以说明什么呢？笔者以为，这至少可以说明在社会角色上"君子"与"大人"不仅都与"小人"相对而言，而且在地位、功能上是有明显区别的。问题是，在社会地位上，"君子"与"大人"孰高孰低呢？这是值得进一步探究的。

其三，"小子"与"夫子"。《易经》中出现3处"小子"，依次是《随》卦六二爻辞"系小子，失丈夫"和六三爻辞"系丈夫，失小子"、《渐》卦初六爻辞"小子厉"。很明显，"小子"与"丈夫"相对而言，意思可能是指小孩子或未成年的儿子。单从字面上理解，"小人"也可以有"幼小""矮小"之人的意思（如今沪语称"小人"，即指小孩子），但这个意思在《易经》中已经由"小子"这个词来指代了，由此可见"小人"是指人格意义上的。也就是说，这反过来可以证明，《易经》中的"小人"不是指年龄低或身躯小的"小子"，而是特指人格低下、气量狭小或地位卑微的人。由此反证，与"小人"相对的"大人",乃是地位高显的人;与"小人"相对的"君子",乃是人格高尚、胸怀坦荡的人。"夫子"一词仅见于《恒》卦六五爻辞"妇人吉,夫子凶",此处"夫子"与"妇人"相对出现,是指成人男子,与"君子"也是有明显区别的。当然,从这里我们也可看出一点端倪:"子"字在《易经》中是常见词,共出现33处(除了前引"君子"20处、"小子"3处,还有《屯》卦六二爻辞"女子贞不字"、《蒙》卦九二爻辞"子克家"、《师》卦六五爻辞"长子帅师,弟子舆尸"、《大有》卦九三爻辞"公用亨于天子"、《蛊》卦初六爻辞"干父之蛊,有子考"、《明夷》卦六五爻辞"箕子之明夷"、《家人》卦九三爻辞"妇子嘻嘻"、《鼎》卦初六爻辞"得妾以其子"、《中孚》卦九二爻辞"鸣鹤在阴,其子和之"等10处)。"子"字在《易经》中主要指儿女、孩子、对人的称呼、对人的尊称等,如果说"天子"是"天之子"(即君王),那么说"君子"就是"君之子"(即王子);如果说"箕子"之"子"是一种尊称,那么"君子"之"子"也可以是一种尊称;如果说"小子""长子""夫子"之"子"是指男子,那么"君子"的性别也应该是男子。有鉴于此,笔者以为《易经》中的"君子"不是一般的男子,也不只是社会地位和道德修养高尚的男子,有可能同时具备贵族"王子"的身份。这对我们研究《易经》的作者问题和写作目的,无疑是至关重要的!

其四,"丈人"与"武人"。"丈人"在《易经》中只出现1处,见《师》卦辞"丈人吉""丈人",李鼎祚《周易集解》引崔憬曰:"《子夏传》作'大人'"①,可见"丈人"与"大人"意义较为接近,也可能是指有作战经验的贤明长者,并非是指"君子"。"武人"在《易经》中出现2处,即《履》卦六三爻辞"武人为于大君"和《巽》卦初六爻辞"利武人之贞",可见"君子"与"武人"(勇武之人)也是有明显

---

① 转引自黄寿祺、张善文:《周易译注》,上海古籍出版社,1989年,第73页。

区别的。除了"天子""大君""大人""丈人""武人"以外,在《易经》中还出现"帝""王""公""侯""王侯""王臣""臣""官""宫人"等带有专称的词语,可见这些都与"君子"有明显区别。

其五,"贞"。"贞"在《易经》中是常见字,按《易传》的理解,意思是"贞正""守正",现当代有不少人以为是与"占"通,有"占卜"之义。笔者发现,卦爻辞中出现"君子"时较常出现"贞"字,如《坤》"安贞吉"、《小畜》上九"贞厉"、《否》"不利,君子贞"、《同人》"利君子贞"、《大壮》九三"贞厉"、《革》卦上六"居贞吉"、《未济》六五"贞吉",可见"贞"与"君子"的立身行德是有密切关联的。如果再与《屯》六三"君子几,不如舍,往吝"、《小畜》上九"君子征凶"等爻辞相联系,更能说明"贞"与"持中守正"的意思较为吻合,而与"占卜"之义相去甚远。从中我们也可以进一步推测,鉴于"君子"身份的特殊(君之子),在行为举止方面要做到合乎礼节,在言行品德方面要成为榜样,必须尽可能"守贞"才是适宜的。

三、《易经》中"君子"的审美形象简析

通过前面的分析和归纳,我们发现《易经》中的"君子"不是一般人,而是有重要担当的角色,很可能是社会地位崇高和品德兼优的"君之子"(王子)。以下拟以《易经》中有直接出现"君子"的20处卦爻辞文本内容为依据,从审美思维、审美思想等角度进一步彰显"君子"的光辉形象。"君子"的形象特征,大致可归纳为以下十个方面[①]。

---

① 之所以列出十个方面,乃是因为这些卦的文辞中有与君子直接相联系的。因学界尚罕有人从审美的角度对此进行总结和概括,所以本文侧重加以分析和说明。从根本上说,《易经》中"君子"的审美特征并非仅有十个方面,甚至可以说整部《周易》所言皆可视为君子之审美特征。但是,如果我们一开始就把整部《周易》所言都直接视为君子的审美特征,恐怕学术界更难以理解和接受!

（1）终日乾乾，谦虚谨慎。详见《乾》和《谦》两卦。君子处九三之凶位时，不懈怠，不退缩，始终健健不已，自强不息，日夜警惕，以求无咎。君子居社会之高位时，不得意，不骄傲，始终谨慎行事，谦卑待人，勤恳劳作，为求有终。君子因乾乾而有业绩功勋，因谦谦而有德行风范，故能无咎有终。可见，君子的操行风范与《易经》注重德才兼备的指导思想高度一致。

（2）见几行事，审时度势。详见《屯》和《小畜》两卦。君子"即鹿"入于林中，不穷追，不妄动，懂得知微见著，见几知几，及时停步，以免往吝。君子处"既雨""德载"之时，不妄进，不过盈，明晓物极必反，月圆必亏，审慎防危，避免征凶。君子因知几而能全身而退，因知极而能防备守身，故能不吝免凶。可见，君子的生存智慧与《易经》的保守变通思想是一致的。

（3）立德守贞，安贞居贞。详见《坤》《否》《同人》《革》《未济》诸卦。君子处阴暗迷途之中，寻找有利方向，安贞而吉。君子遇匪人不利之时，敢于坚守正道，由否通泰。君子同人于野之时，善于与人和同，得亨守贞。君子处于革故鼎新之时，善于助成变革，静居守正。君子处于未济未成之时，继续守持贞固，诚信待人。综而观之，无论是阴暗、否闭、野处，还是变革、未济之时，君子都能坚守正知，笃行正道，耐心等待而化险为夷。可见，君子的德行素养与《易经》的守中持正思想是一致的。

（4）注重观仰，善于隐退。详见《观》和《遁》两卦。君子处于观仰事物之时，不浅见，不短视，端正观仰心态，反观内省，保持正观，免除咎害。君子处衰坏之世，不苟且，不合污，及时忍痛割爱，逃避乱世，从容隐退，贞定自守。君子因观仰事物而知反观、正观之重要，因洁身自好而明归隐、退避之意义。可见，君子的审美心态与《易经》崇尚光明的思想是一致的。

（5）遇壮用罔，无为处世。详见《大壮》卦。君子处于强壮盛大之时，不逞强，不用壮，仍然守正养德，守贞防危，以无为用，进退自如，免除纠葛。君子因无为而无不为，因无用而无不用，刚柔并济，应付自如。可见，君子的处世之道与《易经》刚柔并用的思想是一致的。

（6）转危为安，有孚而吉。详见《解》和《未济》两卦。君子处于舒解险难之时，不忧惧，不失信，从容面对险境，正气凛然，以诚待人，以信服人，以致脱险。君子处于未济艰险之时，不后悔，不妄为，秉持贞正之道，励精图治，持正守信，化凶趋吉。君子因有孚而使小人诚服无怨，因守正而使自己光辉焕发，促邪归正，怀信得吉。可见，君子真诚处世的立场与《易经》坚守正道的思想是一致的。

（7）奋勇前行，三日不食。详见《明夷》卦。君子处于光明陨伤之时，不滞留，不遑食，及早潜隐避难，志急于行，忍饥挨饿，垂翼内敛，用晦而明。君子因有志而不甘堕落黑暗，因有言而不敢招摇前往，怀惧而行，行不敢显。可见，君子弃暗投明的心志与《易经》崇阳抑阴的思想是一致的。

（8）夬夬独行，有愠无咎。详见《夬》卦。君子处于以刚决柔之时，不犹豫，不徇私，行动刚毅果断，独行无悔，有愠无惧，决除小人，免遭咎害。君子因夬夬而能果决其决，因有凶而能独行其行，虽有麻烦，且遭人怨，但无过错。可见，君子难容小人的态度与《易经》以阳决阴的思想是一致的。

（9）助成变革，犹如豹变。详见《革》卦。君子处于变革创新之时，不保守，不阻碍，善于把握时机，遵循正道，推陈出新，取信于人，居贞得吉。君子因助成变革而使小人洗心革面，因安居正道而使自己免遭凶险，善于变革，厥功至伟。可见，君子知变善变的思维与《易经》阴阳变通的思想是一致的。

（10）硕果不食，得舆济世。详见《剥》卦。君子处于阳气剥落之终，不为利，不为害，坚持仁慈济世，其德刚直，其行得舆，爱护硕果，与人分享，造福四方。君子因不独吞胜利硕果而得民众拥护，因不擅自剥庐害民而能驱车济世，有福同享，安抚万民。可见，君子阳刚不灭的形象与《易经》崇尚阳刚的思想是一致的。

通过以上的简析和引述，《易经》中"君子"的光辉形象跃然纸上。从审美的角度来看，"君子"的形象特征趋于完美，在审美的思维、方法、心态、志趣、智慧等方面颇与《易经》之道融通。此"君子"倘若不是精通易道而知行合一之人，何以至此？若是，那么如此趋于完美的"君子"，不仅是一位地位和道德崇高的"王子"（君之子），而且是一位与《易经》作者关系密切的得道高人，有可能是《易经》作者本人，也有可能是《易经》作者心目中的理想榜样。当然，是否果真如此，还有待进一步的探究取证。但是，毋庸置疑，君子之道与《易经》中正和谐之道显然是一致的，也与先秦儒家宣扬的中庸之道契合相通。因此，立足原典，考镜源流，全面深入探究君子文化的历史演变，无论是对于易学、儒学乃至中国学术思想的研究都是至关重要而意义深远的。①

---

① 近十几年来，学术界对君子文化研究方兴未艾，已有多个君子文化研究中心相继成立。2016年末，笔者有幸参加江苏省社会科学院君子文化研究中心主办的"《周易》与君子思想"座谈会，在参会之前即已初步形成本文的观点和思路，但未撰成文稿。在参会过程中，才发现已有业余学人何泽华先生专门研究《周易》与君子文化，并有著作问世（冰火：《君子乾坤》，黄山书社，2016年）。该书深入浅出，通俗易懂，有所创获，令人感动，非常难得。借此，也表示对何先生由衷的敬意！但是，有点遗憾的是，该书作者毕竟未经严格的学术训练，在史料考辨和理论推阐方面有所欠缺，以致出现些许统计上的失误，而且过于把经传混为一谈，有碍于对君子文化本源的细考。有鉴于此，本文不揣谫陋，从最基本的问题入手，考查出处，注重文本，细致分析，庶几有补于对《周易》与君子思想文化的深入研究。限于篇幅，未能对"君子"的文化背景加以考察，仅凭对《易经》的主观理解或想象来理解"君子"的涵义，难免有疏漏，仅供参考！

四、余论

关于《易经》的作者问题，向来说法不一。一般认为是周文王所作，但也有说法认为是文王作卦辞、周公作爻辞。如果确是由文王、周公先后完成的，或者说卦辞与爻辞的作者不是同一个人，那么又该如何来理解"君子"与《易经》作者的关系呢？我们知道，有四则卦辞出现"君子"，说明卦辞作者已经重视"君子"了；又有十六则爻辞出现"君子"，似乎也可说明爻辞作者更加重视"君子"。假设卦辞的作者是"君子"，爻辞的作者也是"君子"，那么可能因此反证卦辞与爻辞的作者是同一个人；即使"君子"在卦辞与爻辞中不是同一个人，也确实是具有大致相同的审美形象。因此，通过对《易经》中"君子"问题的初步研究，我们似乎有理由相信《易经》卦爻辞的作者是同一个人，而且可能是同一个"君子"；当然，也不排除其作者是分属两个不同的"君子"（文王是"君之子"，周公也是"君之子"）。由于尚缺乏足够的史料依据佐证，本文的推论暂且只能当作一种猜想而已。

（原载《东亚易学研讨会论文集》，山东曲阜师范大学主办，2023年9月，第223—233页）

《封神演义》的天道思想与易学观

《封神演义》(以下简称《封》)[①]是一部古典小说名著。虽然是小说形式,但内容丰富,思想驳杂。其中对天道的理解,对易学的看法,颇具中国特色,值得认真探讨。兹据小说文本,引而述之,以飨读者。

一、《封神演义》对天地人时的理解

《封》中的天道,是一个笼统的概念,可与整个宇宙相提并论。因此,对天道的看法,不只是对天的看法,至少应该包括如下几个方面。

(一)宇宙观和世界观。小说开头,有一首《古风》诗,讲述宇宙世界是如何从混沌分离和演化的,诗云:

> 混沌初分盘古先,太极两仪四象悬。
> 子天丑地人寅出,避除兽患有巢贤。
> 燧人取火免鲜食,伏羲画卦阴阳前。
> 神农治世尝百草,轩辕礼乐婚姻联。
> 少昊五帝民物阜,禹王治水洪波蠲。
> ……(第一回)

[①] (明)许仲琳原著,彭万隆、储泰松、赵红校点:《封神演义》,文化艺术出版社,1993年。本文中所引《封神演义》中的文本内容,主要参见此本,后文不再注明。

这分明是用历史发展的眼光来看宇宙的变化。在《封》中，认为宇宙大体可分为天、人、地三个世界，人在天地之中，鬼魂伏于地下，神仙住在天上；在当时，天界归玉皇大帝管辖，人界归殷商纣王管辖，地上妖界归女娲娘娘管辖，地上仙界（仙山洞府）归三教教主各自管辖，还有一个极乐世界是归西方教主管辖（此极乐世界到底居住何界，书中未言明）；三界是同体相通的，可以跨界交往（如人与神仙鬼魅在特定条件下可以同时出现，不同教派中人也能自由来往），越级生存（如人可修道成仙上天庭，也可变成神灵，变成妖怪，变成土石，变成动植物等，但不管如何变化都离不开三界之道体）。在三界中，天宫是宇宙的核心，景象奇特，令人向往。详见下文：

（哪吒）但见上天，大不相同：

初登上界，乍见天堂，金光万道吐红霓，瑞气千条喷紫雾。只见那南天门：碧沉沉瑠璃造就，明晃晃宝鼎妆成。两旁有四根大柱，柱上盘绕的是兴云步雾赤须龙；正中有二座玉桥，桥上站立的是彩羽凌空丹顶凤。明霞灿烂映天光，碧雾朦胧遮斗日。天上有三十三座仙宫：遗云宫、昆沙宫、紫霄宫、太阳宫、太阴宫、化乐宫，一宫宫脊吞金猊豸；又有七十二重宝殿：乃朝会殿、凌虚殿、宝光殿、聚仙殿、传奏殿，一殿殿柱列玉麒麟。寿星台、禄星台、福星台，台下有千千年不卸奇花；炼丹炉、八卦炉、水火炉，炉中有万万载常青的绣草。朝圣殿中绛纱衣，金霞灿烂；彤廷阶下芙蓉冠，金碧辉煌。灵霄宝殿，金钉攒玉户；积圣楼前，彩凤舞朱门。伏道回廊，处处玲珑剔透；三檐四簇，层层龙凤翱翔。上面有紫巍巍、明晃晃、圆丢丢、光灼灼、亮铮铮的葫芦顶；左右是紧簇簇、密层层、响叮叮、滴溜溜、明朗朗的玉佩声。正是：天宫异物般般有，世上如他件件稀。金阙银銮并紫府，奇花异草暨瑶天。朝王玉兔坛边过，参圣金乌着底飞。若人有福来天

境，不堕人间免污泥。（第十二回）

惟天为万物父母，惟人为万物之灵。（第六十七回）

天下者非一人之天下，乃天下人之天下也。（第九十四回）

（二）时间观和空间观。《封》中的空间观是立体多维的，在人间是有方位的，而在天界则是漂浮不定的，难以言传的。而对时间的认识更是多元，有人间的时间观，如"光阴瞬息，岁月如流"（第七回）、"自古及今"（第九十四回）、"识时务者呼为俊杰"（第六十一回）；有天上的时间观，如天上有千千年的花和万万载的草，体现了时间的无限性；有天地共通的时间观，如所封的三百六十五尊正神，对应星宿值日和三百六十五度之数，相当于把一周天的各个"日"点都"神"化了。还有夜观天象之说。如商容启奏："执掌司天台首官杜元铣，昨夜观乾象，见妖气照笼金阙，灾殃立见。……"（第六回）认为人可通过观察天象的变化，觉察人世在未来时间中的相应变化，这与《易传》"天垂象，见吉凶"的思想是一致的。

（三）历史观和天命观。认为历史是天命的反映，而天命不可违逆。如女娲发现殷商气数已尽，但要报仇也须遵从天意：

却说二位殿下殷郊、殷洪来参谒父王。那殷郊后来是"封神榜"上"值年太岁"；殷洪是"五谷神"，皆有名神将。正行礼间，顶上两道红光冲天。娘娘正行时，被此气挡住云路；因望下一看，知纣王尚有二十八年气运，不可造次，暂回行宫，心中不悦。

娘娘曰："三妖听吾密旨：成汤望气黯然，当失天下；凤鸣岐山，西周已生圣主。天意已定，气数使然。你三妖可隐其妖形，托身宫院，惑乱君心。俟武王伐纣，以助成功，不可残害众生。事成之后，使你等亦成正果。"娘娘吩咐已毕，三妖叩头谢恩，化

清风而去。正是：狐狸听旨施妖术，断送成汤六百年。（第一回）

又如，认为纣王焚烧云中子的宝剑，既是毁掉商王朝的直接原因，又是符合天意的，即通过尽人事而不得，来反映天意是不可违逆的：

> 看官：纣王不焚此宝剑，还是商家天下；只因焚了此剑，妖气绵固深宫，把纣王缠得颠倒错乱，荒了朝政，人离天怨，白白将天下失于西伯，此也是天意合该如此。（第五回）

再如，认为天象和天数，决定人的命运，有宿命论的倾向：

> 单言上天垂象，定下兴衰，二位殿下乃"封神榜"上有名的，自是不该命绝。（第九回）
> 姬昌曰："我儿，君子见难，岂不知回避？但天数已定，断不可逃，徒自多事。你等专心守父嘱诸言，即是大孝，何必乃尔！"（第十回）
> 子牙曰："一时误于检点，故遭此厄，无非是天数耳。"（第九十一回）

又认为天命虽然无常，但从历史变化的角度看，凡是有德之人（君），都能得到天的眷顾和厚爱，而无德之君必将遭受讨伐和惩罚：

> 故天命无常，惟眷有德。昔尧帝有天下而让于舜；虞帝复让于禹；禹相传至桀而荒怠朝政，不修德业，遂坠夏统。成汤以大德得承天命，于是放桀而有天下，传至于今。岂意纣王罪甚于桀，荒淫不道，杀妻诛子，剖贤人之心，炮烙谏官，蛊盆宫女，囚奴正士，醢戮大臣，斫朝涉之胫，刳剔孕妇，三纲尽绝，五伦有乖，

天怒民怨，自古及今，罪恶昭著未有若此之甚者。语云："贼仁者，谓之贼；贼义者，谓之残。残贼之人，谓之一夫。"乃天下所共弃者，又安得谓之君哉！今天下诸侯共伐无道，正为天下洗此凶残，救民于水火耳，实有光于成汤。故奉天之罚者，谓之天吏，岂得尚拘之以臣伐君之名耶？（第九十四回）

必须指出的是，作者看似在述说历史，其实却处处在自己安排历史。在今天来看，作者体现出混乱颠倒的历史观。如把周时言当作商时语，让人无可奈何：

> 黄飞虎闻言，将五柳长须捻在手内，大怒曰："三位殿下，据我未将看将起来，此炮烙不是炮烙大臣，乃烙的是纣王江山，炮的是成汤社稷。古云道得好：'君之视臣如手足，则臣视君如腹心；君之视臣如土芥，则臣视君如寇仇。'今主上不行仁政，以非刑加上大夫，不出数年，必有祸乱。我等岂忍坐视败亡之理？"（第六回）

前面引文中所引用的古代名言，其实是孟子书中的名言和思想。此种"关公战秦琼""前人说后语"的现象，在《封》中比比皆是。当下中国的影视作品，粗制滥造，妄改历史，戏说古人，与《封》极其相似。也许这就是中国各个历史时代的特殊需要造成的吧！

二、《封神演义》对《周易》学说的看法

《史记》有"文王拘（羑里）而演《周易》"之说，《封》对此已小说故事化，不仅活生生刻画了一位仁德四布、擅长卜卦的文王形象，而且多处描写了文王用《易》数算卦的细节。其中不少观点值得重视。

（一）太姜演先天数。文王和他母亲都会演算先天数，起易课，预知吉凶：

宣儿伯邑考至，吩咐曰："昨日天使宣召，我起一易课，此去多凶少吉，纵不致损身，该有七年大难。"……太姜曰："我儿，为母与你演先天数，你有七年灾难。"（第十回）

（二）文王料事如神。文王醉后用先天数预测，仍非常准确和应验，还认为预测之后人若反省趋善也能逃越灾难：

费仲曰："请问贤侯，仲常闻贤侯能演先天数，其应果否无差？"姬昌答曰："阴阳之理，自有定数，岂得无准？但人能反此以作，善趋避之，亦能逃越。"仲复问曰："若当今天子所为皆错乱，不识将来究竟，可预闻乎？"此时姬伯酒已半酣，却忘记此二人来意，一听得问天子休咎，便蹙额欷歔，叹曰："国家气数黯然，只此一传而绝，不能善其终。今天子所为如此，是速其败也。臣子安忍言之哉！"姬伯叹毕，不觉凄然。仲又问曰："其数应在何年？"姬伯曰："不过四七年间，戊午岁中甲子而已。"费、尤二人俱咨嗟长叹，复以酒酬西伯。少顷，二人又问曰："不才二人，亦求贤侯一数，看我等终身何如？"姬伯原是贤人君子，那知虚伪，即袖演一数，便沉吟良久，曰："此数甚奇甚怪！"费、尤二人笑问曰："如何？不才二人数内有甚奇怪？"昌曰："人之死生，虽有定数，或瘫痨鼓膈，百般杂症，或五刑水火，绳缢跌扑，非命而已。不似二位大夫，死得蹊蹊跷跷，古古怪怪。"费、尤二人笑问曰："毕竟如何？列于何地？"昌曰："将来不知何故，被雪水淹身，冻在冰内而死。"——后来姜子牙冰冻岐山，拿鲁雄，捉此二人，祭封神台。此是后事。表过不题。二人听罢，含笑曰：

"'生有时辰死有地',也自由他。"三人复又畅饮。费、尤二人乃乘机诱之曰:"不知贤侯平日可曾演得自己?究竟如何?"昌曰:"这平昔我也曾演过。"费仲曰:"贤侯祸福何如?"昌曰:"不才还讨得个善终正寝。"费、尤二人复虚言庆慰曰:"贤侯自是福寿双全。"西伯谦谢。(第十一回)

(三)伏羲演成八卦。文王在纣王面前坚称八卦先天数源自神农和伏羲,能定人事吉凶,且当众快速作出准确的预测:

> 姬昌奏曰:"臣虽至愚,上知有天,下知有地,中知有君,生身知有父母,训教知有师长,'天、地、君、亲、师'五字,臣时刻不敢有忘,怎敢侮辱陛下,甘冒万死?"王怒曰:"你还在此巧言强辩!你演甚么先天数,辱骂朕躬,罪在不赦!"昌奏曰:"先天神农、伏羲演成八卦,定人事之吉凶休咎,非臣故捏。臣不过据数而言,岂敢妄议是非。"王曰:"你试演朕一数,看天下如何?"昌奏曰:"前演陛下之数不吉,故对费仲、尤浑二大夫言;即日不吉,并不曾言甚么是非。臣安敢妄议?"纣王立身大呼曰:"你道朕不能善终,你自夸寿终正寝,非侮君而何!此正是妖言惑众,以后必为祸乱。朕先教你先天数不验,不能善终!"(第十一回)

> 奏曰:"陛下天赦姬昌还国,臣民仰德如山。且昌先天数乃是伏羲先圣所演,非姬昌捏造。若是不准,亦是据数推详;若是果准,姬昌亦是直言君子,不是狡诈小人,陛下亦可赦其小过。"王曰:"骋自己之妖术,谤主君以不堪,岂得赦其无罪!"比干奏曰:"臣等非为姬昌,实为国也。今陛下斩姬昌事小,社稷安危事大。姬昌素有令名,为诸侯瞻仰,军民钦服。且昌先天数,据理直推,非是妄捏。如果圣上不信,可命姬昌演目下凶吉。如准,可赦姬

昌；如不准，即坐以捏造妖言之罪。"纣王见大臣力谏，只得准奏，命姬昌演目下吉凶。昌取金钱一晃，大惊曰："陛下，明日太庙火灾，速将宗社神主请开，恐毁社稷根本！"王曰："数演明日，应在何时？"昌曰："应在午时。"王曰："即如此，且将姬昌发下囹圄，以候明日之验。"众官同出午门。姬伯感谢七位殿下。黄飞虎曰："贤侯，明日颠危，必须斟酌！"姬昌曰："且看天数如何。"众官散罢。不题。

且言纣王谓费仲曰："姬昌言明日太庙火灾，若应其言，如之奈何？"尤浑奏曰："传旨，明日令看守太庙宫官仔细防闲，亦不必焚香，其火从何而至？"王曰："此言极善。"天子回宫。费、尤二人也出朝。不表。

且言次日，武成王黄飞虎约七位殿下俱在王府，候午时火灾之事，命阴阳官报时刻。阴阳官报："禀上众老爷，正当午时了。"众官不见太庙火起，正在惊慌之际，只听半空中霹雳一声，山河振动。忽见阴阳官来报："禀上众老爷，太庙火起！"比干叹曰："太庙灾异，成汤天下必不久矣！"众人齐出王府看火。好火！（第十一回）

看来文王算卦是既应验又简便：先"袖演一数"或"取金钱一晃"，再据理推详，便知吉凶休咎和何时何地应验何事。试想，史上的文王要是果真如此，《易经》卜卦也真是太简易，太神奇了！

（四）《周易》成于羑里。文王在羑里七年，把伏羲八卦演变成六十四卦，仍继续用金钱起卦，并在重返西周后用《易》之数理建造灵台：

父老言曰："羑里今得圣人一顾，万物生光！"欢声杂地，鼓乐惊天，迎进城郭。押送官叹曰："圣人心同日月，普照四方，今日观百姓迎接姬伯,非伯之罪可知。"姬昌进了府宅。押送官往都城回旨。不表。且言姬昌一至羑里,教化大行,军民乐业。闲居无事,把伏羲八卦反复推明,变成六十四卦,中分三百六十爻象,守分安居,全无怨主之心。(第十一回)

且言西伯侯因于羑里城,即今河北相州汤阴县是也,每日闭门待罪,将伏羲八卦变为八八六十四卦,重为三百八十四爻,内按阴阳消息之机,周天划度之妙,后为"周易"。姬伯闲暇无事,闷抚瑶琴一曲,猛然琴中大弦忽有杀声,西伯惊曰:"此杀声主何怪事?"忙止琴声,慌取金钱占一课,便知分晓。(第二十回)

西伯惊曰:"此又是异征!"随焚香,将金钱搜求八卦,早解其情。(第二十回)

台高二丈,势按三才。上分八卦合阴阳,下属九宫定龙虎。四角有四时之形,左右立乾坤之象。前后配君臣之义,周围有风云之气。此台上合天心应四时,下合地户属五行,中合人意风调雨顺。文王有德,使万物而增辉;圣人治世,感百事而无逆。灵台从此立王基,验照灾祥扶帝主。正是:治国江山茂,今日灵台胜鹿台。(第二十三回)

文王曰:"非是不悦。此台虽好,台下欠少一池沼以应'水火既济、合配阴阳'之意。孤欲再开沼池,又恐劳伤民力,故此郁郁耳。"(第二十三回)

不难发现,《封》中的文王精通《易经》,虽无言明《周易》有卦爻辞,是有文本的典籍,但充分肯定《周易》学说是源自伏羲、神农,有数有理,可用金钱起卦,"一晃"便可准确预知未来,且经文王在羑里的七年推演,把八卦发展成六十四卦,成就传至今日的《周易》。从易学史的角度看,作者的说法当有一定的依据,但把先天数和金钱卦跟文王相联系,也是不切实际的,仍有随意安排历史之嫌。明于此,我们才不会因为《封》的影响，而产生对早期易学史的误读。

（五）易道主导三界。认为易学思想是整个宇宙的主导思想，易道即天道，亦是太极之道；天地人三界，都应遵循易道变化的规律；除了文王、子牙等人据易数预知人事以外，三教中人也都据易理修炼丹道，用太极、八卦、九宫的道理来布阵和斗法，甚至连妖精妲己也是学《易》以勘验阴阳。详见下文：

> 子牙见风色怪异，掐指一算，早知其意。……诗曰：子牙妙算世无双，动地惊天势莫当。（第九十回）
>
> 判凶吉兮明通爻象，定祸福兮密察人心。阐道法，扬太上之正教；书符篆，除人世之妖氛。谒飞神于帝阙，步罡气于雷门。扣玄关，天昏地暗；击地户，鬼泣神钦。夺天地之秀气，采日月之精华。运阴阳而炼性，养水火以胎凝。二八阴消兮若恍若惚，三九阳长兮如杳如冥。按四时而采取，炼九转而丹成。（第五回）
>
> 通天教主道罢，走进阵去；少时，布成一个阵势，乃是一个阵结三个营垒，攒簇而立。通天教主至阵前问曰："你二人可识吾此阵否？"老子大笑曰："此乃是吾掌中所出，岂有不知之理。此是太极两仪四象之阵耳！有何难哉！"（第八十二回）
>
> 子牙命李靖领柬贴："你在八卦阵正东上，按震方，书有符印，用桃桩，上用犬血，……如此而行。"又命雷震子领柬贴："你在正南上，按离方，亦有符印，也用桃桩，上用犬血，……如此而行。"命哪吒领柬贴："在正西上，按兑方，也用桃桩，上用犬血，……如此而行。"又命杨任："在正北上，按坎方，也用桃桩，上用犬血，……如此而行。"……子牙先出营，布开八卦，暗合九宫，将桃桩钉下。（第九十回）
>
> 妲己曰："妾虽系女流，少得阴符之术，其勘验阴阳，无不奇中。适才断胫验髓，此犹其易者也。至如妇人怀孕，一见便知他

腹内有几月,是男,是女,面在腹内,或朝东、南、西、北,无不周知。"(第八十九回)

(六)作者妙用易学。易学思想和易学术语,在《封》中随处可见。可以看出,《封》的作者是精通易学的,并且以为易学是三界通用的,因此也运用易学思想作为审美标准来虚构故事,表达思想。这一点,非常值得今人重视。详见下文:

> 邓昆忙起身慰之曰:"非不才敢蓄此不臣之心,只以天命人心卜之,终非好消息,而徒死无益耳。既贤弟亦有此心,正所谓'二人同心,其利断金',只吾辈无门可入,奈何?"(第八十五回)
>
> 石矶娘娘与太乙真人往来冲突,翻腾数转,二剑交架,未及数合,只见云彩辉辉,石矶娘娘将八卦龙须帕丢起空中,欲伤真人。……真人收了神火罩,又收乾坤圈、混天绫,进洞。(第十三回)
>
> 真人将花勒下瓣儿,铺成三才,又将荷叶梗儿折成三百骨节,三个荷叶,按上、中、下,按天、地、人。真人将一粒金丹放于居中,法用先天,气运九转,分离龙、坎虎,绰住哪吒魂魄,望荷、莲里一推,喝声:"哪吒不成人形,更待何时!"(第十四回)
>
> 此乃是太极四象,变化无穷之法;心想何物,何物便见;心虑百事,百事即至。只见殷洪左舞右舞,在太极图中如梦如痴。(第六十一回)

上引文中的"二人同心,其利断金"显然是《易传》的语句;八卦龙须帕、乾坤圈和太极图等法器,还有诸如"三才""离坎""四象"等,分明都与易学相关。

三、小结

综上所述,我们发现《封》中的天道观和易学观是基本一致的,这与《易传》"易与天地准,故能弥纶天地之道"的思想无疑也是一致的。进而言之,《封》的作者也是运用易学的思想原理,来品评人事和虚构故事的,其真幻相即的故事情节也符合《易传》"一阴一阳之谓道",因此看似历史故事而又荒诞不经,看似离奇曲折而又鞭辟入里,处处显露作者的用心,回回体现中国的文化。倘若我们能从易学的视角来审视《封》,则此书的主导思想就不再是有局限性的封建文化和神学思想,而是有一定科学性和合理性的易学文化思想,昭示后人正确看待宇宙幻化,选择正道才能成就人类安定、和谐、美好的未来。

(原载《海峡道教》,2014年第1期,第15—22页)

关于文王与《周易》的若干思考

周文王是一个非常伟大的历史人物，这应该是毋庸置疑的。但是，由于史阙有间，关于文王的生平故事至今仍如神话传奇一般。近几十年来，随着传统文化的复兴，历史上许多重要人物都得到重视，周文王也不例外。但跟传说中的远古圣人伏羲、神农、黄帝，以及有周以来的老子、孔子、董子、朱子、阳明子等历史人物相比，周文王显然是被学界和民众有所忽视了。这可以从三个方面得到体现：一是每年都有轰轰烈烈的祭祀先圣大典，而祭祀文王的典礼显然还不够隆重；二是位于陕西咸阳机场附近的文王陵墓，一直没有得到重点修缮，也很少有人去朝拜；三是关于文王生平的历史研究比较缺乏，也没有出现重大的项目和成果。自2019年9月考察河南省汤阴县羑里城以来，笔者一直有个挥之不去的疑问：今天的国人为什么不太重视周文王？也许是至今学术界没能给文王功绩一个全面、清晰、准确、客观、合实的定位，以致广大民众对文王的丰功伟绩都不够了解吧[①]。在笔者看来，要历史地辩证地定位文王的生平事功，离不开对一个重要问题的深入探讨，即文王与《周易》之间的关系。这是一个非常具有挑战性的历史难题，非本文所能解决。但是，笔者希望能够通过个人的若干思考，抛砖引玉，从而引起学术界对该问题的进一步重视。

---

① 笔者在撰写本文过程中，动笔后几日（2021年9月20日晚八点），央视第1频道播出《典籍里的中国》第10期《周易》，节目中主要再现文王、孔子与《周易》之间的故事，尤其是用较多的画面情节来演绎周文王行仁德、治周国的典型事例，比较客观再现了一个伟大历史人物的英明仁厚形象。如此宣扬周文王，之前还是很少见的。

一、文王何许人也?

与三代之前的先祖先圣相比,历史典籍中对文王生平故事的记载还是比较丰富的,也比较真实可信。但是由于历史久远,呈现在当代人脑海中的文王,难免还是扑朔迷离,如神人一般。有鉴于此,我们不妨从多个角度来加以认识。

(一)作为历史人物的文王。从历史记载的角度看,文王的生平概况还是很清楚的,并非难以说清的谜题。周文王姬昌(公元前1152年—前1056年),姬姓,名昌,岐周(今陕西岐山县)人;周朝奠基者,周太王之孙,季历之子,周武王、周公旦之父;又称周侯、西伯、姬伯,周原甲骨文作周方伯;享寿九十七岁,葬于毕。在我国现存最早的文献典籍中,不仅《尚书》中有见载文王的事迹、言行,而且《诗经·大雅·文王之什》中有一首《文王》是专门歌颂周文王的,高度赞扬其"敬天法祖"的思想精神。《易经》相传是文王所作,经文中虽然没有出现"文王"一词,但仍有研究者认为卦爻辞中记述了许多与文王相关的历史故事。先秦时期诸子百家著作中,提及文王的也不少,如《墨子》《孟子》《庄子》《韩非子》《吕氏春秋》等(包括西晋出土的《竹书纪年》)都有所提及;《易传》中也有两处直接谈及"文王"的[1]。西汉司马迁《史记》中的《殷本纪》和《周本纪》,对文王的生平概况也有较为清晰的叙述。汉代以来的史书典籍,也都不同程度涉及文王的历史典故。综而论之,周文王确实是一个在中国历史上存在过的非常伟大的历史人物,堪称一代明君、千古圣王。在笔者

---

[1] 一是《明夷》卦——"彖曰:明入地中,明夷。内文明而外柔顺,以蒙大难,文王以之。利艰贞,晦其明也。内难而能正其志,箕子以之。"二是《系辞下传》第十一章——"易之兴也,其当殷之末世,周之盛德邪?当文王与纣之事邪?是故其辞危。危者使平,易者使倾;其道甚大,百物不废。惧以终始,其要无咎,此之谓易之道也。"

看来，文王作为一个历史伟人，有两个方面容易被忽视。一是中华民族的先祖。据载，文王也是黄帝后裔，而文王的后裔在周朝建立时就分封到神州各地，开枝散叶，繁衍生息，经过三千年的传衍婚配，其子孙可谓遍布四海。如果从基因遗传的角度看，笔者猜测有不少的中国人都具有文王的基因了。可以说，周文王已经是许多当今中国人的始祖之一了。二是近三千年中华文化的奠基人。周文王是周王朝和周文化的奠基人，这应该是确凿无疑的；西周的礼乐文化，深刻影响东周文化；东周（即春秋和战国）时期的诸子百家著作及其思想，又深刻影响了秦汉以来近两千多年的中华文化。从文化传承的源流上看，周文王所奠定的周文化乃是中华主流文化的直接源头。在已出土的典籍中，清华简《保训》篇乃是周文王给周武王的临终遗言，篇中含有"中"的观念，或称中道，是《保训》全篇的中心，即讲述"顺测阴阳之物，咸顺不逆，舜即得中"的核心思想。《保训》"中"的思想，及其《易经》"阴阳和谐"观念，与后来儒家所持的"中庸之道"有着内在的联系，这些观念都是长期影响中国主流文化的核心元素，对后世影响深远。难怪在民间，有人把周文王看作第四皇：文皇（即天皇伏羲、地皇神农、人皇黄帝、文皇姬昌）。因此，我们必须深刻认识到，周文王对中华文化的影响，绝不亚于周公、孔子！

（二）作为小说人物的文王。从历史课本上所能了解到的周文王，往往只是简要描述其丰功伟绩而已，几乎没有谈及他生平生活中的细节，很难令人体会到他一生的精彩传奇。只有在明代古典小说《封神演义》中，我们才能对周文王一生的经历有更为真切的了解[①]。但是，小说中的周文王显然已经被作者刻意改装了，与历史真实存在不少的差距。总的来看，小说与现实中的文王一样是有德之君，是非常伟大的正面人物。由于古典小说的深刻影响，后人很容易把小说叙述的故

---

① 详见之前拙文《〈封神演义〉的天道思想与易学观》。

事和描写的情节,都看作真实的故事,所以很容易造成一种现象,即把小说中与历史现实中的人物混为一谈。

(三)作为神话人物的文王。在《封神演义》中,文王显然已经被夸大和神化了。不管是他的料事如神、神机妙算,精通伏羲先天八卦的预测,还是传说他生育百子,如何收养雷震子,都如同神话一般。除了小说情节的渲染之外,在文王故事的流传过程中,又夹杂了不少神话般的段子,比如坊间传说他在渭水边参访求得贤人吕尚之后,把车子让给吕尚,自己步行偕同吕尚回家,到家时吕尚根据文王行走的步数,预言其周朝统治的时间与行走步数一致。这种段子看上去似是而非,但却使文王越来越像神话人物一般。自1939年电影《妲己》上映至2020年电视剧《朝歌》开播,八十年间上映的与文王相关的影视剧共有十几部,大多有虚构的成分,甚至有更加神化的倾向,也在不同程度上影响人们对文王的真实认识。正是从这个意义上看,笔者认为我们还应审慎地对待神话人物的文王,既要避免过度迷信,也要跟历史实际相结合而密切关注那些可能是真实故事的奇迹。当然,对于许许多多神话般的段子,在学术界要加以准确辨别并不难,但也不能过于轻易地否定。

总体来看,周文王历经三千年的跨越,已经从一个真实的历史人物演变成虚虚实实的传奇人物了。如果没有相当充分的深入研究,很难对其有客观正确的认识,也就难以对其历史功绩做出如实的评判。

二、作《易》者其有忧患乎?

《系辞下传》第七章指出:"《易》之兴也,其于中古乎?作《易》者,其有忧患乎?"如果再结合《易传》中相关的记述,可以肯定《易传》的作者是倾向于把《易经》作者归之于经历过忧患的周文王,这与司马迁所说的"文王拘而演《周易》"是基本一致的。那么,摆在我们面前的问题，与理解《易经》旨意密切相关的主要就是：文王有何忧患？他是如何解除忧患的？这或许也是读懂《易经》的一个必要前提。

文王有何忧患？按《史记·周本纪》载："公季卒，子昌立，是为西伯。西伯曰文王，遵后稷、公刘之业，则古公、公季之法，笃仁，敬老，慈少。礼下贤者，日中不暇食以待士，士以此多归之。伯夷、叔齐在孤竹，闻西伯善养老，盍往归之。太颠、闳夭、散宜生、鬻子、辛甲大夫之徒皆往归之。"[①]从这段记载来看，主要是讲述壮年时期的文王开始治理周国，遵从祖上遗法，广施仁德，声名远播，贤能归服。此记载文句的表面似乎看不出他当时有什么忧患！综合相关史料来看，文王姬昌从小就受到祖父周太王的喜爱，并在非常贤惠的母亲太任悉心教导下健康成长，生在王侯之家，衣食无忧，可以说在他的青少年乃至中年时期都是没有什么特别忧患的。但是，如果结合相关史籍的记载，如《晋书·束晳传》《史通·疑古》《史通·杂说上》引古本《竹书纪年》："文丁杀季历。"今本《竹书纪年》："十一年，王杀季历。"[②]我们可以进一步知道"公季卒"乃是文王姬昌生平以来所遇到的最为重大的历史转折点，即他的父亲季历被商王文丁杀害。从其父被杀害一事来看，可见此时日益壮大的周国已经引起商王朝的忌惮，商与周之间已经有了裂痕，甚至是已经有了不可调和的矛盾，这对姬昌来说不仅有了不共戴天之仇，而且也多了一份迟早可能被商王朝消灭的隐忧。这是极有可能导致灭国灭家灭族的忧患，非同一般，无疑是压在姬昌心头的一块巨石。也许正是文王姬昌深知忧患之大且难以排解，才使得他继任西伯之后开始励精图治，克明德慎罚，勤于政事，

---

① （汉）司马迁：《史记》，中华书局，1959年，第116页。
② 转引自何益鑫：《论〈周易〉历史叙事的史学意义》文末所附《文王年表初定》，《现代儒学》第八辑，2021年。

敬老慈少，礼贤下士，以致伯夷、叔齐、太颠、闳夭、散宜生、鬻子、辛甲大夫等人都先后投奔麾下，尽力辅佐。在文王的精心治理下，周国日益富足强大，按理说忧患也可以日益减少了。但是，在文王晚年时，殷纣王统治的商王朝昏庸残暴，天下大乱，周国也因此成为商朝廷的眼中钉。此时文王先是忧天下不太平，后是患自身被软禁囚牢，正是在如此内忧外患的处境中，《易经》卦爻辞才得以萌生。从《史记》的记载来看，《殷本纪》简要叙述了整个事件的前后过程："百姓怨望而诸侯有畔者，于是纣乃重刑辟，有炮格之法。以西伯昌、九侯、鄂侯为三公。九侯有好女，入之纣。九侯女不憙淫，纣怒，杀之，而醢九侯。鄂侯争之强，辨之疾，并脯鄂侯。西伯昌闻之，窃叹。崇侯虎知之，以告纣，纣囚西伯羑里。西伯之臣闳夭之徒，求美女奇物善马以献纣，纣乃赦西伯。西伯出而献洛西之地，以请除炮格之刑。纣乃许之，赐弓矢斧钺，使得征伐，为西伯。而用费中为政。费中善谀，好利，殷人弗亲。纣又用恶来。恶来善毁谗，诸侯以此益疏。"①《周本纪》又加以补述："崇侯虎谮西伯于殷纣曰：'西伯积善累德，诸侯皆向之，将不利于帝。'帝纣乃囚西伯于羑里。"②可见，文王被囚的直接导火索乃是纣王听信崇侯虎的谗言，而深层次的原因则是他所治理的周国已经严重威胁到商王朝的安全。于是，文王姬昌开始"蒙大难"，陷入人生最大的困境中，即被囚牢于羑里。相传文王被囚时已经82岁，一直被关押到89岁，整整七年。在囚禁中，为了让纣王相信他已经老而无用，他不得不装疯卖傻，甚至要忍受巨大的悲痛吃下亲生儿子伯邑考的肉。对后人来说，实在难以想象文王当时蒙受了多大的苦难和耻辱，难以想象一个耄耋老人如何在精神和肉体都受到迫害的情况下顽强地生存并写出千古奇书来。尽管历史典籍未能完整准确地如实记载周文王受苦受难的经历，但从相关记载的片言只语中，我们很容易

---

① （汉）司马迁：《史记》，中华书局，1959年，第106页。
② 同上书，第116页。

感悟到"其有忧患",不仅是自身的,也包括家国天下的忧患。由此观之,倘若《易经》作者是周文王,那么《易经》的写作内容及其目的一定会与"忧患"密切相关。这一点,《易传》的作者显然已经充分意识到,并屡次加以申述阐明。

　　文王如何解除忧患?借用《易传》的话来说,就是自强不息和厚德载物。前已述之,文王继任西伯时,就懂得礼贤下士、积德行善,真正给人以明君的形象,树立了崇高的声望。到了晚年仍然如此宅心仁厚,有好生之德,直到忍无可忍时才愿意受命讨伐商纣王,名义上也是顺天应人,替天行道。对此,《史记·殷本纪》略有提及:"西伯归,乃阴修德行善,诸侯多叛纣而往归西伯。"①而《周本纪》记载则较为清晰:"西伯阴行善,诸侯皆来决平。于是虞、芮之人有狱不能决,乃如周。入界,耕者皆让畔,民俗皆让长。虞、芮之人未见西伯,皆惭,相谓曰:'吾所争,周人所耻,何往为,只取辱耳。'遂还,俱让而去。诸侯闻之,曰'西伯盖受命之君'。明年,伐犬戎。明年,伐密须。明年,败耆国。殷之祖伊闻之,惧,以告帝纣。纣曰:'不有天命乎?是何能为!'明年,伐邘。明年,伐崇侯虎。而作丰邑,自岐下而徙都丰。明年,西伯崩,太子发立,是为武王。"②这段历史无疑最能反映晚年文王是如何逐步解除心头忧患的。③回顾历史,我们不难揣测到继任西伯之后的文王,还有一个不可告人的隐忧,通俗地说就是如何才能让周国名正言顺地取代商王朝,使天下重归太平。而从历史发生的过程来看,似乎老天在暗中帮助他一样,通过被拘羑里一事的转折,让他得道多助并逐步获得以周代商的合法性。

---

① (汉)司马迁:《史记》,中华书局,1959年,第107页。
② 同上书,第117—118页。
③ 2021年9月20日晚八点,央视第1频道首次播出《典籍里的中国》第10期《周易》,节目中生动演绎这段历史,尤其对伐崇的过程予以详细的讲述,有力地体现周文王是非常有仁德的人。由此也可发现,当今主流媒体与参与录制节目的易学、史学研究者们,都倾向于认为《周易》与文王的忧患经历息息相关。

面对忧患,如何正确地合理合法地解除忧患?这是一门高深的学问,也是成功人生必须拥有的智慧。表面看上去仅由六十四个卦象及其对应的片言只语式的卦辞、爻辞所组成的《易经》,是否隐含着排解忧患的智慧?通过《易传》七种十篇的权威解读,我们可以较为轻松地感悟到许多哲理和智慧。如果历史可以复活,或许我们还可以直接透过卦爻辞,了解到整个忧患的排解过程。

三、文王被拘时如何演《周易》?

通过前面的简要分析,我们知道至少在中年之后开始继任西伯的文王已有不小的忧患,而其最显著最有影响的"忧患"事件莫过于被商纣王囚拘于羑里了。此事见于《太史公自序》"昔西伯拘羑里,演《周易》"①,也见载于《汉书·报任安书》"盖文王拘而演《周易》",可见他对这段历史典故还是比较了解的,但可惜的是两处记载都只有寥寥一语,看上去表达得很清楚,其实却仍留下诸多谜团。本文无意于解决此谜团,事实上也没有足够解决该谜团的材料和能力,只是想通过对这句话的理解,结合研究《周易》的实际,提出一些不成熟的疑问和见解,或许能有助于该问题的进一步研究。②

---

① (汉):司马迁《史记》,中华书局,1959年,第3300页。
② 拙文《四圣一心 必中必正——对易学文化与中华文明的若干思考》,2019年12月6日首次发表于上海理工大学沪江学院和上海周易研究会联合主办的"《周易》与中华文明——首届上海易学高端论坛"上,后收入谢金良:《〈周易〉与审美文化论稿》,复旦大学出版社,2022年,第260—276页。拙文第三部分重点讨论"文王、周公的学说思想对近三千年来的中华文明有何影响?"文中侧重思考几个问题:(一)如何理解《周易》既是一部忧患之书,又是一部卜筮之书?(二)如何理解文王《周易》思想对伏羲的继承,对孔子及其后世儒学的影响?(三)如何理解文王、周公的易学文化贡献对于近三千年中华文明演变的意义?在思考过程中,笔者已经对问题做了一些梳理,也袒露了不少个人的想法。有鉴于此,为了避免重复与累赘,本文将从另外的角度进一步加以阐发。

《系辞下传》第七章"《易》之兴也,其于中古乎?作《易》者,其有忧患乎?"和第十一章"《易》之兴也,其当殷之末世,周之盛德邪?当文王与纣之事邪?"这两处的表达,明显是对"文王作《易》"之说有所疑问的。《易传》的作者对此存疑的依据是什么?传文中也没有明确的表述。而到了司马迁所言"文王拘而演《周易》",似乎"文王作《易》"之说就可以盖棺定论了。事实上,并没有这么简单!尽管《封神演义》中有许多故事情节涉及文王与《周易》的联系,但随着疑古之风愈演愈烈,人们开始对"文王作《易》"之说提出怀疑,甚至是完全推翻。在笔者看来,古籍的记载,尤其是像《史记》这样的正史记载,还是比较可信的,因此我们没有理由可以完全否定文王与《周易》之间的联系,积极的深入研究肯定比消极的怀疑更有意义。对于"文王拘而演《周易》"一说,从历史的角度来看,有两个方面是可以确定的:一是文王,即周文王姬昌;二是拘,即被殷纣王囚禁在今河南省汤阴县的羑里城。而《周易》尚难确定,可能是指六十四卦,或是六十四卦及其卦辞,也可能是相当于今所见通行本《周易》的本经部分。但不管这个《周易》的雏形是什么,其最有代表性的作者当是周文王。在笔者看来,此说最难确定的就是"演"字。从字义上分析,"演"有演化、推演、演变、发挥等意义。但如果是"演《周易》"又该如何理解呢?鉴于早期易学的复杂性,要客观理解此"演",至少必须面对以下三个问题。

其一,从三爻卦变成六爻卦,是不是文王所演?如果根据《易传》的说法,《系辞下传》第二章"包牺氏没,神农氏作,斫木为耜,揉木为耒,耒耨之利,以教天下,盖取诸益。日中为市,致天下之民,聚天下之货,交易而退,各得其所,盖取诸噬嗑。神农氏没,黄帝、尧、舜氏作,通其变,使民不倦;神而化之,使民宜之……",已经很明确说明早在神农时期就已经根据六爻的卦象来"观象制器"了。据此,可认为重卦非文王所演。但司马迁《史记》却明言此乃文王所演——

《周本纪》"西伯盖即位五十年。其囚羑里,盖益《易》之八卦为六十四卦"①和《日者列传》引司马季主言"自伏羲作八卦,文王演三百八十四爻而天下治"②,似乎都是言之凿凿,毫无疑问的。《易传》与《史记》的说法,显然很不一致,究竟孰是孰非?平心而论,《易传》早于《史记》,且对"观象制器"有较为详细的陈述,允非空穴来风,应该是有历史依据的;而《史记》的说法似乎也合情合理。未见司马迁对《易传》的说法有反驳的意见,除非他未曾读过《易传》③,否则应该是有所论辩才对的。但历史就是如此无情,把自相矛盾的事实永远摆在那里,让人真的无所适从!

其二,以乾、坤为首的卦序,是不是文王所演?据说太卜掌三《易》之法,在《周易》之前尚有《连山》《归藏》等《易》书,但对六十四卦的排序却是明显不同。《连山》以艮为首卦,《归藏》以坤为首卦,《周易》以乾为首卦。如果《周易》的卦序,是文王所推演,那么说"文王演《周易》"就很好理解了,可是司马迁在《史记》中的说法并无此意。此外,关于卦序问题,也有诸多问题难解。根据《序卦传》的表述,可知此排序是有义理可循的。当代有学者还从中发现了数理逻辑,可见此卦序推演非同一般。但是,近几年来也有研究者运用二进制原理重新推演卦序后,认为相传文王所作的卦序还是不够正确的。如福建省漳州市应用易学研究会游惠松会长及其团队,在《诚徵数理》一书中所推演的游子卦序④,就试图以此来超越通行本《周易》的卦序。笔者认为,不管后人推演的卦序是否更科学合理,对于已有的卦序所支撑的象数与义理,在近三千年的中国易学史中始终

---

① (汉)司马迁《史记》,北京:中华书局,1959年,第119页。
② 同上书,第3218页。
③ 《史记》中多次提到《易传》《易大传》,也援引过《易传》文辞,可证司马迁是读过《易传》的,甚至可以说也比较精通易学。
④ 游惠松:《诚徵数理》,中国文化出版社,2021年。

占据重要的位置，其学术价值与深远影响是不容低估的。话说回来，倘若后人在深入研究之后，能够推证今本《周易》卦序确是文王（包括其所处时代）所推演的，那么就能更合理地评价文王对中华学术与文化的贡献。因此，我们仍有必要对已有的卦序作更深入的研究，以期能更准确地评估周文王时期的易学、数学、哲学水平。

其三，《易经》卦爻辞，是不是文王写作的？从历史上看，有传说卦爻辞是文王所作，也有说文王只作卦辞，爻辞是周公所作。近现代以来，疑古之风影响下，关于《易经》作者问题，众说纷纭，莫衷一是。据笔者目力所及，或认为是文王的辅臣协助完成的，或认为是西周某个人完成的，也有一些学者认为是到春秋战国时期才成书。如果按司马迁的说法，"演《周易》"到底有没有写作《周易》的意思呢？对此问题，当代学者中姜广辉先生二十年前就发表《"文王演〈周易〉"新说——兼谈境遇与意义问题》，提出文王所演的《周易》并非今本《周易》的卦爻辞，认为"文王演《周易》"乃是"演德"，所演的《周易》是"秘府之《周易》"，而不是世传的所谓"方术之《周易》"。[①]后来，邢文先生发表《"文王演〈周易〉"考辨》，又提出"文王演《周易》"演的并非《周易》之卦，而是《周易》之数。[②]这两篇论文都是很有分量的，但在笔者看来也还是难以完全推翻旧说。毕竟这件事，早在2500年前的《易传》作者基本相信了。《易传》是目前所见研究《易经》的最早的最权威的著作，其成见要想被彻底推翻，必须有足够充分的证据才行。

综合前文的分析与思考，笔者认为古往今来对周文王的研究，不仅因为层层虚构和传奇造成许多新问题悬而难决，影响后人对其真实

---

① 姜广辉:《"文王演〈周易〉"新说——兼谈境遇与意义问题》,《哲学研究》, 1997年第3期。
② 邢文:《"文王演〈周易〉"考辨》,《哲学研究》, 2011年第3期。

形象的认识，而且关于文王与《周易》的关系问题仍然得不到圆满的解决。因此，对于文王的研究，我们还应该紧紧依靠传统的正史典籍，不断关注出土的简帛文献，试图找到更多的蛛丝马迹，才能把一些疑难问题逐步破解。本文所作的思考，主要是提供些许个人对相关问题的初浅看法，不揣谫陋，期待得到方家的教正！

（原载《2021海峡两岸周易文化论坛暨第三十二届周易与现代化论坛论文集》，河南安阳周易研究会主办，2021年10月，第337—343页）

略论老子与《周易》思想的关系

在先秦诸子中，老子应该算是生活年代最早的一个，他是春秋末期人，生于公元前六世纪初（大约生于公元前581或571年，卒年不详），一般都认为他年长于孔子。关于《老子》的作者和成书时间问题，已有相当多的研究成果，但是问题仍然没有得到根本解决。由于史阙有间，该问题要真正得到圆满解决几乎是不可能的。有一点可以肯定的是，《周易》（不包括《易传》）文本主体成书应该是在《老子》之前。如此说来，《周易》（不包括《易传》）也可能影响到老子的思想观念。为能更好地理解《周易》学说与老子的关系，本文拟结合古往今来的一些研究成果和文本解读来加以探讨。

一、老子与《周易》的关系研究成果述要

关于老子与《周易》的关系问题，无疑是一个巨大的谜团。不仅已有的历史文献中没有说明老子是否接触过《周易》，就是《老子》文本中也找不到直接的证据说明其受到《周易》的影响。据后人研究，《老子》的思想主要是受到另外一部名叫《归藏》的《易经》的影响。据《周礼》云："太卜掌《三易》之法，一曰《连山》，二曰《归藏》，三曰《周易》。其经卦皆八，其别皆六十有四。"即是以为史初共有三部《易》的经典，名称不同，但都有八经卦和六十四别卦。前两部《易》与《周易》有什么不同呢？根据历史记载，我们所能知道的非常有限。《周礼》郑玄注引杜子春云："《连山》，宓羲；《归藏》，

黄帝。"唐代孔颖达《周易正义·序》引郑玄《易赞》及《易论》云："夏曰《连山》，殷曰《归藏》，周曰《周易》。"《玉海》引《山海经》云："伏羲氏得河图，夏后因之，曰《连山》；黄帝得河图，商人因之，曰《归藏》；列山氏得河图，周人因之，曰《周易》。"《三国志·魏书·高贵乡公传》载《易》博士淳于俊曰："包羲因燧皇之图而制八卦，神农演之为六十四，黄帝、尧、舜通其变，三代随时，质文各繇其事。"《周易正义·序》云："案《世谱》等群书，神农一曰连山氏，亦曰列山氏；黄帝一曰归藏氏。既《连山》《归藏》并是代号，则《周易》称'周'取岐阳地名。"《周易正义·序》又引郑玄释《周礼》"三易"之义曰："《连山》者，象山之出云，连连不绝；《归藏》者，万物莫不归藏于其中；《周易》者，言《易》道周普，无所不备。"①综合以上说法，大概可知三部《易经》的来源不同，《归藏》来源于黄帝，后来为商代所用，原本也是有繇辞的，其首卦是《坤》②。

而事实上，《连山》《归藏》亡佚已久，清代学者马国翰《玉函山房辑佚书》辑有逸文，可以推见两书梗概，但是真伪难辨③。史上还有

---

① 黄寿祺、张善文：《周易译注》，上海古籍出版社，2004年，第13—15页、第31页。
② 在《易经》中，艮取象为山，坤取象为地，乾取象为天。重卦《艮》，上卦和下卦都是艮，即上山下山之象，故其象如"山之出云，连连不绝"，传说《连山》是以《艮》为首卦，可推知其书名源于首卦；重卦《坤》，上卦和下卦都是坤，即上地下地之象，故其象有"万物莫不归藏于其中"之义，传说《归藏》（又名《坤乾》）是以《坤》为首卦，坤为阴柔，可推知其书名和"崇尚阴柔"思想源于首卦（因《归藏》传说源于黄帝，又因老子也崇尚阴柔思想，故史上把黄帝和老子并称"黄老"思想盖缘于此）；重卦《乾》，上卦和下卦都是乾，即上天下天，故其象如天体运行、"《易》道周普，无所不备"，今本《周易》是以《乾》为首卦，乾为阳刚，可推知其书名和"崇阳抑阴"思想源于首卦。可见，卦序和繇辞不同，可能是史初三部经典之《易》的主要区别。
③ 据《周易译注》注释，近人刘师培、高明并撰《连山归藏考》（刘文载《中国学报》第二册，1915年2月出版；高文载《制言》第49期，1939年2月出版），考辨两书散佚过程及后人伪作诸事颇详。1993年3月，湖北江陵王家台15号（转下页）

"古三坟"之说,即北宋时人所伪撰的《古三坟》。对此,清代《四库全书总目》将其列入《经部·易类存目》,其《提要》认为:"案《三坟》之名见于《左传》,然周秦以来,经、传、子、史从无一引其说者,不但汉代至唐不著录也。此本晁公武《读书志》认为张商英得于比阳民舍;陈振孙《书录解题》以为毛渐得于唐州,盖北宋人所为。其书分《山坟》《气坟》《形坟》,以《连山》为伏羲之《易》,《归藏》为神农之《易》,《乾坤》为黄帝之《易》,各衍为六十四卦,而系之以《传》,其名皆不可训诂,又杂以《河图代姓纪》及策辞正典之类,浅陋尤甚。至以燧人氏为有巢氏、伏羲氏为燧人氏子,古来伪书之拙,莫过于是,故宋元以来,自郑樵外,无一人信之者。至明何镗刻入《汉魏丛书》,又题为晋阮咸注,伪中之伪,益不足辨矣。"若按《古三坟》,以为《归藏》为神农之《易》,这与前文引证的说法恰好相左。而从《提要》的说法看,《古三坟》对历史的描述非常拙劣,看来其说法也是不足为信的。从目前各种情况来看,《归藏》比《周易》更早且有文本面世的可能性是存在的,但也无法充分证明该书对老子有直接的影响。

尽管如此,当代许多学者,有研究道家的,有研究《周易》的,还是会把老子与《周易》的关系作为一个大问题来研究,并有一些新

(接上页)秦墓中出土了《归藏》,称为王家台秦简《归藏》,重启了研究《归藏》的热潮。林忠军《王家台秦简〈归藏〉出土的易学价值》以新出土的《归藏》为主要根据,又征引出土阜阳汉简《周易》、马王堆帛书《周易》和其他文献资料,其研究"再次印证了传本《归藏》不伪、《归藏》早于《周易》、文王演易不是重卦、《周易》原为卜筮之书等论断"(载《周易研究》,2001年第2期)。最近梁韦弦《〈归藏〉考》认为:《周礼》所述"三易"之《归藏》《礼记》所记孔子得到之《坤乾》、战国秦墓竹简《归藏》、汉人所见之《归藏》及清人所辑《归藏》之间的联系线索是存在的;辑本《归藏》中有其源自商代之证;秦简《归藏》之卦名应早于传本《周易》之卦名;秦简《归藏》与辑本《归藏》虽非殷易原貌,但大体应为殷易内容(载《古籍整理研究学刊》,2011年第3期)。

的看法。黄钊认为:"《老子》书中关于变易的观念、矛盾的观念、转化的观念、柔弱胜刚强的观念,差不多都可以在《易》中找到原始胚胎和蛛丝马迹。"①李怀认为"《周易》《老子》中所反映出来的中国古代哲人的思维模式,可通过思维扫描过程大致描述为一→二→三(多)的锥形结构,点→线→面三种形式,本体论→彼此关系论→社会政治伦理观三个层次"②。解光宇、孙以楷认为:"《易》是巫用以占筮的,道家出于史官,亦即出于巫。老子以'无'为基本范畴,得益于对神无方易无体精神的把握。易之'不易'即规律,亦即道。老子继承发展了《易》的变易观念以及阴阳对立统一、依存和转化的思想,继承发展了《易》的观物取象、直觉体悟的思维方式并同样具有思维的模糊性。老子摒弃了筮法中的神秘主义,但继承了天人合一的宇宙观和生生观念,形成了以'道之生'为特色的道论体系。老子继承了《易》以无为求得无不为的主体追求。"③很显然,这是试图从学理上的联系,来说明老子与《周易》的关系,以为在思维上《周易》影响了老子。但是,对《周易》与《三易》《易传》等,没有界定清楚。尹振环分别从六个方面:"一、从写作目的看《易》《老》;二、'夬夬终凶'与'其邦夬夬';三、'潜龙勿用'与'无为';四、临民之术:恩、威、慎、谦;五、明晰的政治思想;六、通反弱之变",论述老子深受《易经》的影响。④艾新强认为"《老子》作为中国第一部有体系的哲学著作,又从《易经》中吸取了智慧,形成了自己独具特色的辩证思维。"⑤陈鼓应认为"自象数立场而言,《周易》之经与传两者确有着直

---

① 黄钊:《论〈老子〉哲学同〈易〉的血缘关系》,《广西师范大学学报(哲学社会科学版)》,1985年第2期。
② 李怀:《〈老子〉与〈周易〉的思维模式》,《理论探讨》,1990年第5期。
③ 解光宇、孙以楷:《老子与〈周易〉》,《孔子研究》,1997年第2期。
④ 尹振环:《〈易经〉对〈老子〉的影响》,《贵州社会科学》,1997年第5期。
⑤ 艾新强:《〈周易〉与〈老子〉的辩证思维》,《周易研究》,1998年第1期。

接的内在联系；但由义理角度来看，《易传》显然受到百家争鸣诸子思潮的启发，若再进一步由哲学史的观点就《易传》之思想内涵详加考察，则可发现其中所引进的丰富哲学内涵多与道家思想密切相关"①，主要是重在论证《易传》与老子道家的密切联系，没有表明《老子》与《周易》的关系。

相比之下，易学专家吕绍纲的观点则明显不同。他认为："《老子》五千言的思想源自殷易《坤乾》（即《归藏》），不是源自《周易》。理由有三：一、《老子》书中不见首乾次坤的思想，倒是首坤的思想明显居多；二、《老子》的辩证思维模式属于与《周易》古经不同的另一类；三、关于宇宙生成问题，《老子》的主张也与《周易》古经不是一路。"②吕绍纲先生的三个理由应该说是相当充分，但似乎也只能论证对《老子》的主要影响不是《周易》，而不能完全肯定《周易》对《老子》没有丝毫的影响。臧守虎围绕宇宙本体意义的"道"对《易经》与《老子》展开比较，认为："《易经》与《老子》之'道'及其'反''复'，既有表面上的用词相同、相似之处，又有概念内涵上的相互关联之处，还有其所反映思想上的不同之处。《老子》之'道'为点、是生成的原因，《易经》之'道'为圆、是被生成的结果；《老子》之'道'为水，《易经》圆'道'上的《坎》《坤》也象水；《易经》中'反''复'同义，《老子》中'反''复'之义相反。《老子》通过阐述'道'之'反''复'，反映出与《易经》不同的思想。"并在文末指出："要言之，《老子》之'道'与《易经》之'道'既有相同之处，又有相关相似之处，也有不同之处。这种异同具体表现为：表面上的用词相同相似、内涵上的创新改造和思想上的不同。种种迹象显

---

① 陈鼓应:《〈老子〉与〈周易〉经传思想脉络诠释》,《诠释与建构——汤一介先生75周年华诞暨从教50周年纪念文集》,北京大学出版社,2001年。
② 吕绍纲:《〈老子〉思想源自〈周易〉古经吗?》,《周易研究》,2001年第2期。

示,《老子》之道当是由《易经》之道脱胎而来。"①从该观点的论证过程看,对"道"的理解有些望文生义,未必切合实际。韩国良从"道"与"器"的角度来比较《老子》与《周易》的异同,发现:"《易》《老》二书都是将宇宙三分的:无形之道、有形之物,人为之器。它们一个对'器'是肯定的,一个对'器'是否定的;一个主张与自然并列,另外创造一个与自然同等辉煌的世界,一个主张向自然归依,实现与自然的兀然同化。"②韩国良的研究主要是以《易传》思想立论,较少涉及《老子》与《周易》古经的关系问题。王棋认为:"《老子》贵在柔之弱,以之下贯道的自然本性,开出道之用。《周易》重在柔之顺,以之成就易道阳刚之质,并在柔刚的相辅相成中,通贯一阴一阳变易之道。二者从不同侧面凝注了对生命个体存在和延续的形而上沉思,寄予形而下现实的深切关怀。"③该文的《周易》也包括《易传》,对老子与《周易》的关系没有明确认为是否有相互影响。

刘延刚、潘昱州认为"《周易》在卜辞的形式下反映了先民在生产斗争和阶级斗争中积累起来的知识经验和道德体验,是中国古代学术的重要信息库,也是中国古代哲学万流归宗的最后渊薮。道家的《老子》和儒家的《易传》都是在继承了《周易》的基础上,以各自的思维形式来建立自己的哲学体系",其文"企图说明:《老子》是如何利用和改造《周易》在卜辞形式下所隐蔽的哲学思想来构建自己的哲学理论体系的;《易传》又如何在吸取了《老子》的经验教训与哲学思想的同时返求《周易》而对之进行重新阐释和创造性的发挥,以

---

① 臧守虎:《〈易经〉、〈老子〉之"道"的比较》,《山东大学学报(哲学社会科学版)》,2003年第3期。
② 韩国良:《〈老子〉〈周易〉"道""器"观管窥》,《社会科学家》,2004年第1期。
③ 王棋:《〈老子〉〈周易〉柔之思》,《阜阳师范学院学报(社会科学版)》,2006年第1期。

此构建自己的形而上学"①。这样的观点的确是一种企图,从论证过程看,有许多关键的地方值得商榷,如把传说中孔子向老子问的"礼",肯定说是"当指《周易》",这显然是无稽之谈。余画洋2009年9月修订于清华经管学院的文章《以〈老子〉观点略释〈周易〉四组卦——试论文武周公、老子、仲尼与毛泽东》,从《老子》的观点出发,用"有"和"无"、"有为"和"无为"这两对关系解释了《周易》中关键的乾坤、泰否、坎离、既未四组卦,认为"《老子》的政治哲学思想是对《周易》人生观、历史观的阐发;《老子》得文武、周公之'所以迹',而孔子礼教不过是周公之'迹'而已;《周易》表达了文王对周民族青年一代的希望,就如同晚年毛泽东的一系列讲话一样"。②该文多处以今说古,难免有牵强附会之嫌,对主要观点的论证其实没有什么裨益。

在最近几年中,网上有些相关文章的观点相当离谱,如易道禅《历史大发现:〈易经〉的真正作者是老子与孔子》,认为"老子不仅写了《易传》中的'四翼',甚至连《周易》本经即卦辞和爻辞也是老子亲自所撰写"③。该文没有任何史料可作证,只是想当然地企图妄改历史,真是荒唐至极! 也有一些文章颇有新意,如居士奇《老子之"道"与"周易八卦"》提出:"然而我在学习老子道生万物之一二三的过程中,偶然发现老子道生万物与周易八卦的产生及制作程序不谋而合。因此,我认为道生万物之一二三其含义有三:其一,表示道生万物之先后次序,即天地,日月,万物。其二,表示道生万物的高低层次,即一阴一阳,二阴二阳,三阴三阳。其三,道破天地阴阳自然法

---

① 刘延刚、潘昱州:《〈周易〉〈老子〉〈易传〉关系新探》,《绵阳师范学院学报》,2007年第7期。
② http://wenku.baidu.com/view/72c98e2baaea998fcc220e1b.html.
③ http://www.360doc.com/content/11/0921/20/6900681-150149203.shtml.

则天机,其中前一二条是制作先天八卦的条件和程序,后第三条是制作先天八卦应遵循的法则法规。"①

毋庸置疑,在相关历史材料极其有限的情况下,想要通过考证来确定《周易》是否影响了老子思想的形成,显然是不太可能的。因此,只能通过深入文本解读,细心比较,才有可能发现彼此之间的联系。

二、《周易》与《老子》时间观的对比

通过分别对《周易》和《老子》文本进行解读,我们发现这两部经典都有比较明晰的时间观。以下拟从三个方面对它们进行简要的归纳和比较。

(一)都具有一般的历史时间观

直接从文本上看,《周易》的卦爻辞中,尽管片言只语,但是上经和下经都有一些表示时间单位的词语,可以证明当时基本上已具有一般的历史时间观。在《老子》的《道经》和《德经》中,同样可以看到不少时间用语,可证其已具有一般的历史时间观。但有一点明显不同的是,《老子》中多处出现"古""昔""今"等词语,可见其更具有历史时间感。这可能也是《老子》作者,能以今推古和以古鉴今的主要原因。以今推古,不断逆推,直指宇宙本源之道体,故有对"道"的许多认知;以古鉴今,以过去的经验教训作为明镜,指引人们看清事物发展的道路,故能悟出许多人生的道理。而在《周易》中,涉及的事情时间跨度都不长,关注更多的是当下的处境,而缺少终极关怀和追问。相比之下,《老子》作为后来的经典,在时间观方面明显成熟了许多。

---

① http://www.xuanyi.com/yijing/yingjingzh/20110328/5748.html.

（二）都对时间的周期性有深刻认识

在《周易》卦爻辞中，已经可以明显发现其对天体运行的规律有一定的认识，不仅看到时间变化具有周期性的规律，是年复一年、日复一日的，而且认识到事物的变化是"无往不复"、周而复始的。在《老子》中，也充分认识到时间变化是"周行而不殆"，具有"逝""远""反"等特点。《周易》的认识虽然也上升到哲学层面，但隐而不明，没有过多详细的论述，需要深入挖掘才能有所发现。而《老子》已经能够很好地把握时间周期性变化的特点，并多次进行生动的表述。相比之下，两者对时间规律的认识虽有详略之分，但没有高下之别。

（三）都立足于对时间的效法而阐明道理

不管是在《周易》，还是在《老子》中，我们都可明显地发现两部经典的作者在阐明道理的时候，都跟他们的时间观紧密联系在一起。如《周易》的《乾》卦六爻辞义，都与各爻所处的时空状态相联系，初九爻表示事物刚开始或处在最下层时，爻辞"潜龙勿用"即说明此时须潜藏深守、养精蓄锐，而不宜过于施展才用；而上九爻则表示事物发展终尽或处于最顶层时，爻辞"亢龙有悔"即说明此时须以退为进、处盛戒盈，而不宜轻举妄动。其余六十三卦的卦辞和爻辞，无不与卦象、爻位密切联系，充分体现作者对时间的高度重视。因此，《易传》从中归纳出"与时偕行"的思想，深刻阐发了天、地、人同时和谐与共的"和谐之道"，使后人能更清楚地把握《周易》的哲学思想，从而做到以不变应万变，以阴阳是否和谐来判定吉凶。同样，《老子》也是通过许多对时间现象的认识来阐明道理，如直接提出人们的行动要善于合理利用时间，做到"动善时"（第八章）。又如从日常生活中发现刮风下雨都是有一定时间性的，从此由天地现象而领悟为人之道，即"飘风不终朝，骤雨不终日。孰为此者？天地。天地尚不能久，而况于人乎?"(第二十三章)再如从事物发展到壮大之后必然走向衰老的现象,发现时间对于人的重大意义,从而提出:"物壮则老,是谓不道,不道早已。"(第三十章)"有国之母,可以长久。是谓深根固蒂,长生久视之道。"(第五十九章)除了这些,我们还发现《老子》要阐明的道理至简至易,就是要人们效法时间之道,尽可能地延长生命的时间,而这一点对大多数人类而言又是极为困难的。难怪老子要感叹说"吾言甚易知,甚易行;而天下莫能知,莫能行!"(第七十章)

综上所述,我们认为虽然尚无充分证据可推证《周易》影响了《老子》的时间观,但不可否认《周易》与《老子》在时间观上有许多密切联系,从根本上说所要表达的思想看似有异,其实没有任何互相矛盾之处,只是表达的角度和方式不同而已。由此,我们也就不能完全否定《老子》受到《周易》影响的可能性,甚至也可以说《老子》是受到《周易》些许影响的。

(原载《〈明解周易的当代意义〉学术研讨会论文集》,国际易学联合会、中国人民大学孔子研究院主办,2017年1月8日,第6—9页)

融旧铸新　别开生面

——读《周易郑氏学阐微》有感

《周易》作为我国古代一部特殊的经典著作，在先秦时期就得到学界的重视。两汉时期，《周易》研究蔚然成风，名家辈出，流派繁多，著作纷呈。由于各种历史原因，汉代的易学著作辗转流传至唐宋时期，大多是面目全非。郑玄作为东汉时期最著名的易学家之一，尽管所著《周易注》在当时影响广泛，魏晋王弼玄学易兴起之后，唯一能与王弼易学抗衡的是郑玄易学，但唐初纂修《周易正义》取王弼注为之疏，王弼易学成为官学，郑氏易学日益衰微。在南宋时期郑氏《周易注》仅存《文言》《说卦》《序卦》《杂卦》四篇，幸有王应麟搜集一些郑玄的易学遗说，并辑成《周易郑注》一卷。到清代大兴汉学之时，惠栋、丁杰、张惠言、孙堂、袁钧、孔广林、黄奭等人重新搜集、修订郑氏《周易注》。毋庸置疑，这对于《周易》郑氏学的传承来说，的确有补苴起废、扶微振坠之功。但是，我们也应该清楚地认识到，这些重新修订的《周易注》仅仅是杂糅了东汉郑玄的一些易学思想而已，而与郑玄晚年传世的《周易注》在内容和形式上都可能是大相径庭的。令人遗憾的是，有清以来的学者，大多执着于企图还原《周易注》的本来面目，广罗穷搜，增补考正，不断翻新《注》本，始终跳脱不出传统治学的窠臼。尽管这种偏重材料版本的治学方法，有助于古老学说的真确传承，但是却容易忽略探讨学说的思想及其价值，从而掩盖了学说的现实意义。就这一视角而言，林忠军教授《周易郑氏学阐微》[①]一书是一部值得称道的力作,可以说是开创了易学研究的崭新局面。

第一,恢复郑氏《周易注》本来面目。如果把南宋王应麟所辑的《周易郑注》,比喻成郑玄《周易注》残存的尸体的话,明清以来不断翻新增订的版本,就可看作同一尸体的不同组合体。因此,要看清尸体的本来面目,就得费尽心思把每一部分都保存起来,再重新加以组合。如何组合呢?林教授的做法虽然显得"笨拙",但尤为可取:不是以某一具尸体为主体来修补,而是以尸体的骨架——《周易》经传文本为主体,然后从历代残存的各具僵尸上找回相应的肉体,组合成一具更接近原貌的新尸。换句话说,林教授并没有轻信前代的权威版本,而是花费多年的时间,重新厘定出一个更可靠的《注》本。这与当代其他学者研究郑玄易学,在版本取用上是有根本区别的。尽管这样的新本,仍与原本相去甚远,但无疑是最能涵盖原本作者的思想观点的。从实际情况来看,的确比以往的《注》本更加合理和清晰。

第二,条分缕析。对文本的解读与阐释,有如解剖尸体一般,难度是相当大的。对此,林教授凭借二十几年易学研究的深厚功力,不仅广泛阅读了有关西方诠释学的经典著作和国人关于中国诠释学的研究论著,而且花费很大气力去查阅《说文》《尔雅》《方言》《释名》及其前贤文字学和易学训诂研究成果,还结合了海内外学术界关于出土文献的最新研究成果,解说和训释自己厘定的《周易注》,使郑玄的易说在文字上都能得到很好的解说。其书下编《周易郑氏注通释》占了全书大半的篇幅,正是林教授在解读《注》本方面所取得的重大成果。从"解剖尸体"的过程看,不仅能恰到好处地援经据典,而且能在文字、音韵、训诂的基础上疏释字义,并且兼重象数与义理,有的放矢,不拘一格,力求用通俗易懂的语言传解《注》本的深刻含义。

---

① 林忠军:《周易郑氏学阐微》,上海古籍出版社,2005年。

可以毫不夸张地说,林教授的《通释》足以让现代读者充分领会到郑玄易学的思想精髓。

第三,融旧铸新。如果说前代的郑玄易学研究者留有缺憾,主要就是源于只注重寻找和拼接尸体,而忽略了借尸还魂,即对于郑玄《周易注》背后所蕴藏的哲学或易学思想及其体系很少涉及。林教授正是发现了这一点,才能开始着力从哲学和历史的高度来总结郑玄易学的思想体系。这一总结无疑是艰辛的,既要有厘定版本和通释文本的基础,又要从中国哲学史、易学史的广阔层面,联系郑玄生活的时代背景、学术渊源、学术思想等方面的实际,根植于文本的内容来加以分析和评价。林教授在其书上编《周易郑氏学阐微》中,以九大章节的篇幅,从多角度剖析了与郑玄及其易学研究相关的重要问题,为现代读者重新正确认识郑玄易学的思想价值廓清了道路。在论析过程中,林教授能在以往学者研究的基础上,勇于提出自己的学术创见,实事求是地还原郑玄易学的思想本质,并从新的高度凸显其在现代和未来的学术价值。这些,无疑都是极其难能可贵的。

笔者认为,该书主要还有两大学术创见:一、认为郑玄的象数思想是建立在天道观基础上的,而此天道观主要得之于《易传》《易纬》及道家的思想;二、认为易学思想与方法是有区别的,并在深入阐述郑玄的各种解《易》方法的基础上,充分肯定郑玄重象数义理兼顾训诂的易学诠释方法,从而指出:"以凸显《周易》本义为宗旨的注经方法,应当是多种解易方法的综合,即训诂、象数、义理、史学等方法并重,不应该偏重某一种或几种方法。"① 此外,该书还有不少新的观点,对于郑氏易学乃至当今易学研究都是很有裨益的。限于篇幅,就不再赘述。

(原载《东岳论丛》,2007年第1期,第205页)

---

① 林忠军:《周易郑氏学阐微》,上海古籍出版社,2005年,第224页。

继往开来　推陈出新

——《历代易家与易学要籍》评述

《易》之为书,广大悉备。面对纷繁复杂的历代易家和易著,如何考辨其学术源流,评析其学术成就,确定其学术地位,无疑是一项十分重要而又复杂的课题。不久前福建人民出版社出版的《历代易家与易学要籍》,可谓是这项课题的重大学术创获,它是当代著名易家张善文教授继《周易译注》《周易辞典》《象数与义理》等论著之后的又一部崭新力作。该书不仅装帧优美、纸质精良、校阅准确、定价低廉,而且在体例、内容、方法、风格等方面均富有特色和价值。兹特借此略加评述如下。

一、新颖得当,古朴厚实

全书计36万多字,版式采用简体横排,内容分成上下两编:上编述"人",名曰《历代易家考略》;下编叙"书",名曰《历代易学要籍解题》。其上下编原各为一书,分别为国家教委及福建省教委古籍研究项目,此次出版荣获福建师范大学中文系重点学科学术著作出版基金资助。全书凡收先秦至近现代重要易学专家375人及重要易籍506种,各依时代先后排次。在时代的划分上,上下编略有不同:上编依次为先秦、西汉、东汉、三国、西晋、东晋、南北朝至隋、唐代、北宋、南宋、元代、明代、清代、近现代(止于20世纪50年代初)十四部分；下编依次为先秦至两汉、三国至隋唐、北宋、南宋、元代、明代、清代、现当代（止于20世纪80年代末）八大部分。上编所述人物，着重考证各家之姓氏里籍、生平事略，并简要评述其易学成就；下编所叙易学著作，皆先列书名、卷数、作者、版本，然后侧重分析其内容之是非得失。书前列有"凡例"十四条，细谈全书的编排体例和涵盖内容。此外，作者还在《前言》和《后记》中概述了编撰此书的宗旨、起因、经过，并着重对历代研究该课题的有关情况作了简明扼要的阐述，为未来该课题的深入研究指明了新的方向。由于作者的精心策划和巧妙架构，使该书的体例倍显严谨细密，条分缕析，颇为得当，令人耳目一新。也正是这一严谨得当的体例，使得全书涵盖的复杂内容变得极其合理，即在不削弱其学术性和工具性的同时，大大增强了可读性。众所周知，中国历代学者一贯十分注重考据学和目录学，也积累了不少经验和成果，可又因文字障碍等因素难以为今人所承受。时代变迁，传统割裂，经学缺席，以至当前整个易学研究界相关的专著已不多见，即使有相类似的又都是以朝代编次或是以姓氏笔画排序的大型工具书（主要是《周易》辞典），不仅"人""书"交杂，而且夹杂着繁多的易学术语词条和有关知识，无形中掩盖了读者对历代重要易家和易著的直接认识。另外，由于大型工具书大多出自众人之手，在材料的搜集整理和取舍厘订上难免不尽如人意，在行文的语言表达和品评得失上也不可能趋于一致，如此兼收并蓄，错综复杂，良莠不齐，主次不分，无疑会妨碍学易者对历史故实的客观认识，也很有可能造成误导。相比之下，本书作者能凭借自己得天独厚的易学和文学功力，详探易学群籍之精奥，力寻治《易》诸家之伟绩，沿循前辈、先师之教诲，继承考据、目录之学风，而后考辨其是非，厘定其得失，方始辑录成书，其用心之良苦，费力之艰辛，诚非一般的论著所能比拟。也正是缘于作者的不懈努力，才能做到仅凭一己之力而使历代众多易学名家要籍之情实，囊括在这本体例新颖得当、内容古朴厚实的专著里。若论其书内容，既是本根于《四库全书总目》《续修四库全书提要》等前代有关易类考据学和目录学论著之所得，但又能跳出传统经学研究的窠臼，取其精华，弃其糟粕，并实事求是地根据新观点、新方法、新内容、新发现加以抉缺补漏，更可贵的是能把自己多年研易的心得体会融入其中，形成一部纲举目张、史论结合的新著。如此古朴厚实而又富于新意，堪称当代易学史上继往开来、推陈出新之力作。笔者深信，日后的学易者只要借助该书，就可以省却无数翻检故纸堆之劳苦，而直接又准确地了解到历代易学研究的概况，从而更快更准地找到治《易》的门径，更全面地把握住中国易学发展的脉络，更深刻地体验到易学文化的博大精深，以致终生受益无穷。

二、从源溯流，强干弱枝

纵观古今易学史，不仅仅是述《易》著作丰赡繁富，易学之流派亦是纷然多歧，且有《易》说愈繁、门派互相辩驳之势。如果没有正确的治《易》方法，必将皓首穷经仍无所适从，或是误入歧途。而要掌握较为可取的研《易》方法，没有家传师承和力行实践是很难做到的。本书能有独到的创获，跟作者素来十分注重师承的治《易》之道是有密切联系的。作者业师黄寿祺先生生前精通易学，不仅有鲜明的易学观点，即"主于兼宗汉宋，网罗古今，辨源流宗派，知家法师承，明主宾本末"，而且有着一套经验总结的研易方法作为指导思想。黄寿祺先生早在1980年就对这套研究方法作了归纳总结和精辟论述，并简要概括为"从源溯流"和"强干弱枝"两种①。这套研究方法对当时正受业于黄老门下的本书作者来说，无疑是受益匪浅的。事实表明，本书作者十几年来的治学成就，也正是沿此科学合理的研易方法所取

---

① 黄寿祺：《论易学之门庭》，《福建师范大学学报（哲学社会科学版）》，1980年第3期。

得的。而这些方法对本书的创获又表现得特别突出。其一，本书为了辨明易学宗派，亦是力求从源溯流。如，把易家之祖推到先秦的伏羲、周文王、周公、孔子等人，以示中国易学之创始；把具有可信性的《连山》《归藏》《子夏易传》《帛书周易》等书作为易著之先，以明易学之本源；最难得的是把渺茫难知的整个隋唐以前的易学名家要籍也看作后世易学的本根，而在材料的辑录上力求详备。此外，本书也力求把考究易学史上众多流派之得失的学术成果尽赅其中，以便读者能逐步了解到中国易学研究的发展变化。其二，本书题材可谓网罗古今，实亦做到强干弱枝。所谓"强干弱枝"，就是既以易学中"象数派"和"义理派"这两大主要派系作为"主干"加以深入研讨，又把其他各派当作"枝附"兼而探之。对此，本书也有着明显的表现。的确，易道广大，无所不包。但易派纷争，《易》说愈繁，主要还是有宋以来之事。本书在贯通古今的平面上，主要是立足于重要派系的研讨，但又并非一概而论。如，书中所列易著仅以今日尚存的作为收入标准，而对两宋以后的易家要籍，则只选列有较大影响的；虽不排斥那些与《易》有关的图谶、丹灶、蓍龟、五行、天文、术数等类的名家要籍，但也仅仅择其最具代表性的而已，既不失之片面，又避免了内容的芜杂。总而言之，本书能使网罗古今的内容倍感脉络清晰、主次分明、繁简得当、辨析周详，乃因有着独具特色的研究方法。如此切实可行的研究方法，无疑也将对该书的读者有所裨益。

三、持论公允，述说明畅

人死不能复生这一定律，意味着古人绝不能再站出来为自己的得失作申辩，也就要求今人在品评古人时要特别的谨慎和负责，方能还古人以公道。对此，本书的做法堪当楷模，可资同行借鉴。著者除了能对大量熟悉的史料运用合理的方法如实加以条辨外，在品优评劣方面尤其注重坚持两大原则。其一，不立无根之说，不录无稽之谈。如，在广征博采众家之说时，所引录的材料力求注明来源和出处，虽也适当收录一些仍有疑义并亟待明辨的说法，但全书始终没有持有异议且毫无根据的史料介入；能够采用版本好的史籍，并力求沿用另有的版本核校收录的引文，尽量避免以讹传讹。其二，不占他人成果，不持奇谈怪论。如，著者虽也力图解决易学史上一些久讼未决的问题，但绝不把别人的研究成果据为己有，也不因此故意发表一些令人费解的奇谈怪论，总能做到实事求是、一丝不苟、点到为止、恰到好处。正由于著者有着如此严谨扎实的治学风格，所以书中的评论基本上是客观公允，令人信服的。此外，本书的叙述风格也是很值得一提的。全书运用浅白的文言句式来加以表述，既使内容更加简明扼要，又使文风与所引古史文字相得益彰。由于著者运文颇为娴熟自如，以至阐幽显微均判然明畅，避免了佶屈聱牙之嫌，非但不会给有一定文化水平的读者造成文字障碍，反而倍感古朴精当、稳重得体。

《易》曰："苟非其人，道不虚行。"倘若不是于《易》覃思研精，深有所得，并能广搜博采，探赜索隐，考历代易学之源流，辨两派六宗之得失，是很难撰成一部有价值的考辨历代易家和易学书目的专著的。然而，该书不仅做到了，而且做得相当出色。这跟作者多年来的潜心研究是分不开的。"冰冻三尺，非一日之寒。"作者不仅仅是得益于当代著名易家黄寿祺先生的师承而找准了治《易》的门径，其于《易》用心之专、用力之勤也是令人信服和钦佩的。据作者书中"前言"所云，该书是"在撰写《周易辞典》之余，利用案头材料汇辑而成的"，可谓《周易辞典》之精华。而在此之前，作者已对《周易》经传重新加以译注成专著，并在编撰四辑《周易研究论文集》和倾力考辨《周易》的产生、内容、作者、特色等问题的基础上，著成《象数与义理》一书，还编了好几本有关《周易》入门的书，如《周易入门》《易经初阶》等，发表了数十篇论文，总著述量达五百多万字，且均在学术界引起不同凡响,可谓于《易》学贯古今,且能深入浅出,成一家之言。毫无疑问,本书是作者在相当全面地了解中国易学史上诸多名家和要籍的基础上,为扬榷其是非,厘定其得失,而苦心经营之后所取得的独到创获。既可以说是作者以此作为继承先师夙愿的一项成功尝试,亦可称是填补了现当代易类目录学和考据学研究的空白,其承前启后之功实不可没!

学无止境,瑕不掩瑜。面对浩繁的古今易家、易著,要想予以全面落实、彻底清理,需要有几代人的共同努力。正如著者所言:"允非笔者所能全面涉猎,更非这本小书所能尽赅……其中取舍失当,抉择欠妥之处恐未能免。"[①]"至于进一步更大量地考辨古今易家、易著,全面评析其源流派别,总结出纵贯数千年的中国易学发展规律,则唯俟诸异日。"[②]平心而论,从考辨历代易家和易学书目这个大课题来讲,该书成功的创获虽非微不足道,也仅是尝试性的开始。当然,能有这么好的开拓性专著作为基础,必将有利于我们建构起更深更有意义的中国易学研究史料学。

(原载《周易研究》,2000年第1期,第87—89页)

---

① 张善文:《历代易家与易学要籍》,福建人民出版社,1998年,第7页。
② 同上书,第468页。

木部

道家与道教文化

道家审美观与时间问题研究方法论

人类已经步入二十一世纪了！这是众所皆知的。但是，如果进一步追问"二十一世纪"是一个什么概念？恐怕会有许多人感到茫然不解。生活中有许多问题是经不起追问的，尤其是"审美"与"时间"的本质问题。正是人类对这两个问题的回答难以达成共识，所以不同的人都可以形成自己的看法，即各人都可以有自己的审美观和时间观。古代西方哲人曾说过，世界上没有两片完全相同的树叶。同理，在这个世界上也是没有完全相同的审美观和时间观的。自从人类诞生以来，在这个地球上生活过的人是数以百亿计的，无疑曾在世上体现过和实践过的审美观与时间观也是数以百亿计的。因此，如果要对以往和现在的所有观念都重新加以认识一番，显然是完全不可能的。但这并不意味着，与审美观和时间观联系密切的问题，也都随着历史的遮蔽而完全得以隐藏。从某种意义上说，文字是人类思想的载体，以各种文字连缀成篇的不同时代作品更深地蕴涵了先人们的思想观念。正如法国著名汉学家克洛德·拉尔（Claude Larre）在《中国人思维中的时间经验知觉和历史观》一文中指出："中国人的时间概念体现在语言和生活方式中。他们具有异常丰富的时间表达方式和某种渗透其言语及整个生活的时间概念和时间体系的逻辑。这就是我们必须研究的东西。"[①]基于这一事实，本文也试图借助某个时代的典型作品，打开一

---

① ［法］路易·加迪等著，郑乐平、胡建平译：《文化与时间》，浙江人民出版社，1988年，第31页。

扇得以窥伺人类思考审美与时间问题的窗户。经过比较研究，笔者选取了中国先秦时期具有重大影响的作品《老子》《庄子》等道家典籍作为范例，以便能够从源头上更深入地理解古代中国哲人的审美观和时间观，并试图在一定程度上说明不同的时间观决定其与众不同的审美观。对这一层关系的论证，所触及的基本问题就是哲学与美学的关系问题，当然也会对文化、文学、历史等相关问题的研究有所触及。也许是因为不仅介入了早期典籍的问题研究，也掺杂了时间与审美关系问题的思考，以致本论题的研究变得比较复杂。本文主要阐述笔者研究道家审美观与时间问题的思路和方法。

一、先秦道家典籍及其审美观研究

先秦道家典籍是本文的主要研究对象。"先秦"一词，包含广狭二义。广义的"先秦"，指秦代以前的各个历史时期；狭义的"先秦"，指秦代以前的春秋战国时期。本文指的主要是狭义。"典籍"一词，也有不同含义。对于先秦人来说，当时的书籍并非都是经典的；而对于今人来说，先秦时期遗留下来的文献材料，无疑都是经典的论著。就"先秦典籍"而言，可以泛指先秦时期的所有文献书籍，也可特指先秦时期的主要经典文献。必须说明的是，本文所谓的"先秦道家典籍"，并不是指先秦时期道家学派的所有著作，而是仅指先秦时期道家学派的经典著作，主要就是《老子》和《庄子》。

汉初司马迁的父亲司马谈在《论六家之要指》中，认为先秦诸子百家中最有影响的，只有儒、墨、道、法、阴阳、名六家（见司马迁《史记·太史公自序》）。到了西汉末期，人们所知道的只有十家：儒、道、阴阳、法、名、墨、纵横、杂、农、小说（按：刘向之子刘歆《七略·诸子略》把先秦诸子归为十家，即在司马谈所论"六家"的基础上，增加了纵横、杂、农、小说四家），同时又轻视小说家，所以又说:"诸子十家,其可观者九家而已。"(《汉书·艺文志》)而从今天来看,阴阳、农二家的学说仅剩下零散的记载,不足以形成"典籍";纵横、小说二家的著作虽有个别传世的,但又可能是成书于汉初以后,不能当作"先秦典籍"。如此而言,汉代所谓的"诸子百家"著作,实际上就只有儒、道、法、名、墨、杂六家了,而其中最有影响的可以说就是儒家和道家的典籍了。而从儒、道两家的典籍来看,儒家典籍的数量是最多的,对后世的影响也是最大的,但其主要思想是根植于"五经"而形成和发展的;道家典籍数量不多,但对后世的影响也是很大的。从时间的角度来看,儒家典籍所体现的时间观,跟现在的一般时间观念没有多大差别,大多是世俗的时间观,或者说是历史的时间观;而道家典籍所体现的时间观,则不囿于世俗的时间观,而是超越了传统而指向"道"的问题。而就审美的角度来看,道家的思想对中国审美观念的影响比儒家要大。从当时的情况看,单纯以儒或道思想行世的并非主流,而是一种亦儒亦道并杂糅其他各家的思想在主导哲学美学观念的发展和变异。综合各种因素,笔者认为先从道家典籍入手,可以更全面地把握中国先秦时期的时间观与审美观。这也是本文选择《老子》和《庄子》等道家典籍作为主要研究对象的原因。

研究先秦道家典籍中蕴涵的时间观及其审美观,还有必要从美学的角度来思考一些相关的问题。我们知道,中国美学研究已经走过一百多年的历史,也涌现了许多大家,如王国维、蔡元培、朱光潜、陈望道、宗白华、蒋孔阳、蔡仪、李泽厚等前辈学者为中国美学的研究奠定了坚实的基础。"科学就是体系,作为一门科学的美学,就是规律、范畴、一般概念的体系,它从一定社会实践的角度反映现实,反映按照美的规律掌握现实的过程所具有的最重要的审美联系、关系和属性。"① 在中国,美学曾是一门显学,在二十世纪五十年代、八十年

---

① 蒋广学、赵宪章主编:《二十世纪文史哲名著精义》,江苏文艺出版社,1992年,第1137页。

代都曾火热一时。近几年来，美学虽然减少了往日的学术魅力，但仍得到人们的重视，这与国内大批美学研究者的不断探索是分不开的。在百年中国美学研究史的反思中，有些学者认为目前中国仍缺少具有民族特色的原创性理论。此说未必如实，但不能不引起我们的思考。其实，在中国学术界，一直都缺乏原创的理论，这是有目共睹的。究其原因，应该是多方面的。从历史的层面上看，秦汉以来的学者大多是沿承先秦经典的思想传统，即使是唐宋以来，有许多大学问家都有能力建构新的理论体系，但事实上他们仍把自己的思想主张深埋在先秦经典的阐释之中。"五四"运动以来，西学东渐，中国学术研究一直被西方的学术话语所垄断，而传统的经学开始缺席，民族的文化传统开始割裂，这使我们今天的大多数人没能更全面客观地认识本国的文化，更正确地理解本国的哲学、美学等思想。这也是我们在近百年的学术研究中始终拿不出影响全球文化进程的原创性理论的一大原因。毋庸置疑，一个民族和国家要产生具有巨大影响力的原创理论，需要一个循序渐进的过程，而不可能一蹴而就。笔者认为，要使我们的学术理论得到创新和突破，首先，必须把本国传统的东西盘点清楚，解释清楚，这就要求我们实事求是地深入历代的文本典籍，在具体的时代和语境中总结各个历史时期的文化思想成果。其次，必须与时俱进，结合当代社会不断出现的新问题，以及人类文明进程中遗留下来的重要问题，不断思考，推陈出新，让学术理论在开放的框架中日益完善，让学术理论为人类的文明进程不断作出贡献。再次，必须精诚合作，由于长时期以来学科分类的细化，致使学者的研究更加专业化，也使学科之间的关系有所疏离，这种趋势并不利于学术事业的发展。因此，强调不同专业学者的交流与合作，必将有补于现行学科体制的不合理，而使各个领域的学术成果更为及时地汇聚成一股巨大的力量影响当下日益全球化的学术界。就中国古典美学研究而言，要想取得更大的理论突破和发展，笔者觉得当务之急是从生活实际出发回到先秦典籍，回到哲学问题。也就是说，有三点是必备的：一是文本典籍思想的深入研究；二是从哲学的高度来审视不同时代不同语境的各种思想；三是密切联系实际，让审美理论研究与社会日常生活有机联系起来，逐渐形成一个良性的互动发展的新态势。对此，不妨简单列举几条理由。

第一，美学——中国——先秦。前苏联美学家鲍列夫的主要观点是："美学研究不能脱离人类社会历史，对生活的审美认识即是对生活的社会认识，并且认为在审美认识问题上，人类的劳动和生产实践具有极其重要的意义。"[①]可见，中国美学研究也应立足于日常生活和历史发展的实际，也只有先搞清楚中国美学的本源流变和核心理念，才能更好地开展西方美学乃至跨文化美学的研究。而要全面系统研究中国美学，必须溯本求源，认真研究先秦各种哲学美学思想观念及其存在问题。

第二，美学——哲学——时间。鲍列夫在《美学》中认为"美学本身是一种理论和方法论性质的学科，是哲学学科的一支"[②]。法国杜夫海纳在《美学与哲学》中认为"人类初期自发的艺术表现了人与自然的关系，这正是美学所要思考的。美学在考察原始经验时，把思想和意识带回到它们的起源上去。这一点正是美学对哲学的主要贡献"[③]。因此，美学问题从根本上说是哲学问题，而哲学问题与时间问题密切相关，因而美学问题必须从时间哲学的高度来解决。前苏联学者A.J.古列维奇在《时间：文化史的一个课题》中认为：

> 时间的表象是社会意识的基本组成部分，它的结构反映出标志社会和文化进化的韵律和节奏。时间的感觉和知觉方式揭示了

---

① 蒋广学、赵宪章主编：《二十世纪文史哲名著精义》，江苏文艺出版社，1992年，第1136页。
② 同上书，第1143页。
③ 同上书，第1145页。

社会以及组成社会的阶级、群体和个人的许多根本趋向。时间和其他构成"世界模型"的要素，如空间、原因、变化、数、感觉世界和超感觉世界之间的关系，普遍和特殊的关系，部分和整体的关系，命运和自由的关系等等一起在表示某一既定文化特征的"世界模型"中占据着一个突出的地位。①

可见，时间问题不仅是哲学问题，也涉及与文化生活相关的许多问题，这也是审美与时间关系问题研究的意义所在。

第三，美学——文本——典籍。前苏联鲍列夫代表作《美学》认为："美学，是关于受历史所决定的全人类价值的本质的科学，是关于对这种价值的创造、欣赏、评价和掌握的科学。这个按照美的规律把握世界最普遍的原则的哲学，首先是在艺术中形成巩固，而且达到了高度完善的地步。审美本性及其在现实中和艺术中的丰富表现，人对世界审美关系的原则，艺术的本质和规律性，均为美学的基本问题。"②既然美学也是"受历史所决定的"，那么美学问题的研究，也就离不开真实的文本依据。这也是必须重视先秦典籍文本来研究中国古典美学的主要原因。

基于以上认识，笔者初步形成了研究中国古典美学的基本思路。一、溯本求源，考辨源流，分清主次。具体而言，就是从先秦时期入手，从典籍文本入手，逐渐梳理出中国美学思想演变发展的脉络。二、全面兼顾，史论并重，点面结合。即尽可能观照到历朝历代的主要思想，把研究的对象延伸到宗教、文学、艺术、民俗等领域。三、中外比较，古今对照，学理贯通。即尽可能开展比较美学或跨文

---

① ［法］路易·加迪等著，郑乐平、胡建平译：《文化与时间》，浙江人民出版社，1988年，第313页。
② 蒋广学、赵宪章主编：《二十世纪文史哲名著精义》，江苏文艺出版社，1992年，第1137页。

化美学研究,从更深的学理层面上对比和贯通各种主要的审美思想观念。主要研究方法是带着实际问题进入文本对象,做到实证材料与理论创新相统一。而目标是从社会生活中发现问题,并在具体的文本解释中发现解决问题的思想方法。

二、理解时间问题的深刻涵义

"审美与时间"及其触发的问题值得深入思考,有必要加以说明。"时间"作为一个词语,既是极其普通的概念,又是极其深奥的问题。在宇宙世界中,所有的问题就跟所有的"物"一样都与"时间"密不可分,因此我们把这些问题统称为"时间问题"。而人们对"时间问题"的看法,就统称为"时间观"。正如德国马勒茨克在《跨文化交流》一书中所说:

> 对哲学家们来说,时间只是人人平等拥有的一个表面范畴。而在实际生活和行为中,时间却有各种不同的意义。这一方面表现在对时间的理解上,另一方面表现在处理时间的可能性是多种多样的。时间概念以及对时间的处理,这两个方面都随着文化的不同而变化着;它们是带有文化色彩的结构特征。[①]

> 人是不可避免地与时间联系在一起的,而人是不能改变时光的流逝的。因此,亘古以来,人们无处不在对时间进行着思考。由此而出现了关于时间究竟是什么的一些想法。也就是说:自古以来就存在着时间概念,而这些时间概念是因文化的不同而不同的。[②]

在亚洲和非洲,人们把时间看得更具体和更具整体性:"在

---

① [德] 马勒茨克(Gerhard Maletzke)著,潘亚玲译:《跨文化交流——不同文化的人与人之间的交往》,北京大学出版社,2001年,第50页。
② 同上书,第50—51页。

时间观方面,有三个不同的地方:——根据亚洲人的时间观,时间的流逝不是直线型的,而是周期循环的。——从时间的流逝方式来看,时间并不是以规模可表达的事件的形式出现的,而是由有利时刻和不利时刻所组成的,使人们趋向于利用它或回避它,具有不连续性。——时间在内容上不是抽象的度量单位,而是在一年的各个气节和各个季节工作中可以具体体验到的过程。"(O. Weggel: Die Asiaten,第200页)[1]

正如不同的文化有不同的时间观一样,——与此紧密联系的——各种文化里的人们对时间的处理的方式和方法也不一样。很明显,这些方式和方法在很大程度上是受技术化和工业化程度的影响的。一个社会的工业化程度越高,人们的时间观越强,并且越是主张节约时间以及合理安排时间,这主要是因为技术要求高度的精确、准时和可靠性。[2]

重要的是,我们应该看到,世界上有不同的时间观,并不能先入为主地认为哪些是正确的,哪些是错误的,哪些是高级的或低级的,"文明的"或"原始的"。[3]

综观已有研究时间问题的论著,尽管不同学科不同学者对时间有不同的理解,但对该问题的高度重视却是共同的。在哲学的视阈中,时间问题被看作是与存在问题有机统一的根本问题,对此问题的看法就是对世界本质的看法;在自然科学的视野中,时间问题同样重要,历代科学家的发明与创造都是为了解决与时间相关的问题。在不同学科中,时间问题得到不同程度的重视和认识,如历史学科就是为了解决历史

---

① [德]马勒茨克(Gerhard Maletzke)著,潘亚玲译:《跨文化交流——不同文化的人与人之间的交往》,北京大学出版社,2001年,第52页。
② 同上书,第53—54页。
③ 同上书,第56页。

时间中人类发展变化的过程与规律，美学学科就是为了解决人类在有限的生命时间中如何追求最理想的美。在现实生活中，时间问题就像行为规律一样，约束着每一个人的生活。由此观之，"时间"似乎应该有广义和狭义之分（为了方便言说，姑且以广、狭二义加以分别吧）。从广义上说，时间是指只可意会不可言传的、绵绵若存若亡的、不间断而持续展开的客观存在的"东西"，则此时间问题就是指宇宙世界的根本问题。从狭义上说，时间是指有长度、量度、向度、维度又可以秒、分、时、日、月、年、世、历史、古今等术语来指称的主观认识的"东西"，则此时间问题就是指人类生活的普遍问题。本文既取广义，又取狭义，而且认为广义和狭义是有机联系的，从根本上说是不能区分的。鉴于时间问题的复杂性，我们有必要从多个角度来理解它可能涵括的意义。

面对时间问题，就会想起许多人类未解之谜，因此，既会使人对宇宙世界迷惑不解，也能对人生哲理有所感悟。面对时间问题，我们会有许多莫名其妙的疑问，这些疑问又往往成为人们研究问题的动机和动力。在哲学上，时间问题是一个玄而又玄的存在，令人伤透脑筋而不得其解；在生活上，时间问题又是一个烦而又烦的问题，令人终其一生而无法摆脱。于是，一代又一代的人，都苦于追问时间是什么。不知从什么时候开始，人类发现了时间的一大奥秘——节律，这种节律与日月的东升西落、季节的寒暑往来是密切联系的，这种循环往复的节律变化对人类生活有着重大的影响。随着人类实践活动的不断演进，人们似乎已经洞察到时间节律的微妙之处。金寒梅撰写的文章《是谁在自然中控制节奏》，指出了时间的周期性问题：

> 人们在长期的生活实践中发现：事物的运动过程存在着一种奇妙的循环周期性。例如，农业专家发现美国小麦丰收的周期为9年，中国大兴安岭松子的丰收周期为6年。气象学家了解到地

球出现干旱的周期为22年，欧洲气候的变化周期是35年。人的一生中，体能、智力也会出现两次周期性高峰（第一高潮为35—45岁）。诺贝尔奖金的获奖项目，绝大部分是学者们在他们一生中的第一次高潮时创造的。

有些看来似乎毫不相干的事物竟然具有相同的循环周期。在加拿大，大山猫的数量每9.6年便会出现一次高峰。而在英国每英亩小麦的产量和心脏病患者的发病率竟然也是9.6年便出现一次高峰。前苏联科学家分析了理论物理发展史，发现平均每隔11.1年世界上便有一批"天才人物的"重大创造发明问世，而这个周期竟与太阳的活动周期相吻合。这决不是偶然的巧合，这正是自然界事物在运动变化时所呈现出的本身固有的周期性。

研究自然界的循环发展的周期性，具有十分深远和重要的意义。一些医学家发现癌细胞的分裂是有其固定的生理节奏的，不同于健康细胞的分裂节奏。他们建议癌症患者在癌细胞分裂时用药，既可最大限度地杀伤癌细胞，又可使健康的细胞组织受害最小。美国科学家从研究树的年轮入手，了解密西西比河地区的气象变异历史，提出了每22年在那里将出现一次严重的干旱，并预言下一次在2022年。

究竟是什么自然力量支配着事物的循环周期？目前科学家还无法作出圆满的解释。某些科学家认为，地球是太阳系的一颗行星，众星巡逡，日月穿梭，周而复始，亿万斯年的影响生物，使其形态、生理和生态形成了变化周期，这是宇宙节奏的表现。如月球的引力牵动了海潮，月圆时引力最大，而海洋生物甚至人类都受其影响而发生周期性的变化。这几多循环周期之谜等待人们探索解答。①

---

① 金寒梅：《是谁在自然中控制节奏》，《新民晚报》，2005年4月2日，B54"人与自然"版。

不管时间是否真的具有周期性的定律，但时间的表象给人的感受无疑是相当深刻的。在人类历史上，每一个人感受最为深刻的就是生命时间，每一个人都会明白自己终将死去，每一个人的所作所为都会被时间演变成历史。对人来说，最有规律的一件事，无疑就是人早晚都要面对死亡。因此，人们倍加感到时间的宝贵，最为直接的就是珍惜生命，以及个体生命在时间长河中所能发挥的价值和功用。在这个意义上，审美与时间有机地联系在一起。流星一闪而灭，昙花一朝而谢，尽管它们存在的时间是那么短暂，却丝毫也没有减损其令人羡慕的审美价值。当然，在更多的层面上，人们追求的是一种近似永恒的美丽。希望青春永驻，就是现世人们对生命之美的渴求。

面对时间问题，人们不断加以探索，形成了各自的时间观。从形成的过程看，人类对时间问题的看法，随着时代的不同而不同。我们很难明白早期人类思考时间问题的具体想法，但这正是触发我们去探讨时间问题的一大原因。在我们的头脑中具有的时间观念，从共性上说是一种具有古今向度的历史时间概念，是一种三维的线性的时间概念，形成了以过去、现在、未来为主线的时间框架。只要我们进入历史哲学的视野，就会明白这种具有共性的时间观如同是人类约定俗成的，是人类进入文明时代以后发现的赖以逐步解决时间问题的方法，是历史的时间观，也是社会的世俗的时间观。这种时间观是以自然现象的变化为依据的，如白天和黑夜的交替、春夏秋冬的轮换等。我们可以推测，早期人类在经历漫长的进化过程中，大脑的日益成熟与自然的深刻影响，促使人类在观察自然界变化的同时，也逐渐体悟到时间变化的规律。从这个角度看，我们可以肯定世俗的时间观是最有利于人类生存和发展的。但是，世俗的时间观并不是最正确的。因为，这种时间观只能说明已知的表象世界，而不能彻底认识未知或不可知的世界。这种时间观的立足点是地球上的某一个区域（充其量没有超越地球），参照系是太阳和月亮，而对漫天的繁星（整个宇宙）不作为思考的主要因素。如果要把所有的一切（包括已知和未知的世界）都纳入思考的对象，而把遥远的星系作为参照系，那么我们就会发现世俗的时间观必然要受到巨大的挑战。但是，我们还是无法舍去传统的世俗时间观，因为只有借助这种已有的观念，我们才有可能思考未知的世界。古往今来，凡是善于思考世界本质和规律问题的人，都是在世俗时间观的基础上加以想象和发挥的。事实上，如果没有现成的世俗时间观，我们就无法表达思想，甚至是无法生存下去。而当一种新的时间观形成共识时，也就自然蜕变成世俗的时间观，因为世俗的时间观总是与人类整体思想同步的。

借助世俗的时间观，不仅能让我们正常生活，而且能让我们发现时间问题。我们知道，世俗的时间观带给我们的是一个历史的概念，一个往往被局限在短暂时期内的时间观念。这种观念既促使人们追忆历史，也导致人们忘却历史。不妨用线性的思维方式来探讨历史的时间性。借助"线性的"历史，人类不断地追根溯源，试图依靠各种手段来探知人类乃至宇宙的起源。而当我们用线性的方式理解历史时间，我们发现自己乃至整个地球及其负载的世界都是如同被抛弃在茫茫大海中的一般按既定方向行使的船，对此岸和彼岸都一无所知。我们似乎已经知道时间是无限的，既认为向后是无限的，也以为向前是无限的。尽管有人推测在很多亿年之前宇宙有起点，又推测在很多亿年之后宇宙有终点，但那么遥远的时间对现在活着的人类是丝毫也没有意义的。不管宇宙有无起点和终点，即使有的话，因起点与终点的间隔如此的漫长，完全可以认为是无限的，也就是近似于无始无终的。宇宙的时间问题，本来就是一个人类永远也解不开的谜，但却因为问题的存在而使人类的思考遇上极大的麻烦。尽管宇宙世界已经向人类的心灵敞开，但人类的心灵却难以彻底领悟宇宙的奇妙。这应该是人类都必须达成共识的事实！

沿着线性时间展开思路，我们总是要立足现在同时面对过去和未来。我们把过去的都称为历史，但我们仍然无法理解历史究竟是彻底消失，还是延续下来，抑或借助各种方式停留在人类的记忆中。于是，我们只能借助时间的线索追寻历史的足迹。而一旦发现历史的存在，我们既感到满足，又很失望。满足的是，我们可以从很早以前开始找到自身的足迹；失望的是，对于最早的事总是一无所知。因此，我们感到恐惧，感到困惑，感到不可思议。我们发现宇宙、地球以及其中的东西有很多亿年的历史，发现人类的存在也有数百万年的历史。我们不知道人类的最初是怎么形成的，却发现人类有一个漫长的进化过程。我们不知道地球上的东西为什么要进化或为什么会进化，却发现人类已经进化为地球上的最高级动物。我们发现在漫长的时间长河中，人类的存在犹如一年中的一秒钟，而人类几千年的文明史犹如这一秒钟中的一小段时间。宇宙时间是那么漫长，人类文明的时间是那么短暂，这是为什么呢？这个问题对现在的人类来说，已经不重要了。值得现在人思考的是，假设整个人类的文明历史是一条线段，再把这条线段简单平均分成前、中、后三段，那么请问现在的我们是处在哪一段呢？这个问题也是无法回答的，但人类却不得不逼迫自己来思考这个问题，并作出种种预测。因为，人类发展到现在，已具有毁灭所有文明乃至全人类的能力，也崭露了初步具有制造人类自身的能力，所以"传统"人类的末日似乎是指日可见了。只要人类使用核武器互相攻击，人类的文明史也就终结。假设这种情况终将发生，那么它有可能在不远的将来发生，也可能经历漫长的岁月后才发生。不妨把以往的文明史计为六千年，如果说我们现在是处在前段，那么整个文明史至少要超过一万八千年，也就是说人类至少还有一万两千年的时间可以拥有并发展现在的文明；如果是处在中段，那么不会超过一万两千年，也有可能是只有三千年；如果是处在后段，那么不会超过三千年。以目前的情况而言，我们完全有理由相信末日不会在近几年或几十年内降临，但是一百年以后的事就难以预料了。末日真的会来临吗？这个问题现在是回答不了的，事实上永远也无须回答。因为，只要末日还没有降临，这个问题就没有答案；而如果这个问题有了答案，已经没有人来回答了。不过，这个问题的提出，可以促使我们去思考时间视阈中的许多问题。比如，我们可以继续追问：末日来临之后，时间还在吗？这时如果地球还在，宇宙还在，时间还在吗？这时如果只有人类不在，时间中的一切又是什么样的世界呢？如果时间中的世界还继续运作下去，会再化生出与现在人类一样的人类吗？诸如此类的问题，异常玄虚，近似于没有意义的无聊发问，却又是不容忽视的，因为，对于求知欲旺盛的人类来说，所有的问题都已纳入发现和解决的未来议程。

面对时间，其实人们思考更多的不是宇宙世界中整个人类的历史或命运，而是个体自身生命的出路。谈论这个问题，必须从死亡的话题开始。众所皆知，人有生必有死且生死之间大多不过百年，是千古不变的定律。人类所作的种种努力，就是想推翻这条定律。如何推翻？西方人试图依靠科技手段，东方人努力寻求心灵解脱，但都没有人能让自己活动的躯体在现实中长久保持下去。假设可以彻底推翻，那么随着时间的展开，总有一天地球乃至宇宙都会被人体所塞满；假设没有彻底推翻，只是人类的平均年龄都达到两百岁，那么在未来的一千年里，地球照样会人满为患。显然，我们无须思考被人体塞满的空间是否还能维持人类的生命，因为人类一旦没有任何活动空间也就失去了存在的意义。所以，从时间的长远目光看，人类要继续生存和发展，就不能去推翻定律。当然，我们还是可以继续追问：这条定律难道就永远不变吗？是什么在主宰这条定律呢？这些问题也是永远得不到正确回答的，但仍然可以促使我们去思考与自身密切相关的许多问题。比如，个体生命的死亡，对于还继续活着的人来说，就是在现实的视野中彻底消失。但究竟是消失到哪里呢？这对于活人来说会有许多不同的理解。这种理解可以通过活人的心理活动得到不同的答案，而这些答案到底又是被各自的时间观所决定的。如果认为个体的时间是永恒的，那么死亡只不过是转换到不同时间的空间而已，如所谓上天堂或下地狱等；如果认为是短暂的，那么死亡就是在同一向度时间中的物质转化，如被细分化成各种元素而使原有的形体彻底消亡。对于活着的人来说，死亡的确是不可知的，也因此留下非常广阔的想象空间。而不管是恐惧死亡还是无所畏惧，只要死亡来临，也就意味着个体生命时间的终结。我们似乎都知道，当我们自身死亡之后，还有几十亿的人继续活着；即使是一个国家或民族的人同时死亡，也还有许多个国家和民族的人继续活着。但我们却还无法真正知道，除了地球的人类以外是否还有人类，或者说当人类经历末日浩劫之后，是否还有同样的人类在宇宙中存在。尽管我们可以对着自己说，人类只有一个地球，地球只有一个人类，甚至是说宇宙只有一个人类。之所以不能确知，因为时间问题的存在使我们充分意识到还有许多没有揭开的奥秘；而之所以会自以为确知，是因为在我们的现实生活中经常忽视了时间问题，而忘记去理解宇宙和人生的意义。

以上试图从线性的思维角度来说明时间问题的复杂性。其实，时间问题的复杂性远不止于此。试想，时间难道就是线性的有向度的吗？难道是简单的三维吗？如果时间并不是如我们已有的理解那般，而是以立体的多维的无向度的面目存在，我们该如何应对呢？这些问题对个体的人来说完全可以不予思考，但对于整个人类来说却是不容回避的。在这里，笔者丝毫也没有想解决时间问题的意思，只是希望通过抛出时间问题引发的生命思考来凸显其深刻的涵义。

当然，也许时间问题根本不值得我们去苦苦思索，因为无始无终的时间总是把自己的整体与无穷无尽的宇宙世界联系在一起，让人难以全面知道它的真相，所以从根本上说追问时间问题是不会有任何答案的。那么，时间问题与其说值得重视，还不如说值得忘却。可是，作为人类来说，难道还能忘却时间吗？对此，老、庄道家的思考结果，也许可以给我们更多的启示。

三、本研究的主要问题与思路

时间问题是人类始终面临的最大难题之一，一直伴随着哲学和科学研究的进程。近现代以来，时间问题的研究备受关注，这从国内外出版的与时间问题相关的上百种著作就可见一斑。最近几十年来，人类面临许多问题，试图通过对时间问题的研究寻找答案，于是来自哲学、社会学、历史学、地理学、文化学、人类学、医学和经济学等方面的学者，从不同角度对时间的性质、结构、形态、特点、计算、管理、分配和使用的一般规律进行研究，并逐渐分化出新的边缘学科，如时间地理学、时间经济学、时间管理学、时间心理学、时间生物学等等。在国内，因受西方时间哲学思想的影响，已有一些专门从时间角度来研究哲学和文化思想的论著。但是专门从时间问题的角度来研究"审美问题"的论著，目前国内外还很少出现。因此，笔者试图从时间问题的角度出发，以先秦道家典籍文本为对象，来关注时间与审美的关系问题。

综观古今中外，每个人都有自己的时间感和时间观，各个时期的时间观也是不同的。我国先秦典籍中也蕴涵着丰富的时间观和审美观。审美观方面，国内已有不少古典美学史论著从宏观的角度加以研究，但研究的对象和范围仍不够全面系统、具体深入。时间观方面，也有一些相关的研究成果，但专门性的研究仍不多。进而观之，尽管先秦典籍的研究成果非常丰富，但专门从文本解读角度全面系统研究其哲学美学思想的成果几乎没有，从哲学理论高度研究其中时间观与审美观之关系的成果也是寥寥无几。因此，深入探讨先秦道家典籍中的时间观及其审美观，成为本研究的焦点问题。

当然，我们要面对的首先是现实的世界，所以时间问题首先是一个历史的问题，是一个可以考辨和研究的问题。比如，面对先秦道家典籍《老子》和《庄子》，我们既想尽量弄清楚这两部典籍成书的时间年代，也想尽可能了解作者老子和庄子所生活的历史年代及其生卒时间。而要研究这个问题，我们不仅要对历史时间的发展变化情况（如历法、朝代）有充分的了解，而且要在"历史"遗留下来的文物、材料等基础上进行考证。更关键的在于，历史时间所面向的世界并没有完整地保留所有的真相，反而是随着时间流逝而面目全非，是无法还原的，也就是说过去的事情如果没有被人或物"记忆"到现在，那么现在的人也就没有足够的"人证"或"物证"去推知过去发生的事情。这一历史时间规律告诉我们，人类要想追忆过去是很难的，而且离现在越久远就越难追忆和求证。而在现实生活中，人们却往往违背这条规律，运用不真实的"记忆"材料或没有实证的思想试图还原过去，以致经常把假象当作历史真相。笔者在研究老子和庄子其人其书时，就发现了一些不切历史实际、缺乏史料佐证的研究结论，严重干扰了人们对该问题的研究。于是，笔者试图从历史时间问题的角度，对一些相对可靠的文本材料加以梳理，更清楚地认识过去历史所遗留的许多问题，而对一些没有根据的"结论"予以反驳和质疑甚至是推翻。对于《老子》和《庄子》，最值得研究的是其核心思想问题，而这个问题是与时间问题密切相关的，所以笔者侧重研究的就是这两部著名的道家原始典籍所具有的时间观，及其对待事物的审美观。

审美观，乃是对审美问题的看法。如果说时间问题是人类生活的出发点问题，那么审美问题则是归宿点问题。反之，也是说得通的。这当然是相对于人类研究工作的目的和意义而言的，而不是绝对的说法。为什么这样说呢？因为，人类生活和生存首先离不开时间的观念，那么时间观的形成就是人类进入文明化时代首先要面对的问题；而人类生活和生存同样离不开审美的观念，没有审美的观念就会失去生活的方向和理想，也就会失去希望和乐趣，那么审美观的形成就是人类文明时代必须不断探讨的问题。不难发现，人类的时间观与审美观是相互联系的：只要有时间的观念，就有审美的观念；时间观决定了审美观。而在某种意义上，时间观与审美观是统一的。究竟是在什么意义上才是如此呢？对此，笔者试图通过《老子》和《庄子》文本的解读和研究，来回答这个问题。

这是一个难度较大的选题，在笔者看来也是比较有意义的选题。主要难度有三：一是先秦典籍向来以难治著称，不仅文字、思想难懂，而且连选择文本都有困难。尤其是大量出土文献的面世，使该时期的许多问题变得悬而未决，需要再次加以考辨和梳理；二是关于时间问题。从时间问题的角度来理解早期文化典籍，有助于正确认识早期哲人的各种具有创见的思想。但是，时间问题却是非常复杂的，在语言表述方面难以准确。尤其是对时间问题的理解，不仅中西方有差异，不同时代不同人的看法都有不同，而且在语言表述方面难以准确。因此，想从典籍文本的字句中梳理出一系列时间观，很难作出准确的说明；三是关于审美问题。审美活动是人类最主要的精神活动之一，在许多方面都有涉及。先秦诸子典籍，可以说是记载先秦诸子审美活动的活化石，蕴涵了许多独特的审美思想和观念。但是，要从典籍文本中全面客观地提炼出与审美相关的主要思想，却是一件费时费力的事。除了要多花时间解读文本外，还要查考和浏览大量的研究材料和研究成果，甚至要经常思考一些玄而又玄的问题。

众所皆知，《老子》和《庄子》是以"道"为中心来讨论问题的，并由此形成一系列与"道"相关的语言、思想和方法。由于本研究是从"审美与时间"的角度切入，所以无法回避探讨"时间与道的关系""审美与道的关系"等问题。从目前情况来看，相关问题的研究成果几乎没有，即使是一些侧重研究先秦诸子典籍时间观的论著也没有实际进入对"道"的时间性研究。诚然，没有前行者的开道，会遇到一些意想不到的麻烦，主要是缺少可用于解说文本和建构理论的表达语言。这就要求本文必须再虚设一些新的话语，并在文本语句蕴涵的意思中寻找合适的解释词语和方式。"书不尽言，言不尽意"，这也决定了本文的解释话语，难以透彻地表达笔者对文本所能达到的各种理解，甚至是造成读者的误解。为了尽可能弥补这一缺憾，本研究运用"笨拙"的解说方式，老老实实地从文本出发，尽可能在文本原意的基础上解读、阐释、归纳、发挥，然后再加以总结和评价。尽管这种思路和方式在本研究中有很大的帮助，但笔者仍非常担心由于与规范的论文写作形式有所不同而被以为是一种不成熟的学术行为。所以，笔者真诚希望这种尝试性的做法能够得到人们的理解。

在先秦道家典籍中，《老子》和《庄子》是最为重要的。对这两部典籍的研究，已有不计其数的成果。有鉴于此，本研究并不追求全面和系统，而是追求深刻和创新，也希望能对一些热点问题的讨论发表一点独到见解，以期能起到补偏救弊的作用。具体而言，本研究建立在前人研究的基础之上，以时间问题为视角，以哲学美学关系为中心，在注重历史考据、典籍文本与义理思想相结合的同时，运用还原语境和纵横比较相结合的方法来诠释文本思想，试图从审美与时间的角度来诠释先秦道家典籍的审美观念。

（原载《美学艺术与评论》第11辑，山西教育出版社，2014年，第275—287页；另载《美与时代》，2014年第2期，第14—20页。本文主要根据拙著《审美与时间：先秦道家典籍研究》之导论修改而成）

对《老子》研究存在问题的若干思考

《老子》一书流传至今已有两千多年,流传过程中,得到了人们的高度重视和深入研究。今天,面对两千多年的《老子》研究史,我们既不难从中获取丰富多样的研究成果,也不难发现其中存在的不少问题。但是,究竟有哪些主要问题需要我们去面对和解决,以及产生这些问题的根源在哪里,人们向来避而不谈或是谈得很少,以致问题越积越多,越杂越乱。问题的存在,无疑会影响人们对《老子》的真实认识、理解、运用、发扬。有鉴于此,本文拟从宏观的角度对《老子》研究存在的问题作些探讨,并提出个人的看法。

一、版本问题

《老子》版本歧异纷繁,真假未辨,是《老子》研究存在的首要问题。先秦经典的研究,大多存在一个共同的问题:没有定本。《老子》的流传,也是如此。《老子》成型时,是否已著于竹帛,至今仍无法考证。但完全有理由推定的是,在先秦时期《老子》的流通文本并不多见,尽管它可能已是广泛流传开了。先秦时期的经典,大多是靠师徒口耳相传延续下来的。到了汉代,大部分都得以著于竹帛。但是,竹帛文献的保存并不长久,加之汉末战乱的影响,汉代著录的经典文本逐渐失去了原貌。兴起于汉代的注疏之学,尽管非常重视文本,但仍难免使文本开始失真,因为,注疏使古今的言论混于一编,使原著和注作合成一本,尤其是著名学者的注疏见解往往以时尚的权威逐渐取代了传统的流传文本。校勘之学也一样，中国古代的学者往往在抢救传统文化的同时篡改了文化传统：校勘者往往凭借个人的文化修养和所搜集的资料，在重新理解的基础上对经典的流传本进行优劣对比和校勘，以致文本失真；校勘是有功的，但校勘后仍难免失真却是过大于功。造成经典版本繁多和失真的另一个原因，是因古代印刷出版事业落后所引起的，在那些年代里研习者们大多只能靠传抄本来接触文本，由于流传面太广，以致不同学者拥有不同的版本，随着时间的推移尽管有些传抄本被淘汰了，但总还是会有不少传承下来，所以流传面的宽窄也就自然而然与版本的多寡成正比。《老子》流传版本的纷繁各异，足以明证。

《老子》流传至今的版本多达几百种，辗转流传至今的最早文本当数河上公本和王弼本。这几百种版本之间可以说是大同小异，没有什么根本性的差异。但小异却是大争大论的根源所在，围绕小异产生的学问著述至少占《老子》学说研究成果的一半以上。由此也正好说明版本的问题，是始终困扰着《老子》研究的。到了二十世纪末，出土文物又使《老子》版本问题带来了巨大的风波。先是湖南马王堆出土了帛书甲、乙本，后是湖北郭店出土的楚简中又有更古的版本发现。顿时，《老子》研究迎来了新的生机和活力，《老子》似乎开始以年轻的风貌向我们走来。于是，重新给《老子》定本、评价等研究工作得到迅速的开展，学界也陆续发表了不少新的研究成果。但是，如何认定《老子》的真版本，也由此成为研究《老子》的一大难题。时至今日，在新的定本尚未得到公认之前，有关《老子》的研究都将面临巨大的挑战。

关于《老子》的版本问题，笔者认为有几个方面值得思考。一是如何厘定新的版本？如果综合以往的权威版本，再根据新发现的出土版本加以校勘的话，可能比较全面，但似乎仍然难以恢复其原始的文貌，也避免不了夹杂时尚权威学者的私意；如果仅仅根据新发现的出土版本来制定新本，也有很大的冒险性，因为我们毫无理据可以断定出土文本就比流行文本更接近《老子》的原貌，仅凭目前的考古研究成果显然是站不住脚的。话说回来，如果我们所厘定的新本所传达的思想旨意与传统的流行本相差太大的话，恐怕也没有多大意义。二是如何看待旧的版本？笔者以为，从文化传承和文化影响的角度看，旧的版本在历史上的地位和作用远远大于新的出土文本，因为它们真正引导了人们对《老子》的认识、理解及其文化走向，所以研究它们应该更具有价值。当然，从揭开《老子》真面目的角度看，我们更应该从更古更好的文本出发去理解《老子》。三是如何妥善处理各种版本间的关系？这是一个庞杂的工程。我们必须竭尽全力搜集各种在世的版本，并加以认真细致的研究，力求通过比较分析的手段弄清各种版本之间的区别与联系，然后根据得出的事实依据来品评各版本的优劣得失及其价值意义。从目前学界来看，这一点做得很不够。长此以往，版本问题势必给《老子》研究带来更大的麻烦，后学者也将更加无所适从。四是如何发现更多的史料来说明出土本与流行本相互差异的历史原因？从目前研究出土本的成果来看，有不少地方是在比较新旧本之间的差异和优劣，但对于引起差异的真实原因并没有弄清楚。倘若出土本是劣本的话，那么它对《老子》的版本更新问题是不能起太大作用的。如果是最接近原本的优本，那么我们除了必须尽早把它修复之外，还应该认真探讨《老子》文本由优转劣的原因、过程及其相关的许多问题。可以说，我们想确定《老子》的真实文本，还必须走一段相当长的路，而非一蹴而就的事。在新文本尚未确定之前，要想解读和品评《老子》无疑是相当困难的。所以，当前的《老子》研究，如何合力解决版本问题应该说是至关重要的。

二、解读问题

这是一个如何才能更好地解读和诠释古代经典文本的问题，向来也是纠缠不清的。对文学经典作品的解读，笔者赞成"一千个读者，就有一千个哈姆雷特"的说法。但对于先秦哲学经典的解读,笔者认为这些经典所要表达的思想应该是不以读者的主观意志为转移的,也就是说只能有一种。即如《老子》所表达的思想,尽管书中五千言的叙述涉及了方方面面,但是可以发现,每一方面的叙述无一不是从老子最关注的"道"理出发的,无一不是在解释他所关心的"道"。老子的思想是一以贯之的,是高度一致的,虽然容易引起读者的不解、误解、歧解,但从"道"的真实意义上说是根本容不得任何失之毫厘的理解的。可以说,老子要传达的意思就在《老子》里。要想理解《老子》的思想,就离不开对《老子》文本的全面解读和深入理解。任何片面的理解和断章取义所诠释出来的《老子》学说,一定是割裂经典的做法。任何扩大或缩小《老子》视阈来研究和解读其思想的做法,也同样是错误的。

对中国古代经典的解读与诠释,除了要考虑版本以外,标点、注解和品评也是很重要的。如果没有深厚的古文功底和文化修养,如果不能深谙经典自身特殊的解释条例,解读中国经典时就很容易出差错。对于《老子》的解读,大抵也是如此。《老子·第七十章》有云:"吾言甚易知,甚易行;天下莫能知,莫能行。"这句话看上去似乎自相矛盾,其实是很有道理的,因为话中至少很明白地告诉我们两层意思:一是他的话语所关注的问题及其解决对策在书中反复提到,反复申明,应该是很容易理解的,也很容易实行的;二是人们都不能按照书中的指导来弄清文意,而是按照自己的思维和思路来解读,以致没有人能理解和践行他的话语。缘于对《老子》这句话的感悟,笔者以为解读《老子》就必须先立足文本,弄清老子的思维时空和思考问题的对象及其思路,在找到他所要解决的问题时,再根据他所做的回答作思考性的解读。换句话说,我们要解读的不止是《老子》中的五千话语,更重要的是解读这些话语中试图解决的问题。只要我们能真正意识到老子所关注的问题,也就有了解读《老子》的权利,也就有可能取得思想上的共鸣。

缘于获得《老子》"吾言甚易知，甚易行"的启示，也缘于对解读问题的深入思考，于是，笔者重新研读了《老子》，并试图以自己所理解的解读方式来加以解读。笔者发现，《老子》书中真正面对和解答的问题，不单单是如何了解宇宙、修炼养生、爱民治国等，而是关于生命体如何才能在自然环境中获得永久的生命。所谓的生命体，涵盖面相当广泛，概指"其大无外，其小无内"之时空范畴内的所有形象和抽象、玄虚和真实的生命载体。比如宇宙、社会、国家、民族、人类、动物、植物，等等，都是老子关注的对象。在老子独特的视阈里，呈现的是一系列违反自然规律的"自然现象"：所有生命体除了它们共同构成的整体（即道体）以外，都终将被另一个死命体所替代。在老子看来，道体之所以能无死，是因为它不自生故能长生；而各种生命体都因自生而自灭。为了解决这一面对的问题，老子根据自己的思考和实践提供了解决的原理和方法：所有的生命体只要能效法道体，不耗散自身固有的生命能量，就可以跟道体一样获得永久的生命。如何才能固守能量呢？《老子》主要以与人所关联的生命体为例作反复的回答：如，作为生命体的人，要想获得"长生久视""超天地以独存"，关键在于固守和调和与生俱来的元气；而要做到这点，就必须处处"顺应自然"而不因丝毫的计较名利得失、争强好胜、违心纵欲等使精气耗散，而且还应该效法道体吐故纳新的原理来积蓄和炼养源于道体的生命气息。再如，人之集合体国家，要想获得"长治久安""全民永存同乐"，关键在于固守和调和与国俱来的人气；而要做到这点，就必须顺从"无为而治"的法则，"不扰民"，不使人民去干那些违背道德、伤天害理的事，而是让人民都能遵从和效法道体不耗内养的法则，安居乐业，体道积德，民安则国治，国治则天下平，天下平则全民一心养气修道而大化天下，天下大化则全民与道体合一，举国臣民万岁无疆。可见，《老子》中蕴涵着一个"如何效法道体来解决生命体不向反面转化"的思想体系。具体而言，是从对"道体"的感知和体认入手，以顺从

"道体"原理为原则,建立一套有别于儒家"修身、齐家、治国、平天下"之人生哲学思想体系的新体系:一、在个人修养方面,《老子》主张身心并重、性命双修,既注重体内精气神的修炼,又反对伤害身心的所有作为;二、在治国方面,《老子》主张以民为本、无为而治,既注重国内君臣民的平安,又反对扰乱民心的逆道行为;三、在平天下方面,《老子》提倡以不争得天下、以无为治天下;四、《老子》的特别之处,最重要地体现在出天下的理想和方略。所谓"出天下",通俗地讲就是达到"全民皆仙"的理想境界,达到人人都能永久自由地生存和生活;五、《老子》为了调整好人们的心态和调和人与人之间的矛盾冲突,提倡人们运用否定的思维方式来看待和处理一切事情;六、《老子》看到的不止是现实的阳性时空,观照更多的是隐潜的阴性时空,为人们思考问题提供了更为自由宽广的时空领域和思维方式。

三、结语

《老子》是值得研究的,《老子》研究存在的问题应该也是值得研究的。在此必须声明,笔者在文中对《老子》思想及解决存在问题所发表的看法,纯属个人思考的些许想法而已,难免粗疏鄙陋,敬请有识者给予指导批评。文中所归纳的问题,也许不全面不准确,也权当后学者向道教研究专家们讨教的主要问题吧。本文的目的,无意于解决存在的问题,而是寄希望于能以问题的提出,来触动学术界对《老子》研究存在问题的重视。①

(原载《道学研究》,2003年第2期,第145—149页)

---

① 本文主要参考陈鼓应《老子注译及评介》(中华书局,1984年)、南怀瑾《老子他说》(复旦大学出版社,1996年)、严遵《老子指归》(中华书局,1994年)。

地方志中的白玉蟾生平简历

生活在南宋时期的白玉蟾道士，不仅精通易理和医道，而且心通三教，精于丹术，尤其是继承和发扬了金丹派南宗文化的思想精神，对中国道教史产生了重要影响。也许跟正史不载其人其事有关系，从目前学界的研究成果资料来看，对白玉蟾的生平简历问题仍由于研究材料的欠缺，而在认识上存在着不少的错误。为了方便学界更全面了解白玉蟾的本来面目，促进金丹派南宗文化深入研究，本文不揣谫陋，特从全国各主要地方志中选辑有关其人其事的零星记载，缀录成文，以飨学界。选辑的材料约可分成以下几种。

一、江苏省乾隆年间修定的《江南通志》（尹继善、赵国麟修，黄之隽、章士凤纂）卷一七五之《人物志·方外》有载："白玉蟾，福州人，本姓葛，名长庚。遇异人传秘术，世以为仙。嘉定末，诏征赴阙，奏对称旨。尝憩含山白石洞，爱其泉石清幽，特再过之，有重游诗见集中。"[1]此段文字亦转载于安徽省光绪年间修定的《重修安徽通志》（吴坤修等修，何绍基、杨沂孙纂）卷三四八之《杂类志·仙释》文中。[2]

二、浙江省雍正年间修定的《浙江通志》（李卫、嵇曾筠等修，沈翼机、傅王露等纂）卷一九八之《人物志·仙释》文载：

---

[1] 引自苏晋仁、萧炼子编撰的《历代释道人物志》，巴蜀书社，1998年（下同），第277页。其所据底本为清乾隆元年（1736）刻本。

[2] 引自《历代释道人物志》，第485页。其所据底本为清光绪四年（1878）刻本。

白玉蟾，紫桃轩又缀本姓葛，名长庚，闽清人。父亡，随母改适雷之白氏，因改姓名。《神仙通鉴》："玉蟾，号海琼子，得翠虚陈泥丸先生之道；喜饮酒，不及醉；博洽儒书，究竟禅理；大字草书视之若龙蛇飞动，兼善篆隶，尤妙梅竹；受上清录，行诸阶法，所用雷印常佩肘间，祈禳辄有异应，尝游西湖，至暮堕水，舟人惊寻不见，达旦则在水上，犹醺然也。《续文献通考》：嘉定中，命馆太乙宫，一日不知所在，封"紫清明道真人"。①

三、福建省民国年间修定的《福建通志》（李厚基等修，沈瑜庆、陈衍等纂）卷四十八之《福建列仙传》文载：

　　葛长庚，字以阅，一字如晦，闽清人。祖有兴任琼州教授。长庚以绍兴甲寅三月十五日生，母梦食一物如蟾蜍，觉而分娩，名之曰"玉蟾"。父没，母适雷州白氏，故又借白为姓。以在琼州生，故号海琼子，或号琼琯、海南翁、琼山道人。后又号蠙庵、武夷散人、神霄散吏。七岁能诗，诵九经，应神童科，命赋《织机诗》，与主司意拂，不第。后母亦亡，白氏驱之，乃依于王四。四本道者，隐杂流中，乃取诸家符箓尽授之，戒曰："不可妄用也。"后忽不见。白乃遍游海角，复游瓯江。及四（疑为"事"）明师翠虚陈泥丸九载，蔬肠绝粒而道成。翠虚游方外，必与之俱。逮翠虚解化于临漳，长庚乃炼丹于闽清之芹山，往还于罗浮、霍童、武夷、龙虎、天台、金华、九日诸山，乃于黎母山中遇神人授以洞玄雷法，能呼召雷雨，斸摄精魔，以及九灵飞步、太上紫枢玉晨洞阳飞梵炼度之科。所用雷印常佩肘间，万年宫道士曾得其传。初到武夷时，无有识者，独詹琰夫异之，乃重建止止庵以

---

① 引自《历代释道人物志》，第348页。其所据底本为民国二十五年（1936）影印本。

居之，尝过鼎州，憩报恩观，夏日池蛙声噪，书符投之而止。所至祈禳辄有异应，时言休咎，警动声俗。姓名达于九重，养素之褒，笑而不答，咸疑为张虚靖后身，又曰（同"以"）悟本微垣九皇星之紫清，有愿从之游者，莫得也。僧孤云以玉蟾博极群书，贯通三氏，欲乞其为僧，以光禅林。玉蟾笑曰："禅宗一法，修静定之功，为积阴之魄，以死为乐，《涅槃经》所谓寂灭是也。吾炼纯阳之真精，超天地以独存，道不同不相为谋也。"孤云奇其言，亦从事于道焉。其在罗浮多有诗文。蓬头跣足，一衲敝甚，而神清气爽，与弱冠少年无异。喜饮酒，不见其醉。博洽儒书，究竟禅理。出言成章，文不加点。随身无片纸，落笔满四方。大字草书视之若龙蛇飞动，兼善篆隶，尤妙梅竹，而不轻作。闲尝画祖师张平叔、薛道光及自己像于所结三一庵，数笔立就，工画者不能及。嘉定中，诏征赴阙，对御称旨，命馆太一宫，尝游西湖，至暮堕水，舟人绕湖觅不见，旦则长庚在水上醺然也。会臣僚有言玉蟾左道惑众者，遂行至临江军饮江月亭，跃身江流中，众疾呼舟援溺，玉蟾出水面，摇手止之而没。是月，见于融州老君洞。由是莫知所之，或云尸解于海丰县，诏封"紫清明道真人"。所著有《三一庵诗》一卷、《百八家符录记》一卷。(《罗浮志》《琼琯摘稾·唐胄序》《史纂左编》《芦峰旅记》《武夷志》《神仙通鉴》《图绘宝鉴》《湖广总志·道光通志》)①

四、福建省明代万历年间何乔远编纂的《闽书》卷四之《方域志·闽清县》文中有对白玉蟾生平履历更详尽的记载，摘录如下：

芹山，白玉蟾炼丹处也。《鹤林彭耜传》曰：先生姓葛，讳

---

① 引自《历代释道人物志》，第682页。其所据底本为民国二十七年（1938）刻本。

长庚，字白叟，福之闽清人。母梦食一物如蟾蜍，觉而分娩。时大父有兴董教琼管，是生于琼，盖绍兴甲寅三月之十五日。七岁能诗赋，背诵九经。父亡，母改适，先生师翠虚陈泥丸学道，得太乙刀圭之妙，九鼎金丹之书，长生久视之术，紫霄啸命风霆之文，出有入无、飞升隐显之法，始弃家从师游海上，号海琼子。至雷州，继白氏后，改姓白，名玉蟾，字以阅众甫，号海南翁，一号琼山道人，一号蠙庵，一号武夷散人，一号神霄散吏，一号紫清真人。自谓曰紫元、紫华先生，乃紫清也。三人乃紫微垣中九皇星之三星也，因误校勘运之录，降人间。凡章奏则曰："金阙玉皇门下选仙举人臣白玉蟾。"嘉定癸酉，翠虚假水解于临漳，复出于武夷，悉受诸玄秘。先生尽得其旨。乃披发佯狂，遍走名山。有疾苦，或草或木，或土或炭，随所得予之，饵者辄愈。乙亥冬，武夷詹氏之居，火光坠其家，延先生拜章禳之。已，大书一符于中，是夕，闻户外万马声，有呼云"火殃移于延平某人之家"，验之果然。丙子春，过江东，憩龙虎山。岁旱，诸羽流诵木郎咒，弗应。先生为改正，诵之果雨，人疑张虚靖后身。戊寅春，游西山，适降御香，建醮于玉隆宫，先生避之。使者督官门，力挽先生回，为国升座，观者如堵。又邀先生诣九官山瑞庆宫，主国醮。神龙见于天，具奏以闻，有旨召见，先生遁而去。已卯，自洪都入浙，访豫王。僧孤云率僧来迎，以先生博极群书，贯通三氏，欲求其为僧，以光丛林。先生笑曰："吾中国人也，生中国，则行中国之道。禅宗一法，吾常得之矣。是修静定之工，为积阴之魄，以死为乐。吾中国之道也，是炼纯阳之真精，飞身就天，超天地以独存，以生为乐也。故曰：'本乎天者，亲上；本乎地者，亲下。道不同，不相为谋也。'"壬午孟夏，伏阙言天下事，沮不得达，因醉执逮京尹，一宿乃释。十月，先生至临江军慧月寺之江月亭，饮酣，袖出一诗与诸从游谈，未及展玩，已跃身江流中。

诸从游疾呼援溺。先生出水面,摇手止之。洪都人皆谓已水解矣。是月,又见于融州老君洞。由是度桂岭,返三山,复归于罗浮。绍定己丑冬,或传先生解化于盱江。先生常有诗云:"待我年当三十六,青云白鹤是归期。"以岁计之,似若相符。逾年,人皆见于陇蜀,又未尝有死,竟莫知所终。

按尹子曰:"十年死者,十年得道,是得道之速也。百年死者,历久得道,是得道之晚也。死者炼就纯阳之真精,消尽积阴之渣质,故棺空而无尸,复见于他邦,出入天表,与神俱游。"今先生九年道成而仙去,是得道之速也。先生蔬肠绝粒,喜饮酒,不见其醉。大字草书若龙蛇飞动,兼善篆隶,尤妙梅竹。间自写容,数笔立就。时言休咎,惊动声俗。姓名达于九重,天子赐以养素(疑缺"之"字)褒,笑而不受。始蓬头跣足,辟谷断荤,晚而章甫缝掖,日益放旷,厌世而思远游。其存亡,殆莫得而晓也。①

五、江西省光绪年间修定的《江西通志》(刘坤一等修,刘铎、赵之谦等纂)卷一八〇之《人物志·仙释》文中有云:"白玉蟾,琼州人也。(《续文献通考》云:福建闽清人也。)姓葛名长庚。尝任侠杀人,亡命之武夷。事陈泥丸为道,□自称灵□霍童景洞天□人,善幻好诡诞之行,往来庐山间山南北诸佳胜,并有题咏,而太平宫为多。绍定己未冬解化,赐号'养素真人'。(《安志》)"②

六、湖南省光绪年间修定的《湖南通志》(卞宝第、李瀚章等修,曾国荃、郭嵩焘等纂)卷二四二之《人物志·仙释》文中记曰:"白玉

---

① 引自厦门大学古籍整理研究所、历史系古籍整理研究室点校著作《闽书》第1册,福建人民出版社,1994年,第89—90页。
② 引自《历代释道人物志》,第573页。其所据底本为清光绪七年(1881)刻本。引书文中"事陈泥丸为道"句后有若干字迹模糊不清,空格处即是。

蟾,琼山人,号海琼子。博洽群书,作文未尝起草,善篆隶,学道得仙术。宝庆中,游华容石门山,寓宝慈观,与道士孙雪窗游,撰《宝慈观记》。(《旧志》)"此文前尚提及陈楠"以丹法授白玉蟾"一事。①

七、广东省道光年间修定的《广东通志》(阮元修,陈昌齐等纂)卷三二九之《人物志·释老》文中有几处关于白玉蟾的记载:

> 陈楠……以丹法授白玉蟾于宁宗嘉定六年四月十四日。在漳州赴鹤会……遂入水而逝。玉蟾曰:"此水解也。"(《岭海名胜记》)

> 葛长庚,字白叟,福之闽清人。母梦食一物如蟾蜍,觉而分娩。时大父董教琼管,是生于琼,盖绍兴甲寅三月之十五日。七岁能诗赋、背诵九经。父亡,母改适。长庚师翠虚陈泥丸学道,得太乙刀圭之妙、九鼎金丹之书、长生久视之术、紫霄啸命风霆之文、出有入无飞升显隐之法,始弃家从师游海上。至雷州,继白氏后,改姓名白玉蟾。嘉定癸酉,翠虚假水解于临漳,复出于武夷,悉受诸元(玄)秘,长庚尽得其旨。……绍定己卯冬,或传长庚解化于盱江。长庚常有诗云:"待我年当三十六,青云白鹤是归期。"以岁计之,似若相符。逾年,人皆见于陇蜀,又未尝死,竟莫知所终。(彭耜《白玉蟾传》)

> 邹师正,罗浮道士也。尝主冲虚观郡文学掾,王胄游罗浮作志,师正募缘刻之。白玉蟾赠以诗云:"吾师有道貌,山水个中人。无着故无累,是清还是真。烟霞供啸咏,泉石渝精神。何日分峰隐,诛茆愿卜邻。"②

---

① 引自《历代释道人物志》,第774页。其所据底本为民国二十三年(1934),上海商务印书馆影印本。
② 引自《历代释道人物志》第854、855页,其所据底本为民国二十三年(1934),上海商务印书馆影印本。

八、海南省道光年间修定的《琼州府志》(明谊修，张岳崧纂)卷三六下之《人物志·仙释》文中有载：

> 白玉蟾，姓葛氏，名长庚，琼山五原人。年十二应童子试。尝于黎母山中；遇仙人授以洞元雷法，养真于松林岭，长游方外，得翠虚陈泥丸之术。时士夫欲以异科荐之，弗就。及翠虚解化于临漳，玉蟾往来罗浮、武彝(夷)、龙虎、天台、金华、九曲诸山，又于九曲作止(疑缺"止"字)庵，丹灶尚存。时或蓬头跣足，往来廛市，或青巾野服，浮沉人间，人莫识也。博洽儒书，究晰禅理。出言成章，善四体书法，尤精于画。尝游西湖，堕水中，舟人惊救，莫得；明旦已在水上。后至临江彗月寺之江月亭，饮酣，袖出诗与诸从游，因跃入江流中，众呼舟人援溺，玉蟾出水面，摇手止之而没，人以为水解矣。是月，又见于融州老君洞。嘉定中，诏赴(疑缺"征"字)阙，奏对称旨，命馆太乙宫，一日不知所在。所著有《上清》《武彝(夷)》《指弦》《玉隆》《海琼问道文集》六卷、《续集》二卷传于世。《自赞》云："神府雷霆吏，琼山白玉蟾。本来真面目，水墨写霜缣。"又曰："千载蓬头跣足，一生服气餐霞。笑指武彝(夷)山下，白云深处吾家。"(《萧志》)①

以上引文亦见载于海南省咸丰年间修定的《琼山县志》卷二十五之《人物志·仙释》文中。②

九、四川省嘉定年间修定的《峨眉县志》(王燮修，张希缙、张希玙纂)卷七之《人物志·仙释》文中有载：

---

① 引自《历代释道人物志》，第908页。其所据底本为清道光二十一年(1841)刻本。
② 所据底本为清咸丰七年(1857)刻本，引自《历代释道人物志》，第911、912页。

白玉蟾，姓葛，名长庚，闽清人。继雷州白氏，后改姓名曰"白玉蟾"。得道之后，过江东，憩龙虎山，游九宫山。自洪都入浙，被逮，放还临江，跃入江中，有人见于融州。绍定己丑冬，或传解化于盱江。逾年，人又见于陇蜀，莫知所终。今峨眉县南三十里有玉蟾湾，缘岩蹑蹬，上有玉蟾洞，可容千人，洞壁石色如云母，仿佛见肩背衣绦相。传为玉蟾尸解处。见《事实志馀》[①]

前面所引录的几种关于白玉蟾生平简历的材料，都是从全国各省的地方志中选辑出来的，在某种程度上无疑可补正史不载白氏其人其事的不足，有助于我们对白玉蟾生平简历等问题的研究。经过一番查证和比较之后，笔者发现引录文中的一部分地方志史料乃源自白玉蟾弟子彭耜于宋理宗淳祐元年（一二四一年）所撰《海琼玉蟾先生事实》一文，如《广东通志》《福建通志》《闽书》等几种，其中转述的文字虽然与《海琼玉蟾先生事实》略有出入，但这恰好又可以作为不同的版本互相校正，有利于发现《海琼玉蟾先生事实》文本版刻之误，减少出人意料的误差。另有一部分引录材料，是来自《神仙通鉴》一书的，如《浙江通志》《琼州府志》《琼州县志》等几种方志，它们同样有着互相校正的作用。实际上，还可以根据《神仙通鉴》中关于白玉蟾生平事迹较为详尽的叙述文字，跟《海琼玉蟾先生事实》相参证，从而使白氏的生平简历更加完整真实地公之于世。另外，引录的各地方志材料中，明显有一些是《海琼玉蟾先生事实》和《神仙通鉴》都不载的，如《江南通志》《江西通志》《重修安徽通志》《湖南通志》《广东通志》《峨眉县志》等所载的有关白氏事迹，无疑也可以用来弥补考证白玉蟾生平简历问题时存在前代史料偏少的缺陷，进而参证有关白玉蟾生卒年月及其生活事迹等一系列问题。

---

① 引自《历代释道人物志》，第994页。其所据底本为清嘉庆十八年（1813）刻本。

综而论之，本文所辑我国各省地方志中有关白玉蟾生平简历的文字记载，都是具有一定史料价值的。尽管其中有些是转录他书的，在文字表达上难免也有雷同和删改甚至舛误之嫌，但它们早已有之并得以被发现整理出来，必将有助于我们对白玉蟾及其金丹派南宗文化遗留问题的研究，至少也可作为显示白玉蟾历史地位和影响的史料佐证，理当引起研究者的重视。这也正是本文选辑材料串联成篇的目的所在。

（原载《道韵》第六辑，中华大道出版部，2000年，第316—326页）

榕城南关白真人庙及其遗存文物

福州道教历史十分悠久，几乎到处遍布着历代道人的踪迹。榕城南关白真人庙就是祀奉金丹派南宗的实际创立者白玉蟾的庙宇，本坐落在福建省福州市榕城中心繁华地带，与今南门兜凯凝铺一带仍保存完好的名胜古迹乌塔相毗邻。相传该庙原建于南宋理宗年间，后历尽沧桑，一度被废。明万历年间，该庙又得以重建并保存长达四百二十一年的历史，至一九九八年因福州市政府为营建乌山文化广场用地之需才不幸被拆毁。但值得我们庆幸的是，南关白真人庙中原有的宝贵文物就在即将拆毁之前开始得到市文物管理局和宗教管理局的重视和认定，确证其为研究我国金丹派南宗道教文化的历史见证，并得到较好的保护。笔者在一个偶然的机会走进白真人庙的废址，并几次走访了现在真人庙神像及有关文物的暂避所，了解并掌握了较多的详情资料。有缘于此，本文拟根据所掌握的材料，略从以下几个方面探讨一些问题，旨在揭示该庙固有的文化奥蕴。

一、榕城南关护道白真人庙简介

已被拆毁的南关"护道白真人庙"，原坐落在榕城市中心繁华地带——南门兜凯凝铺三十六号，北与乌山会馆、乌塔、石塔寺为邻，西邻邓拓先生故居，东与孔庙圣人殿相望，稍后即于山何氏九仙观，是白玉蟾道教文化唯一的道场圣地真迹，素来香火旺盛，远近信众颇多。如今该庙不幸遭逢拆迁，原有的供奉神像和遗存的文物被暂时安置在紧邻乌塔边的一间古旧房舍里，至于新的庙宇何时何地再重建尚无定论。笔者虽然有缘走进该庙被拆毁后的原址，但是其本来面目却未曾目睹，只能从零星的照片中略窥一斑。不过，我们还可以通过该庙宇管理人林子亮先生的口述和里人吴圣榕先生、林发忠先生手记的书面材料，了解和想象到该庙本来的面目。以下把他们所提供的材料稍加整理，作为对"护道白真人庙"的简介。

坐落于南门兜附近的"护道白真人庙"，乃兴建于明万历年间，至拆毁之时已有四百二十一年的历史。该庙总占地面积五百余平方米，白墙青瓦，由于历尽沧桑且经久未修而略显破旧。从保存下来的照片可以看到，屋顶上生长着的一株青翠和两株枯瘦的小树正处在前檐顶，小树所处的砖瓦屋檐下是一面斑驳的白灰墙壁。白墙之中含嵌着两方显眼的石刻，上小下大，均为长方形的石碑，一为竖刻"奉旨祀典"居上，一为横书"护道白真人庙"居下，石刻字体遒劲有力，端正清晰，相传均为明末万历皇帝亲笔御书。两方石刻仅一条长方形朽木横梁间隔，古旧斑驳的形象隐含着饱经风霜的历史，更显泰然凝重，令人肃穆景仰。细察遗存的彩照图片，根据两方石刻在墙中所处的位置以及它们周围凌乱不堪的破损残迹，可以推想这两方石刻曾是被隐含在白墙里头，据说是拆庙时凿破墙面才发现的。紧隔石刻下方不到一米的整体墙面，看似一处乱涂乱贴的布告栏，让人无法相信墙内供着一尊道名远扬的仙人。这面布告墙的两边便是庙前的两个大门，门框全是大理石所制，但正在褪色的且很粗陋的红木板门扇却很不般配。如此破旧的庙宇门面，难怪它的历史价值会被人们淡忘和忽视，乃至被拆毁！

以下先介绍真人庙的整体结构布局。该庙有两个拱形的大门，左进右出。庙群主要由前后两殿组成，前殿三间，后殿三间，均为两厢一厅；两殿之间，由一方后天井和左右游廊相隔，左右游廊又各有通道连接前殿；前殿和大门之间，亦由一方前天井和左右游廊相隔。从左大门进庙，向南的大殿为七柱出游廊，廊轩均为古朴大方的企蓬木雕；走出游廊下踏天井，放眼可见天井正中嵌着一方以青石和汉白玉石拼制出太极图案的八卦顶拜台，周围有一口放生池，另有一些据说是当年白真人手植繁衍下来的梅竹。还可望见殿堂上方悬挂着一块朱漆木刻横匾，匾上题着"灵参造化"四个硕大金字，左上款竖刻"道光十年三月吉日"，右下款竖刻"将军孙尔准敬酬"。顺着横匾的位置往后左瞻右顾，还可看到两副极其可贵的楹联，联对黑底朱字，竖刻在四条四米余长的木板片上，据传该木料是从泰国、缅甸一带引进的。从两副联对的落款可以得知，它们都是在光绪壬寅年（1902）仲夏月制成的，至今已逾百年，可是厚度不过两厘米的木板片依旧不弯不朽，且字字清晰，句句铿锵。先看居中那副由两位炉下弟子合叩敬献的联对，左联曰"清净启坛场为祸福因缘不惜指迷归大觉"，右联曰"奂轮新栋宇念艰难缔造总由乐善有同人"；再看旁侧那副，落款是"光绪壬寅仲夏榖旦"和"布政使衔福建兴泉永道延年敬献"，联曰："居邻何氏九仙想咽华丹井咀气乌峰道妙允宜登宝箓；游历闽中十载溯捧檄剑津移车鹭屿宦途常幸托云枅。"据说，原来庙中还有不少名人酬谢的书匾楹联在"文化大革命"中不幸被毁。就说摆在厅旁的那方"慈心救世"大木匾，乃是险些被红卫兵损毁的遗物，看上去朽迹斑斑，布满了久经泥土腐蚀的伤痕，而且左边中段的一条木板已断了四分之一，正好截掉了"慈"字横划的大半。不过，匾额字体尚清晰可辨，上款竖刻"光绪二十年二月吉日立"，下款竖刻"伍弥特那拉氏敬酬"。据林子亮先生介绍，该木匾乃因当年有人花十八块钱，才把它从红卫兵手中赎回来，并以墓形作标记埋入地中，直至前几年才被挖掘出来，所以变得面目模糊了。

  站在前天井，还可看清前殿的结构。前殿主要由一厅二厢组成，其前还有一条宽近四米，长约十五米的长廊。主房与长廊相邻的地面，均有光滑的长条石相隔。长廊与前天井交界处，亦有三块长条石相隔。

该石名曰"宋金元石",居中的那条长达六米,两边的条石长均达三点六米,宽均为六十厘米,厚度近十八厘米,横亘在临近檐下台阶的地面上。嵌在长廊正中并紧邻厅堂的地面上,还有一方长近两米,宽一米有余的平面石,名曰"拜台石",乃是本庙春、秋两祭时主祭官的跪拜处。该石形状图为"囗",即中为刻有简朴花边图案的方面石,外加四条石框。看上去原有的石刻图案仅留残迹,外围前边框明显已有几处裂痕。据林子亮先生介绍,这方拜台石跟庙前的"奉旨祀典"等石碑一样,也是明万历皇帝所赐的;至于石框上的裂痕,乃是当年的红卫兵所为;另外,庙中原有不少较有特色的石制品,有些早被破坏,有些在拆迁后卖掉,仅存一小部分较有价值的石碑石刻。

  前殿的三间主房共供奉着三尊神仙,大厅供奉白真人,左厢房供奉白真人的师弟肆道人(亦名肆老人),右厢房供奉孙总政。本文将着重介绍大厅神坛的摆设情况。这是一个颇为像样的小神坛,安装在大厅两根大木柱之间。神坛挂有粉红色的神帐,帐帘额上书有墨笔横批"白仙卿功德林"字样,两侧的木柱上挂着一副装裱的联对,已很破旧,联曰"群鸿戏海、众鹤游天",落款"柯遇霖"。紧邻神帐前方悬挂一盏华丽的莲花灯,不远处高挂一盏五色彩灯。灯下的香案上摆着各式各样的香炉和烛台,香烟缭绕,红烛高照,映衬出香火旺盛的气象。神帐旁侧还有几副近人题写的联对,以及一些装在镜框内用来介绍白真人庙基本情况的文字和图片。神帐内墙高挂三个大镜框,框内张贴着三位真人的彩色画像,居中最大的镜框内是白真人的画像,左框为肆老人,右框为孙总政,皆栩栩如生、饶有神韵。白真人画像跟前的神案上,还摆着一尊白真人的小雕像,金光闪闪,外用玻璃立体框罩住。据说这尊小雕像是前几年一位台胞因得白真人神助,找回走失的小孩,然后特地敬送的。小雕像的两侧还各摆着一台盘绕金龙的电动红烛,给整个神坛增添了更加绚丽的色调。

  真人庙后殿一厅两厢里,供奉着白太后、白道姑、黑灵侯、孙将军诸神,以及众多跟随白真人羽化得道的徒弟。这里的神坛相对比较简陋,但香案上也有诸神的小塑像,还有一些泥塑的黑马等。最引人注目的是殿前后天井中那一口很深的水井,名曰"炼丹井",相传这口井的泉源来自附近乌石山顶上的青蛙穴,永不干枯,冬天还会冒出热腾腾的气雾。此井乃是白真人取水炼丹治病之处。该井口上套着一环井栏石,口径约四十五厘米,高约三十三厘米,石沿细滑,外围刻有石鼓文"元敕封□□丹"六字(有两字尚未能确认,故省略)。在丹井旁竖着一长方形石碑,长近两米,宽约八十厘米,厚度为二十厘米,碑石正面上半部分刻着"西丹井"字样(据说是汉代字体,其中"丹井"二字合为"丼"),下半部分为一行半字形稍小的楷体字落款,竖刻"同治丁卯兒月湝"。关于此井的来历,有待继续探究,只可惜在拆迁时已把它填封了。

由于可搜集的材料和图片尚有限,故对原真人庙结构布局和有关情况只能作粗略的介绍,以致一些描述性的语言表达也恐有未臻真切之嫌。但可以肯定的是,前文已对原庙的基本结构和重要文物景观作了如实的介绍。至于那些在拆迁时不幸被毁又无照片可见的景观和文物,如钟鼓楼、放生池、梅竹等,简介中当然也就无法引述了。而对于另外一些得以幸存但未确知它原置何处的物件,本文也不再描述。顺便提及,那些拆迁后得以幸存的多种文物,据说福州市文物管理局已经派专家鉴定,并画图、摄像存档,以期来日重建庙宇时能尽量恢复原貌。但令人困惑的是,白真人庙能否得到重建竟成为一个棘手的难题。目前,白真人庙的信众正在为此向市政府和有关部门作最后的交涉。历尽沧桑的白真人庙可能将从此消失了!

以上是对榕城南关白真人庙概貌的简要介绍。由于史料不足,目前要对该庙的历史作探本溯源式的考证,尚有诸多困难,最主要者有如下两点。

第一,对白玉蟾与福州的关系没有明确的历史记载。白玉蟾的祖籍是福建闽清,这点是可以肯定的。但是,关于白玉蟾与福州十分密切的关系,在古籍中却只有零星的记载。从白玉蟾的著作中可以得知,他早年初次离开广东、海南出来云游时,是先经过福建沿海各地的,也在福州待过一段时间;就在他云游途中,还先后收了大批福州官宦子弟为徒,如彭耜、留元长、林伯谦、潘常吉、周希清、胡士简、罗致大、陈守默、庄致柔等;在他回到武夷山止止庵传道授法之后,还担任过福州迎仙道院的主持,并广泛活动于福州的紫清宫、鹤林院等处。从白玉蟾的弟子所编撰的各种集作中,也可见到他常往返于福州,如彭耜《白玉蟾先生事实》所记"是月又见于融州老君洞,由是度桂岭,返三山,复归于罗浮"、《鹤林问道篇上》载有"海南白玉蟾过三山,次紫虚真宫之居"等事。据明代何乔远《闽书》记载,现在福州市闽清县内的芹山,曾是白玉蟾的炼丹之处。据王祖麟之文,白玉蟾还解救过福州的瘟疫之灾,并因此受到福州人民世代奉祀。据南关白真人庙的信众介绍,以前在福州共有八座奉祀白玉蟾的宫观,如紫清宫、天庆观、白云宫等。种种迹象表明白玉蟾与福州的关系是非常密切的。可是这一事实却并没有在史籍中得到翔实的体现,以致有关白玉蟾在福州活动的事迹鲜有人知,这也就是本问题一直被学界忽视而得不到澄清的原因所在。笔者有意提出这个问题,便是希望它能在学界同仁深入研究金丹派南宗文化的同时,逐渐受到重视并得到解决。

第二,对白玉蟾与南关白真人庙的关系也有待考证。由于白真人庙历尽沧桑,原有的文献资料早已荡然无存,所以对其修建的缘因和存亡的历史都不甚明晓。也许这只是一座奉祀白真人的庙宇,也许白真人曾在此活动过,由于史阙有间而成为难以解决的问题。据当地吴圣榕先生所撰《护道白真人简介》云:"南宋末年,福州一带瘟疫流行,白真人关心民间疾苦,到福州布道济世,选址南关城边,山明水秀,景观宜人,自古是道家集结之地,又利便城乡民众求药问道。"从当时白真人庙果是建在榕城南门古城墙旁边的事实来看,此说似乎有点道理。再者，林子亮先生的口述中，也提到原庙内前天井中的梅竹是白真人亲手培植，以及后天井中的炼丹井是当年白真人的炼丹处，还说白真人研炼的中草药丸技术至今在当地仍有传人，且很效验。但是，王祖麟之文却认为是"白玉蟾逝后，福州民众建真人庙祀之"。尽管对此的说法尚有分歧，也不很明确，但是该庙悠久的历史仍足以证明它同白玉蟾有着千丝万缕的联系，也就使该问题有继续研讨的必要。

在走访现白真人庙暂避所时，笔者发现神坛旁壁挂着三个介绍该庙概况和白真人功绩的玻璃镜框，其中有两则同名为《白仙卿宝诰》的短文跟本题略有关联。一则是旧手稿复印件，真草书体，文言句式，据传作者是民国人士，其文曰：

> 果证南宗五祖，遥对北地七真。采得先天一气，井水也生波澜。溯流昆仑山顶，又复降下丹田，河车不停常转，是以鹤发童颜。非但长生久视，无忧无虑，生涯诗词不思而得，篆、隶用笔如椽，梅竹妙不轻作，草书一衲，蔬肠绝粒九年。西湖薄暮堕水，达旦水上醺然。有人持刀迫胁，叱之堕刀逃奔。灵芝城为托所，紫微蓝袍穿红履。继承儒教风范，超凡入圣。金丹熟，灵芝足，深谙道家精髓，以证霞班。常存恻隐之心，救贫济困；更生仁慈之意，扶危助艰。矢心来布道，励志去度娘亲。无念心空虚，圆通性自如。廓达包法界，八极任宽舒。湛然无内外，群灵岂有殊。二仪自合一，一气运无余。得一万事毕，大同世界居。大道难说，微妙莫测。仁慈为怀，一心一德。至灵至正，通明达圣。霞府卫道士白仙师，是恩惠于民之从政，帮助人们走向幸运，默默地以自己高尚之禀性，感上天，赖悃诚，被升为白仙卿。

另一则署名"清景弟子洲沄仁"的《白仙卿宝诰》乃近人之作，

大概是前则的翻版，意思相近。这两则《宝诰》主要是在介绍白仙卿的功绩，但从中也可以看出白仙卿受到后人崇仰与他予人莫大恩惠是相联系的，这就从另一个侧面反映了他也曾恩惠于福州先民的事实。尽管南关白真人庙还流传着不少有关的传说，但是文史材料的缺乏却只能使这一问题留下长久的悬念，有待以后发掘新的文物资料加以考证。

二、白真人庙遗存文物及其价值评估

南关护道白真人庙由于已经不幸被毁，所以造成遗存文物流离失所，有的还摆在暂避所里，有的堆放在暂避所墙边，有的不得不密藏在地下以防被窃。本文在前面已经对一些文物情况采用复原方法加以简单介绍，但是仍有一些相对零散的文物尚未涉及。为了进一步了解白真人庙遗存文物的详细情况，下文将采用简单的分类法对此进行查证，并对其价值作适当的评估。以下按文物本身的材料性质分成六类。

（一）石头类。白真人庙遗存文物中属于石头制品的特别多，有石碑、石刻（祭拜石）、八卦顶拜石、井栏石、宋金元石等。为行文方便，以下逐一加以介绍和评估。

A. 石碑和石刻。石碑中最有价值的当属含嵌在庙前墙中的"奉旨祀典"和"护道白真人庙"。"奉旨祀典"碑，长约七十厘米，宽约四十厘米；"护道白真人庙"碑，长约二百二十厘米，宽约四十六厘米，厚度约八厘米。这两方石碑刻的字，相传均是万历皇帝所书，后来由于清兵入关，人们不得不用胶把这些明代皇帝的字迹涂掉，并把它埋在墙里头以防被毁，所以直至拆迁时方显露于世。从拆迁时拍摄的彩照，以及"护道白真人庙"碑面极为明显的涂抹痕迹来看，这一传说应当是合乎事实的。前殿大堂地面中央的祭拜石，据说也是明万历皇帝赐赠的。现在根据这方祭拜石的造型规格和久经磨损的石刻图案残迹等加以考证，足以认定它跟庙前两方石碑有着相同的历史，由此便可使该庙兴建于明代万历年间的说法得到实证，并可进一步推定白真人庙兴建之时是受到朝廷重视和支持的。如此说来，该庙可谓历史悠久，且享有较高的声誉和地位。

较有价值的石碑和石刻还有两块。一块是清代同治丁卯年（1867）竖立在炼丹井旁的"西丹井"石碑，此碑所刻的文字虽然不多，但这无疑是炼丹井的价值最有力的体现，有助于我们进一步探寻该庙的历史，尤其是对这口奇特的炼丹井展开可行性的研究提供了实物佐证。另一块相传是白真人为人看病时所坐之石，该石头长约一百五十厘米，宽约五十厘米，厚度近十厘米，但有一边角已被敲毁，缺口长约五十厘米，宽约三厘米；在石头正面的旁侧竖刻着"元朝白云宫"字样，字体为石鼓文，但字迹却相当模糊，乃因刻得偏浅小的缘故；在石头侧面一边横刻着"道光元年季夏重……"字样（正在缺口处的字句省略），该石头现被闲置在暂避所外面屋檐下。这一块并不起眼的石头，虽然形状不很规则，表面也较粗糙，但是刻于其上的字句却仿佛一直在诉说着它的价值。倘若它真是白真人所坐之石，那么它将对"白真人住过白真人庙"的说法作一实证。如果不是的话，它所刻的字句依然能证明该庙有着悠久的历史。由"元朝白云宫"字样，可以推测该庙在元朝时可能存在过且名曰"白云宫"。由"道光元年季夏重……"一句，似乎也可以推测出该庙在道光年间得到重修或重建的故实。可见，该石头的文物价值是不可忽视的。

B. 八卦顶拜石。据说这是一方以青石和汉白玉石拼制成太极图案的顶拜石，原嵌在前天井中，拆迁后为防被窃才埋在地下。根据提供的彩照，我们仍然可以认出它是一块非常有价值的石头。该石头的上边和下边尽管留有撬损的缺口（下缺口较大，略呈圆弧形，可能还有相接的另外部分），但是石面上的文字图案仍清晰可见，上边两侧各刻着"元"字和"朝"字，正中竖刻"白云宫"字样，字体都是石鼓文;"白云宫"字形底下,接着一幅太极图,该图外围还环刻着另一图案,右上角和左下角稍向外作弧形状延伸,弧形处明显有花边石刻图案,此图与太极图几乎融为一体,不知有何象征;紧接着太极图之下,又连着一片图案,该图跟上图一样,不仅造型奇特,而且刻工十分精致。由于笔者无法辨其意象,所以实在难以言传其面目,有待专家根据实物加以考证,才能对其内含的价值作出准确的评估。但有一点必须提及的是,石面上的"元朝白云宫"字样跟前文所谈的白真人坐石面上的字刻完全一样,无疑可以较充分地证明关于该庙在元朝时可能是以"白云宫"为名而存在的推测。

C. 井栏石和宋金元石。关于井栏石的情况,前文已作简介。这环石头旁侧所刻"元敕封□□丹"六字,明显对炼丹井历史由来的研究有帮助,似乎也在告诉人们,该庙确实早在元朝时已存在,并且有着受元朝廷敕封的历史。而那三大块名为"宋金元石"的过登石,虽然在今世所见的文物中并不稀奇,但它作为该庙前殿的显眼部分,单从其特殊的名称上看,如同一位三朝元老在向后人昭示着它早在宋代就一直活到今世。如果我们换个角度来看,就可以把它当作"该庙始建于南宋理宗年间"这一说法的实证了,那么它的文物价值当然也是不容低估的。

(二)泥塑类。在暂避所的走访中,笔者发现新设的神坛正中安放着一尊据说已存世百余年的白真人泥塑像:高约一米,正襟危坐,浑身粉金外披红色丝绸袍;其首鹤发童颜,气宇轩昂,慈祥和蔼,犹有济世活民、普度众生之志;左手平托小金钵、右手横握如意,前方摆放一个炼丹炉。总体说来,是特有仙风道骨之神韵,令人肃穆景仰。还有一尊泥塑像,乃是清代道光年间福建镇守使孙尔准(道仁)将军的金身,该像稍小,一副将帅模样的装束。据说孙将军当年在沙场征战将败之时,幸得白真人神助才反败为胜,凯旋回来后大书"灵参造化"匾额持赠本庙以表谢意。至于他被该庙奉祀为神之事,从种种迹象来看,白真人庙在清代中后期得到重修一事,很可能要归功于他,故而民众把他神化以纪念他的功德。依笔者之见,白真人泥塑像也是在孙将军修庙时铸成的。如此说来,这两尊泥塑像也就具有一定的历史文物价值了。

(三)木头类。这类主要是楹联和匾额,都是清代中后期的作品,有伍弥特那拉氏的"慈心救世"匾、孙尔准的"灵参造化"匾,还有两副名人酬谢的刻在薄长木板上的楹联。这些作品充分证明了白真人庙在清代是以神验著称而受朝野人士重视的民间宫观,既展示了该庙在清代的盛况,又体现了白真人的道远流长,可以作为该庙值得保护的事实根据。尽管它们早已变成难以诉说的历史,但是涵蕴其中的文化价值仍值得我们认真审思。

(四)纸墨类。这类主要是字画,估计也有近百年的历史。那副一直挂在神帐边的联对"群鸿戏海,众鹤游天",便是比较珍贵的。看上去较古旧,不少地方已蚀破,很可能是清末的作品。还有两幅装裱画现藏在林子亮先生家中,一幅是《梅花图》,原来张挂在后殿供奉白太后的神坛壁上,好像是某人为白太后祝寿赠送的,画边题有诗句;另一幅是白真人像,工笔墨画,道貌岸然的模样。由于笔者是在即将离开暂避所时匆匆见了一下,所以有关具体情况难以言传。但凭感觉而言,这两幅图画也是有文物价值的。

(五)香炉类。在暂避所里笔者所见的各种大小香炉近二十个,堆满了所有香案,让人难免有庙小香炉繁多的感觉。经察问方知,这些铜铸香炉都是四方信众得到白真人神验救助之后敬赠的。最大的一个大铜炉是甲戌年三月某弟子敬献的,该炉身高约七十五厘米,口径达五十厘米,炉的主体高约三十六厘米,脚高约四十八厘米;造形颇为奇特,炉身两侧各有炉耳,椭圆形的炉底,下由三只别具匠心的脚柱支撑着,脚底形如马蹄,与炉底相接处铸刻着形象怪异的头像,似人非人,似兽非兽,宛如守炉的卫士。不难想象,这是一个费资颇多的仿古铜铸香炉。该炉铸成不久,固然文物价值不高,但其中更多的是凝聚着世人对白真人的深厚敬意。其他敬送的铜炉,不管大小,无疑都具有如此意义上的价值。在白真人庙里还一直保存着一个传自宋代的青瓷香炉,炉高约十五厘米,开口直径近三十厘米,炉底呈碗状,下由三只小脚支撑着,整体上完好无缺,给人一种古色古香之感。据笔者估测,这个香炉很可能早在南宋后期初建该庙时就已存世了。至于它的真正年代,尚有待有关文物专家进一步作出鉴定。

(六)大钟类。白真人庙原有的钟鼓楼在拆迁被毁后,还留下一口粗重的大钟,如今搁置在暂避所里。这口锈迹斑斑的大铁钟,钟身约有一米高,口径达六十厘米;在它的外壳上环刻着有关的文字图案。经仔细辨认,发现钟壳上环刻的大字为"南关白真人庙灵钟",竖刻的小字为"光绪二十八年壬寅仲夏毂旦,布政使衔福建兴泉永道延年敬谢。弟子黄鹤龄、弟子李诱春监铸。铁匠唐声利承造"。而文字两旁的图案却看不明白,好像有把短剑形状似的。原来这口灵钟铸成的年代,跟前文所提及的两副木板楹联是相同的,至今已近百年了。这口灵钟虽然早已绝响,但它的存在仍然能够让人们回想起白真人庙曾经有过的浩大声威,从而留念那座已经荡然无存的古老庙宇,感念那位永驻心中的道教真人。

以上所查列的白真人庙遗存文物主要按其材料本身的性质进行的简单分类,乃是出于行文方便的缘故。其实认真归纳起来,这些文物无非就是两种:一种是传说中跟白真人的生活相关的;另一种是历代信众敬献给白真人庙的。前一种文物虽然数量很少,而且难以考证其真伪,但它却同样能够说明白真人生前与白真人庙有着千丝万缕的联系。一旦能考证其本来面目与传说无异,则将具有更大的价值。后一种文物不仅数量和种类较多,而且饱含着历代信众对白真人的无比敬意。值得说明的是,这些信众不单是普通的黎民百姓,而是上至名人、官吏、将军、太后、皇帝,而且古今都有,极富神奇玄妙的色彩。这些信众敬献的物品，表面上看属于珍品的并不多，实际上每一件都有着不可忽视的文物价值。由此我们便可以真凭实据地追溯该庙古老的历史，并从中真实地再现出白真人羽化后仍在恩惠于民的许多丰功伟绩，以至让该庙沧桑和不幸的历史所涵盖的深沉文化奥蕴昭然若揭，从而为该庙日后的重建以及金丹派南宗文化的深入研究提供宝贵的文物佐证。仅从这个意义上说，它们所具有的文物价值必须引起人们的珍视。此外，我们还应当从这些文物历经挫折仍得以遗存的事实，清醒地意识到白真人的信仰早已深入民心，而那些不可多得的文物正是信众们缅怀真人遗风的最直接载体。毋庸置疑，尽管那古老的白真人庙从此消失了，但只要这些遗存的文物还在，白真人救世救民的事迹就不会被时代淡忘，依然能够激起人们对他的敬仰之情。

（原载《道韵》第七辑，中华大道出版部，2000年，第136—152页）

白玉蟾的生卒年月及其有关问题考辨

南宋道士白玉蟾及其开创的金丹派南宗，在我国道教史上颇有影响，近年来已日益引起学术界的关注。仅从关注的角度而言，学界向来偏重从丹道思想和流派传承方面来研究该派的理论成就，而对该派别中主要代表人物的生卒年月和生平履历等问题却很少涉及。即使已有不少论及这些重要道人的传记文字，多半是祖述前代个别相对权威的说法，有疑传疑，有讹传讹，未能综合比较更多更好的史料细加考辨，以致遗留了不少没有处理好的问题。长此以往，这些本就难以稽考的道教中人几乎都变得更加神奇诡秘，无形中妨碍了人们对他们的客观研究。对这些重要道人在生平概况方面存在的问题认真展开考辨，无疑是很有必要的。对此，本文将进行一次力所能及的尝试。

平心而论，近几年来学术界对白玉蟾的研究已有所重视，但对其生平概况等基本问题并没有努力加以解决，以致各种见诸出版物中的有关说法不仅未臻一致，而且总体上都有舛误和缺略之嫌，明显存有不少亟待澄清的问题。为了辨明是非，笔者认真查阅了不少地方志和前人文集著作中各种相关的记载，并与白玉蟾生前行世的著作内容相互比较核实，再加以仔细的梳理和辨证。核实和推证的结果表明，目前学界对白玉蟾的生年和履历、卒年和寿龄、姓名和字号等问题，由于史料欠缺和研究粗浅等种种原因，认识上均带有一定的主观性和片面性。本文的论述主要有以下三个方面。

一、查考和评介目前学界关于白玉蟾生平概况的说法

考辨古史既要有合理周密的逻辑推理，更要有充实可靠的史料佐证，否则便会引出带有偏差的结论而产生误导。由于正史不载白玉蟾其人其事，只有一些零散的野史杂集偶尔提及，以致各种说法纷繁各异，难辨是非，无形中给考辨工作带来了麻烦。就笔者查考的资料来看，目前学界关于白玉蟾生平概况大致有以下七种说法。

第一，《中国大百科全书·宗教》文中是这样传述"白玉蟾"的："（1194—1229）南宋道士。本名葛长庚，字如晦，又字白叟，号海琼子，又号海南翁、琼山道人、武夷散人。祖籍福建闽清，生于琼州（今海南琼山）。幼举童子科，因'任侠杀人，亡命之武夷'。师事陈楠，学内丹，并相从云游各地。陈楠死后，复盘桓于罗浮、武夷、龙虎、天台诸山。时而蓬发赤足，时而青巾野服，或狂走，或兀坐，或镇日酣睡，或长夜独立，或哭或笑，状如疯癫。南宋嘉定十年（1217），收彭耜与留元长为弟子。嘉定十五年四月，赴临安（今浙江杭州）伏阙上书，'沮不得达，因醉执逮京尹，一宿乃释。'此后隐居著述。死后，诏封紫清真人，世称紫清先生。"①

第二，《中国道教大辞典》在"白玉蟾"条下的注释是："（1194—1229）南宋人。少时至雷州（今海南琼山），为白氏继子，故名白玉蟾，后改名葛长庚。字如晦、紫清、白叟。号海琼子、武夷散人、琼山道人、神霄散吏、海南翁。福建闽清人（一说海南琼州人）。幼举童子科，及长，侠义杀人，出家为道士，隐于武夷山，师事陈楠九年，尽得其道法。嘉定中诏命太乙宫。五年在罗浮山得陈楠付嘱。十年收彭耜、留元长为弟子。十一年宁宗令其主国醮于玉蟾宫、九宫山瑞庆宫。十五年至临安，伏阙言天下事，因醉酒，执逮京尹，臣僚上言左

---

① 选编本《道教》，中国大百科全书出版社，1990年，第28页。

木部　道家与道教文化　/　145

道惑众。此后，即致力于传播丹道，创建内丹派南宗。"①

第三，《道教大辞典》在"白玉蟾"条下的注释是："（1194—？）南宋道士。道教内丹派南宗第五祖。原姓葛，名长庚，字如晦，又字白叟，号海琼子，又号琼山道人、海南翁、武夷散人。祖籍福建闽清，出生于琼州（今海南琼山）。自少聪颖，异于常人，十二岁举童子科，谙通诸经，兼擅诗赋书画。后来因任侠杀人，改装为道士，逃命至武夷。此后浪迹江湖……"②

第四，《道经知识宝典》是这样简介白玉蟾生平的："（1194—？）南宋道士，道教炼师。字紫清，原名葛长庚，字如晦，又字白叟，其号甚多，'自号为海琼子，或号海南翁，或号琼山道人，或号砒庵，或号武夷散人，或号神霄散史'。……后又在九宫山瑞庆宫主国醮，'神龙见于天'，有旨召见，不赴而去。据《江西通志》，白玉蟾年寿35岁，即公元1229年羽化。但观其自述诗云：'虽是蓬头垢面，今已九旬来地，尚且是童颜。'则起码活到90余岁；又《修真十书》卷六有白玉蟾《谢仙师寄书词》署'大宋丙子岁'当为公元1276年，则83岁时尚在世。诏封'紫清明道真人'，道教称为'紫清真人'，尊为南宗第五祖……"③

第五，《中国道教》一书中有两处提及"白玉蟾"："（1194—？），是南宗的实际创立者。字如晦，号琼琯，自称神霄散史，海南道人，琼山老人，武夷散人。本姓葛，名长庚。定居福建闽清。自称幼从陈楠学丹法，嘉定五年（1212）八月秋，再遇陈楠于罗浮山，得授金丹火候诀并五雷大法。他曾云游……旋即复归武夷止止庵传道授法，正式创立金丹派南宗。"④"（1194—？）为南宋道士。本名葛长庚，字如晦，又字白叟，号海琼子，又号海南翁、琼山道人、武夷散人、神霄

---

① 胡孚琛主编：《中国道教大辞典》，中国社会科学出版社，1995年，第127页。
② 中国道教协会和苏州道教协会主编：《道教大辞典》，华夏出版社，1994年，第399页。
③ 田诚阳：《道经知识宝典》，四川人民出版社，1995年，第476、477页。
④ 卿希泰主编，《中国道教》第一卷，东方出版中心，1994年，第156页。

散史。祖籍福建闽清,生于琼州(今海南琼山)……"①

第六,《中国道教史》书中据白玉蟾弟子彭耜于宋理宗嘉熙元年(1237)所撰《海琼玉蟾先生事实》,认为白玉蟾乃生于宋光宗绍熙甲寅年(1194)三月,原名葛长庚,字白叟,先世为福建闽清人,因其大父葛有兴董教于广东琼馆,生长庚于琼州,故称琼州人,海南人;未几父亡母改嫁,葛长庚出走,继雷州白氏之后,遂改姓白,名玉蟾,字众甫,有海南翁、琼山道人、蠙庵、武夷散人、紫清等号;并推测白玉蟾很可能于元初尚在世。②

第七,王祖麟先生的短文《道教南五祖之一白玉蟾》③,对白玉蟾生平概况的说法跟前述六种大不相同。其文中认为:白玉蟾七岁能诵九经,十岁应童子科,后学习道术;淳熙三年(1176)在南海拜陈楠为师,授太乙刀圭之法和内丹修炼之术;由于道行广大,嘉定六年(1213)先后任武夷山止止庵和福州迎仙道院主持,名重一时;嘉定十一年(1218)奉旨在洪州玉隆宫建醮,后广收门徒,创建金丹派南宗教团;绍定二年(1229)逝于武夷山,享年九十六岁,诏封"紫清明道真人"。

面对纷纭众说,该如何作出评判呢?不妨先作一下比较归纳。A. 生年。前六种都明确认为是1194年,即持"绍熙说";第七种虽未明确认定,却可推知其说是1134年,即持"绍兴说"。两者的年号虽仅一字之差("熙"和"兴"),却是相距六十年整。B. 履历。由于对生年的界定完全不同,所以两者在履历纪年上也就差异明显,唯独第七种说法有提及白玉蟾在1194年以前的个别情况,而前六种都只是很笼统地传述白玉蟾在十三世纪前期三十年的若干活动事迹。C. 寿龄。普遍认为白玉蟾是卒于1229年,但在目前学界仍有不少说法打上问号

---

① 卿希泰主编:《中国道教》第一卷,东方出版中心,1994年,第341页。
② 卿希泰主编:《中国道教史》第三卷,四川人民出版社,1993年,第120—122页。
③ 原载《福建侨报》1998年10月31日第四版。原文"蟾"字误作"王"字旁,"嘉定"误作"嘉兴",后文引述时径改不注。

表示难以定论的。卒年问题的争议，除了记载的史料有疑义外，可能还在于生年界定的问题上。由于学界过于肯定其生年是1194年，所以一旦认定其卒年是1229年的话，稍作推算便会得出白玉蟾的寿龄仅有三十六岁，而这不就意味着集内丹修炼理论之大成于一身的白玉蟾竟是英年早逝吗？显然有悖情理。于是就有了如第六种说法那样，在不怀疑生年为"绍熙说"的同时，想方设法引据史料把其卒年后推到元初，努力使辨证后的结论能跟白玉蟾享有高寿的事实相符。然而，第七种说法对生卒年限的界定既有一定史料依据，非凭空猜测，也不会使其寿龄产生如此的疑问，却是目前学界不予认可的。面对这些差异明显的说法，倘若不是专题加以细考，是不可能把问题搞清楚的。

二、质疑和考证前代史料关于白玉蟾生卒年月的传述

笔者管见，澄清白玉蟾的生卒年月问题，是解决其他相关问题的切入点，也是关键所在。而要真正澄清事实的真相，就必须查清目前学界各种说法的史料来源，并尽可能与白玉蟾的著作内容相参证。对此，以下拟从两个方面加以论述。

（一）对前代史料传述白玉蟾生卒年月明显有异的质疑

从笔者掌握的史料来看，前人显然已对卒年问题持有怀疑的态度。不妨例举几则史料略加说明。A. 彭耜所撰《海琼玉蟾先生事实》（以下简称《事实》）一文以为："绍定己丑冬，或传先生解化于盱江。先生尝有诗云：'待我年当三十六，青云白鹤是归期。'以岁计之，似若相符。逾年，人皆见于陇蜀，又未尝有死，竟莫知所终。"[①] B.《神仙

---

① 详见萧天石主编《道藏精华》第十集之二（上）册之《影刊白真人全集》第35—36页，《事实》文末题"时嘉熙改元仲冬甲寅鹤林彭耜谨书"，1989年台湾自由出版社缩印本（下同）。

通鉴白真人事迹三条》(以下简称《三条》)载:"真人召众话别,坐而尸解,顶升一鹤,冲空而逝。"①C.《江西通志》载:"绍定己未冬解化,赐号'养素真人'。"② D.《广东通志》据彭耜《白玉蟾传》曰:"绍定己卯冬,或传长庚解化于盱江。"③ E.《峨眉县志》据《事实志馀》文载:"绍定己丑冬,或传解化于盱江。逾年,人又见于陇蜀,莫知所终。今峨眉县南三十里有玉蟾湾,缘岩蹑蹬,上有玉蟾洞,可容千人,洞壁石色如云母,仿佛见肩背衣绦相。传为玉蟾尸解处。"④值得一提的是,南宋绍定年间没有"己未"和"己卯"纪年,前述诸说应以"绍定己丑"为是,疑《江西通志》和《广东通志》之纪年皆为版误。根据例举的史料,可以看出前人对白玉蟾的卒年并不确知,所谓"绍定己丑"之说也只是根据传闻所作的一种推测,而该推测又因"逾年,人皆见于陇蜀"的传闻而变得难以置信,且又因此后"莫知所终"而使问题本身更加令人费解。毫无疑问,含糊不清的史料已使卒年问题无法得以确证。

卒年问题之所以会引起争议,除了史阙有间外,还在于学界对生年问题过于草率解决。经查考发现,目前学界对生年问题所持的"绍熙说",乃依据白玉蟾得意门生彭耜的《事实》:"是生于琼,盖绍熙甲寅三月之十五日也。"⑤无疑具有一定的权威性,只可惜没有其他相

---

① 详见萧天石主编《道藏精华》第十集之二(上)册之《影刊白真人全集》第41—62页,《三条》文末题"滇西弟子彭翥竹林谨识"。据清乾隆年间琼山慎斋王时宇《重刻白真人文集叙》"适郡司马滇西彭竹林先生与真人有夙契……"可推知此文盖辑于清代中期。

② 引自《历代释道人物志》,巴蜀书社,1998年(下同),其所据底本为清光绪七年(1881)刻本,第573页。

③ 引自《历代释道人物志》,其所据底本为民国二十三年(1934)上海商务印书馆影印本,第854页。

④ 引自《历代释道人物志》,其所据底本为清嘉庆十八年(1813)刻本,第994页。

⑤ 引自萧天石主编《道藏精华》第十集之二(上)册之《影刊白真人全集》,第29页。

同的史料相佐证。然而王祖麟短文中所持的"绍兴说",经查考反而有较多的史证。例如,A.《三条》载:"父振业于绍兴甲寅岁三月十五,梦道者以玉蟾蜍授之,是夕产子,母即'玉蟾'名之以应梦。"① B.《福建通志》载:"长庚以绍兴甲寅三月十五日生。"② C.《闽书》引《鹤林彭耜传》曰:"是生于琼,盖绍兴甲寅三月之十五日。"③ D.《广东通志》引彭耜《白玉蟾传》曰:"是生于琼,盖绍兴甲寅三月之十五日。"④ E.清代乾隆年间琼山慎斋王时宇《重刻白真人文集叙》云:"海琼白真人,琼山五原人也,生于绍兴甲寅,迄今六百余年矣。"⑤从所例举的五则史料来看,明显有两则是来自《事实》一文,却有着一字之差,那么究竟该以何种为是呢?众所周知,几乎所有的古籍在编印和传播过程中都会存在不同程度的版误。基于这样的认识,并对所见史料细加考究后,笔者以为《事实》的说法较值得注意和怀疑,理由是:其一,该文所持的"绍熙说"尚无其他版本可供参证;其二,祖述该文的说法均与其相异;其三,有较多的史料持"绍兴说";其四,该文的说法很难与白玉蟾的生平事实相符。由此看来,似乎可以证明今日所见的《事实》文本有舛误,即把"绍兴"误刻成"绍熙"。但从文中彭耜对白玉蟾年寿仅有36岁的推证来看,倒可看出彭耜原本就是持"绍熙说"的。这会不会是转载《事实》的几种史料文本引用、校订有误呢?恐怕也未必尽是如此,因为如《三条》中已载明了白玉蟾在绍熙甲寅年以前的履历。⑥由此看来,单凭对这些史料的文本进行

---

① 引自萧天石主编《道藏精华》第十集之二(上)册之《影刊白真人全集》,第41页。
② 引自《历代释道人物志》,其所据底本为民国二十七年(1938)刻本,第682页。
③ 引自厦门大学古籍整理研究所、历史系古籍整理研究室点校著作《闽书》第一册,福建人民出版社,1994年,第89页。
④ 引自《历代释道人物志》,其所据底本为民国二十三年(1934)上海商务印书馆影印本,第854页。
⑤ 详见萧天石主编《道藏精华》第十集之二(上)册之《影刊白真人全集》第7页。
⑥ 同上书,第41—53页。

质疑是很难得出结论的，必须另辟蹊径找出可靠的理据才行。这既是问题的所在，也是本文亟待解决的。

（二）以白玉蟾生前行世的著作为依据对其生年的推证

《玉隆集》《上清集》《武夷集》都是白玉蟾生前就已行世的集作，《海琼白真人语录》《海琼问道集》《海琼传道集》等书中所辑录的也基本上都是白玉蟾留下的文章语录。根据这些集作的相关记载，可以推知白玉蟾不太可能出生在绍熙甲寅年，而是在此之前（至迟是在绍兴年间初期），极有可能是在绍兴甲寅年。具体理据如下。

第一，南宋绍兴年间"淮西之乱"时，白玉蟾也深受其害。《云游歌》是白玉蟾自述早年云游求道的诗篇，其文有曰："记得兵火起淮西，凄凉数里皆横尸。幸而天与残生活，受此饥渴不堪悲……又记得淮西兵马起，枯骨排数里，欲餐又无食，欲渴复无水。"①据《续资治通鉴》载②，淮西之乱是宋金大战引起的，发生在绍兴十一年（1141）。由此看来，白玉蟾当时已经在世。

第二，南宋绍熙甲寅至绍定己丑年间（1194—1229），白玉蟾已是白发老翁，而不可能是青少年。首先，从各种史料来看，嘉定年间（1208—1224）的白玉蟾已经得到陈楠的真传，并开始广收门徒，组建南宗教团，可谓德高望重、道名远扬。如果说他是生于绍熙甲寅年的话，那么当时的他尚处于青少年时代，不太可能有如此的造就和殊荣。其次，从几本集作的内容来看，当时的白玉蟾已是白发老翁的形象。不妨选摘集作中的有关文句作证③：

---

① 详见《正统道藏》第七册之《修真十书·上清集》，1977年台湾艺文印书馆缩印本（下同），第5672页。
② 详见（清）毕沅编著《编资治通鉴》，上海古籍出版社，1987年，第674页；其所据底本为一九三五年世界书局缩印本。
③ 以下六则引文分别选自《正统道藏》第七、八册之《修真十书》第5666、5676、5677、5684—5686、5701、5717页。

白发黄冠逞神通,手把武夷提得起。(《上清集·题三清后壁》)

半生立志学铅汞,万水千山徒苦辛……吾之少年早留心,必不至此犹尘缘。(《上清集·必竟恁地歌》)

年来多被红尘缚,六十四年都是错。(《上清集·大道歌》)

"虽是蓬头垢面,今已九旬来地,尚且是童颜""末后生华发,再拜玉清翁""两鬓青丝发,双眼黑方瞳,人皆道是昭庆一个老仙翁。"(《上清集·水调歌头·自述十首》)

笑藜杖倚寒松,现世神仙一拙翁。(《武夷集·拙庵》篇首句)

我到人间未百年,恰如顷刻在三天。(《武夷集·先生曲肱诗》)

此外,还可援引《海琼白真人语录》和《海琼问道集》中的内容相互参证,如:

海南一片水云天,望眼生花已十年。梦幻之身不久长,桑榆能几耐风霜(《华阴吟三十首》)

丁丑九月十四日,玉蟾将如泉山……戊寅三月十五日,寓江州太平兴国宫,作书附致鹤林真士贤弟……琼山老人白某谨书。十月二十一日琼山老叟白某致书。(《与彭鹤林书》)①

玉蟾翁与世绝交,而高卧于葛山之巅……(《海琼君隐山文》)

玉蟾翁笑傲乎风月清虚之都,住持乎溪山寥落之境。(《常寂光国记》)

---

① 以上两则引文分别选自《正统道藏》第五十五册之《海琼白真人语录》第44390—44391、44419—44420页,原题为紫壶道士谢显道编。

> 嘉定丁丑春三月，有一道人蓬其发。授我袖中一卷书，读之字字金丹诀。道人去后杳难逢，北海苍梧有底踪。貌其形状以问人，人言此是玉蟾翁。(《道阃元枢歌》)①

再如，《修仙辨惑论》篇首云："海南白玉蟾自幼事陈泥丸，忽已九年，偶一日……因思生死事大，无常迅速，遂稽首再拜。"②所引这些集作中的篇章大多是白玉蟾在十三世纪前三十年中写成的，③如果当时的他不是年事已高的话，为何会有"六十四年都是错"之叹和"今已九旬来地"之说？如果当时的他还是中青年的话，为何会有"望眼生花已十年"之感和"桑榆能几耐风霜"之悲？又为何会"因思生死事大"而急求陈楠传授大道绝学？根据以上的引证，笔者以为学界向来所推崇的彭耜"绍熙说"是错误的，而应改从"绍兴说"为妥。

三、澄清和考辨白玉蟾生卒年月及其有关问题的佐证

在对众说及其所据史料进行一番评介并加以质疑和考证的基础上，可以说不仅基本弄清了问题的由来和真相，而且也找到了反驳"绍熙说"的有力证据。由此，笔者拟进一步运用史料对白玉蟾生卒年月及其有关问题予以澄清和考辨。以下将侧重探讨三个主要问题。

（一）生年和履历问题。前文的质疑和考辨，基本上推翻了由来已久的"绍熙说"，使生年问题得以澄清，并得出新的推断：白玉蟾极有可能是生于绍兴甲寅年（1134）三月十五日。对此，不妨再简要

---

① 以上三则引文分别选自《正统道藏》第五十五册之《海琼问道集》第44429、44432、44435页。
② 详见《正统道藏》第七册之《修真十书·杂著指玄篇》，第5426页。
③ 这是根据文集的名称和其中篇章所署的年号、纪年等来推定的，由于篇幅所限，文中不再另加考辨，特此说明。

重申一下辨证的理由：A. 有几种集作的内容否定了"绍熙说"；B. 有不少历代的史料载明了"绍兴说"。但是，这里还有一个问题需要解决，就是在推翻"绍熙说"以后，又该如何表述白玉蟾从绍兴甲寅年（1134）至绍熙甲寅年（1194）之间的主要生平履历呢？也许是学界向来只信从"绍熙说"的缘故，所以该问题自然而然地被忽略了。其实，《三条》早已有了较为明确的传述，其文节选如下：

玉蟾，本姓葛……龆龄时背诵九经，十岁自海西来广城应童子科……年十六，专思学仙，毅然就道……行数日，至彰城……至兴化军……旬余，至罗源兴福寺……上武夷山、道士叱骂其孤穷玷辱宗风。去闽，至江右龙虎上清宫……直东北渡江，时淮西兵火，横尸载道，野无草粒。转南至江东……行入两浙……殊为惨切。回思畏日驱途……乃自叹……自此或对月长吟，临风绝倒。（时年四十二，淳熙三年。）游甬东海滨，适陈泥丸见而怜之……携归罗浮……师隔楞语之曰："且历游数年，当于此俟子。"玉蟾无奈，承遣辞行初至黎母山，即遇神人授上清法箓洞玄雷诀。北游洞庭……复西入蜀之青城山……转至巴陵……如是七年，归罗浮复命……忽已九年……泥丸悯其真切恳挚，为之讲明次第火候，令其速炼。玉蟾（年已五十八，绍熙二年。）拜辞下山，大隐鄽市，急备金丹药料，用尽辛苦三年……用心不谨，不觉汞走铅飞……紫阳在天台遥知此事，命童以金丹四百字授之……方得成丹。（时年六十四，庆元三年。）再入武夷痴坐九年，然后出山……朝廷知之，遣使至武夷，已为陈翠虚引往霍童谒石紫虚、薛紫贤二师……是秋闰月作书谢紫阳、翠虚。复号鹤奴，八十三岁尚是童颜。自此随处游行，济人度世。是冬，陈泥九归惠州……玉蟾留连未几，东游于杭。帝征至对御称旨，命馆太乙宫。尝与众泛舟西湖，酒酣堕水，舟人惊呼提溺，玉蟾出水面，摇手止之而没，复见于海丰县矣。后至姑苏咏梅，未竟，值泥丸至，邀之去，诏封"海琼紫清明道真人"。……真人召众话别，坐而尸解，顶升一鹤，冲空而逝。①

尽管《三条》所辑录的材料尚不够翔实全面，但总体上跟白玉蟾集作的内容差异不大。据此，既可作为"绍兴说"的佐证，又有助于了解白玉蟾的生平概况，不失为值得借鉴的史料。诚然，对于履历表述问题，单靠《三条》一家之言是不足为证的，还须援引诸多相关史料（比如白玉蟾及其众多弟子流传的文集著作、南宋以来的野史杂集和各种地方志等）互相印证才行。道理很简单：在连白玉蟾的弟子们都不太明了其师生平履历的情况下，作为后来的局外人更不可能把问题辨清；在其卒年和寿龄仍得不到确证和史载传闻均难以明辨的情况下，履历的推证和表述只有借助大量白玉蟾自传的文集著作才是可信的。而要想如此遍考文集野史以解决履历问题实非易事，更非一篇文章所能企及。所以，本文也只能把它作为一个问题提出来，并略引《三条》以备参考而已。

（二）卒年和寿龄问题。在生年问题得以考辨之后，卒年和寿龄的考辨仍是一大难题。如果可以绍定己丑年（1229）作为卒年，以绍兴甲寅年（1134）作为生年，白玉蟾的寿龄便是九十六岁。但是，事实并非如此简单。从现已发现的不少史料来看，他的寿龄似乎要比我们所作的推定还要长。对此，《中国道教史》书中曾有过一番小小的考辨：

关于白玉蟾的卒年，《江西通志》说为绍定己未，己未当为己丑（1229年）之误。实际上，他大约活到元初，卒于绍定己

---

① 详见萧天石主编《道藏精华》第十集之二（上）册之《影刊白真人全集》，第41—58页。

丑,当为白玉蟾为显示神异而玩的花招。彭耜《海琼玉蟾先生事实》说:"绍定己丑冬,或传先生解化于旴江。先生尝有诗云:'待我年当三十六,青云白鹤是归期。'以岁计之,似若相符。逾年,人皆见于陇蜀,又未尝有死,竟莫知所终。"《白玉蟾全集》新镇南军节度推官潘牥《原序》称:"仆顷未识琼山,一日会于鹤林彭徵君(彭耜)座上,时饮半酣,见其掀髯抵掌,伸纸运墨如风。"序文作于端平丙申(1236年),可见白玉蟾当时尚健在,已应43岁。《历世真仙体道通鉴》卷四九白玉蟾传说白后来"纵游名山,莫知所之,或云尸解于海丰县",此句下注云:"刘后村序王隐六学九书云:蟾尤夭死,非也。"谓白玉蟾夭亡之说不可靠。《修真十书》卷三九收白玉蟾《大道歌》自称:"六十年来都是错。"同书卷四一白玉蟾《水调歌头·自述十首》有云:"虽是蓬头垢面,今已九旬来地,尚且是童颜。"《海琼白真人语录》卷四白玉蟾《与彭鹤林书》自称"琼山老叟白某",书末彭耜跋于淳祐辛亥(1251年),其时白玉蟾年近六十,可称老叟。《修真十书》卷六白玉蟾《谢仙师寄书词》末署"大宋丙子岁",文中自称"几近桑榆之年,老颊犹红",则此丙子岁当为宋端宗景炎元年(1276年),其时白玉蟾年当83岁。若他真活到90来岁,则元初尚应在世。《道法会元》卷一〇八载元人虞集《景霄雷书后序》有云:"琼崖先生白玉蟾系接紫阳,隐显莫测,今百数十年,八九十岁人多曾见之,江右遗墨尤多。"从这些资料来看,白玉蟾很可能于元初尚在世。①

以上考辨出的结论也许未必是错的,但遗憾的是其考据至少有大部分在时间推断上有误。首先,对生年没有加以考证,仍坚持彭耜的"绍熙说"。从其辨文来看,也正因此才产生考辨动机的,以致误把

---

① 引自卿希泰主编《中国道教史》第三卷,四川人民出版社,1993年,第121、122页。

"六十四年都是错"和"今已九旬来地"等句当作白玉蟾在绍定己丑之后仍存活于世的一大考据。显而易见，生年弄错了，也使卒年和寿龄的推考失去了正确的前提。其次，辨文中还有三则史料被误解，不能作为依据，对此有必要加以辨析。第一则是《与彭鹤林书》，该信实为白玉蟾写于嘉定戊寅年（1218）十月二十一日，直至传闻其已尸解且"莫知所之"以后才由彭耜整理出来并编入文集中的，而辨文所谓"书末彭耜跋于淳祐辛亥"，实乃彭耜整理时因载念恩师而附加于信末的。① 话说回来，倘若淳祐时彭耜还有其师的音信，为何他在《事实》文中还要说"或传先生解化于盱江""竟莫知所终"等话呢？由此可见辨文推断的错误。第二则是潘牥《海琼玉蟾先生事实·原序》，该序虽是作于端平丙申，但其所言"一日会于鹤林彭徵君座上"应是回想这之前的事，因为该文集是彭耜编撰的，所以只需参照前则反驳的理由便可发现辨文之误。第三则是《谢仙师寄书词》，② 该文末的确是署"大宋丙子闰七月二十四日鹤奴白玉蟾"，"丙子"前虽无具体年号，但仍可根据文意推定是南宋宁宗嘉定丙子年（1216），而不可能是宋端宗景炎元年（1276），依据有：A. 倘若此丙子岁真是1276年的话，当时南宋已是名存实亡，作者再称之为"大宋"有点不合情理。再说，白玉蟾自绍定己丑之后便杳无踪影，也不可能时隔近五十年后再冒出此文传世。B. 文中有言"说刀圭于癸酉秋月之夕，尽坎离于乙亥春雨之天"，据《云游歌》"癸酉中秋野外晴，独坐松阴说长短"③ 和《事实》"嘉定癸酉，翠虚假水解于临漳，复出于武夷，悉受诸玄秘，先生尽得

---

① 书末所云"先生《海琼集》顷尝累次传之久矣，载念曩岁丁丑暮春师辕南游……时淳祐辛亥季冬甲子鹤林彭耜稽首敬书"之文，分明是彭耜附加的。详见《正统道藏》第五十五册之《海琼白真人语录》，第44420页。

② 此处有关该书的文句，引自《正统道藏》第七册之《修真十书·杂著指玄篇》，第5440页。

③ 引自《正统道藏》第七册之《修真十书·上清集》，第5672页。

其旨"①等记述的事实,可推知文中未署年号的"癸酉"和"乙亥"都是在嘉定年间,由此推知文末的"丙子"也是在嘉定年间。C.《三条》也明确指出:此文乃成于嘉定丙子,时玉蟾年已83岁,尚是童颜。②正合文中"几近桑榆之年,老颊犹红"之说,也与"绍兴说"暗合。通过以上几个方面的辨析,不难看出辨文用于推证结论的重要依据几乎都是站不住脚的,然而其所得的结论却仍值得进一步加以考证。

在《事实》"逾年,人皆见于陇蜀,又未尝有死,竟莫知所终"之语的启示下,我们不能彻底排除白玉蟾在绍定己丑之后还存活的可能性。因为,仍有不少史料为这一可能性作证。除了辨文提供的《道法会元》书中元人虞集之说聊以为证外,还有:A.《峨眉县志》所提及的"玉蟾湾"和"玉蟾洞",③若与《事实》所言"人皆见于陇蜀"相互参证,可说明"又未尝有死"乃是事实。B.《三条》中辑录了两则传闻白玉蟾已尸解之后的奇迹:

> 岁余,白紫清(玉蟾)来晤曰:曩于广野,闻姑苏徐姓医家将作史仙。在元末,往访遇其宗人同业而向善,因留居六年,南极会上始识史之容。……紫清曰:"近居闽县东山榴花洞,以其下通武夷第四曲溪也。"叙数日,别去。……
>
> 吴城卧龙街南徐药铺有佣工者,为供截药凡五载。忽一日,抱徐之幼子出,逾时归。徐询之,佣曰:"曾往福建。"徐不信……徐唤为真仙,合门罗拜,求赐福以贻子孙,仙曰:"当为君择墓。"……点穴毕,即辞去。众请留名,始晓之日"白玉蟾"。④

---

① 引自萧天石主编《道藏精华》第十集之二(上)册之《影刊白真人全集》,第31页。
② 详见萧天石主编《道藏精华》第十集之二(上)册之《影刊白真人全集》,第54—55页。
③ 详见《历代释道人物志》,其所据底本为清嘉庆十八年(1813)刻本,第994页。
④ 详见萧天石主编《道藏精华》第十集之二(上)册之《影刊白真人全集》,第58—62页。

C.《重编海琼玉蟾先生文集·原序》也有一段传闻：

> 余自乙亥于江浦遇纯阳，明年于乐安与先生邂逅一遇，两载之间，两遇天真，倏尔四十七年矣。近自甲寅得三丰张真人信，知先生上居太清职司运会，间忽下游尘境。去岁夏，忽又遇先生于豫章，自称王詹，乃知即"玉蟾"之隐名也。与余相对，馨欬一笑，人莫知识。自是别后，莫知所往。秋乃得是书……时在正统壬戌孟秋一日也。南极遐龄老人癯仙书。①

如传闻之说，白玉蟾至元明两代仍活着，这也未免太离奇了，令人难以置信。但却真切地告诫我们，对白玉蟾的寿龄问题不能过早妄下结论。看来，因为认识到史实难辨而给白玉蟾的卒年和寿龄都打上问号才是最合适的推论。

（三）姓名和字号问题。在查考白玉蟾生平概况时，我们发现该问题也是很复杂的，所以也就把它作为相关问题略加考辨。

第一，姓名问题。对其姓名，一曰葛长庚，一曰白玉蟾，向来没有任何异议。而对其名"长庚"和"玉蟾"之由来先后，说法则略有些不同，约有四种：A.多数认为，本姓葛，名长庚，后改姓名白玉蟾。B.依《事实》之说，认为"先生姓葛，讳长庚……母氏梦食一物如蟾蜍，觉而分娩……至雷州，继白氏后，改姓白，名玉蟾"②。C.按《福建通志》则以为"母梦食一物如蟾蜍，觉而分娩，名之曰玉蟾。父没，母适雷州白氏，故又借白为姓"③。D.《三条》则认为"本姓葛……（父）梦道者以玉蟾蜍授之，是夕产子，母即'玉蟾'名之

---

① 详见萧天石主编《道藏精华》第十集之二（上）册之《影刊白真人全集》，第17—21页。
② 同上书，第29—30页。
③ 引自《历代释道人物志》，其所据底本为民国二十七年（1938）刻本，第682页。

以应梦。稍长,又名长庚。祖、父相继亡,母氏他适,因改姓白"①。相比之下,差异有二:一是以为本名"长庚",随母改嫁后才取名"玉蟾";一是以为本名"玉蟾"以应梦,又名"长庚",后改姓白。对此,若从各说均有记述梦异产子一事来看,后两种说法较合理些,即其名"玉蟾"乃因感梦后立取的。当然,这也无法完全排除另一种可能,即如《重编海琼玉蟾先生文集·原序》所云"先生葛姓,继白氏,母以玉蟾应梦,遂为之名"②。

第二,字号问题。若按《事实》,其字计有"白叟""以阅""众甫",而按目前学界诸说,还有"如晦""紫清"等。这里面除了"紫清"外,余者均有史据。据《事实》表明,"紫清"应该是号。白玉蟾的号尤为繁多,据《事实》有"号海琼子,至雷州……号海南翁,一号琼山道人,一号蠙庵,一号武夷散人,一号神霄散吏,一号紫清真人。"③而按目前学界诸说其号还有:琼山老人、神霄散史、玭庵、琼琯、琼管、琼馆、海南道人、白真人、琼州人、海南人、琼崖先生、紫清明道真人等。这里面较可疑的有:A."蠙庵"与"玭庵"。"蠙"与"玭"实为同音同义的异体字,一般可互用。由于这两字较生僻,在一些书中常常写错。B."琼琯""琼管""琼馆"。应以"琼琯"为是,"管"和"馆"都不合词义。C."神霄散吏"与"神霄散史"。在《正统道藏》所收的白玉蟾文集中,《涌翠亭记》文末确有署"神霄散史书",但从《雷府奏事议勋丹章》"上言臣乃神霄典雷小吏也"和《先生曲肱诗》"向来我本雷霆吏"以及《自赞》"神府雷霆吏,琼山白玉蟾"等来看,似应以《事实》为是才符合其取号本意。D."紫清真人"与"紫清明道真人",这两者实可合一。问题在于:《事实》认为

---

① 详见萧天石主编《道藏精华》第十集之二(上)册之《影刊白真人全集》,第41页。
② 同上书,第17页。
③ 同上书,第30页。

这是自取的号,而《浙江通志》据《续文献通考》"一日不知所在,封'紫清明道真人'"[①]和《福建通志》"诏封'紫清明道真人'"[②]等,则以为这是谥号。笔者以为,因该号未见于白玉蟾生前的文集中,从该号的名称来看,说是谥号允为可信。此外,还有一些鲜为人知的别号,如:《谢仙师寄书词》末署"鹤奴白玉蟾"[③]、《与彭鹤林书》末署"琼山老叟白某致书"[④]、《江西通志》云"绍定己未冬解化,赐号'养素真人'"[⑤]等。

正如白玉蟾《自赞》所云:"本来真面目,水墨写霜缣""笑指武夷山下,白云深处吾家。"[⑥]他确实像是一个飘忽不定而又自由自在的域外神仙,令人难以稽考。尽管本文力求广搜博采各种材料来考辨其生卒年月及其有关问题,也仍然还有不少问题得不到彻底的解决。这也就难怪古今学人对其生平概况都仅略知一二而已,甚至于讹误相传。为能尽量避免不该出现的错误,笔者草撰此文,意在抛砖引玉,以期引起学界对历代道人生平概况所存在的诸多问题展开全面细致的研究。

(原载《世界宗教研究》,2001年第4期,第62—72页)

---

① 引自《历代释道人物志》,其所据底本为民国二十五年(1936)影印本,第348页。
② 引自《历代释道人物志》,其所据底本为民国二十七年(1938)刻本,第682页。
③ 引自《正统道藏》第七册之《修真十书·杂著指玄篇》,第5440页。
④ 引自《正统道藏》第五十五册之《海琼白真人语录》,第44420页。
⑤ 引自《历代释道人物志》,其所据底本为清光绪七年(1881)刻本,第573页。
⑥ 引自《正统道藏》第七册之《修真十书·上清集》,第5694页。

论签占语言的通俗文学化和宗教神学化

——以"北帝灵签"文本衍变为例

按照民俗的观念,人们可以借助一系列技术性的手段和一整套所谓神示的语言,达到与所崇拜的鬼神仙佛互相沟通的目的。有史以来,我们的祖先便致力于创制诸如此类的方法和语言,并逐渐形成了一个独具中国文化特色的神奇庞杂的术数学体系。包容于该体系的签诗,与简便快捷且预测面广的签占手段相配合,以其独具生动形象的诗歌语言涵蕴具有权威性的宗教神学思想广泛运用于占卜活动中,成为民间各地备受青睐的预测学用书。目前流行于民间各寺庙(尤其是北帝庙)的"北帝灵签",一直是信众用以卜问休咎和解难释疑的谶言签本。也许是出于对玄武真君的崇拜或畏惧心理,人们多把此书看作玄武真君的传世之作,不敢妄加辨疑,也因此缺乏必要的研究和清理。有鉴于斯,本文主要以"北帝灵签"文本衍变的真相为例,结合签诗文化的源流追溯,侧重研究签占语言的文学化和神学化问题,以期就正于大方之家。

一、形成:卜辞文学化的签占语言

签诗,亦称作"签书""签辞""签词""神签""灵签",它是求签占卜所特有的一种卜辞形式,是一种独具中国语言特色的俗文化现象。谈起签诗,就得涉及签占问题。所谓签占,是中国传统占卜术数中的一类,俗称"求签"。签占与《周易》筮占有着密切的关系,一般认为它是筮占发展演变的结果。由于它通俗、简便，所以自宋代以来在民间广泛流传，是人们常见的一种术数预测手段，直至今天仍有一定影响，尤其是在港、台和海外的华人圈内颇有市场。

签占大多是在佛寺道观中进行的。其法削竹为签编上号码，置于竹筒；又有专门与签上号码对应的签诗，其正文多以五言或七言诗句作为文字形式，其旁配有恰当的通俗戏目或小说典故，以及各种各样的释文。此外签诗上还标有不同等级的吉凶，如"上下大吉""中吉""中平""下下""凶"等，使人一望便知此签所昭示的吉凶休咎。求签的过程也很简单，焚香祷祝后，在签筒的摇晃状态下从中随意抽出或抖出一支竹签，然后根据签上的编号，找出对应的签诗，再根据签诗上规定的吉凶结果（主要是参看签诗的有关释文），即可知道所求之事的结果。

如前所述，签占是《周易》筮占衍变的结果。《易》占的工具是蓍草，后演变为钱币和竹枝，而所占结果是通过卦辞和爻辞反映出来的。作为占具的蓍草与卦辞和爻辞间没有必然联系，如果占具变换同样可以，依照一定准则去变换卦爻辞（即卜辞）的语言内容和形式也同样不会失去占卜的功能。这就为签占的出现提供了条件，加快了签占语言形式文学化的进程。从筮占到签占的衍变，其中经历了一个漫长的过程，而作为衍变的中介，汉代出现的焦赣《易林》和相传为东方朔所作的《灵棋经》，具有十分重要的作用，它们可以说是古代占卜术重大变革的先驱之作，也可说是签占术的前身。《易林》的作用主要在于把《周易》的卦爻辞进一步文学化，使之成为朗朗上口的四言繇辞；《灵棋经》的作用不仅在于卜辞的文学化，而且在占具上也进行了革命，这一切为签占的问世和签诗的形成提供了技术上和语言上的条件。除了占具和卜辞变化这些条件外，魏晋南北朝以后，东来佛教的盛兴和本土道教的广播，大量佛寺、道观的建立，也为签占术的问世提供了必要的场所。而佛、道二教神祇系统的完善和深入人心，以及唐宋开始出现的民间造神运动，大量民间神祇的涌现，又为签占术的问世提供了观念上的条件，而这些繁杂的民俗观念自然而然就融进了具有诗语功能的签诗之中。

签占术究竟产生于何时，史无明文。清代赵翼在《陔余丛考》中据顾仲恭《竹签传》认为："神前设签，起于唐世也。"从现有的文献资料看，最晚在唐末五代的时候已经有神庙灵签的设置，主要是依据北宋的释文莹在《玉壶清话》卷三中的记载。以后这方面的资料就较多了，如陆游的《老学庵笔记》、周密的《癸辛杂识》等都有签占的记载。现存最早的签诗，是南宋时所印的"天竺灵签"。南宋以后，签占术在民间各地广为传播，几乎各种供奉神祇的寺庙宫观都有自己的一套签诗，并冠以诸神的名号，开始呈现出神学化和神秘化的色彩。签占术在宋元以后之所以这么流行，略究其因主要有三个方面：一是人们对神灵的日益崇拜，把人生的命运归于神灵的主宰，并希望能通过占卜手段实现与神灵的沟通，从而得到神的启示而使内心趋于平衡；二是签占术较《易》占、龟卜等其他占卜手段简便易行，容易普及，而且预测对象的涵盖面很广，无所不及；三是签诗不仅具有传统诗歌文学的象征效果和审美功能，而且已把最具体的"神意"诉诸文字了然心会，卜者无须刻意烦人费解，可以保留个人占卜的用意，独具隐秘性，所以更容易为人们所接受。概而言之，签诗相对于其他术数预测语言更接近于广大民众的切身生活，更方便人们的参与和运用。就这一点来看，文学语言形式和思想内容的发展和丰富起了重要的作用。

对签占文化的研究，首先离不开对其源本的追溯。从《易》学和术数学发展史的角度看，签占是《周易》筮占发展衍变的产物，作为签占的语言载体——签诗，我们认为同样也是《周易》卦爻辞发展和变异的结果。[①]而这种发展和变异的现实因素，一般看来就是由于

---

① 详论参见拙文《签诗与〈周易〉的关系初探》，载《世界宗教研究》，1997年第4期，第117—126页。

人类在文学语言思维和表达能力方面的日益进步。具体来说，原始的卜辞和《周易》卦爻辞作为一种占卜语言，存在着片言只语、佶屈聱牙的缺陷，既显现了原始语言文字的某种真实，也体现出当时人类在思维和表达能力方面的局限性。因此，随着社会历史生活的日益变化和人们语言思维习惯的不同，这些占卜语言必然会不适应人们对占卜手段的运用而面临着被革新和替换的可能。这就为新的卜辞的出现埋下了契机。毋庸置疑，同样可以作为占卜语言载体的签诗，正是为了弥补《周易》卦爻辞的不足和适合广大民众的迫切要求，及时采用各时代人们乐于接受的语言文字形式和历史生活内容，并遵循卜辞制作的基本原则，在不削弱占卜功能的前提下加以改装的一种新卜辞——一种以韵律诗为形式并仅供求签占卜之用的特殊语言形式和术数形式。它跟《周易》卦爻辞相比，显然更加通俗化、文学化、社会化。而从占卜的目的和意义上看来，并没有根本性的不同，只是发展和变异而已，这也是历史发展的必然。这种发展和变异，一方面体现在卜辞形式的诗歌化，另一方面则体现在卜辞内容的神学化和世俗化。如果说《周易》卦爻辞是反映了上古先民的社会生活要事，那么签诗的内容便是突破了记事的藩篱，进而牵涉到各社会时代日常生活的方方面面，并赋上日益浓厚的宗教神学思想和世俗观念。据德国汉学家庞纬（Dr. Wemer Banck）收集有关资料进行归纳分类，统计出一六〇个不同的求签项目[①]，它们是（以数量多少为序）：1. 婚姻；2. 求财；3. 讼事；4. 六甲（怀孕）；5. 功名；6. 疾病；7. 失物；8. 出行；9. 行旅；10. 作事；11. 移居；12. 命运；13. 买男儿；14. 太岁（忌土木建筑的凶方）；15. 年岁；16. 来人；17. 家宅；18. 求雨；19. 生意；20. 诸事；21. 月令；22. 谋望；23. 六畜；24. 耕作；25. 安葬；26. 音信；27. 自身；28. 寻人；29. 人口；30. 交易；31. 谋事；

---

① 摘自金良年主编《中国神秘文化百科知识》，上海文化出版社，1994年，第347页。

32. 风水等等。当然，我们也应认识到，签诗对《周易》卦爻辞的发展和变异虽然具有文学规范化和通俗系统化的优点，但其固有神学化和庸俗化的不良倾向却日益严重，使它更无缘接近大雅之堂，而自甘沦落于民间粗俗文化之中。

  对签占文化的研究，更离不开对各种类型的签诗加以发掘整理和比较研究，方能揭示出签诗文化本身的衍变规律，使人们真正清楚地看到它本来的面目，正确地品评其存在的得失。笔者通过对不同时代"北帝灵签"文本内容的比较研究后发现：签诗不仅是卜辞（签占语言）在表达形式上的文学化，重要在于借助生动形象又具有象征韵味的传统文学语言形式和思想内容，使宗教神学思想和签占语言通俗化和社会化，达到屡有应验而神迷人心的效果。具体的材料依据，拟在下文着重加以论述。

二、发展：通俗文学化的《北帝灵签》

  既然签占语言的出现是由于人类语言思维能力的发展而对《周易》卦爻辞进行模拟和改装，使占卜语言更加适合人们的需要，那么伴随着社会的发展和人类语言表达能力的提高，签占语言的模式也必然会随之变更和发展。签诗在语言形式上发展的趋向，笔者认为就是一个通俗文学化的过程。这个过程也不是仅局限于签占语言用诗歌的表达形式固定下来以后，还表现在签诗本身的数量和质量，比如同一条签意下又衍扩了许多签诗，甚至是开始运用诗歌创作的手法来撰写。对此，我们只要考察《北帝灵签》[①]文本内容从明代至今的流变，便可窥其一斑而略知全貌。

  关于《北帝灵签》文本源于何时何人之手，由于史阙有间，已经

---

① 此处泛指当前流行的有关北帝的所有签本。

难以考证清楚了。但是，如果根据签诗形成的大体年代来看，其产生年代也应是在唐代以后，估计是在南宋时期，因为到那时候玄武帝才开始人格化为民众普遍信仰的尊神。由此就可以肯定，此签谱不是玄武帝所撰，而是当时的一些文人术士之作。今天所能查到的跟玄武帝神号有关系的签谱，最早的版本是明代《正统道藏》中的《四圣真君灵签》和《万历续道藏》辑录的《玄天上帝感应灵签》，此外便是目前广为流传的《北帝灵签》。虽然这三种签谱都冠有玄武帝的神号，且书中的诗句略有雷同之处，但从总体上看却是小同而大异。以下拟对其文本内容的不同试作比较归纳。由于这三种签谱被辑录的时间有先后，所以就按时间顺序分成两组来比较，便于发现它们衍变的真相。

第一，《四圣真君灵签》和《玄天上帝感应灵签》①。这两种的签数相同，都是四十九首，被辑录的年代相近，但却有许多不同之处。

1.《四》本在正文前多了《降灵劝世格言》，曰："矫妄求荣，名誉不扬；克剥致富，子孙受殃。行恩布德，福禄来翔；寡欲薄私，专命尔长。毋欺暗室，毋昧三光；正直无私，赤心忠良。天地介祉，神明卫旁；延生度厄，必济时康；我言能依，百病消祥。"顺便提及，这首格言明显是运用四言诗的手法，且很讲究押韵，具有一定的文学色彩。而《玄》本正文前却多了《玄天上帝百字圣号》，曰"混元六天传法教主修真悟道济度群迷普为众生消除灾障八十二化三教祖师大慈大悲救苦救难三元都总管九天游奕使左天罡北极右垣大将军镇天助顺，真武灵应，福德衍庆仁慈正烈协运真君治世福神玉虚师相玄天上帝金阙化身荡魔天尊"。仁宗皇帝御赞"镇天真武长生福神"："万物之祖，盛德可委，精贯玄天，灵光有炜，兴益之宗，保合大同，香火瞻敬，五福攸从。"显然是在对玄武圣号进行总释。这里的仁宗皇帝，即指明

---

① 为行文方便，下文分别简称为《四》本和《玄》本。文中引文出处，《四》本详见《正统道藏》第54册，《玄》本则详见第60册，同为台湾艺文印书馆精装缩印本，1997年。

仁宗朱高炽，因为在本签谱的末了有"大明万历三十五年岁次丁未上元吉旦正一嗣教凝诚志道阐玄弘教大真人掌天下道教张国祥奉旨校梓"字样，兹足以作证。此外，《玄》本还多了《玄天上帝圣降日》，指出了玄武帝降凡的具体日子。

2. 正文前所记的祈签祷文表达不同。《四》本较简短，曰："凡祷之时，先念乡贯某处某人为某事上启天蓬大元帅真君、天猷副元帅真君、翊圣保德真君、真武灵应真君、天地神祇，万物皆知，吾今卜课，善恶扶持，凶应凶兆，吉应吉期，判断生死，决定无疑。"而《玄》本正文前的《祈签祝文》则曰：

  凡欲祈签，必预诚心洁身，清晨神爽之时恭诣。圣前焚香祝告曰："天蓬大元帅、天猷副元帅、翊圣保德真君、真武灵应大帝、北天大道四十九位灵应天尊、左右侍从、官军殿庭，香火应感真灵，向伸启告，俯垂鉴听。某乡某贯某处居住某人，今为某事祈求圣签。伏望明彰报应，指示愚迷，所祈所愿，大赐显灵，下情无任，虔祷之至。"

  举签念曰："天地神祇，万物皆知，吾今下课，善恶扶持。凶应凶兆，吉应吉时，判断生死，决定无疑。"

《玄》本的祝祷细节较《四》本详备，有可能是脱胎于《四》本，也可能是同本异流①。

3. 两种签谱正文的格式和内容以及象兆均有明显的不同。为了说明问题，特抄录《四》本和《玄》本的第二签为例。先《四》后《玄》：

---

① 单凭《祈签祝文》的比较，推断《玄》本脱胎于《四》本，是有道理的。但从其正文的格式和内容的明显差异来看，却找不出彼此有传承关系的有力证据。笔者管见，如果从这些材料推断它们是同本异流，即是同一版本在流传过程中被演化成的两种不同系统文本，则相对合理些。

魁勉　第二　大吉　动用取进

早觅安身保利宜，精依古法莫逾时。

革除所弊人常愿，果协心怀享大禔。

虎出大林须动众，众人见了却忧疑。

虽然未解伤人意，亦主虚惊事可疑。

山居岂有喧哗客，只好修心辨已高。

万事于中且宁耐，用心烧炼只徒劳。

圣意云：循规守矩，如法立身。

久静思动，常切精勤。

迁移吉利，谋运从心。

结亲和合，病者从轻。

百事畅怀，公讼欣欣。

圣签之守，所欲利亨。

占婚姻吉；置货轻，脱货吉；移居吉；公讼无事；家宅人口平安；求官迟，升职名分宜快；病宜作福，老者难，少者或好或恶，服药有阻，痘疮不稳；出行远宜少人吉，行人至如不到两月方归；失物在宅内，宜早寻，迟不见；人口失吉，久后见；行人不到一二日有信；脱货，脱事便脱，后迟；孕难生，生女，修福日下生；求医入学吉；托人用事，二人方吉；交易吉；文书有阻，后吉；借物三人吉；买头匹田宅，宜快利。

有禄重欢庆，枯杨半树开。

向前求吉事，晚日称心怀。

第二签　中下　虎出大林

圣意：虎出大林须动众，众人见了却忧疑。

虽然未必伤人命，亦主虚惊事可知。

谋望：不平天理强支持，妄作从来是祸基。

君子安贫终有道，莫教失计被人欺。

家宅：久淹陋室欲更新，争奈伊家少福祙。
　　　　　不惮虚惊忧怪梦，更防小口及阴人。
　　婚姻：乍时相见好容仪，谁料中间一半非。
　　　　　不是婚姻休作对，何如撒手且回归。
　　失物：只为当初不小心，资财已失复何寻。
　　　　　直教月尽寅申日，才有傍人说信音。
　　官事：只好安居守运时，莫经官府受鞭笞。
　　　　　劝君休管人闲事，惹得愁来悔后迟。
　　行人：雁杳鱼沉信息稀，空劳望断白云迷。
　　　　　相逢若遇寅辰日，鹊噪檐前人马归。
　　占病：闹中得病静中安，莫作寻常一例看。
　　　　　有愿在心宜早赛，免教积热变脾寒。
　　解曰：占身不宜出入，失物难寻，病者作福，行人有信未至，求财迟，小口有灾，六甲难产，官事和劝，求官未达，婚姻难合，六畜田蚕半熟。

根据两种签谱的内容，主要是针对以上例文，我们可以发现其不同处有：

A.《四》本每一首签诗的序号之前多了"魁魁""魁魁"之类的符号。这四十九个双字符号，是由七个斗星名①，即魁、魁、魑、魖、魒、魊（魓）、魒，如八卦按宫有序地重叠成六十四个六爻卦一样，每两个符号排列组合而成，并有规律地以七为周期搭配在每一首签诗前。由于玄武本与古代天文学上的二十八宿有关，而且玄武信仰也是以北斗七星图和七星剑作为崇拜的镇邪图腾。据笔者看来，此处特用

---

① 《汉语大字典》根据《字汇补》和《元应录》等古书的记载，确定魁、魁、魑、魖、魒、魊、魒七个字符都是斗星名。详见《汉语大字典》缩印本，湖北辞书出版社、四川辞书出版社，1992年，第1840—1845页。

斗星名配签也跟玄武本源相关，是别有用意的，也似乎可由此说明《四》本比《玄》本的版本来源更可靠。

B.《玄》本的每一首"圣意"诗，都与《四》本同一签的第二段诗句相同，但用意不同，且时有文字出入，而其他大部分文字内容都不同。

C. 象兆不同。《四》本没有明显的拟象，只有主题词之类的用语，如"守旧""动用取进""否极泰来"等，皆合签意；而《玄》本却有，如第二签"虎出大林"、第六签"鸳鸯分飞"等，且都是直接取用"圣意"诗的前四个字①，有些用语是跟《四》本一样的，但从总体上看，更具有拟象之谓。还有，同一签的兆意往往相反，如第二签，《四》本为"大吉"，《玄》本为"中下"；第三签同为"否极泰来"之象，而其兆意《四》本为"中平"，《玄》本为大吉。由此，倘若说两者有传承关系，也真是说不过去。这恐怕跟原始传本在民间被随意杜撰更改而讹化有很大关系。

D. 格式不同。《四》本是先来三首七言律诗，再用四句四言律诗述表"圣意"，又以一段文言短文解释各种求签项目的吉凶成败情况，最后又以一首五言绝句概括签意。这五绝诗相比前面的七言诗来得典雅蕴意，不跟具体的事情钩连，不通俗易懂，富有文学性诗歌的象征韵味。而《玄》本则是先来一首"圣意"诗，后又在"谋望""家宅""婚姻""失物""官事""行人""占病"七种主要的求签项目后面各配上一首跟占事密切相关的有严格押韵的诗句，且全书概用七言律诗，最后附有"解曰"之文，基本上是按四字排列，有文学色彩，但不是诗句。从书面表达看，两者都很注重文学性和通俗性，即语言诗歌化和口语化，但《四》本更富于变化，并用了多种诗歌表达形式，

---

① 《玄》本的"圣意"诗句是两种签谱主要的相同处，且其拟象之成语都源于此，说明"圣意"诗跟原始传本的主体内容是密切相关的。

且相对高雅脱俗些。

E. 求签项目所涉及的占事不同,对占事结果的表述方式也不同。从占事对象和内容上看,两者对百姓日常生活中所关心的闲情琐事基本涉及,但《四》本更关注商品经济下的交易成败问题,多了"置货""脱货""借贷""交易""买卖""兴货"等条目的占断。据此,要么可以说明此签本产生的地区商品经济比《玄》本晚出的一个有力证据,其产生年代跟我国明代中后期是相近的。从占事的结果看,《四》本比较客观,一般不直接下断语,而是像《易经》部分卦爻辞一样让卜者根据假定条件的具体实施情况作出选择判断,如第二签对"占病"的解断,云"病宜作福,老者难,少者或好或恶,服药有阻,痘疮不稳",能够对病人和病情的不同分别加以决断,且少跟诗句相配。而《玄》本则流于定断,同一项目的吉凶分明,宿命的思想浓厚,仅凭签诗圣意分别作出定断,这从例文就可发现。

综上所述,笔者认为《四》本和《玄》本间没有明显的传承关系,也很难推断究竟是哪种先出现,如果把它们当作一原始签本的两种不同流行系统,相较其文本格式和内容的明显差异而言,是比较合理的说法,也可以此对《万历续道藏》重辑《玄》本的做法作出合理的解释。那么,原始签本该是什么样子呢?散佚在哪里呢?根据签诗发展自简而繁的特点,并针对《四》本和《玄》本存在小同而大异的事实,我们不妨作出推断:原始签本的内容已经被《四》本和《玄》本分别加以融汇和改装了,其主体便是这两种流行版本中相同的部分。进而言之,《四》本和《玄》本有意对原本进一步衍扩和诗化,无疑是一个把签占语言通俗化和文学化的过程。

第二,《四》本、《玄》本与《北方真武上帝灵签》[①]。清代以降,玄武灵签版本系统在民间又有《北》本出现,此本不被道经辑录,但

---

① 《北方真武上帝灵签》,简称《北帝灵签》,特指《北帝灵签精解》,为行文方便,简称为《北》本。本文所引用的《北》本,中国华侨出版社,1994年。

流行面颇广。由于《北》本与《四》本存在很大的差异，只有一首主题诗相同[①]，我们只要比较一下《玄》本和《北》本的异同便可知晓，所以本文不再另加比较。若从文本内容上来考究版本源流的话，《北》本主要是来源于《玄》本，因为《玄》本中的求签项目及相应的诗句全部被《北》本囊括进去，但是《北》本从格式到内容上都对《玄》本加以发展、衍扩和变异。这里，主要从其进一步文学化和通俗化倾向方面，试比较《北》本和《玄》本的不同。

1. 签数不同。《玄》本只有四十九首，而《北》本有五十一首，民间有些寺庙也有用五十首的。

2. 《北》本正文前没有另附文字说明，即少了《降灵劝世格言》《玄天上帝百字圣号》《祈签祝文》《玄天上帝圣降曰》等内容。

3. 《北》本正文从格式到内容都独具特色，形成一个相当完整详备的签诗系统。为更好地说明其进一步文学化和通俗化的特点，仍以第二签为例：

第二中平签　韩文公被贬潮阳关遇雪　凶而复吉之兆

总曰：虎出大林惊动民，乡人见了起忧疑。
　　　虽然不是伤人命，亦觉虚惊事可知。
诗曰：久户须防狗，登山遇虎狼。
　　　西施身不洁，人被四周藏。
家宅：久淹漏屋欲更新，怎奈伊家欠福神。
　　　不但忧惊并怪梦，更添口舌及阴人。
　　卜吉宅人口少妇，旺者可得喜，但防火灾难失财，是非宜拜佛祖保平安；又嫌灶君坟山不旺，有利杏明宜各修整过并谢土神

[①] 所谓的主题诗，即《玄》本的"圣意"诗。该诗句乃三本唯一相似处。说是"相似"，不说"相同"，乃因彼此还有不少个别字句的不同。

之后居住大吉，请大伯公镇宅平安。

岁君：虎出大林惊动民，乡人见了却忧疑。虽然不是伤人物，主亦虚惊事可知。老年男妇白虎占身有灾危，少壮行运总有喜，但嫌恶星入命须防口舌惊阻，失物守旧吉，肖猪羊者防口舌，三六九月勿出外，如若不守，灾祸重重，不损命定破财，少女有喜仔细防内勿乱徙，小儿忌分花①。

祖山：卜贵祖佳城有结穴，气脉足旺文雅，但嫌龙运不旺，坐向有利宜修整并掩祭寅戌两方杀气之后兴旺平安。

菁草：卜此地有结穴，气脉足旺文雅，但嫌傍边有阴古穴受怨，切之理妥葬之，须葬时并修整掩祭寅戌两方风杀，修整龙运壮旺，葬之财丁可旺，但初有此小口舌宜忍可顺，不要因小失大。

子息：卜子息初时多花少果，宜作福修善，后自能得子平安到老，若不扬善而作恶，子不多且难养。

命理：命理不吉苦之还受人欺侮凌辱，终身凄惨，修善参佛可了终生。

阳基：卜老阳宅可居，但防口舌，宜忍则吉，到底可得大利也。起造新阳宅恐有祸变，宜守旧待时。

置货：置货须防口舌是非，宜忍则吉，不忍恐生祸非。货物勿停留，宜现买现卖，到底可得厚利。

田蚕：早晚二冬皆不利。

合伙：合伙有利可得，但各不宜偏心，心偏则伙散。

雨水：四季雨水中平。

作福：宜在下坛烧衣。问求财、自身、求事，作花树太岁福门官福。

古人典故：唐朝时大文学家韩愈，他的侄儿韩湘子（八仙之

---

① 为避免引文繁多，此处共省略了十三首类似于"家宅""岁君"项目的释诗及断语。具体可参见原书。

一）会法术。一日文公生日，湘子到来贺寿，文公说："你有法术，能使美酒开花吗？"湘子说："可以。"不久果然美酒开花，花间现出二行金字："云横秦岭家何在，雪拥蓝关马不前。"文公不解。后来文公被朝廷贬职到蓝关遇到大风雪，马不能前进。文公才悟其义。（文后还附有形象逼真的蓝关遇雪图）

透过例文，我们不难发现《北》本在格式和内容上跟《玄》本有以下几点不同。

A. 象兆不同。如同是第二签，《玄》本拟"虎出大林"之象，兆意"中下"，而《北》本改成"凶而复吉之兆"，定为"中平"签。

B.《北》本开始用典以进一步解释主兆象。除了第五十一签以外，其余五十首签诗都在拟兆之前配上一则典故标题，并在分类解说各求签项目的吉凶情况之后图文并茂地讲述所用典故的来历出处和情节梗概。综观其书，所引的典故取材十分广泛，都是些百姓熟悉的和喜闻乐见的戏剧、传奇小说、民间传说、宗教神话等文学作品中生动典型且寓意深刻的小故事。如第二签的"韩文公被贬潮阳关遇雪"、第十八签的"蒙正赶斋"等，都是《北》本运用文学典故介入签诗制作的突出表现。《北》本采用文学典故来衍扩签诗兆象，更加体现了我国签占语言日益文学化和通俗化的倾向。

C. 从总体格式和主要内容上来说，《北》本先以"总曰"诗句括览全签的大意，其诗句跟《玄》本的"圣意"诗相同。但奇怪的是，《北》本的"总曰"诗又跟其求签栏目中的"岁君"诗句雷同，只是后者平添了一段断语而已。在"总曰"诗后又设置了"诗曰"——是一首五言绝句，跟《四》本每签末了的五绝类似，但内容截然不同。紧接下来，又设置了二十几个求签项目的解断[①]，其中前十五个项目，即

---

① 每一签的项目类别稍有不同，互有增减，但前十五个项目是共同的。

"家宅""岁君""失物""生意""行人""谋望""婚姻""官讼""六畜""占病""六甲""求财""功名""移徙""自身"各有相应的释诗并附上通俗的断语；而后面十几个求签项目，诸如"祖山""菁草""子息""命理""阳基""置货""田蚕""合伙""行舟""出外""雨水"等则只有相应的断语，没有附上释诗。细察这些分类琐细的求签项目，大部分在《四》本和《玄》本都列及了，但《北》本又衍扩了一些，如"命理""阳基""祖山""菁草"等项目都是前两本没有的，而且又增添了不少释诗及相应的断语。值得注意的是，所附加的断语从文字表达上看文言色彩已不浓厚，显得较为粗俗，如同江湖术士给卜事者解签时拉扯的口语一般。在每一签的后面，还有"作福"栏目，意在给卜事者指示解禳化凶的途径，这在各类签本中可谓独具一格。总的说来，《北》本比《玄》本在格式和内容上又更加通俗文学化了。

D.《玄》本中的诗句传到《北》本以后，个别字句有些出处，这从上面的例文中就可对照出来。由此可以看出民间签诗在传抄转印过程中带有一定的随意性，远不如正统的学术经典传承那样严格可靠，所以其原本的内容在流行过程中就容易被后人删补和讹化，导致文字表达显得粗俗低劣。《北》本跟《四》本、《玄》本存在着巨大的差异，无疑也是这种版本传承失真所造成的必然结果，当然主要还是签诗固有的通俗文学化倾向所引起的。

平心而论，《北》本有意对《玄》本进行改装和衍扩的做法并非盲目的个人行为，其目的是使早先不大实用的签本更切合民用，便于求签者直接从签本的解断诗文中找到所求项目的答案。进而言之，这种做法既然是为了切合民用，就必须根据民众的心理需求和语言习惯对前代的签本进行改装，使之不断趋向通俗和完善。而从玄武灵签文本衍变的事实来看，这种不断自我完善的过程，无疑是具有明显的日益通俗文学化倾向的。反过来看，签占语言的日益通俗文学化，无形中融汇了各时代不同的语言形式和思想内容，从而使自身不断发展。

三、变异：宗教神学化的《北帝灵签》

签占语言的出现经历了两次大的转变，首先体现在从语言形式上对《周易》卦爻辞的模拟改装，为新时代的民众提供较为简单明了的占卜用书。换句话说，签诗在创作之初并非自成体系，仅仅是出于对《周易》卦爻辞等传统卜辞进行通俗文学化以适应民众的占卜需要而已，而不是出于为神佛提供传世宝典。此时的签诗从内容上看还是属于《易》卦占卜系统。其次体现在日益民俗化以后的发展变异，为新出现的宗教场所提供所谓神示的谶言，今日可见之签本均属此类。上文提过，签占语言是在日益通俗文学化的过程中发展的。其实，这种发展主要是表面的语言形式而已，是由于外部社会的变化而引起的，而不是由签诗本身固有的本质引起的。反观历史可知，签诗文化真正得到发展并普及流行，是在它跟宗教神学密切结合之后，大约是在唐宋时期民间造神运动之时，签诗才开始脱离《易》卦的束缚而成为宗教神学思想的重要组成部分①。从那时开始，签诗就不再纯粹是一种模拟《易》辞的占卜用书，而是被人们视为某一神灵的杰作，并被冠上诸神的名号，具有一定的权威性，即已跟宗教信仰和神灵崇拜紧密联系在一起。也正因如此，大量的以诸神名号题作的签诗才得以涌现，从而使签诗文化繁荣和发展。毋庸置疑，当签诗文化的发展和宗教神学信仰联系在一起并被利用和同化之后，就明显会发展变异。那么，签诗变异以后的发展会是怎样呢？道理很简单，既然签诗已经移植到宗教神学思想文化土壤上，就注定它的发展始终要为宗教神学思想的宣扬服务。所以，我们认为签诗变异后的发展从内容上说是一个日益宗教神学化的过程。对此，我们同样可以通过比较《四》本、《玄》本、《北》本间的异同，找到有力的依据。以下分两个方面加以说明。

---

① 即签诗的占断不再单纯依靠《周易》卦理象数作凭据，而是作为神灵的示语来博取众望，所以总是要跟某尊神佛联系在一起才得以广泛流行。

第一，《四》本和《玄》本的内容已具有宗教神学色彩。宗教神学总是劝人为善去恶，往往也有伦理道德的说教，如《四》本一开篇就是《降灵劝世格言》，劝卜事者要做到行恩有德、寡欲薄私、毋欺暗室、正直无私等，才能延生度厄、神明卫旁。《玄》本一开篇所附《玄天上帝百字圣号》，明显是把玄武帝宗教神学化，并把它由道教的尊神衍化成"八十二化三教祖师"，冠以种种圣号，以取得民众对此签本的信赖和尊崇。再如《四》本和《玄》本正文前的祈签祝祷之文，意在要求卜事者斋戒洁身，诚心礼神，进香叩首，禀告姓名籍贯，向神灵报告心事，祈求神灵拨开迷雾，解除疑虑，指明途径及未来的结果。从签诗正文的内容看，《四》本和《玄》本直接与神灵挂钩的诗句或语词很少，主要还是根据求签项目的有关事实进行合理的规劝，用生动形象的比喻或格言来使求事者取得某种观念上的认同，从而得到解决疑难的办法，但因果报应的宿命论思想却是始终存在的。具体例子可参看前文所引，此处不另举例。

第二，《北》本具有浓重的宗教神学化倾向。相对《四》本、《玄》本而言，《北》本开始渗入大量的宗教神学思想，具体表现在：

1. 以典故介入签诗，主要表现在所引的典故多跟神仙造化的故事有关，富于神学色彩。

2. 特辟罚签，即第五十一"全福签"。"总曰"云："君汝求签未诚心，罚尔香油二三斤。送经奉油敬佛祖，消灾改厄福来临。"明显是寺庙僧人为盈利而借神佛愚人的杰作，岂是神语！该签意表明，凡是卜到此签，必须"送经奉油敬佛祖"，才能消灾纳福、逢凶化吉。目前很多寺庙的灵签都喜欢附上类似该罚签的内容，用意是不言而喻的。

3. 特辟"作福"栏目。如第五十签"作福"曰："问事宜送签筒、香油一年，作佛爷福祭下坛小衣皁集。"表面上是在为信众提供各种如何感动神灵而得以化凶逢吉的途径，实际上又是为了谋利而把签诗进一步神学化了。

4. 新添加的释诗，出现直接使用与神佛有关的语言文字来谕示神的旨意。尤其是平添了许多断语，都在劝告卜事者只有信奉神灵、及时诚心请求佛祖保佑才能办好事情，逢凶化吉。其中也不乏扬善弃恶、谨小慎微、因果报应等思想因素的存在。总体来看，《北》本几乎是依赖神佛的存在并借助具有浓厚宗教神学色彩的语言来解释签意的。如第二签中所言"求拜佛祖众神保平安""请大伯公镇宅平安""修善参佛可了终生""焚香急速礼明神"等；第五十签所言"人口平安赖佛因""宜请上帝灵符贴于茅檵保之平安并向佛祖添油奉经""宜敬神答天地祭送""宜积善和求神保佑自可把凶煞去除"等，举不胜举，满书遍是，都可兹证明。细而观之，《北》本的宗教神学化主要跟佛教有关，因为文中多"佛祖""神佛""添油奉经"之类语句出现。

5. 求签项目的范围进一步扩大。《北》本的求签项目已超越了人们日常生活中关心疑虑的实际问题，对其他术数手段才能解释清楚的命理、风水、阳基、运气、菁草等等玄虚的问题也作出解释。这种超越和衍扩，是在有神灵暗示和佑护的前提下才赖以存在的，其出发点和归宿点都是为了使签诗既简便易行又实用可信，实质上又是通过借助形形色色的术数语言而使签诗内容进一步走向宗教神学化，再次发生变异。

总而言之，由于语言形式和生活内容必将伴随历史的前进而发生变异，所以我国独具特色的签占语言在发展过程中也必将呈现出日益通俗文学化和宗教神学化的大趋向。我们在前文比较《北帝灵签》文本衍变前后的明显差异及其差异的特点，正是为了推证这一论断。

（原载《道韵》第四辑，中华大道出版部，1999年，第204—230页）

《封神演义》的宗教神学体系辨析

《封神演义》(后文简称《封》)[①]是一部奇书。该书之所以令人称奇，离不开书中故事的荒诞离奇，更离不开整部书充满的中国传统思想文化特色，可谓融中国的历史、文化、哲理、文学、易学、宗教等学说特色于一炉，亦真亦幻，多元统一。其中，错综复杂的宗教体系和令人向往的仙佛世界，最让人费解，也是最有吸引力和影响力的。兹据小说文本，略加辨析。

一、《封神演义》的宗教理念：惟道独尊

商末周初的中国，应该是没有什么宗教和神仙的。但《封》中却把后来出现的各种宗教和神仙汇聚在一起，改头换面，描绘成当时人神仙佛共存的社会图景，体现出不同寻常的宇宙观、历史观和宗教观。《封》中充满着浓厚的宗教神学色彩，鲜明体现了中国古人对玄幻世界的理解，其中有不少思想值得归纳和探讨。

其一，神与人同心同理。有居住的仙山洞府或庙宇宫观（如女娲庙、轩辕庙），有喜怒哀乐的情感（如女娲恨纣王），有高低尊卑的等级（如各教派各路神仙都有不同的位次，即神有尊卑）。虽有凡人不及的法术，但仍须依循天意（如成汤气数已尽，截教中人想倒行逆施

[①] （明）许仲琳原著，彭万隆、储泰松、赵红校点：《封神演义》，文化艺术出版社，1993年。本文有关《封神演义》的引文内容，主要参见此本。

也无济于事)。如:

> 且言女娲娘娘降诞,三月十五日往火云宫朝贺伏羲、炎帝、轩辕三圣而回,下得青鸾,坐于宝殿。玉女金童朝礼毕,娘娘猛抬头,看见粉壁上诗句,大怒骂曰:"殷受无道昏君,不想修身立德以保天下,今反不畏上天,吟诗亵我,甚是可恶!我想成汤伐桀而王天下,享国六百余年,气数已尽;若不与他个报应,不见我的灵感。"即唤碧霞童子驾青鸾往朝歌一回。(第一回)

其二,神与仙"同途殊归"。同是道家,同是修道炼丹、服气炼形之人,因根行不同,心术不一,最后的成就不一样,有的成人道,有的成神道,有的成仙道,有的成正果,有的成鬼怪。为何如此呢?"此是天数,非人力所为。"(第四回)详见下文:

> 当时在你碧游宫共议'封神榜',当面弥封,立有三等:根行深者,成其仙道;根行稍次,成其神道,根行浅薄,成其人道,仍随轮回之劫。此乃天地之生化也。……且此剑立有'诛''戮''陷''绝'之名,亦非是你我道家所用之物。(第七十七回)

> 老子曰:"贤弟,我与你三人共立'封神榜',乃是体上天应运劫数。你如何反阻周兵,使姜尚有违天命?"(第七十七回)

> 子牙然后开读玉虚宫元始天尊诰敕:"太上无极混元教主元始天尊敕曰:呜呼!仙凡路迥,非厚培根行岂能通;神鬼途分,岂谄媚奸邪所觊窃。纵服气炼形于岛屿,未曾斩却三尸,终归五百年后之劫;总抱真守一于玄关,若未超脱阳神,难赴三千瑶池之约。故尔等虽闻至道,未证菩提。有心自修持,贪痴未脱;有身

已入圣，嗔怒难除。须至往愆累积，劫运相寻。或托凡躯而尽忠报国；或因嗔怒而自惹灾尤。生死轮回，循环无已；业冤相逐，转报无休。吾甚悯焉！怜尔等身从锋刃，日沉沦于苦海，心虽忠荩，每飘泊而无依。特命姜尚依劫运之轻重，循资品之高下，封尔等为八部正神，分掌各司，按布周天，纠察人间善恶，检举三界功行。祸福自尔等施行，生死从今超脱，有功之日，循序而迁。尔等其恪守弘规，毋肆私妄，自惹愆尤，以贻伊戚，永膺宝箓，常握丝纶。故兹尔敕，尔其钦哉！"（第九十九回）

其三，神与仙逍遥自在。红尘滚滚，酸甜苦辣，生老病死，功名利禄，数不清的烦心事，过不完的苦日子，即使升官发财也有痛苦忧患，而问道修仙则不同：

云中子曰："贫道其中也有好处：身逍遥，心自在；不操戈，不弄怪；万事忙忙付肚外。吾不思理正事而种韭，吾不思取功名如拾芥，吾不思身服锦袍，吾不思腰悬角带，吾不思拂宰相之须，吾不思借君王之快，吾不思伏弩长驱，吾不思望尘下拜，吾不思养我者享禄千钟，吾不思簇我者有人四被。小小庐，不嫌窄；旧旧服，不嫌秽。制芰荷以为衣，结秋兰以为佩。不问天皇、地皇与人皇，不问天籁、地籁与人籁。雅怀恍如秋水同，兴来犹恐天地碍。闲来一枕山中睡，梦魂要处蟠桃会。那里管玉兔东升，金乌西坠。"纣王听罢，叹曰："朕闻先生之言，真乃清静之客。"（第五回）

其四，道与佛同根同源。这一点令人费解。按理说，道教与佛教都是西周以后才出现的，不可能出现在"武王伐纣"的故事中。但《封》却反常理，把道与佛都提前，并杜撰出许多莫名其妙的故事。在

《封》中虽无儒教登场，但也不乏儒教的影子，且有被贬低的迹象。《封》中的"道人"，大多是亦仙亦佛，道佛合一的。如云中子，看似道教中的神仙，其实更像是佛教中的出家人。详见引文：

那日闲居无事，手携水火花篮，意欲往虎儿崖前采药；方才驾云兴雾，忽见东南上一道妖气，直冲透云霄。云中子打一看时，点首嗟叹："此畜不过是千年狐狸，今假托人形，潜匿朝歌皇宫之内，若不早除，必为大患。我出家人慈悲为本，方便为门……"
（第五回）

采药炼丹，爱管人事，是神仙之事；而言"我出家人慈悲为本"又明明是佛教用语。可见，《封》中的三教，都是一种儒佛道糅杂合一的宗教，都统属于天道，是一教的三派。值得注意的是，《封》中很少出现"佛"字，仍与"道"相混，需要根据语意和史实才能明白。且看云中子论三教：

云中子欠背而言曰："原来如此。天子只知天子贵，三教元来道德尊。"帝曰："何见其尊？"云中子曰："听衲子道来：但观三教，惟道至尊。上不朝于天子；下不谒于公卿。避樊笼而隐迹，脱俗网以修真。乐林泉兮绝名绝利，隐岩谷兮忘辱忘荣。顶星冠而曜日，披布衲以长春。或蓬头而跣足，或丫髻而幅巾。摘鲜花而砌笠，折野草以铺茵。吸甘泉而漱齿，嚼松柏以延龄。歌之鼓裳，舞罢眠云。遇仙客兮，则求玄问道；会道友兮，则诗酒谈文。笑奢华而浊富，乐自在之清贫。无一毫之挂碍，无半点之牵缠。或三三而参玄论道，或两两而究古谈今。究古谈今兮叹前朝兴废，参玄论道兮究性命之根因。任寒暑之更变，随乌兔之逡巡。苍颜返少，发白还青。携单瓢兮到市廛而乞化，聊以充饥；提锄篮兮进山林而采药，临难济人。解安人而利物，或起死以回生。修仙者骨之坚秀，达道者神之最灵。判凶吉兮明通爻象，定祸福兮密察人心。阐道法，扬太上之正教；书符箓，除人世之妖氛。谒飞神于帝阙，步罡气于雷门。扣玄关，天昏地暗；击地户，鬼泣神钦。夺天地之秀气，采日月之精华。运阴阳而炼性，养水火以胎凝。二八阴消兮若恍若惚，三九阳长兮如杳如冥。按四时而采取，炼九转而丹成。跨青鸾直冲紫府，骑白鹤游遍玉京。参乾坤之妙用，表道德之殷勤。比儒者兮官高职显，富贵浮云；比截教兮五刑道术，正果难成。但谈三教，惟道独尊。"（第五回）

云中子要表达的观点很明确：但观（谈）三教，惟道独尊。但有一点必须引起注意：云中子自称"出家人""衲子"，谈的却是道教中的神仙之事，可见他说的"道"应该是道佛双兼的。小说中所谓的三教，究竟是如何呢？详见下文：

话说昆仑山玉虚宫掌阐教道法元始天尊因门下十二弟子犯了红尘之厄，杀罚临身，故此闭宫止讲；又因昊天上帝命仙首十二称臣；故此三教并谈，乃阐教、截教、人道三等，共编成三百六十五位成神，又分八部：上四部雷、火、瘟、斗，下四部群星列宿、三山五岳、步雨兴云、善恶之神。此时成汤合灭，周室当兴；又逢神仙犯戒，元始封神，姜子牙享将相之福，恰逢其数，非是偶然。所以"五百年有王者起，其间必有名世者"，正此之故。（第十五回）

引文中所谓"三教并谈，乃阐教、截教、人道三等"，其中的"三教"与云中子所言"三教"应该是一样的（也可能是指老子、元始天尊、通天教主等三个教主），而此"三教"乃是阐教、截教、人道三等，看来不是说有三种宗教，确是指同一教中的三派，这三派是有等级的，有正邪之分的，但都是同样尊"道"的。因此，我们就好理解"惟道独尊"之"道"，不是指道教，也不是指人道（此等教派，小说后文中少有提及，愚以为住在火云洞中的伏羲、炎帝、轩辕三圣便是此派的代表，他们都是人皇，也属三教，且多次暗中助周解难，堪称人道教主），而是指历史上儒佛道三教共同的本源之"道"。

其五，西方教后来居上。在小说的"三教"之外，有一西方教（书中明确是佛教的前身），代表人物是教主接引道人和准提道人，说是来自极乐之乡，基本上与佛教无异；而准提道人又与阐教中人如广成子等人结成道友，这说明西方教与"三教"一样是修道的，虽然道行有高低，但彼此之间关系密切。而在小说的"三教"之中，尤其是在阐教中，有两种类型：一种是跟仙相似，又是自称为"出家人"的，如云中子"乃是千百年得道之仙。……诗曰：不用乘骑与驾舟，五湖四海任遨游。大千世界须臾至，石烂松枯当一秋。"（第五回）；另一种跟佛相似，又是以"道人"称之的，如"惧留孙乃是西方有缘之客，久后入于释教，大阐佛法，兴于西汉。"（第八十三回）又如燃灯道人（后成古佛）在小说中，已有佛的意味，但他属于阐教中级别很高的道人，本来与西方教没有联系，与接引、准提两教主可谓素昧平生。详见下文：

贫道乃灵鹫山元觉洞燃灯道人是也。（第十四回）

话说众人正议破阵主将，彼此推让，只见空中来了一位道人，跨鹿乘云，香风袭袭。怎见得他相貌稀奇，形容古怪？真是仙人班首，佛祖源流。（第四十五回）

燃灯忙打稽首曰："道兄从何处来？"道人曰："吾从西方来，欲会东南两度有缘者。今知孔宣阻逆大兵，特来渡彼。"燃灯已知西方教下道人……问曰："贫道闻西方乃极乐之乡，今到东土，济渡众生，正是慈悲方便。请问道兄尊姓大名？"道人曰："贫道乃西方教下准提道人是也。前日广成子道友在俺西方，借青莲宝色旗，也会过贫道。今日孔宣与吾西方有缘，特来请他同赴极乐之乡。"（第七十回）

与准提道人素昧平生而后皈依西方教的道人还有很多，如慈航、文殊、普贤道人等。如："作歌者乃五龙山云霄洞文殊广法天尊，手执拂尘而来。"（第十四回）"广法天尊回顾，认不得此人是谁……贫道乃西方教下准提道人是也。"（第六十一回）还有一些本来是修仙道的，后来也皈依佛门，也有两种类型。一种是功德圆满，主动皈依的，如李靖等人：

> 后来父子四人，肉身成圣，托塔天王乃李靖也。（第十四回）
> 李靖来问燃灯道人曰："弟子此行，凶吉如何？"道人曰："你也比别人不同：肉身成圣超天境，久后灵山护法台。"（第六十七回）

> 后来李靖、金吒、木吒、哪吒、杨戬、韦护、雷震子，此七人俱是肉身成圣。（第一百回）

另一种是战败受降，化成原形，引渡西方，如孔宣（即佛教的孔雀明王，书中已点明）、乌云仙、虬首仙、灵牙仙、金光仙等截教中人：

> 准提曰："乌云仙友，吾乃是大慈大悲，不忍你现在真相，若是现时，可不有辱你平昔修炼工夫，化为乌有。我如今不过要与你兴西方教法，故此善善化你，幸祈急早回头。"（第八十二回）

准提道人曰:"乌云仙与吾有缘,被吾用六根清净竹钓去西方八德池边,自在逍遥,无罣无碍,真强如你在此红尘中扰攘也。"(第八十三回)

此乃是三大师收伏狮、象、犼;后兴释门,成于佛教,为文殊、普贤、观音,是三位大士;此是后话,表过不题。(第八十三回)

尤须指出的是,在《封》中是以西方教作为佛教的源起,虽没有明言就是指佛教,但偶尔也用带有"佛"字或佛学相关用语来描述和评点,如:

仙佛从来少怨尤,只因烦恼惹闲愁。(第四十六回)

老子拍掌曰:"周家不过八百年基业,贫道也到红尘中来三番四转;可见运数难逃,何怕神仙佛祖。"(第八十二回)

半空中韦护把降魔杵往下打来。(第八十八回)

另外,三教中阐、截门人多有成佛道者,而小说中似未提及人道教中有入佛门的,除非能把"肉身成圣"的七人也看作人道教的。这是否意味着作者有轻视那些注重人道修行而追求成圣成王的儒教呢?似乎有这样的倾向,不过笔者发现小说中有"后孔圣称他三人曰"(第八十九回)之句,对孔子还是尊称的。还有一个问题,为什么那么多三教的神仙,都会皈依佛门呢?莫非东土神仙世界与西方极乐世界仍有优劣之分、高低之别?根据小说内容分析,神仙世界好像仍与红尘搅扰,容易犯戒,遭红尘之厄,杀罚临身,如"当有太华山支霄洞赤精子,九仙山桃源洞广成子,只因一千五百年神仙犯了杀戒,昆仑山玉虚宫掌阐道法宣扬正教圣人元始天尊闭了讲筵,不阐道德;二仙无事,闲乐三山,兴游五岳,脚踏云光,往朝歌径过,忽被二位殿下顶上两道红光把二位大仙足下云光阻住。"(第九回);而极乐世界,乃真清净之乡,与红尘隔绝,不生不灭,自在无为,解脱苦难,毫无挂碍,不可能再惹是非,不会再有恩怨情仇,而是同体大慈大悲,回归涅槃化境,正是"西方极乐无穷法,俱是莲花一化身",连鸿钧道人都称赞:"西方极乐世界真是福地。"(第八十四回)难怪能够被接引到极乐世界的神仙,都感觉到修行又更上一层楼了!可见极乐世界跟神仙世界并非同一维度,似有更高一等的意味。

综合以上分析,我们可以发现《封》的作者对道和佛之间关系的独特理解:道教和佛教都是修"道"的,密不可分,本来是合一的;儒佛道是同源合一的,是同一种宗教的三个派系,宛如一家的三兄弟或一师的三徒弟一般。但是,也可以看出作者虽然有三教同源合一的思想倾向,但在力挺道教的同时,抬高了佛教,贬低了儒教。这跟晚明时期的宗教理念应该是基本一致的。

二、《封神演义》的宗教体系:错综复杂

相信《封》的读者都会有同样的感受,就是书中的宗教神学体系非常错综复杂,令人费解。对此,笔者在经过一番研究后颇有心得,以下拟对这扑朔迷离的宗教体系略加梳理。

先来看书中主要的宗教情况。本土的三教:阐教、截教、人道。阐教由太上老君(老子)和元始天尊共同掌管(两个都是教主),截教由通天教主掌管,人道很可能是由伏羲、炎帝、轩辕三圣掌管(书中第五十八回赞"火云福地真仙境,金阙仁慈治世公",第八十一回称伏羲为昊皇上帝,又言"火云仙府胜玄都",可能相当于玉帝、天王)。太上老君、元始天尊、通天教主都是鸿钧老祖的徒弟。所谓

"高卧九重云,蒲团了道真。天地玄黄外,吾当掌教尊。盘古生太极,两仪四象循。一道传三友,二教阐截分。玄门都领秀,一气化鸿钧"(第八十四回),即描写鸿钧老祖,他是修"道"的祖师,是鸿钧教(相当于道教)的最高人物,相当于后期道教所谓的大罗天。此外,还有一个西方教,教主是接引道人和准提道人(也是两个教主,可能相当于佛祖),刚开始总共两个人,是属于后世佛教起源时期的主要成员。详见下文:

通天教主乃是掌截教之鼻祖,修成五气朝元,三花聚顶,也是万劫不坏之身。(第七十七回)

奎牛上坐的是混沌未分、天地玄黄之外、鸿钧教下通天截教主。(第八十二回)

(杨戬)今奉师命,特到此处,参谒三圣老爷。……童子曰:"你不知,不怪你。此三圣乃天、地、人三皇帝主。"……当中一位圣人乃伏羲皇帝,谓左边神农曰……(第五十八回)

伏羲展玩,书曰:"弟子黄龙真人、玉鼎真人薰沐顿首,谨书上启辟天开地昊皇上帝宝座下:弟子仰仗三教……"伏羲看罢书,谓神农曰……"(第八十一回)

老子曰:"当时有一分宝岩,吾师分宝镇压各方;后来此四口剑就是我通天贤弟得去,已知他今日用此作难。虽然众仙有厄,原是数当如此。如今道兄来的恰好;只是再得一位,方可破此阵耳。"准提道人曰:"既然如此,总来为渡有缘,待我去请我教主来。正应三教会诛仙,分辨玉石。"老子大喜。准提道人辞了老子,往西方来请西方教主接引道人,共遇有缘。(第七十八回)

且说准提来至西方……曰:"吾见红光数百道俱出阐、截二教之门。今通天教主摆一诛仙阵,阵有四门,非四人不能破。如今有了三位,还少一位。贫道特来请道兄去走一遭,以完善果。"西方教主曰:"但我自未曾离清净之乡,恐不谙红尘之事,有误所委,反为不美。"准提曰:"道兄,我与你俱是自在无为,岂有不能破那有象之阵!道兄不必推辞,须当同往。"接引道人如准提道人之言,同往东土而来。只见足踏祥云,霎时而至芦篷。广成子来禀老子与元始曰:"西方二位尊师至矣。"老子与元始率领众门人下篷来迎接。(第七十八回)

只见四位教主回至芦篷上坐下,元始曰:"二位道兄此来共佐周室,若明日破阵,必尽除此教,以绝彼之虚妄。只是难为后来访道修真之人,绝此一种耳。"接引道人曰:"贫道此来,单只为渡有缘之客。据吾观,万仙阵中邪者多而正者少,没奈何,只得随缘相得,不敢勉强耳。"老子曰:"吾等门人今已满戒,明日速破此阵,让他早早返本还元,以全此辈根行,也不失我等解脱一场。"(第八十三回)

西方教主曰:"此幡可摘去周武、姜尚名讳,将幡展开,以见我等根行如何。"准提随将六魂幡摘去"武王""姜尚"名讳,命定光仙展布。定光仙依命,将幡连展数展。只见四位教主顶上各现奇珍:元始现庆云,老子现塔,西方二位教主现舍利子,保护其身。(第八十四回)

综合以上引文,我们可以进一步发现:(一)西方教的两教主和阐教的两教主关系密切(与鸿钧老祖相见时,彼此也都很客气,宛如没有矛盾的朋友),互相帮助,彼此尊重,难分高低尊卑,都要对付通天教主,都有无边法力,都是根行非常特殊的。值得一提的是,与阐教不同的是，西方教主的目的是"渡得有缘，以兴西法"，"同赴极乐之乡"（没有明显的等级尊卑和师道尊严，彼此见面"打稽首"即可，只要修行正果都是平等的，不像鸿钧教是祖师高高在上，弟子要俯伏听命，同门要论先后亲疏，甚至相互诋毁陷害），他们虽与截教对阵，但仍把对方当道友而非敌人，如：

准提道人曰："不瞒道兄说，我那西方：花开见人人见我。因此贫道来东南两土，未遇有缘；又几番见东南二处有数百道红气冲空，知是有缘，贫道借此而来，渡得有缘，以兴西法，故不辞跋涉，会一会截教门下诸友也。"（第七十八回）

（二）本土的三教之间，是同一宗教的不同派别，主要体现为阐教和截教之间的斗争，即老子和元始天尊与通天教主的矛盾，源于其门下弟子之间的争斗。截教门徒广布，而阐教屈指可数，各有修行，难分伯仲。争斗的原因，大概就是阐教自以为道德清高，根行纯正，看不起截教中人，却因三尸未斩而开杀戒，因此激怒了通天教主及其弟子，非得一决雌雄以定一尊之位不可。详见下文：

话说太乙真人曰："石矶，你说你的道德清高，你乃截教，吾乃阐教，因吾辈一千五百年不曾斩却三尸，犯了杀戒，故此降生人间，有征诛杀伐，以完此劫数。今成汤合灭，周室当兴，玉虚封神，应享人间富贵。当时三教佥押'封神榜'，吾师命我教下徒众，降生出世，辅佐明君。哪吒乃灵珠子下世，辅姜子牙而灭成汤，奉的是元始掌教符命。就伤了你的徒弟，乃是天数。你怎言包罗万象，迟早飞升。似你等无忧无虑，无辱无荣，正好修持；何故轻动无名，自伤雅道？"（第十三回）

芦篷上众仙一见，睁目细看数番，见截教中高高下下，攒攒簇簇，俱是五岳三山四海之中云游道客，奇奇怪怪之人。燃灯点头对众道人叹曰："今日方知截教有这许多人品。吾教不过屈指可数之人。"（第八十二回）

内中有黄龙真人曰："众位道友，自元始以来，为道独尊，但不知截教门中一意滥传，遍及匪类，真是可惜工夫，苦劳心力，徒费精神；不知性命双修，枉了一生作用，不能免生死轮回之苦，良可悲也！"（第八十二回）

老子一见万仙阵，与元始曰："他教下就有这些门人！据我看来，总是不分品类，一概滥收，那论根器深浅，岂是了道成仙之辈。此一回玉石自分，浅深互见。遭劫者，可不枉用工夫，可胜叹息！"（第八十二回）

元始曰："此俱是截教门中，并无一人有根行之士，俱是无福修为，该受此劫数也，深为可悲！"（第八十三回）

元始与老子同西方教主共言曰："你看这些人，有仙之名，无仙之骨，那里做得修行办道之品！"（第八十三回）

且说长耳定光仙自思："我前只见师伯左右门人，总共十二代弟子，俱是道德之士；昨日又见西方教主，三颗舍利子顶上光华，真是道法无边。"先自有三分退诿。（第八十三回）

定光仙因见接引道人白莲裹体，舍利现光，又见十二代弟子玄都门人俱有璎珞、金灯、光华罩体，知道他们出身清正，截教毕竟差讹，他将六魂幡收起，轻轻的走出万仙阵，径往芦篷下隐匿。（第八十四回）

通天教主身心变，只因一怒结成仇。两教生克终有损，天翻地覆鬼神愁。昆仑正法扶明主，山河一统属西周。（第八十二回）

通天教主曰："罢了！如今是月缺难圆。既摆此万仙阵，必定与他见个雌雄，以定一尊之位。今日是万仙统会，以完劫数。"（第八十二回）

话说通天教主见二位教主，对面打稽首，曰："二位道兄请了！"老子曰："贤弟可谓无赖之极！不思悔过，何能掌截教之主？……"通天教主怒曰："你等谬掌阐教，自恃己长，纵容门人，肆行猖獗，杀戮不道，反在此巧言惑众。我是那一件不如你？你敢欺我！今日你再请西方准提道人将加持杵打我就是了。不知他打我即是打你一般。此恨如何可解！"元始笑曰"你也不必口讲，只你既摆此阵，就把你胸中学识舒展一二，我与你共决雌雄。"通天教主曰："我如今与你仇恨难解，除是你我俱不掌教，方才干休！"（第八十二回）

话说通天教主率领众仙至阵前，老子曰："今日与你决定雌雄，万仙遭难。正应你反覆不定之罪。"（第八十四回）

好一个"不知他打我即是打你一般"，如同老子一气可化三清，三教主其实是鸿钧"一气传三友"，一体同观，一本相传，同根同门，情同手足，而彼此争斗也就是自己跟自己过不去。就此而言，本土的三教，明显逊色于大慈大悲的西方教。

（三）而阐、截之间的争斗，又集中在"武王伐纣"的事情上，阐教中人力挺武王，并派弟子姜子牙下山辅佐武王；截教中人力挺纣王，并派弟子到处助纣为孽，阻扰武王和阐教中人伐纣。双方的矛盾不断激化，导致发生大规模的战争，在《封》中体现为截教中人布阵帮殷商军队与武王军队对抗。在阐教门人介入以后，仍敌不过截教中人时，要么是援请法力更高的道人，如燃灯道人、慈航道人、南极仙翁、元始天尊、老子等来助阵，要么是西方教的准提道人不请自至，运用法力收服截教中人，并接引到西方成为他们教中的一员。当准提道人也无法应付时，他会回到西方再请来教主接引道人。而只要接引道人出场，一定能把顽敌降服，并接引到西方极乐世界开始修行正果。正因如此，不断有截教中人（如多宝道人、法戒、马元、孔宣、定光仙、毘奴仙等）在败阵之后，被引渡到西方，加盟西方教，致使西方教不断壮大。

（四）在人神仙佛共存的宗教世界里，恰好都到了一个历史的转折点：在东土"一则是成汤合灭；二则是周国当兴；三则神仙遭逢大劫；四则姜子牙合受人间富贵；五则有诸神欲讨封号。"（第六回）；在西方则是大兴佛法，解脱众生，建构极乐世界；在上天却是玉帝要玉虚宫十二代弟子称臣，完善神仙体制，加强天国管理。而要完成这些天意安排的任务，关键就在阐教与截教之间的雌雄决斗，尤其是阐教中人，都盼着早日结束，如将破最后一个万仙阵时，元始曰："今日你等俱该圆满此厄，各回洞府，守性修心，斩却三尸，再不惹红尘之难。"（第八十二回）元始天尊对左右门人曰："今日你等俱满此戒，须当齐入阵中，以会截教万仙，不得错过。"众门人听此言，不觉欢笑，呐一声喊，齐杀入万仙阵中（第八十四回）；破阵之后，老子、元始与子牙曰："今日来，我等与十二代弟子俱回洞府，候你封过神，从新再修身命，方是真仙。"（第八十四回）负责封神的姜子牙当然也是盼着早日"完天地之劫数，成气运之迁移"（第五十八回），重新建构更合理的宗教神学体系。这既是封神的由来，也是封神的结局。

三、《封神演义》的宗教史观：三教合一

《封》的宗教史观，是跟其非同寻常的宗教理念和错综复杂的神学

体系相互联系的,同样很难说清楚。有鉴于此,以下拟以俗解文本思路的方式来加以阐述。

通过小说和历史的古今对比,我们看到《封》的作者或隐或显地描述着天下宗教的发展源流:所有的修行都是修"道",惟道独尊;修"道"的目的,是修成正果,得以进入天界或极乐世界。但修道者,因根器不同,修炼方式不同,所得到的结果也不同——在仙界的修道成仙,也可能修行成佛,也可能误入旁门左道而成凶神恶煞;在妖界的可先修成精灵,也可修行成仙,再修行成佛;在人间的,可肉身成圣,也可死后成神,也可修炼成仙,也可出家修行累世以后再逐渐成佛。宇宙世界是多维统一的,修炼的结果决定各自所处的世界,成仙者升天位列仙班,可居天宫当天臣与昊天上帝同享荣华富贵,或居仙山洞府逍遥自在;成佛者可居西方极乐世界,不染尘垢,摆脱轮回,彻底解脱;成神成圣者,可居宫观庙宇,享受人间祭祀;成精怪者,可在地界自由生存。

从现实的角度看,所谓"封神"实际上是对时空的界定和管辖。时间和空间,在宗教世界里依然是相互联系,不可分割的,可谓"一时一世界"。以空间论,天界、地界、人界中的任何地方,尤其是一些重要地方,如地上的三山五岳,都需要有专人管辖,亟须安排岗位,故有"八部正神"可封。以时间论,一年三百六十五天(合周天之度数),每天需要一尊神来值日和主宰,好的日子就由吉神掌管,坏的日子就由恶煞掌管。如此而言,在封神之前,共有三百六十五个职位(神位),需要招募相应的人才(正神)。正神,即是天意安排好的可以转正的重要人物——生前有一定才能,有一技之长,或有一定德行,或有一定声名,或有一定来头,或有一定资历,关键是要刚好适合职位的要求,无论善恶,重在胜任。明于此,我们就能理解封神榜上为何也有许多奸臣、佞人入列,原来就是因为职位的需求。反之,通过受封的三百六十五位正神,我们可以根据其生前的情况,来判定其对应的值日星是吉是凶,与其说他们成了掌管日辰的神,不如说是成了时间的符号。因此,我们似乎就可以从封神之事明白小说的深刻含义:人间的改朝换代、君臣争斗、教派纷争既是天意的安排,也是在为上天选拔人才提供资源,使得原本人才稀缺、体制松散、管理落后的上天,顿时壮大了管理队伍,可以通过时间神(所封正神)时时刻刻监视世界,更好地控制三界的一切行动。这无疑是一次上天的集权专制行动!

通过小说,可以证明这一切都是上天的安排——不仅要让玉虚宫十二仙首称臣,而且命令元始天尊封神。为什么上天要如此改革体制呢?小说透露的原因是神仙犯戒遭厄,玉虚宫被迫关门闭讲。推想一下,神仙犯戒可能就是触犯天规天条,动用神仙法术杀人,造成教派纷争,天下大乱,因此震动天廷。也许是此事非同小可,使得昊天上帝立刻决定加强统治,除了命令仙首称臣成为天界的高官,还要求仙界负责选拔人才担任基层领导(即封神)。这可让仙界压力不小,于是阐教、截教、人道三教紧急成立领导小组商讨对策(即三教并谈),先推出领导小组负责人(可能因太上老君只是阐教的名誉教主,截教的通天教主是小师弟,故推举阐教的常务教主元始天尊主持封神),再讨论封神的职位和名额(可能因三教中人都不太愿意成神道,都想继续修行成仙道,故在选人问题上产生争执),因彼此争执不下,无法事先列出所封神位的具体名单(即空榜),只能靠后来收一个再登录一个(可能因截教中人助纣为虐,走歪门邪道的多,被打死的也多,故后来进封神榜的人数也较多)。封神方案经过三教商议初步定下来后,不想多管凡间人事的元始天尊就选了难成仙道的门下弟子姜子牙替他主持封神一事,命他下山借机入周担任将相辅佐武王伐纣——元始曰:"你为人间宰相,受享国禄,称为'相父'。凡间之事,我贫道怎管得你的尽。西岐乃有德之人坐守,何怕左道旁门。事到危急之处,自有高人相辅。此事不必问我,你去罢。"(第三十七回),并尽快完成人才选拔任务(即封神),真是一举多得,因此而为天、为仙、为师、为国、为家、为己、为子孙后代都作了贡献,正如书中所言"又逢神仙犯戒,元始封神,姜子牙享将相之福,恰逢其数,非是偶然。"(第十五回)

有趣的是,与此同时西方世界也在招揽人才,准备大兴西(佛)法,建立佛教体系。准提和接引道人,凭借无边法力,频频干预东土的三教纷争,经常不请自来,且在关键时刻出场——"一时间又来了西方教主,把乾坤袋举在空中,有缘的须当早进,无缘的任你纵横。"(第八十四回)所谓"鹬蚌相争,渔翁得利",他们在阐、截二教的斗争中,不仅出尽风头(充分展现法力,宣传极乐世界,吸引众仙加盟),而且占尽名利(把截教中许多根正苗红且修行高深的道人引渡西方,让其修行成佛——第八十四回提到"且说接引道人在万仙阵内将乾坤袋打开,尽收那三千红气之客,有缘往极乐之乡者,俱收入此袋内")。当然他们也确实通过实际行动确保正义战胜了邪恶,从某种意义上说也帮了昊天上帝实现了天意——老子笑曰:"道兄此来,无非为破诛仙阵来,收西方有缘;只是贫道玉欲借重,不意道兄先来,正合天数,妙不可言!"老子曰:"今日道兄此来,正应上天垂象之兆。"(第七十八回)看来,所有的一切都是天意使然!

于此,我们不禁会追问:西方教主与昊天上帝,到底是什么关系?这一点在小说中似未说明,也是萦绕在中国人心里的一个传统心结,一直无法解开。好像是不同世界的主宰,但又是彼此有联系的(西方教来帮忙破阵,也来招收人才;但培养好的人才又为玉帝效劳,如后来李靖成天王、杨戬成天将),他们按理说都应该再从属于更高一级领导体的,而在《封》中找不到相对应的实体,即使是在《西游记》中也找不到比佛祖和玉帝更高的主宰了。对此,从《封》"惟道独尊"的宗教观来看,西方教主跟昊天上帝虽处不同的世界,但都必须受"道"主宰。问题还在于,西方教(即佛教前身)和鸿钧教(即道教前身)是朋友关系吗?常在危难之时出手相救,无疑是朋友关系(在小说中,彼此见面,都称对方"道兄"或"道友",客气谦让,毫无敌意)。那么,不断接走人才,又该如何理解呢?都是光明正大地接引走,不是靠阴谋诡计,而且能够准时把机缘成熟的道人提拔到西方修行正果,这对本土宗教来说也是值得庆幸的好事(好比当下一些优秀学生被接纳到欧美名校留学深造一般)。由此,我们可以看到小说中宗教间的真实关系:随着商周之间斗争的深入,西方教的实力和势力都与日俱增,而本土的三教人力资源不断流失,面临着重新整合和改编。而小说所影射的历史真实是:西方教迅速发展成佛教(尊释迦牟尼为佛祖,认为万法唯心,目标是脱离苦海觉悟成佛),影响整个亚洲;三教中的阐、截逐渐转化成道教(尊老子为太上老君,认为道尊德贵,目标是修炼丹道羽化登仙)——按小说的描述看,截教几乎覆灭:

> 只见四位教主回至芦篷上坐下,元始曰:"二位道兄此来共佐周室,若明日破阵,必尽除此教,以绝彼之虚妄。只是难为后来访道修真之人,绝此一种耳。"接引道人曰:"贫道此来,单只为渡有缘之客。据吾观,万仙阵中邪者多而正者少,没奈何,只得随缘相得,不敢勉强耳。"老子曰:"吾等门人今已满戒,明日速破此阵,让他早早返本还元,以全此辈根行,也不失我等解脱一场。"(第八十三回)

尽除截教,绝彼虚妄,的确是阐教的目标,可结局截教还是留下通天教主和数百散仙。人道教可能就是演化成后来的儒教(儒的道统,源自伏羲、炎帝、轩辕三圣,经文王、周公、孔子、孟子等人而传续,目标就是超凡成圣),都有一定影响力,但相比之下佛教是略胜一筹。但不管如何,《封》的作者意图是很明显的:现实中的儒佛道三教,跟作品中的宗教一样(若论小说中有三种宗教,我以为应该是立帝王的人道教、分阐截的鸿钧教、同极乐的西方教,恰好分别对应历史上的儒、道、佛三教），都是同本同源的，密不可分，又是有高有低的（如书中言三教乃阐教、截教、人道三等），但根本目的都是修"道"，因此是完全相通的，是可以合一的。

顺便指出，关于宗教的高低问题，不同的视角会有不同的结论。若从人道的观念出发，开辟天地的昊天上帝是最为元始和尊贵的，而尊道重德的鸿钧老祖次之，西方教主为后起之秀，按尊老敬贤的文化逻辑，在才德相当的情况下就比资格或年龄，故出现"尊儒、敬道、乐佛"的情况，即儒教是最具权威的；若从天道的观念出发，惟道独尊，鸿钧教乃修道的先驱，故道教是最正统的、最地道的；若从中道的角度看，因缘和合，万法唯心，众生平等，一旦修得正果，彻底解脱，法力无边，快乐无限，故佛法最为高妙，最为究竟，最令人向往，则佛教相比之下道行更高深，境界更玄妙。由于不同的视角，观点不同，结论不同，所以不能简单比较儒道佛三教的优劣。

经过一番梳理和辨析，我们发现小说中的宗教体系还是有些混乱的，难以完全说清楚。尽管如此，《封》所建构的宗教为主的世界模式，却相当具有中国文化的传统和特色，容易让人信以为真，已经深刻影响了明清以来的中国人对神秘世界的理解，甚至已演变成根深蒂固的宗教文化信仰。因此，再回顾《封》中的精彩说法，一定能加深我们对中国传统宗教的认识。

（原载《老子学刊》，2014年第5辑，第197—209页）

火部

美学与审美文化

关于转型时期审美文化研究与建设问题的思考

回顾近三十年的改革开放,改革不断推动社会转型。从党的十六大到现在,从经济、政治到社会整体都面临着重大转型,日益引起各界的高度重视。我们的学术研究也有转型的必要。政府转型在整个转型过程中,占有主导地位。而学术转型有助于政府更好地解决社会转型中出现的失衡问题。这个失衡从根本上说是各种审美观念不同引起的。现在,学术界和政府都在努力思考如何解决失衡问题。笔者以为,加强审美文化建设,促使各种不同的审美观念尽可能趋于一致,从审美的角度解决广大民众思想观念上的失衡,有助于政府在解决各种分配失衡的同时保持社会的稳定和转型的速度,在相对平稳的过程中逐步建设一个理想的和谐社会。当前,我们面临的一个很大矛盾就是转型与失衡。为了中华民族的伟大复兴,政府要力争在平稳与和谐过程中成功转型,就要在与日常生活实际密切相关的审美观念与价值中求平衡、求转型,在政治、经济、文化建设过程中解决一系列与审美相关的问题。这也是中国美学得以再次转型的良好契机。

一、中国近百余年审美文化研究回顾

自从美学作为一门崭新学科传进中国,已有一百余年的历史。在清末时期西学东渐的背景下,留洋学者纷纷把国外的先进学科介绍到中国,更多是为了拯救日益处于水深火热之中的清王朝,争取改变本民族落后的思想观念。在当时的情况下,本国学者对审美文化的研究,主要是对西方美学研究成果的译介和传述，尤其是对刚刚萌芽的西方现代美学思想体系的梳理和整合。在20世纪初的审美文化建设方面，对美育的重视尤为强调，而对美学学科的建立和美学知识的教育与普及方面，还处于起步阶段。尽管美学理论已经走进大学课堂，相关的学术著作也陆续出版并具有一定的社会影响，但是本土的审美文化研究队伍仍然薄弱，美学专家也是寥落晨星。换句话说，当时的大多数国人还搞不清美学为何物，对西方的美学思想还只是一知半解，更难以理解古代中国也有审美观念。所以，新中国成立前的国人在开始面对美学思想的传播过程中，还无法自觉地关注审美文化的建设问题。

对于现代中国美学发展史而言，中华人民共和国的成立无疑是其理论实现重大转型的标志。随着分裂走向统一，在统一政府的领导下，各式各样的学者凝聚力日益增强，在学科的引进与确立方面效果尤为显著。新中国对美学学科的重视，不仅培养了一批美学人才，也使美学理论知识更快地得到传播。随着马克思主义理论指导核心的根本确立，加上对前苏联模式的热衷借鉴，本国的审美文化研究重心迅速从西方转向苏联，理论意识形态方面也从多元的西方美学思想体系转向一元的马克思主义文艺美学体系。在当时的社会背景下，国内学者开始故步自封，仅从唯物与唯心、主观与客观的角度来诠释纷繁复杂的审美现象，并因为研究视野的狭隘和研究思维的定式导致一场轰轰烈烈的美学大讨论。至今仍让我们记忆犹新的是，这场大讨论所出现的几种不同的美学理论主张（或是不同的美学派别），竟然与同时期的苏联美学界存在的几种主要美学理论主张不谋而合，无疑是同一种哲学范式乃至同样的政治思维所导致的结果。随着与苏联的决裂，尤其是"文化大革命"的开始，方兴未艾的一场新型审美文化建设无果而终，审美文化研究也因此陷入泥潭，几乎处于绝缘的状态，失去了发展的机会和可能。

"文化大革命"的后遗症对各方面的影响都是重大的。随着思想上的拨乱反正，解放思想，实事求是，把实践当作检验真理的唯一标准，更重要的是全面改革的号角吹响，经济和政治体制的迅速改革，使"文化大革命"的后遗症得到及时的疗治，负面影响也降到最小。在这种情况下，中国又一次实现带有根本性意义的转型，不仅加速了中国经济的腾飞，也加速了国人观念的转变。在这一次社会转型过程中，审美文化建设与研究都取得了显著的效果，至少有三个方面是值得肯定的。一是重新译介西方的美学思想著作，而且数量与日俱增。这使开放的国人大开眼界，逐渐摆脱单一审美观念的束缚，在努力学习西方思想的同时，也在不断作出具有创新性的工作。二是重新展开美学问题的大讨论，而且结论是有所共识。这使原本依赖于国外美学思想体系的本国学者，在以马列主义思想理论为指导的前提下，更善于联系实际，与正在发生变革的中国实际相结合，逐渐发展出具有中国特色的美学思想理论体系雏形，并深刻影响了当时的学术界。三是开始针对具体的美学问题展开广泛深入的研究。随着高考制度的恢复，国家对教育的日益重视，一批批新型的人才脱颖而出。在美学研究方面更是形势喜人，以往的美学大家不仅健在而且仍热衷于此，刚出的美学新锐不仅为数不少而且兴致高涨，使得20世纪的中国美学热潮出现前所未有的盛况，当时的美学的确是一门显学。在这门显学的光环下，许多相关的研究开始起步，既有步西方美学研究流派之后尘，也有开中国古代审美思想研究之先河。

20世纪以来的美学尽管已失去显学的光环，但在审美文化研究和建设方面并没有停止前进的脚步。随着一批功利主义明显的学者从这个研究领域消失，一批真正热衷于美学研究的学者得以更好地开展研究。更值得欣慰的是，美学研究开始突破以往狭隘的美学理论框架，转向审美文化研究，作为一种文化批判理论深入人的生存活动，在新的历史语境中实现当代的转换和国际的接轨，使美学研究找到更适合学科性质的合理位置。美学作为一门崭新的学科，一旦行进审美文化研究与建设的正确轨道，必将发挥更大的作用，有力推动社会的深刻变革和重大转型。

二、对转型时期及其学术背景的认识

"转型时期"已经不是一个陌生的词语，但在理解上还是未臻一致的。为了避免误解，此处也谈谈笔者的一些看法。笔者以为，有必要从变化的角度，而不是机械地理解和使用"转型时期"。"转型时期"可以理解为事物在发展进程中所属类型特征发生转折性和根本性变化的历史阶段。对"转"的理解不难，可以"变化""转变"为解；对"型"的理解，很多人往往思考得过于简单，其实是相当复杂的。对一事物而言，既有其总体之"型"，又有不同视觉角度体现之"型"，可见"型"是多变的，也是多元的。一番简要分析之后，我们发现这个被人惯用的词语仍然会引起歧义。所以，有必要就本文所论作一些界定。

与本文关系密切的有几大难题：一是20世纪中国美学有几次转型？二是当前社会提出的转型是否也适用于中国美学？每次转型期的起止时间应该如何界定？有论者以为20世纪中国美学主要有两次转型，第一次是20世纪初的现代转型，第二次是20、21世纪之交的转型。在笔者看来，这种说法可以给予肯定，也是值得怀疑的。关键在于，我们究竟应该从什么样的角度来看待不同时期中国美学的"型"及其根本性的"转"。客观地说，20世纪中国美学的转型都不是主动和自觉的，而是被动和促进的，跟军事斗争、政治运动、社会改革等时代潮流有密切的联系。从某种意义上说，中国美学的发展既是可悲的，也是幸运的。可悲的是自始至终缺少一个学科主体及其自主发展的规划，缺乏主动性和对象性；幸运的是伴随时代的发展，虽也几经风雨，仍有几次飞跃发展，至今仍未被淘汰出局。从前文的回顾中，我们约略可以清楚地发现20世纪的中国美学研究至少发生了五次明显的变化，如果这种明显变化可以视为一种转型的话，那么20世纪的中国美学就应该有五次转型，而不止两次。实际上，从客观现实情况来看，在行进中的事物发生转型是一件很普通的事，有如行进中的交通工具经常要转弯变速一般，弯道可以有大小难易之分，但无论大弯小弯、急弯慢弯，在安全问题上都是一样重要的。中国美学在发展过程中同样如此，尽管有一些特殊的时期表现出特别突出的类型特征，但是从发展的目标来看，转型之事并不是仅仅属于某几个时间阶段，而是每时每刻都在发生转变的。从这个意义上说，我们不能简单地回答是哪几次转型，更不能因此仅做几次转型的探讨，而应该事先根据不同类型的情况寻找其产生根本转变的历史时期。如果几种不同类型转变的历史时期在时间轴上是基本重合的，那么这样的历史时期应该就是属于重大的转型，是具有学术意义的时代更替。即使是这种重大的转型，在起止时间的界定上仍然是很不准确的。我们往往会根据某一相关的重要事件的发生时间视为转型的开始或结局，而实际上两个事件之间的时间段并不能完全等同于所对应的转型时期。这样看来，由此界定困难引发的争论就在所难免了。

更值得我们思考的问题是，当前社会的转型是否意味着中国美学也要跟着转型？如果以那种把20世纪中国美学只有两次转型的标准来看，眼下的中国美学实现转型的可能性是很小的，也就是说在理论形态或实践层面上的诸多类型特征要实现重大的转向是可能性不大的。如果以社会风向标的转变必然影响学术研究转型的观点看，当前的中国美学研究不管是主观上还是客观上都应该或是都可能会伴随社会转型而转型，相对迅速地出现一些与以往不同却又是与时俱进的新变化。这种转型不仅是可能的，也是必要的。就可能性而言，我们可以从当前的学术背景得到启示。自改革开放以来，中国的美学研究更注重实践层面的价值，并逐渐从唯美论或纯学理的思维定式中解脱出来，过渡到更加切合实际的审美文化研究和建设。通俗地说，西方美学理论与文化研究的结合，尤其是与中国本土传统文化的结合，使得原本高高在上、脱离实际的美学逐渐与历史传统、现实生活紧密结合，并在市场经济与科学技术日益迅猛发展的背景下，焕发出时代的精神与活力。在这种情况下，以审美文化研究为主的中国美学，尽管在理论上归于平淡，但却更贴近生活，更能赢得一支化整为零、潜力无限的队伍，多元化生存和发展，遍地开花，也使更多的平民百姓容易享受到人文科学的成果。这些看似无形，无疑正悄悄地改变着当前中国的审美观念与价值，有助于审美文化的深入研究和广泛弘扬。从这个意义上看，当下的中国美学学术背景还是积极和宽松的，是实现转型的良好契机，值得广大美学研究者把握和珍惜。就必要性而言，我们可以从当前的社会变革中得到启示。自20世纪结束以来，中国社会的改革进程加快，目前正处于社会转型的历史时期，社会控制机制从传统计划经济体制向市场经济体制转变，各种事物都会在这一特定的社会背景下呈现出不同的特点。作为学术领域的审美文化研究也会因社会的转型，在理论形式上和实践内容上做出相应的变更。政府在转型中，不管是被动的还是主动的，都有一个次序的问题，有一个轻重缓急排序的问题，目的是把先后出现的各种问题按照主次逐步解决好。而实际上，怎么才能把问题解决好，最终还是要靠各界人士的共同努力。政府转型是目前的大课题，在转型与失衡的历史进程中，政府怎么转型，怎么解决失衡都将要经过一个长期的过程。而在这个过程中，无疑为我们的中国美学研究创造了一个良好的学术背景和研究平台。我们在审美观念、审美价值、审美文化、审美理想等方面的研究，都有助于政府和国家解决转型中的观念失衡问题。所以，在当前的转型时期，审美文化研究不但要主动地转型，而且要围绕政府方针、政策正确开展研究和宣传工作，要针对转型时期出现的各种价值观念问题展开研究并积极提供应对的策略，促使社会整体在平稳与和谐的步调中实现成功转型。

三、转型时期应重视中国审美的视角

我们既然认同当前的社会处于一个巨大变革与转型的关键时期,就应该积极应对转型时期已经出现和可能出现的各种问题,从根本上清除各种危机的根源,平衡社会各界的心态,使学术转型与社会转型得以有机结合,并在和谐社会建设过程中真正发挥重大的作用。而要让现在的审美文化研究在转型以后仍然占有一定的学术优势,就必须紧跟时代发展的步伐,审时度势,适时改变一些有碍学科发展或社会发展的锢蔽,真正从全球共同和谐发展的视角来研究和解决问题。对于审美文化研究与建设问题,在转型时期如何才能适时地改变呢?要在哪些方面作出适当的调整和改变呢?在此,笔者拟提出一些粗浅的想法以供参考。

首先,值得重视的是中国美学的研究队伍问题。如果我们的研究队伍在转型时期不能得到比较全面、一致、快速的转型,就会不同程度地遗留一些负面问题影响学科的建设进程。当前中国的学术界普遍存在一个问题:学者中真正能够学贯中西的很少,要么是专研西学,要么是专研中学。尽管两种不同倾向的学者似乎都能意识到中西贯通的重要性,但现实中真正通才的缺乏无疑严重阻碍了中西学术的会通与交流,也阻碍了全球化的进程。在中国美学研究界,目前研究西方美学的学者远远多于研究中国美学的学者,而且更加缺乏中西贯通的人才。让我们尴尬和困惑的是,人们明明知道中西学术结合的必要性和重要性,却在治学的路向上偏向一方。也许这确实是学贯中西之艰难所致,或是中与西贯通之艰难所致,让我们不得不面对不尽如人意的现实:一大批学者、教授、研究生、美学爱好者始终沉浸在不断被嫁接的西方美学理论著作中,既无缘接触和体验西方的审美生活情景,又对中国的传统文化与现实生活理解不够,使得一系列研究成果都难以起到应有的正面效用,无形中消耗了大量的人才资源,也使美学学

科日益被孤立和悬搁而走向边缘化的境地；相反，为数较少的一批美学研究者，试图借用西方美学的理论与方法来研究中国传统文化中的审美问题，又因西学和中学功底都不够扎实，无法真正深入历史实际与文本精义中研究问题，也因此使中国美学学科的合法性问题遭到质疑。这种现实在某种意义上是历史失误造成的，但是如果经过十几年后我们仍然摆脱不了此种现状，就应该认定是今天美学工作者在转型过程中转向失误造成的。

笔者以为，在美学研究的领域中，如果还可以简单地分为西方美学和中国美学的话，两者的研究都是不可偏废的，都应该得到应有的重视。问题是我们的美学研究队伍并不强大，而且在许多方面存在参差不齐的状况，不可能平均用力地同时开展研究。有鉴于以往美学研究完全倾向于西方美学方面，使起步相当滞后的中国古代美学研究进展迟缓。这就要求我们在当前的转型时期作出合理的调整——在课程设置的前提下让更多文艺美学和哲学美学研究生深入了解和研读与中国传统审美文化相关的论著；在规划项目的导向下让更多接受过西方美学理论训练的高学历青年人才从事中国古代美学的研究；在文化融合的趋向下让美学研究领域中能够中西融通的学者在比较美学、跨文化美学研究与教育中发挥积极作用，影响并带动更多的后学者努力在全球化进程中为民族文化融通作出贡献。为什么要如此重视中西学术相结合呢？其实道理也很简单——作为一名中国学者，不仅要放眼世界和未来，更要懂得立足中国和现在。如果不理解西方的文化背景及其成果，就不可能取其所长，见其所短；如果取西学所长不能与中国的实际相结合，所长也会变所短。进而论之，如果学西学者不能深谙国学，虽能见其所短也难以补其不足，难以达到学术用以补偏救弊的效用，反而使自己陷入偏见和盲目之中。这都不是我们的学术研究希望得到的结果。

其次，审美文化理论建设不容忽视。任何理论都是有局限性的，美学理论也不例外，甚至更新的速度比其他学科的理论更快。这也凸显了美学作为人文科学的前沿地位和先锋作用，更加体现了其理论建设与推进的重要性。笔者以为，理论的局限性源于事物发展的时间性，因此要克服因时代变化而导致的理论过时，唯一的补救办法就是让理论不断推陈出新，不断根据实际情况的变化作出调整甚至是彻底的解构和全新的建构。这也要求我们美学理论工作者必须克服一种错误的想法——过于坚持自己辛苦研究出来的理论体系，而不顾该理论本身的缺陷和时代发展对固有理论的各种挑战。我们应该相信辛苦研究出来的理论体系是有价值的，更应该实事求是地伴随社会的变革与转型适时发展自己的理论，不断开拓创新，不断否定自己原有的理论成果，让更多有价值又有缺陷的理论成果在文化批判的视野中得到进一步的融通和改正。因此，在转型时期我们仍然应该呼唤更多的美学理论家横空出世，为当下面临的审美价值重建与审美观念革新等有意义的现实问题，提供一系列有见地、有价值的理论成果；我们也应该呼唤社会各界共同来关心审美文化建设，力争在与和谐社会建设主题相关的各种审美文化问题上开展广泛而深入的研究。

我们期待着转型时期的审美文化研究能逐步重视中国审美的视角，更加期待真正中西乃至中外审美思想观念有机结合的创新理论能够早日得到重视和完善，并且对人类未来的发展与进步作出重大的贡献！

（原载《美学与艺术评论》第8辑，学苑出版社，2010年，第223—229页）

中国古典美学的定位与思考

新中国成立以来，中国美学研究在时热时冷又逐步升温趋热的同时，也存在一些亟待探讨和解决的问题。三十多年来，中国古典美学犹如横空出世，粉墨登场，并逐步建构具有中国特色的古典美学思想体系，但仍缺乏正常快速前进的学术背景和研究动力。为弘扬传统，开拓新知，为传统学科更新定位，进一步推动中华本土文化的研究、传承与传播，拟对与中国古典美学相关的主要问题作粗浅探讨。

一、定位：在比较中区别

在人文科学和社会科学领域，随着学科分类的不断细化，对学科本身的界定问题也越来越麻烦。由于学术历史本身具有一定的相通性，即使是研究对象和研究方法有所区别，许多研究材料仍然是共同的，所以要给一个学科名称以完整准确的定义无疑是相当困难的。对于美学学科而言，存在的难度就更大。美学脱胎于哲学学科，又与艺术学密切相关，随着学科研究的推进，还与心理学、文学、史学等学科发生密切的关系。二十世纪以来，西方美学迅速向世界各地传播，使美学的研究迅速扩展到许多领域。于是，中国美学也逐渐在西方美学理论的影响下，形成自己的研究队伍和思想体系。由于中西方文化、历史的诸多差异，以致人们对美学学科的理解也出现许多的差别。直至今天，当中国美学历经百年的努力而有所成就之时，对美学学科的认识似乎变得更加的扑朔迷离，至少在中国的美学界是很难形成共识的。

在这样的学术前提下,如何更好地研究中国本身固有的美学,就成了一大难题。在笔者看来,破解这个难题的先决条件,就是要先对中国古典美学的学科性质和任务、地位和价值等,作出合乎历史实际和现实需要的界定。因为,要真正建构具有特色的中国美学思想体系,离不开对中国古典美学的全面系统而深入的研究,考镜源流,梳理学脉,总结得失,取精用弘,从而为当代中国美学思想体系的构建奠定坚实基础。那么,如何来正确看待和研究中国古典美学就显得尤为紧迫和必要。

问题的关键还在于,对于长达数千年历史之久的中国古典美学,是作为中国美学的研究方向之一,还是应该作为一个相对独立的学科来对待呢?从目前来看,中国古典美学仅仅是中国美学研究的一大方向而已,仍然处于边缘化的状态,与西方美学的研究仍存在不小的隔离。有鉴于此,笔者以为有必要把中国古典美学作为一个分叉学科,至少是美学学科中的二级学科,这样才能更好地解决中国古典美学乃至整个中国美学研究的困境问题。我们知道,在中国当前的学科分类中,美学学科仍然处于尴尬的局面,表面上从属于哲学学科,而更多的研究者是从属于中文学科的文艺学,使得文艺美学的研究始终是中国美学研究的主流。这无疑也大大局限了美学在中国的研究视野和对象,从而大大降低了中国美学研究成果的质量。更值得引起重视的问题是,在文艺美学研究的领域中,西方美学与文论一直是主流,拥有大量的研究资源和人才,而中国美学与文论的教学与科研一直处于弱势状态。据笔者所知,在中国数以百计的中文系科中,几乎都有专门的文艺美学研究队伍,而其中拥有中国古典美学研究和教学人员的却极其少数。何以如此?一言以蔽之,是历史造成的。倘若要因此寻找更为客观具体的原因,笔者以为首先就是缘于大多数学人长期热衷于西方学说,而对本国学说有所排斥和忽视;其次就是对中国古典美学的定位不清和认识不足;再次就是已有一些相关的研究充斥着中国古典美学应有的立场地位。因此，如果我们要想改变既有的状态，使中国学术更好地延续与发展，其中重要的举措之一就是应该高度重视与本国学术相关的学科内容，迅速摆脱原有学科划分的错误理念，更加实事求是地建构一批真正具有中国特色的学科体系，并对其作出较为准确合理的定位。当然，学科定位并非一件容易的事！在无法完全准确界定的前提下，笔者以为可以在纷繁多样的比较中加以区别，使其达到模糊的界定，又不失其学科的性质和特色。对此，不妨就以中国古典美学的定位问题作些思考。

在社会上，对"中国古典家具""中国古典建筑""中国古典音乐""中国古典美术""中国古典园林"等名词，可以说是家喻户晓、众所皆知；在学界中，对"中国古典文学""中国古典诗词""中国古典文化""中国古典小说"等名称，大多也是耳熟能详、明知其意的。奇怪的是，虽有"中国古典文学"之称，而罕见诸如"中国古典哲学""中国古典史学""中国古典政治学"等学科名称，但却有"中国古典美学"之特殊称谓。可是，大多数人对"中国古典美学"无疑是比较陌生的，甚至是知晓者也很难把它说清楚。笔者未能发现材料来考辨"中国古典美学"定名的来历，颇感遗憾。但仍然可以发现，"中国古典美学"不仅是相对于"西方古典美学"而言，而且也是相对于"中国现当代美学"而分的，更与美学以外的学科专业明确划分了界限。虽然如此，由于构成名称的三个词语"中国""古典""美学"本身就存在一定的歧义，所以人们对"中国古典美学"的理解也难免出现分歧和偏颇。对于"中国"，大家再熟悉不过了，但真能知道其实际涵义的恐怕不多。在笔者看来，"中国"只能从与"非中国"的区分中，结合时空的差异性来理解其所指，而非把一个"中国"看作一成不变的国体，导致在研究中从古到今都没把对象范围搞清楚。从远古到当今，"中国"从无到有，从小到大，从分到合，分分合合，朝代几经更替，国土不断变化，民族趋向融合，可谓纷繁复杂，难以尽窥。

对于"美学",既是舶来品,又附加了本土的元素;在西方,本来就定义不清楚;到了中国,就混淆得更厉害了。尽管人们对美和美学的理解存有分歧,但是作为一种固有学科的名称,已经有所定位,并且早就可与文学、史学、哲学等门类加以区分,因此,只要是对美学学科有所了解的,自然也就能明白"中国古典美学"是何所指了。

顾名思义,中国古典美学就是研究中国古代具有经典性的美学。从表面上看,应该是名正言顺的一个分支学科名称。但是走进这个领域,就会疑窦丛生,无所适从。问题的根源在于,美学的学科概念诞生于近代的西方,近代以前的中国不存在美学学科。而问题的复杂性则体现在:西方从近代到现代,对美学学科概念有几种不同的理解,简单概括起来就有诸如哲学美学、艺术哲学、审美心理学、审美现象学等的不同,而这些不同观念都不同程度地影响中国的美学研究者;另外,既然古代中国没有美学学科,也就无法肯定什么是真正的美学家和美学著作,同样也无法共同认定美学范畴、美学命题、美学术语、美学思想等。这些问题对中国美学研究者而言,不仅是不可逾越的鸿沟,而且是充满挑战的课题。让人们感到庆幸的是,没有美学学科,并不意味着不存在美学观念或思想。相反,当人们走进中国古代,发现其中蕴含大量与"美学"相关的东西时,就感觉有必要效仿西方的理念整理这些零散不一的审美观念或美学思想。随着研究的不断推进,西方学者对美学的理解虽几经推进却仍走进死胡同,不得不把目光投向东方;中国学者对美学的理解却在古今比较、中西比较中发现自己这个有"美"无"学"的国度里,潜藏着对审美问题更为合情合理的解释。尽管如此,人们还是不愿意超越西方美学史上各种对美学的理解,总是要运用其中某种具有代表性的观点,或在此基础上作一些变相的修改,然后再以此作为标尺来衡量中国古代历史中是否具有与美学相关的东西。结果是出现许多似是而非的"美学"观,分别介入中国古典美学历史中,经过机械式的评判,强行得出结论,到头来让人难以明白中国历史中哪些东西真正属于古典美学。因此，只要是对"美学"多种定义有所了解的，就更难搞清楚什么才是真正的"中国古典美学"了。

也许是"中国古典美学"涵义过于含混，学科定位具有不确定性，使得一些学者尽可能摆脱"古典美学"的束缚，直接进入古典园地里做起更为专门性的研究。比如，研究古代文学的，有的另起炉灶，专门研究历代文论，并逐渐形成一个大的研究方向：中国古代文学批评；还有专门研究诗学、画论、词论、乐论、音学，等等。殊不知，这些从属于文学、音乐学、美术学的专门性研究，都与古典美学有着千丝万缕的联系。文学艺术与美学的不可分离，美学与哲学的情同父子，所有学科（不止是美学）又与史学血脉相连，而学说本身又与人类心理息息相通，造成任何一门学科都难以做到准确定位。因此，在现实的操作中，我们只能在已有学科体系中相互比较，以示区别，自然也就能更加看清学科的真相了。我们知道，不管是研究文论、诗学、画论的，还是研究文化、思想、哲学的，都不会以为自己是在专门做古典美学的研究。但事实是，他们所研究的对象或材料，都可以直接转化成古典美学的。这真是让人匪夷所思！由此发现，古典美学研究不是单纯的狭小领域的研究，而是一门综合性的宽泛复杂的无止境的研究。进而言之，中国古典美学研究应该是包罗万象，无所不包的；只要拥有审美的标尺，就可以衡量一切，说明一切。当然，我们不能忘记，"中国古典美学"始终是与美学学科根脉相连的，又是立足于哲学学科领域的，不管如何定位，都必须在美学学科中寻找合法的地位，从而肩负起特殊的使命。在与美学的联系中成长，在与相关学科的区别中独立，事实上中国古典美学已经从文艺学学科中跳脱出来，但又因孤立无援而又不得不从属于文艺学；而与之相关的中国古代文论和古代文学批评，虽与古典美学分道扬镳，情同陌路，但无论如何也不能完全抹杀其分裂学科的事实。

经过一番思考，我们就可以较为轻松地为中国古典美学定位。这种定位是说不清楚的，但却看得明白，因为已有不少学科可以作为参照物，我们只需以"中国"为定点，以"古典"为时间轴，以"美学"为标尺，就可以得到模糊而准确的界定。由此定位，我们可以清楚地认识到：中国古典美学研究的性质是异常明显的，完全可在具有综合性特征的名称中游离不定，用佛学的术语来说就是"没有自性"的，用道家的话语而言就是"与时俱化"，关键就在研究者处于某种因缘背景下所能提供或使用的美学标尺；研究的任务和目的无疑就是面对审美历史本身的发掘与解读，从而寻找人类赖以继续更好生存和生活的智慧法宝。这就决定中国古典美学研究的价值是无比巨大的，关乎人文、人心、人类，理当受到大家的重视，并得到超越现有人文学科的地位。因此，笔者认为随着时代的发展变化，中国古典美学必将引起人们的高度重视，并出现更多利国利民的学术成果。

二、发展：在探研中前行

任何一门学科要发展，学术研究都要先行。一门学科，没有一批高素质、高水平的研究队伍，自然造就不出令人信服的研究结论或成果；没有坚实厚重的研究成果，自然就会站立不稳；没有全面系统而通俗易懂的教材，就无法很好地开展普及和传承的工作，反而会让人望而却步；没有适合胜任的教师或讲师，学说的传播速度、广度、深度都会受到不同程度的限制。因此，基于三十余年的学科发展历史和现状，要推动中国古典美学更加快速发展，笔者认为有必要再深入思考以下几个问题。

首先，关于中国古典美学史的编撰问题。从研究成果的名称上看，已有思想史、文化史、断代史、类型史、范畴史、通史等性质的著作，多为比较单薄的单卷本专著，也有一些由学术团队完成的多卷本，少数还有一些由个人完成的多卷本。关于近三十年来中国美学史写作存在的问题，陆陆续续都有一些学者在思考，自不待言。这里，笔者只想就自己的思考提出三点意见。第一，作为中国美学研究的起步阶段，所有关于美学史的著作，都是十分有益的尝试，错误和缺陷也肯定都是在所难免的。我们应该感谢诸如宗白华、施昌东、叶朗、李泽厚、刘纲纪、敏泽、王振复等先生的开拓性工作，应该在他们研究的基础上作出新的贡献。第二，中国美学史的写作，与中国哲学史、中国文学史等的写作一样，都存在一些客观上难以解决或主观上容易犯错的问题，要真正写好，让所有人都叹服，几乎是不太可能的。可以这么说，只会出现越来越多的美学史类著作，而不可能被一部更好的美学史终止未来相关的写作。如果真要面对事实本身，我们既要激流勇进，更需要急流勇退，退而思之。也就是说，大家应该先静下心来，一起来盘点当前美学史写作所遇到的种种问题，然后大家再带着问题意识去分头解决，而不是在看不清问题症结的同时，又奋勇向前导致相关的问题有增无减，甚至是令人难堪。在中国，各自为政的学术研究模式，加上功利主义盛行的学术背景，很容易把任何一门学科的发展史都搞得过于个性化和片面化，美学史的写作也在所难免遭此"天灾人祸"。第三，西方美学通史早已完成，而撰写中国美学通史的任务事实上还没有完成，当然亦有一定的起色，似乎是值得欣慰的。在笔者看来，凡是通史之类，非一人所能很好地完成，这是中国历史所决定的，而非个人主观意志所能改变的。对于美学类的中国通史，难度还更大，因为美学无所不包，相关史料的取舍需要仔细斟酌才行。因此，笔者提议应该尽快组建一支高素质、高水平的研究队伍，专门从事中国美学通史的研究工作。通史的写作，必须是在熟悉审美历史的基础之上，而要熟悉历史的重要前提是对已有各种典籍文献的梳理和阅读，然后再进行提炼和取舍。如果不从经典的文本内容入手，而仅靠拾人牙慧，是很容易歪曲历史的。个人的时间和精力都是有限的，遍读群经或遍读群书是不可能的，遍解群经的难度就更大；个人的水平也是很有限的，即使真是天才，也难以尽窥华夏数千年各种学说作品的奥秘。这些都是明摆的事实。在事实面前，我们就应该学会分工合作，精诚团结，而不是自己一条道路走到黑，还死不回头，自以为是。总之，中国美学史的编撰是一项重大的系统工程，我们必须坚决贯彻实事求是和"失事求似"的还原历史原则，共同面对，不断推进，为满足中国学术文化振兴和中外学术思想交流的需要，早日奉献出优秀的成果。

其次，关于中国古典美学教材的编撰问题。没有厚实的通史类研究成果垫底，教材的编撰也就比较茫然，所以一直以来几乎都是停留在以史类专著替代教材的状态。教材的写作，应该建立在许多研究成果之上，这是毋庸置疑的。但要从众多成果中，理出一套思想体系委实不易。如果单从某个角度，无论是从哲学美学、文艺美学、艺术哲学，还是文化美学、宗教美学、文论批评等，都可以形成一部有特色的教材。如果要把所有的都综合起来，杂糅式地整合，就难以形成脉络分明和逻辑统一的教材。问题还在于，中国古典美学与中国古代文学的跨度一样大，但教学课时却只有古代文学的几分之一，这就使得教材的内容只能停留在宏观的层面。因此，许多现实问题如果得不到有效的解决，要编撰出一本或一套优秀的中国古典美学教材就需再长待时日了。

再次，关于中国古典美学的教学与普及问题。如何在有限的教学时间内，更加通俗易懂、全面系统地介绍？如何让更多非本专业的学生也学得懂？懂得用？如何让中国古典美学走向普及化、大众化？这些问题明显存在，但此时讨论似乎还很难深入。于此，笔者结合本人近年来的教学实践，简要谈谈心得体会。对于本科生专业选修课程"中国古典美学"的讲授，笔者一直感到很困惑，觉得不好安排讲授内容。在笔者看来，这门课大致可以有两种基本的讲法：一是跟讲授

"中国古代文学"或"中国古代哲学"的历史一样,依循历史发展中朝代更迭的先后顺序,由古及今,先从先秦时期开始,历经两汉、六朝、唐宋、元明清诸代,以各时期的主要美学思想、著作及其代表人物等作为主要对象和内容,比较全面系统地加以介绍和评述,让学生得以全景式地了解中国古典美学的概况。当然,由于教学时数的受限,即使是一个比较重要的时代或朝代,也只能非常粗略地加以介绍,难以真正有所深入,以致许多问题仍然得不到认识和讨论。二是打破时间顺序的约束,纯粹以某些具有鲜明特色的美学类型作为专题加以介绍,如先秦诸子美学(其中又包括儒家、道家、墨家、法家、兵家等具有一定代表性的美学)、经学美学(其中可包括《周易》《诗经》《礼经》等经典文本中的美学)、宗教美学(主要包括道教美学和佛教美学)、建筑美学(包括宫殿、亭台、庙宇、园林等)、文艺美学(包括诗学、文论、乐论、画论等)。诚然,从专题的角度来教学,有助于把握整个中国古典美学发展史的脉搏和特色,可以不受历史朝代的局限更好地梳理已有的审美思想与文化,但问题在于学生必须具有一定的相关基础知识,否则就难以理解和接受。就目前的情况来看,第一种讲法,与之相配套的教材、参考书等是比较齐全的,只要学生能够积极配合,大量阅读,在比较中展开一些思考,收效良好往往还是很明显的。问题是,大部分学生不太以此门课程为重,缺少相关论著的阅读,以致连一些基本的常识也掌握不了。而第二种讲法,对教师和学生来讲,难度都比较大。对教师而言,必须在把握整体学史的基础上对各个专题有一定的研究,关键还在于能有较好的理解(实事求是地说,一个再好的学者,要出入经史,熟通百家,乃至对三教九流之学术,都有所涉及和领悟,即使能够做到,也需要一个漫长的积累过程,难以一蹴而就,所以难度很大)。对学生而言,除了要配合好课堂教学之外,还必须主动阅读相关的资料,以便更好地思考和理解。因此,在笔者看来,如果师生的古典文化素质都比较好的话,尝试第二种讲法会更好。以上两种讲法主要是针对专业学生的选修而言的，那么非本专业的学生要想学好该课程又该如何呢？笔者认为至少有两件事要做好：一是有针对性地编撰一部通俗易懂、图文并茂、内容适中的教材，具有常识性和引导性，以便一些对古典文化感兴趣而本身基础又不好的学生能更全面系统而有所深入地进入该课程；二是教学的内容要尽可能深入浅出，融知识性和趣味性于一炉，最好再多援引一些典型的范例以帮助理解。试想，如果能让更多的非本专业的学生有兴趣于此，在中国古典美学课程中学有所得，更好地理解和把握中国传统文化中优秀的审美思想与文化，并把他们的所得与日常的工作和生活结合起来取得效果，那么中国古典美学不管是作为一门学科还是作为课程，其影响力势必与日俱增，这将大大有利于中国古典审美文化走向普及化和大众化。至于如何更好地对内对外传播和普及，尚有赖于更多学人的共同参与和群策群力了。我们只能看到，在期待创新中国话语和完善中国模式的中国学术范型建构中，共同做好中国古典美学的教学与研究、传承与传播，一定是大势所趋的！

三、壮大：在努力中实现

此外，与中国古典美学未来发展相关的还有一系列问题：人才培养、队伍建设、学术团体、学术方向、海外传播，等等，也有待大家共同来探讨和解决。在此，笔者也斗胆提出一些粗浅意见，但愿能抛砖引玉，以俟得到方家指正，以及大家重视和研讨。

人才培养是一个大问题，关乎整个学科队伍的建设。问题首先是，要有人才，要有适合从事中国古典美学研究的人才，至少是要有一批对此乐而不疲的青年学生。这是很困难的！原因在于教育体制的限制，使得具有一定本国古典文化素养的学生先天不足，以致最后到本科毕业以后有条件报考该专业方向的生源极少，何况其中还有不少是对该学科方向不了解和无兴趣的。这样一来，能够进门得以受到培养的显然就很少了。对此，能够解决的途径主要有几个方面：一是中小学阶段应加强中国古典文化方面的教育，同时应加大美育课程的选修，使更多的学生具有基础性的古典审美素养和知识储备；二是大学本科教育阶段，应加强人文素质教育，尤其要加强本国传统文化经典教学和熏陶，使各专业的学生都初步具有从事中国古典审美文化学习或研究的基础；三是文科院系的课程设置，要倾斜对本国历史文化方面教育的力度，尤其是中文学科领域的文艺理论教学，在中国美学与文论的教学上要加大力度，使更多的学生学会运用传统的文化理论知识来处理一些新的学术问题。尽管这几个方面，在现阶段都是很难做到的，但笔者相信，只要大家都意识到事情的重要性，并确实为之努力，以往的情况将会大大改变。那么，能够从事中国古典美学研究的人才将不再稀缺，也势必能吸引更多有识之士加入学科队伍建设。换句话说，只有解决了人才资源短缺的现实问题，我们才能更好地研究人才的培养问题。而人才的培养是一项系统工程，我们既需要人才的高起点，更需要这些人才在培养过程中的持续深入，以便更快更好地充实研究队伍。

队伍建设不仅涉及人才培养问题，而且关系到整个学科的发展问题。队伍建设要完善，首先也是要有人，要有事做，要有足够的学生充当教育对象。否则，一树不成林，一人不成军，何谈队伍建设？这无疑是一个艰难的指向。所以，摆在现实面前的最大问题，就仍然是前面所说的该学科值不值得重视和该不该值得重视的问题。如果能够得到国家的重视和学校院系的支持，那么队伍建设首先就可以在人员编制上得到扩充，使之形成一个个教学或学术团队。同时，在招生人数和科研课题方面也要做出相应的调整，以满足学科队伍的正常运作。这样一来，整个学科建设自然可以进入良性循环——有可供培养的大量人才，有可深入科研和教学的师资，有可促进学科发展的研究课题和经费。伴随着队伍的壮大，研究成果日益增多，中国古典美学的影响也自然更加广泛深入，这对整个中国学术思想与模式的重建都是意义重大的。

学术团体的申请和设立也是很有必要的。就目前情况来看，在美学领域有全国性的美学学会，也有不少省市级的美学学会，但在美学学会中几乎没有分支的中国古典美学分会。就连中国古代文论，也有自己的全国性学会。那么，中国古典美学该不该拥有自己独立的学会，甚至是有自己独立的学术刊物呢？这个问题是值得探讨的。笔者认为应该努力拥有。学术团体看似可有可无，其实乃是一个学科是否具有影响力和作用力的标志，也是一个学科内部得以处理和解决本专业学术问题的重要机构，甚至可以说是一批志同道合者的共同家园，对学科的进步与发展具有现实而长远的重要意义。问题是，目前该学科还不受重视，学科队伍零散不一，很难凝聚成一个像样的学术社团。所以，只能寄希望于今后学科队伍能够迅速壮大，使更多的诉求达成一致的愿望，才可能找到共同创办中国古典美学学会的机遇。于此，笔者呼吁目前正致力于中国古典美学教学与科研的人士，能够精诚团结，加强合作，密切配合，共谋中国古典美学学会的成立，以促进中国美学和中国学术研究的全面发展。

学术方向决定学科发展的未来走向。倘若中国古典美学能够得到重视，主要还是时代的需要，而不止是其宝贵的人文价值蕴含。因此，从人文精神弘扬的角度看，我们务必要把握时代的脉搏，从古为今用、学而致用的角度来确定中国古典美学研究的大方向。当前，我国正处于社会主义核心价值体系重建的阶段，正处于马克思主义思想中国化，以及中国学术思想模式重建的阶段，如果我们的中国古典美学也能在这些问题研究的过程中有所助益，最好是能做出比其他相关学科更为有益的学术贡献，那么这不仅有利于中国未来的思想理论发展，更有利于本学科的发展和壮大。学术的大方向应该是要利国利民的，而中国古典美学在提高国民审美素养、道德建设，乃至人生规划、城市规划、企业管理、产品制造、家居生活等方面都是大有用武之地的。如果我们能够及时把中国古典美学中的优秀理论思想，正确贯彻到时代建设和发展的各行各业中，可以预见其前景必将是光明而无限的。所以，笔者觉得我们中国古典美学的研究，完全可以在立足原有理论和历史研究的基础上，快速融入现实的实践，在理论与实践相互为用的学术方向上取得更大的成就，焕发出新的光彩！

传承中国学术，传播中国文化，都离不开对中国古典美学的研究与弘扬。中华民族在崛起，中华民族要振兴，势必要大力传播中国优秀的审美文化，才能使海外更多的人理解并接受中国文化，从而更好地认同中国，支持中国，加强与中国的合作交流。因此，研讨中国古典美学的海外传播问题也业已成为一个比较紧迫的问题。当是时，我们只能急盼国家和政府，能够尽快重视中国古典文化的传承与传播问题，尤其对于中国古典美学的学科建设，能够真正在人才培养、队伍建设等方面予以高度重视，迅速打开中国学术研究的新局面，为我国社会主义新文化的大发展大繁荣打下坚实基础，为当下的哲学社会科学走出西方学术模式的阴影扭转新的方向。

总之，发展中国古典美学，对于创新中国话语，完善中国模式，开启中西学术比较，深化中国传统的优秀人文精神，都是大有益处的。对中国古典美学的关注，不能再停留在狭隘的学科范畴中，应该从大学科、大文化、大智慧、大思维、大中国的角度来加以理解和重新定位，使之更好地为国为民，也为全人类审美文化的进步与飞跃，做出更大的贡献。

（原载《美学与艺术评论》第九辑，山西教育出版社，2011年，第127—135页）

中国神话传说与古代审美意识初探

在中国古代美学研究中,有一个基本问题难以说清楚,那就是独具中国特色的审美理论思想是如何演变而成的?这无疑是一个非常复杂而又极其重要的问题。我们知道,一个具有理论体系的思想不是凭空产生的,而是需要经历一个较为漫长的演变过程;审美理论往往也是需要在某种审美意识的基础上逐渐发展而来的。那么,中国早期的审美意识都有哪些特点呢?由于史阙有间,春秋以前的审美观念难以尽知,夏商以前的审美意识更是难以知晓。尽管近一百多年来,在考古领域屡有新发现,但仍不足以说明远古时期华夏审美意识发生的具体事项。笔者以为,中国古代早期的美学研究在不断期待着考古发现的同时,不能忽视已有的神话传说。换言之,许多古老的中国神话传说,看似荒诞不经,其实却已深深蕴含着早期先民的审美意识,有助于我们深入研究中国古代审美文化的历史及其观念来源。有鉴于此,笔者拟对一些早已家喻户晓的神话传说,尝试从审美文化的角度加以解读,权作抛砖引玉,以便学界同人批评指正。

一、盘古神话中对天人及其关系的理解

追忆漫长的中国历史,我们很难找到一个真正的起点。但是,我们不难发现,中国的先民很早以前就已感知到那个起点,并试图加以解释说明。"自从盘古开天地,三皇五帝到如今"这一由来已久而且家喻户晓的说法,尽管缺少可靠史料的支撑,却能很好地告诉历代中国

人关于自己的民族、国家等来历，不至于完全陷入无知和迷茫。在现有的各种创世神话传说中，盘古开天神话无疑都是摆在最前面的。这一事实，明显地告诉我们：要想理解中国历史，首先必须从盘古开天辟地的神话故事开始。关于盘古的故事，在先秦时期的典籍（如《六韬》）中可能已有所提及，较为完整的故事据说是到三国时期才由吴国文人徐整记录而成，在《三五历纪》(《艺文类聚》卷一引文)、《五运历年纪》(《绎史》卷一引文) 中有两段记录，主要情节是：

> 1. 天地浑沌如鸡子，盘古生其中。2. 经过一万八千岁，天地开辟，阳清为天，阴浊为地。盘古在其中，一日九变，神于天，圣于地。3. 天日高一丈，地日厚一丈，盘古日长一丈，如此一万八千岁。天数极高，地数极深，盘古极长。4. 以后乃有三皇……(《三五历纪》) 5. 首生盘古，垂死化身：气成风云，声为雷霆，左眼为日，右眼为月，四肢五体为四极五岳，血液为江河，筋脉为地里（理），肌肉为田土，发须为星辰，皮毛为草木，齿骨为金石，精髓为珠玉，汗流为雨泽，身之诸虫，因风所感，化为黎甿。(《五运历年纪》)①

从以上五个方面的情节中，我们不难发现许多中国先民根深蒂固的观念，潜藏在这一古老的神话故事中。在宇宙观方面，认为宇宙原本是混沌状态，天地交融，有如鸡蛋一般。这种宇宙观，与先秦诸子对"道""太极"的认识基本一致，也与现代对于宇宙的科学认识有相通之处。而"盘古生其中"看似无端，却说明了造化的神奇，尤其是显露了一个重要的观点：作为神人的盘古，是与天地共生的。在经过一万八千岁的漫长岁月后，盘古开天辟地了。"阳清为天，阴浊为地"，

---

① 转引自段宝林《盘古新考》，《北京日报》2013年1月14日，第19版《理论周刊·文史》。

这里显露出的阴阳观念体现了古代中国人对物质特性的根本认识，这无疑也是传统阴阳理论学说的重要基础。天日高，地日厚，盘古日长，有如宇宙膨胀的新说，说明宇宙天地是随着时间变化而变化的。因此，在时间观方面，我们可以清楚地看到先民对时间顺序的认识，乃至对历史更迭的确知，所谓"后乃有三皇"，即把传说与历史衔接，使人对人类历史的开端获得理性的支撑。在空间观方面，盘古的尸体化生天地间的万物，看似离奇，却蕴含着深刻的观念：作为神人的盘古化生万物，成为万物的根源与本体。细细理解，又可以发现一系列与审美意识密切相关的观念：

其一，天地万物同始于混沌本体。万物是同根同源同体的，那么在空间上虽然分布不同，本质上却是相通的。这与古人"殊途同归"的思想有异曲同工之处。

其二，天地间的万物都是盘古化生的。换言之，万物都可同归属于神灵一般的盘古，可见万物都是有神性和灵性的，这与古代"万物皆有灵"的思想是一致的。

其三，天、地、人、物本来是合一的。万物由神人（盘古）化生，而神人又与天地同生并在其中，可见天人是合并一体的。这与独具中国特色的"天人合一"审美思想完全契合！

其四，万物具有不同的地位和功能。神人（盘古）作为人体的各个部分，分别化生日月山川，那么与人体相对应的物体，在宇宙天地中的地位和功能，就与相对应器官在人体中的地位和功能一般，可见"天人同构"的思想蕴含其中。这里隐含了一个巨大的秘密，即认识人体与认识物体的道理是相通的，甚至是一样的。理解了这一点，我们才能更好地理解古代中国哲人为何偏向内求（反求诸己、反身而诚）也能明白许多道理。顺便指出，西学偏向外求，也是可以认识物质真相的。两相对比，殊途同归，但若能巧妙结合，无疑能更好地认识人及其所处的客观世界。

其五，理顺了天、地、神、人、物的微妙关系。天是万物的主宰，也是最为美好的审美境界，是众望所归的；地是人与物的依托，是人与物化生的直接根据地，也是其直接的葬身之地；神是天地的精华，也是万物的灵魂，可化为人或物，同理人与物在某种条件具备的情况下也能成为神；人是阴阳的产物，与神一样具有神性，与物一样具有物性，与天地一样具有时间性，但也独具阴阳相对平衡的和谐性。

其六，万物之间是息息相关的。在盘古尸体化生的万物中，没有提到人由何变成。这里也隐含着一个不宣的秘密：盘古作为神人，并非后来的"人"，只能化而生万物，不能生而化新人；盘古作为人类的祖先，是间接的，即通过化生万物，再由万物化生出人。可见，天地是物，人也是物，也跟万物一样彼此息息相关。这一悬念，在女娲造人和补天神话中得到了更为具体的解释。

关于盘古开天的故事情节，也许并非一开始就那么完整，而是在流传过程中得到不断的补充和修改。因此，不能完全视为远古先民的思想意识。但是，正是在不断流传中而形成的，并不断被后人认可的故事情节，反过来正好说明了一个事实：早期的先民乃至后来的中国人，是认可这些审美意识的。我们认为，源于先秦两汉时期的许多神话能够流传到今天，并在流传过程中不断得到丰富和完善，不仅体现了审美文化从意识到思维观念、理论体系形成的变化脉络，而且说明了原始的神话思维对于民族和国家形成一定审美风格特色的关键性作用。对此，早有学者指出，审美——艺术思维是表现性思维，这一思维模式与原始——神话思维的关系最直接最密切，形象因素、情意因素继续发挥作用。[①] 从这一意义上看，所有神话故事所蕴含的审美意识，仍具有相当的学术意义。

---

① 赵仲牧：《审美范畴与思维模式——试论中国传统审美理论的体悟型思维》，《思想战线》，1991年第8期。

二、女娲神话中对天地及其人性的理解

在远古神话传说中,紧接着盘古开天之后,便是关于女娲造人的故事了。女娲从何而来?身居何处?距今多久?她到底是神还是人?从古至今仍难定论。早在屈原《天问》就疑问"女娲有体,孰制匠之?"在明清小说如《封神演义》《红楼梦》中都有提及,都是当作史初的神仙来看待的,这无疑也是明清以前中国人对女娲崇拜的基本认识。查考史籍,述及女娲故事的很多,主要是造人和补天,较有代表性的如下:

往古之时,四极废,九州裂,天不兼覆,地不周载,火爁炎而不灭,水浩洋而不息,猛兽食颛民,鸷鸟攫老弱。于是女娲炼五色石以补苍天,断鳌足以立四极,杀黑龙以济冀州,积芦灰以止淫水。苍天补,四极正;淫水涸,冀州平;狡虫死,颛民生;背方州,抱圆天。(《淮南子·览冥训》)

天地亦物也。物有不足,故昔者女娲氏炼五色石以补其阙;断鳌之足,以立四极。其后共工氏与颛顼争为帝,怒而触不周之山,折天柱,绝地维,故天倾西北,日月星辰就焉;地不满东南,故百川水潦归焉。(《列子·汤问》)

共工与颛顼争为天子不胜,怒而触不周之山,使天柱折,地维绝。女娲炼五色石以补苍天,断鳌足以立四极。天不足西北,故日月星辰移焉;地不足东南,故百川注焉。(《论衡·谈天》)

俗说天地初开辟,未有人民,女娲抟黄土为人;剧务力不暇给,乃引绳絚泥中,举以为人。故富贵贤知者,黄土人也;贫贱凡庸者,引絚人也。(《太平御览》引《风俗通》)[1]

---

[1] 转引自茅盾《神话研究》,百花文艺出版社,1981年,第41页。

以上四则记载,在古代并不完全是当作神话,可能是当作史料来看待的。因为,类似的神话还有不少。《淮南子》确信是汉代的作品,书中"所含神话的断片尤多。有女娲补天的神话,有羿射十日的神话,有日月风云的神话,有姮娥奔月的神话"①,都试图在说明天人之间的奇妙联系。《列子》虽被证明为伪书,但却保留了许多重要的神话故事材料,有助后人深入理解早期的历史情况。《论衡》作者乃是东汉王充,生平主张"疾虚妄",却对女娲补天信以为真。正因如此,古代的学者才会据此把相关的神话传说以为是远古的史实,并世代流传。直到现当代,还是有许多学者关注这些记载,并试图结合最新发现的线索,进行更为深入的研究和解读。孟繁仁在《黄土高原的"女娲崇拜"》②一文中,通过考察发现山西洪洞县赵城镇侯村建自两三千年以前的"娲皇陵",认为女娲是一个真实存在过的伟大历史人物,并通过实地考察多处分布在山西的女娲遗迹,结合相关的史料记载,断定女娲补天的原址是发生在山西的黄土高原上。而事实上,女娲传说在陕西、河南、甘肃、广东、山东等地都有千古流传的迹象,尤其是山东滨海一带还有类似相关的遗迹,很难完全否定与传说中的女娲无关。如果要使各地的传说,都得到一个较为合理的解释,女娲就不能仅仅被理解成早期的氏族部落首领,而且应该还是一个神通广大的人。否则,被誉为"大地之母"的女娲,就很难载入史册。尽管我们也可以把女娲当作神来看待,但仍是有许多问题值得继续探讨。

其一,女娲从何而来?盘古开天辟地之后,并没有化生人类。女娲的出场,也从未提及与盘古的关系。那么,倘若女娲果真是史初的伟大人物,应该放在哪一个时间段呢?综合各种传说,首先可以判定女娲是在盘古之后,可能与伏羲氏同时代。而据孟繁仁的考察,发

---

① 转引自茅盾《神话研究》,百花文艺出版社,1981年,第29页。
② 孟繁仁:《黄土高原的"女娲崇拜"》,《中国文化研究》1999年夏之卷(总第24期)。

现山西吉县柿子滩有一万多年前的"女娲岩画",并从岩画中解读出"女娲补天"和"女娲造人"的意味。若此可信,女娲当产生在万年以前。而这却无法解释女娲与伏羲本为兄妹的传说,除非也把伏羲生活年代推到万年以前。不过,那样也会导致许多问题难以解释,主要是五千年之前的五千年历史无法合理推演。

其二,女娲缘何补天?盘古开天辟地,阳清为天,并无残缺。《淮南子》和《山海经》提及补天之事,并未说明原因。《列子》"天地亦物也。物有不足"之说,显然已意识到传说的不够完整,故试图加以合理解释。王充《论衡》与《列子》都把共工怒触不周山之事,与女娲补天混为一谈。若《列子》是伪书,则王充是最早引共工来阐释的。而对于共工怒触不周山之事,各书又记载不一,《淮南子·天文训》记为共工与颛顼之战,《淮南子·原道》记为共工与高辛氏之战,《雕玉集·壮力》记为共工与神农氏之战,《史记》司马贞补《三皇本纪》记为共工与祝融之战,《路史·太昊纪》记为共工与女娲之战。可见,西汉时期对相关历史已难以明辨了。但是,有一个倾向是比较明显的,就是古人试图借助各种传说,说清远古时期的历史真相。这种倾向,无疑也是源远流长的一种古代中国的审美意识,尤其是对难以说清的历史事件描述时,就会出现援引传说加以渲染说明。

其三,女娲如何补天?女娲补天的过程,诸书记载基本一致。补天的材料,是五色石。补天的方法,是炼五色石。为什么用五色石?史籍没有说明,也没有说清是哪五色。为什么不是六色、七色?为什么不是土、木等材料?而必须用五色石,有何深意吗?笔者以为,这种说法一定是有所依据的,而依据本身乃含有早期先民的某种审美意识。取数"五",与流行于先秦的五行说暗合,莫非其中也有一定的联系?取材"石",与星陨之石、盘古齿骨化为金石都有一定的相近,未必就毫无联系。如何炼五色石补天其实也是个谜。从一些反映该传说的雕像来看,人们似乎都以为女娲拿五色石去修补漏洞,有如人拿瓦片修补房顶漏洞一般。笔者以为,这是对史书的误读。关键就在"炼"字!"炼"字说明女娲是用大火来焚烧五色石的,根据现在的化学知识可知,五色石经高温焚烧后会融化成气体。因此,我猜想女娲正是巧妙运用朴素的物理、化学的方法,选用五色石燃烧后形成的气体,升腾上空,从而弥补天缺的。这样看似神奇,却也是人力所能达到的,也是符合经典文意的。果真如此,我们似可推断早在远古先民那里就有"炼"物的意识了,这跟早期的冶炼技术及其工艺审美或许也有密切联系。

其四,天地有何关系?从《淮南子》"天不兼覆,地不周载"等表述来看,可以发现古人对天与地的认识是很直观的,以为天就是地的顶盖,地是天的支撑,天地是相连共体的。若以穹顶的房屋作比喻,天犹如穹顶,地犹如地板。天是圆的,浑然一体的,呈现为"苍天";地是方的,共有四极;在"地维"的四极上,各立着擎天的"天柱"以支撑"苍天"。传说中的不周山"在西北海之外,大荒之隅"(《山海经·大荒西经》),曾是立天柱之地,可由此地通天。《列子》和《论衡》都以为是共工怒触不周山,才导致天倾西北、地缺东南的。屈原《天问》有问及"康回凭怒,地何故以东南倾?""八柱何当?东南何亏?"康回是共工之名,可见早在战国时期的屈原,已知有共工怒触不周山的传说,但没有提到补天之事。西北的"天柱"断了,穹顶的苍天偏向西北,故日月星辰也偏就西北天空。西北的"地维"因"天柱"断而不再支撑天,导致西北地变轻上翘而东南地加重下陷,故水由西北归注东南洼地。同时,也导致天崩地裂,即"四极废,九州裂"。这难道仅仅是神话传说吗?笔者以为其中定有一段不寻常的历史发生,并由此奠定了先民对中国地理空间的基本认识。在易学中,有两幅易图,一是先天八卦图,一是后天八卦图。在先天八卦图中,方位是天南地北、天上地下。而在后天八卦图中,乾居西北坤居西南,即天在西北地在西南。若把未缺之天视为先天,把补而偏废之天视为后天，则易学中的先后天八卦图与女娲补天的传说有一定的契合。这恐怕不是单纯的巧合吧！天圆地方的审美观念，不仅体现在该传说中，也在易学思想中（尤其是伏羲六十四卦方圆图）得以体现，更进一步说明神话传说与审美意识之间有着一定的内在联系。此外，汉语中的"天塌地陷""重整乾坤"，很可能也与补天神话有关系。

其五，何方之天该补？今天多地有女娲补天的传说，促使人们深究一个问题：女娲补天究竟在哪里？在笔者看来，这首先要解决另一个问题：天是先缺后补，还是先缺后补再缺？按《淮南子》，只有补天的情节，而且结果是"苍天补，四极正"，没有出现天地倾斜之说。按《列子》，天因是物有不足而缺，故经女娲修补而全，可后来又因共工怒触，才使天倾西北。而按《论衡》，则是直接把共工归结为天缺之因，即使女娲补天了，仍存在西北天倾、东南地缺的现状。唐代司马贞补《史记》的《三皇本纪》与《论衡》的说法基本一致，只是把颛顼记为祝融。《列子》之说，能较好地解释神州地貌特点的形成变化；《论衡》之说，则与相关的古史传说较好衔接。今人多取《论衡》的说法。事实上，两说孰是孰非，已经难以评判。但从中可以发现，古人早已对神州的地理形势大体了解，并试图说明原因。这种对本土地理的理解，也不断影响着古人对中国土地的审美意识。若按《论衡》之说而论，西北天柱撞断之后，不仅西北的天空破了，其他地维上的天柱也可能因此折断或扭曲而导致各方天空出现不同程度的破绽，那么都需要修补。如此来看，各地都有补天的传说或遗迹，更为合情合理。今天山东省日照市天台山留有"女娲补天台"等遗迹，与山西省境内的"娲皇陵"等遗迹，都能让人信以为真，恰好可以反过来证明女娲所补之天是具有广泛性的。果真如此，要不是远古各地有许多类似女娲的补天者，就是补天的女娲并非一般的人物，而是神通广大的神仙。自古以来，山东以东海域（东海）与山西以西地域（昆仑山）传有许多神仙故地和故事，且可与女娲补天的传说密切联系，看来是有一定道理依据的。原始神话不断衍出新奇神话，古老传说不断生出离奇传说，审美文化正是在神话传说的原始思维和意识等基础上，持续不断地发展变化而来的。

其六，人为何有贵贱？依据常理，造人应该早于补天，但造人的神话似乎晚于补天神话出现在史籍中。因此，也有学者认为至少战国时期已出现女娲造人的神话。我们知道，在盘古神话中，未言及造人。人是从何而来呢？对于先民而言，当他们具有一定时间意识之后，必然会开始思考许多起源的问题。人的来源问题，是人类的根本问题，也是人类最期待解开的谜。于是，充满想象的造人神话遍布各地，近现代以来的学术研究更是倍加重视。值得我们关注的问题是，先民对该问题的理解，所蕴含的审美意识是什么？比如，女娲造人的故事，在东汉应劭《风俗通》中只略及"抟黄土为人"，并未谈及更多细节。而流传到后来，就添加了很多情节——包括女娲造人的起因、思维、方法等，说得条条是道。这里，从一个雏形发展而成生动完善的故事，其实也潜藏着不同时代的审美意识，并凸显出一定的特色。"抟黄土为人"有何深意？笔者以为，这里试图说明中国先人与"土""黄"的密切联系。华夏民族起源于西北黄土高原，黄色皮肤与黄土地、黄河水的共同特征是"黄色"。我们知道，在五行理论中，土旺四季而居中，是最为重要的；在五色中，黄色配土，是最尊贵的；在后天八卦图中，乾居西北为尊位。综而观之，人是天地中最尊贵的，"黄""土""西北"都是同类中最尊贵的，从中我们似乎可以发现源于远古而独具特色的以自我为中心的审美意识，持续不断地影响中国古人审美观的建构。在天尊地卑的思想影响下，先民们自然会对万事万物进行尊卑的区分，并思考其合理性的根源，比如《风俗通》中就试图回答什么样的人该富贵的问题，并与女娲造人的神话故事有机联系起来，看起来显得牵强附会，但也明显传递了一种固有的世俗观念：人是有贵贱的，而且是从一开始就造成的。

在中国古代神话传说中，女娲不仅造人和补天，还为人类建立了婚姻制度，据说还发明了瑟、笙簧、埙等乐器（也有传说是伏羲的发明），并不断关注人世间的兴衰变化，成为远古以来最重要的一位东方女神。透过神话，我们可以发现古代中国人不仅把人类的起源，而且把音乐艺术的起源，都归功于女娲的创造，也就不再深究了。即使到了现代，依然如此："有学者说，原始宗教、艺术、神话同源①。极对！究竟它们都源于什么，至今无人深究。"②话说回来，面对那段漫长的无史记载的岁月，人类及其生活的天地究竟发生了什么，即使深究也只能是一片茫然。而有史以来的许多典籍记载，都把一切起源归功于神，又说明了什么？这理应引起后人的深思！

三、古今传说中对神与万物关系的理解

神话故事之所以显得荒诞不经，就在于其中夹杂着许多神仙或神灵的故事，这在现代性语境下是让人难以置信的。但是，只要阅读中国古代的书籍，与神相关的事迹传说却无所不在。因此，与其说中国自古以来是相信神的，不如说中国古人的审美意识一直与神密切相关。那么，研究中国古人的审美意识，就不应该忽视对"神"的客观理解。"神"是什么？从先秦时期的古籍开始，历代对此不乏有精辟的解释。东汉许慎《说文解字》曰："神，天神，引出万物者也。从示、申。"而传说中的天神，即天地万物的创造者或主宰者，如盘古、女娲等。可见《说文》与传说的理解一样。《周礼·大司乐》："以祀天神。"（注："谓五帝及日月星辰也。"）《大戴礼记·曾子天圆》："阳之精气曰

---

① 杨超：《〈山海经〉及其相关的几个问题》，《山海经新探》，四川社会科学出版社，1986年。

② 潜明兹：《中国神话学》，宁夏人民出版社，1994年，第34—35页。

神。"《列子·汤问》:"操蛇之神闻之,惧其不已也,告之于帝。"这些都指天神。也有泛指神灵的,如:

> 神,聪明正直而壹者也。(《左传·庄公三十二年》)
> 神也者,妙万物而为言者也。(《易传·说卦传》)
> 百神受职焉。(《礼记·礼运》)
> 山陵川谷丘陵能出云为风雨,皆曰神。(《礼记·祭法》)
> 谷神不死。(《老子》第六章)
> 圣而不可知之谓神。(《孟子·尽心下》)
> 是故知鬼神之情状。(《易传·系辞上传》)
> 百神尔主矣。(《诗经·大雅·卷阿》)
> 神,灵也。(《广韵》)
> 田祖有神。(《诗经·小雅·大田》)
> 小信未孚,神弗福也。(《左传·庄公十年》)

此外,还有多种引申解释。特别要指出的是,《易传·系辞上传》曰:"阴阳不测之谓神""神无方而易无体。"《黄帝内经》之《素问篇·天元纪大论》曰:"物生谓之化,物极谓之变,阴阳不测谓之神,神用无方谓之圣"。比较而言,两者对"神"的理解基本一致。但是,这里的"神"却不好定义,因为它不是指有灵性的神,而是指事物变化的神妙、造化的神奇。

综上所述,尽管先秦两汉的典籍中已有不少对"神"的解释,但是这些对于今人来说仍然是难以理解的。从中我们可以发现两点:一是早期先民已在信仰、哲学、医学等诸多层面上理解了"神";二是各家对神的理解有所不同,也进一步说明"神"已经成为一个难以说清的东西了。对此,我们还是有必要加以梳理,以便对"神"有更为正确的认识。不妨运用以今推古的推演方法,结合笔者的经验体会,来简要谈谈"神"的不同一般和不可思议。

尽管无神论思想在中国古已有之,而且在现当代背景下占据主导地位,但我们仍然是在有神论的氛围中生活着。这应该是不争的事实!笔者幼时在闽南老家,看到家家户户都设有神龛或神坛,坛上写有尊奉的诸神神号,还挂一副对联(横披:如在其上;上联:福而有德千家敬;下联:正则为神万世尊)。记得家庙有副楹联也是描写"神"的:"视之不见求之应,听则无声叩则灵。"闽南人大多是唐宋以来中原的移民,其宗教信仰很大程度上具有传承性,即世代相传,因此闽南人对"神"的认识,应该也是很有中国特色的。现代闽南人的信仰趋于儒佛道三教合一,其神学体系糅杂多元。具体而言,尊奉玉皇大帝为天公,一般是在大厅口悬挂天公灯,遇事焚香遥祭。而神龛中崇拜的神,大致分成三类:一是土地公,号称福德正神,即传说中的远古人物"后土",属于每家都必须敬奉的;二是普天同敬的大佛大神,如如来佛祖、观音菩萨、太乙真人等神佛,一般也是每家必供奉的;三是区域性或小家族敬奉的,一般跟各家的历史渊源有关。稍作推究,这些受人祭拜的神灵,主要来自道教和佛教。而在民间,明清以来由于受到小说和戏剧的影响,人们对神的理解往往就是对文艺作品的生搬硬套,或是对民间传说的感同身受,基本上是不加以思辨和质疑的。不信则不信,信者大多是迷信。笔者认为,正是这种代代相传的对"神"的迷信,一直主导着中国人的审美观和价值观。于此,我们觉得很有必要去追溯"神"的来源。因为,这至少牵涉到两个重要的问题:一是古代中国人的"迷信",究竟是愚昧落后,还是实事求是地敬奉恩泽万民的不灭神灵?二是"迷信"的中国人,与其审美文化、思想、风格等有何密切关系?

在中国人的思维观念中,神无疑是起主导作用的。神,无所不在,所谓"头上三尺有神明"。通俗地说,神就是灵魂,是精英,是主导宇宙世界的特殊能量。天地有神祇,万物皆有灵,"神州"大地到处有"土地神""山神""河神",都是人要敬畏和祭拜的。每个人都有神,与气血运行相关,所谓精气神是也。汉语中的"心神不定""炯炯有神""六神无主""安神""留神""伤神"等,都体现了"神"与人不离不弃的关系。每件艺术作品都有神,创作者需要"神思"(灵感)、"神与物游",作品要有"神韵""风神""形神兼备",其最高境界便是"令人神往"。每一样事物,都可以用"神"来论。就比如目前最时尚的词语"神舟""男神""女神""神曲""神回复"……也是很有中国"神"味的。由此可见,不知神就无法理解中国的审美文化,更无法臻入中国独特的审美境界。从这些现象及其体现的意义上看,实事求是地追究诸"神"的来源,乃是破解学术谜题的关键,也是破除迷信的必经途径。

神是人造的。可以找到许多历史事实,无须赘证。同样,历史上有许多人变成受人供奉的神,也是事实。问题是,这些人为什么能被供奉成神?或是如何化成神的?不难发现,历代有许多清官、好官、名士、名医,因功高德厚而被供奉成神,还有许多道士、僧人、术士,因修成正果而灵感显赫、泽披民众,既变化成神且受人敬奉。这些都是不争的事实!可是反过来追问,就难以回答了。为什么中国自古以来造神的思维(应该就是一种信仰,也是一种审美观)传承不断?为什么道佛中人更容易演化成神?难道修炼与成神有密切关系吗?在中国人的观念里,基本上是认同"修炼成仙""修心成佛"的,这应该也是非常传统的审美观念。问题是,这种源自先秦时期的修炼法门,是如何成就的?换句话说,上古先民是如何启悟修炼方法的,更重要的是究竟他们是在什么样的审美愿景中走上修炼道路的?依笔者看,不管他们是想成为现实中的神,还是炼成幻想中的神,都体现了一定的审美意识。而在整个环节中,"神"无疑是最为重要的审美对象,也是审美的目的。在这个莫名其妙的意义上,我们有必要把这个不可思议的"神",看作中国审美文化的根源。

人是神造的。这只是传说,可不一定是历史事实,有待实证。人类一思考,上帝就发笑。根本性问题,看来是无法追究的,因为人类只能利用"精神",无法识别"真神"。在终极意义上,"真神"就是"真理",就是"道",既可知又不可尽知或尽人皆知。那么,无论这个意义上的"神"是真是假,都是一切事物的根源,否则从时间的概念上追溯将找不到一切人事物的祖宗。于是,我们不必再惊奇于每个民族、种族、国家、地域都有关于远古的神话,因为只要他们有历史时间的观念,就都需要在历史的时间中追根究底,都需要运用神话来弥补一段或长或短而又扑朔迷离的早期历史。值得惊奇的是,大家似乎都不约而同,述说着一个个"神"的故事。这又是为什么呢?恐怕只有天知道。

面对诸多的疑问,作为学者不能像一般的迷信者,只满足于《封神演义》《聊斋志异》《西游记》等虚构的故事情节中,不能局限在有限的思想材料中,而必须继续追溯早期的历史。可是,让人无奈的是,我们终究要在上古虚幻的神话故事中苦苦寻觅历史的真相,寻找人类审美文化的根源。因为,这些上古神话故事,不仅讲述了各民族祖先的故事,而且显露了神与人事物的奇妙关系。如此源头上的奇妙关系,与审美关系的生成和演化,应该是有着非常密切联系的。而在追溯远古时期华夏先民的历史时,我们不能回避一个事实:先秦两汉的典籍中,不仅一再说明我们的祖先是由神化生,而且认为华夏文明的每一次进步都归功于神人。相关的传说,纷繁复杂,兹择要简述如下。

举世公认的华夏三大远祖,都是人文初祖,传说都是神的化生。伏羲"观物取象"创制八卦,"化生为熟"教人厨艺,"编织罗网"捕捉鱼鸟,教人"饲养牲畜"和弹奏乐器,使人类开始过上较为文明的生活。传说中的伏羲,是西北地区华胥氏因踩雷神的大脚印后受孕而生,是雷神(半人半兽的天神,人首龙身)的后代。他是中国历史上传说最早的帝王之一,是半人半兽一样的伟大人物。神农历尽千辛寻觅谷种,"观象制器"创制农具,"遍尝本草"发现草药,使人类的生活更为稳定和持久。传说中的神农,是生在南方的太阳神炎帝,头上长有两只角,肚子水晶般透明,也是半神半人一样的人物。黄帝"生而神灵,弱而能言……教熊罴貔貅貙虎,以与炎帝战于阪泉之野"(《史记·五帝本纪》),创制车轮而号称轩辕;大战蚩尤时,用夔皮制成战鼓,制造指南车;大战刑天时,断其首,刑天"操干戚以舞"(《山海经·海外西经》);发明许多中医疗法和养生之道;垂衣裳而天下治,铸九鼎后白日飞升,更是神一样的人物。黄帝的原配妻子嫘祖,来历不明,也发明了缫丝织绸。黄帝的第二个妻子方雷氏,效仿鱼刺,发明了梳子。黄帝时期的许多人,如传说中的蚩尤(牛首人身)、共工、祝融、应龙、刑天、仓颉……都是神一般的人物。在历史传说中,伏羲、神农之时,虽有琴瑟、网罟、耒耜、兵戈诸物,生活仍很简陋。至黄帝时,诸圣勃兴,而宫室、衣裳、舟车、弓矢、文书、图画、律历、算数,开始出现。由此可见,华夏审美文化至此已较繁盛,各种审美意识都已露出端倪并初具雏形。

夏商周三代君王的远祖,都是神的化生。唐尧、虞舜、大禹,在道教传说中也都是神人。《诗经》中的《大雅》之《生民》《商颂》之《玄鸟》,就已述说了"感生"的神秘故事。《白虎通·姓名篇》曰:"禹姓姒氏,祖以薏生;殷姓子(好)氏,祖以玄鸟子生也;周姓姬氏,祖以履大人迹生也。"颛顼,后世称火神,其母女枢因感"瑶光"而生,出生时头戴干戈,并有"盛德"字样。周文王的远祖后稷,因其母姜嫄"出见大人之迹而履践之"后受孕而生,出生后被其母多次遗弃仍存活,长大后擅长种植粮食作物,成为中国的"农业始祖"。帝尧,其母庆都因赤龙感之受孕而生。正是这些神一样的远古祖先,缔造了史前的"太平社会",成为先秦诸子以来中国古人无比向往的理想世界。

许多著名远古神话的主角,都是神一样的人。如"精卫填海""后羿射日""嫦娥奔月""夸父逐日""钻燧取火""共工怒触不周山""盘瓠娶公主",等等。在先秦典籍《易经》《诗经》《尚书》《春秋》《庄子》《楚辞》中,记载了许多春秋战国时期故事,也不乏有神一样的人物。尤其是《山海经》中,不仅记载了许多神话,而且具体描写了"神"的模样,认为每一处山水中都有"神":"其神皆龙身而人面"(《南山经》)、"其十神者,皆人面而马身。其七神皆人面牛身,四足而一臂,操杖以行,是为飞兽之神""其神状虎身而九尾,人面而虎爪""有神焉,其状如黄囊""其神状皆羊身人面"(《西山经》)、"其神皆人面蛇身""其神皆蛇身人面""其神状皆马身而人面者廿神……其十四神状皆彘身而载玉……其十神状皆彘身而八足蛇尾"(《北山经》)、"其神状皆人身龙首""其神状皆兽身人面载觡""其神状皆人身而羊角……是神也,见则风雨水为败"(《东山经》)、"其神皆人面而鸟身""吉神泰逢司之,其状如人而虎尾""其神状皆人面兽身""其神状皆彘身人首""其神状皆鸟身而龙首"(《中山经》)、"有神人二八,连臂""南方祝融,兽身人面,乘两龙"(《海外南经》)、"西方蓐收,左耳有蛇,乘两龙"(《海外西经》)、"钟山之神,名曰烛阴……人面蛇身,赤色,居钟山下""北方禺彊,人面鸟身,珥两青蛇,践两青蛇"(《海外北经》)、"东方句芒,鸟身人面,乘两龙"(《海外东经》)、《海内南经》《海内西经》《海内北经》中未描述神状、"雷泽中有雷神,龙身而人头,鼓其腹"(《海内东经》)、"有神,人面兽身""有神人,八首人面,虎身十尾,名曰天吴""东海之渚中,有神,人面鸟身,珥两黄蛇,践两黄蛇""有神,人面、犬耳、兽身,珥两青蛇,名曰奢比尸"(《大荒东经》)、"南海渚中,有神,人面,珥两青蛇,践两赤蛇,曰不廷胡余"(《大荒南经》)、"西海陼中,有神,人面鸟身,珥两青蛇,践两赤蛇,名曰弇兹""有神,人面无臂,两足反属于头山,名曰嘘""有神,人面虎身,有文有尾,皆白,处之"(《大荒西经》)、"有神,人面鸟身,珥两青蛇,践两赤蛇,名曰禺强……有神，九首人面鸟身，名曰九凤。又有神衔蛇衔操蛇，其状虎首人身，四蹄长肘，名曰强良""有神，人面兽身，名曰犬戎""有神，人面蛇身而赤"(《大荒北经》)、"有神焉，人首蛇身，长如辕，左右有首，衣紫衣，冠旃冠，名曰延维"(《海内经》)。总起来看，《山海经》中的"神"，大多是人面兽身或鸟身，少数是鸟首或兽首人身。有许多奇异的鸟兽，也是如神灵一般的，一旦出现就会预示人类的吉凶。还有许多远古的人物，也都是人面兽身的"神"。于是，我们可以非常清晰地看到《山海经》对远古时期人类生存环境的描绘：在群山中、海岛上混杂着各种生物，有人类，有鸟兽，有神灵，都是奇形怪状，而且彼此之间关系密切。其中，最让今人难以理解的，无疑就是半人半兽的"神"。为什么会有"神"而且都是很奇怪的？《山海经》中的解释是："地之所载，六合之间，四海之内，照之以星辰，纪之以四时，要之以太岁，神灵所生，其物异形，或夭或寿，唯圣人能通其道。"(《海外南经》)简言之，一切都是造化的结果。值得注意的是，《山海经》的作者对如此奇异的远古社会景象，并非无知的想象，而是努力地加以如实的描述和合理的理解。因此，我们有理由相信至少在秦汉时期，中国古人已经形成了对宇宙世界的根本看法，亦即形成了根深蒂固的思想观念：神与人同；神创造了人，也创造了物；人的生存有赖于神的守护，物的改进有赖于神的启示。而成为神，也就自然成为中国古人的审美理想了！

在有神论思想的支配下，中国古人的审美意识是单纯的，也是高尚的。他们似乎已满足于对客观世界的理解，也习惯于运用神学的思维来看待人事和历史。于是，每一段朝代更迭历史，都留有许多神话、仙话、传奇、传说等。即使是唐宋以来，许多历史故事中的人物，如薛仁贵、杨家将、穆桂英、包拯……一直都有新的传奇"神话"。透过这些离奇的"神话"，我们不仅看到了一个民族文化源远流长的传统信仰，而且可以看到深蕴其中的具有典型性和普遍性的审美意识。

这种审美意识，与其他民族文化相比较，都与神密切相关，但又具有与众不同的特殊理解与内在追求。在科技昌明的当代，我们对日新月异的技术发明似乎已觉得不足为奇，而对许多古书中记载的神奇事物却视而不见，或直接当作愚昧、落后、迷信之类看待。之所以如此，主要是因为时过境迁，沧桑变化。如果我们能更为深入地了解古代各个时期的生存环境，理解古往今来中国人的审美意识与观念的历史流变，也许就能更好地理解世界，面对未来。而要理解人类的古往今来，离不开对人类初期审美意识的探究，也就离不开对各种神话传说的深入研究。因为，"神"一直是人类不懈追问的审美话题！

（原载《美学与艺术评论》第十六辑，山西教育出版社，2018年，第34—47页）

诗性·巫性·神性与审美根性

——中国易学与美学发微

2021年10月因临时应邀参加第二届中国哲学论坛，匆忙撰写一篇文章《百年未有之大变局中的中国易学与美学》①，分别从三个方面对中国易学、中国美学、中国易学与美学的有关情况进行简要回顾与思考，提出中国易学与美学乃是中西学术的融通，并认为百年未有之大变局中的中国哲学，应该要有大格局，要更加重视中国易学与美学的研究。由于时间和篇幅所限，尚未阐释清楚中国易学与美学为何可以作为一个新的学科方向，为何必须在当下时代大变局中得到重视。刚好紧接下来又要草创此篇跟"诗性与神性"主题相关的论文来参加第二届中国古典美学高端论坛，经过粗略思考之后，便决定尝试把中国易学与美学研究的话题从本源上与审美根性联系起来，或许可以别开生面，挖掘出新的东西来。正在思考如何下笔之时，偶然读到一篇微信文章《惊人发现：宇宙里存在着主宰一切的神秘力量》，主要从物理科学发现的暗物质、暗能量、量子纠缠等三项科学成果出发，试图颠覆我们的认知："我们原来认为世界是物质的，没有神，没有特异功能，意识是和物质相对立的另一种存在。现在我们发现，我们认知的物质，仅仅是这个宇宙的5%。没有任何联系的两个量子，可以如神一般的发生纠缠。把意识放到分子、量子态去分析，意识其实也是一种

---

① 此文已发表在《理论月刊》，2022年第4期。

物质。那既然宇宙中还有95%我们不知道的物质，那灵魂、鬼都有可能存在。既然存在量子能纠缠，那第六感、特异功能也可以存在。同时，谁能保证在这些未知的物质中，没有一些物质或生灵，它能通过量子纠缠，完全彻底地影响我们的各个状态？"①这是微信公众号上的一篇鸡汤文章，可信度有限，但认为科技发展到今天，我们对整个宇宙世界的95%还相当无知，与科学家施一公先生某次公开演讲所说的意思基本一致。对于浩瀚的宇宙世界，姑且不从天文、物理科学的角度出发，我们只要从历史时间推演的角度也就能窥斑见豹了。有鉴于人类认识的宇宙知识已经与往有明显不同，本文拟从新的宇宙观视角出发来探讨与中国美学相关的一系列审美根性问题，以便对诗性与神性有更为深入的理解。

一、审美根性：关乎人天之际

什么是审美根性？在笔者看来，就是指促使人类开始审美的第一推动力，或者就是赋予人类审美能力的大本大源。这个问题，显然与宇宙学、人类学、文化学等密切相关。这个问题，从目前来看还是比较缺乏可靠材料而无从谈起。对此，我们不妨从历史时间的角度进行一番简单的推演。人类开始建立美学学科至今才270多年，而人类开始具有审美能力是从何时开始的却难以准确计算。以中国为例，从东周（春秋时期）开始就有较为详备的记载，由于相传孔子编删的六经内容有一大半始于西周初期，所以从文本起点来论中国审美文化至少可以涵括三千年。但是，如果从逻辑起点来推演，那么中国审美文化肯定远远超过三千年。根据以往的说法，中华文明上下五千年，尽管前两千年尚无足够充分的依据，但从先秦古籍的记载以及近百年来的考古

---

① 《惊人发现：宇宙里存在着主宰一切的神秘力量》，引自公众号"性命之道"，2019年11月13日。

发现，大致可以发现中华审美文化的历史至少超过五千年，甚至有可能达到七八千年之久。也就是说，从古至今的研究成果，最多也只能支撑一个较为可靠的结论：中华审美文化历史不超过一万年，而且主要体现在近三千年的历史演变中。如果允许我们再更宽泛地认为只要有人类的生存就意味着有审美行为和现象的发生，乃至有一定的审美文化出现，那么从已发现的中国境内最早的云南元谋人，至今也不过180万年，而且这段时间内有超过179万年的时间，人类的审美文化几乎是可以忽略不计的。从地球上已知的几大远古文明来看，中国文明的发端算是比较早的，而且是持续不断在延续的，因此以中国的审美文化历史为例，就能够对审美根性的研究提供许多佐证材料。

从目前已知的科学探测结果来看，人类所居住的地球已有43亿年的历史。相当于说，从地球诞生到人类出现，间隔43亿年。这何其漫长！而人类文明尚未超过1万年，这又何其短暂！如果把43亿年当作分母，把1万年当作分子，只要有一定数学常识者，都能领悟到这1万年相当于可以忽略不计。对于人类而言，我们既不知道一万年之前的43亿年地球历史和138亿年宇宙历史，对三千年前的人类历史也不甚了解。那么多无法知道的历史，人类如何寻根？难道只能在三五千年的历史里寻找吗？话说回来，只在短暂的历史跨度中寻到的根，能当作真正的本根吗？问及此，笔者相信人类学家应该是无语的。

在时间历史的追溯中，我们很容易忘记空间的存在。偌大的地球，是由无数小地方组成的，有东有西，有南有北，有海有陆，有山有水，有动有植，有明有暗，何其繁杂！不同经度，不同纬度，就有不同的气候和环境，也就有不同的文化土壤。"一方水土养一方人"。审美文化在地域上的差异是非常明显的。在研究先秦早期的审美文化时，我们往往把每个区域孤立地看待，很少关注到区域之间的互动联系。不过，截至目前由于材料的匮乏，确实很难搞清楚早期各民族、各区域、各氏族、各邦国之间的文化互动关系，只能把许多文化的本源问题搁置。地球上人类可及的空间就早已留下许许多多的谜题，何况是那遥不可及的宇宙星空？放眼星空，面对浩瀚的宇宙，我们已经知道我们所处的太阳系，只是银河系中的星系之一，而银河系也只是浩瀚宇宙中众多巨大星系之一。迄今为止，人类的探测器都没有离开过银河系，不知天外还有什么！话说回来，经过近几百年的天文观测，尽管人类对宇宙的了解还处于起步阶段，但是我们与远古、秦汉、唐宋、明清的古人认知还是有明显差异的，我们已经知道在地球上可见到的天上星星看似很小，但其实都比地球更大，我们已经实现了宇航员登月，实现了火星车登陆火星了。概而言之，依据天文学和物理学，人类已经知道地球只是宇宙中上百亿个星球之一，而且对地球以外的所有星球几乎是一无所知。如果我们把古人所谓的"天"，等同于星空，等同于宇宙，那么我们对宇宙的本质和现象的无知，就相当于不知天性和天意了。知天，没那么容易！西方犹太人格言"人类一思考，上帝就发笑"，早就在警示我们了。

经过前文简单的时空分析，我们不难发现，人类一直在推究天人之际，但所知甚少。截至目前，我们仍难以确定地球的存在与变化，究竟受到哪些星系的直接或间接影响，也就无法说清古人所谓的"天"具有什么样的真实意义。几年前，随着《远古外星人》纪录片的热播，当时就引发了人类的新思考。纪录片中，综合地球上几大文明遗存的奇迹，经过比较分析，发现其与地外星系（猎户座第三颗星）有密切联系，于是推测我们人类可能是来自遥远星星的生命赋予[①]。这种推

---

① 据百度资料：2014年3月，央视综合频道《魅力纪录》栏目引进美国历史频道的外星人题材纪录片《远古外星人》，并"调皮"地将原片名改为《来自远古星星的你》，被观众评价"很萌很潮"。而这部在网络上早负盛名的"伪科学"纪录片自播出之后，片中"伏羲是外星人和爬虫的结合体""海王波塞冬的三叉戟可能是引发海啸的外星装置"等充满想象力的外星人论调，引来网友调侃，甚至有网友笑称，该片在学科上的"严谨"态度，可称为美国版《走近科学》。

测，还是有一定道理的，即使无法证真，也能帮助我们打开理解人天关系的另一条可能性通道。在宇宙中至少有近百亿颗的星球，而且大多是目前人类无法探知的，也就无法知道星系与星系之间、星球与星球之间有什么联系。但是，这并不妨碍我们的假设！我们根据已有的宇宙和星球认知，虽然还无法证实有外星人的存在，但是完全有理由相信有外星人乃至外星文明的存在。我们可以假设地球的文明，是地外文明通过外星人带来的，比如说就是那颗猎户座里的星球，那么最早从那颗星球来到地球并促使人类开始繁衍生息的外星人，就是人类心中久久难以忘怀的"天神"。如此推演，那么地球上人类的审美根性，自然而然地与"天神"密切相关[①]。因此，人类之初，就有对神的崇拜与祭祀，并成为永远的传统，也就比较好理解了。是否真有"天神"，尚有待未来科学的求证。但是，放眼太空，漫游在无限的时空之中，我们必须把审美根性的问题与天人之间的关系结合起来，而不能再孤立地放在短暂的历史中来追根溯源。笔者想再着重申明一下，我们今日的哲学与社会科学研究，如果还一直局限在短暂的历史时空中，局限在比较孤立的地球世界里，从文本到文本，从概念到概念，从成果到成果，只能沉醉在项目课题的泥沼里，很难在思想和理论上有真正跨越式的突破。因此，中国美学研究也必须紧跟高科技发展的时代步伐，创新研究的思维和突破研究的视野，才能对一些久讼未决的学术难题有所推进。

---

① 目前人类正在密切关注火星，甚至有了移居火星的计划。假设这一计划在将来实现，那么首批到达火星的人类，对于未来火星上的居民来讲，就会宛如"天神"一般。到那时，人类拥有高度发达的科技，也可以设计出一套严密的程序来控制后代火星居民的繁衍，这套程序或许就相当于"天规"。当然，星球对星球的改造远比我们的想象复杂得多，此处作为简单的比喻，也是一种基于可能发生的事实所作的类比猜想而已。

二、审美发端：神性赋予巫性

由于人类对宇宙、地球的历史无知，对早期人类的历史也不甚清楚，导致许多问题长期纠缠不清。在学术研究中，不提"神"而只在唯物主义的思想中思考，只能把"神"与外星人联系在一起，才不会在最早的源头上立马无解。而一提起"神"则很容易陷入唯心主义的思想中而说不清来龙去脉。那么，到底要不要提"神"呢？笔者几年前就明确提出自己的观点，认为神应该是中国美学研究中最重要的范畴，比道、气、象、时等更为根本和重要①。也就是说，不从"神"这个基本范畴入手，就难以真正理解审美的路径及其高超境界。回顾历史，我们可以知道在东西方的早期，都弥漫着"神"的影子，甚至出现人神交杂的时代，演绎了一出出动人的神话。在汉语中有个词语"神祇"，"神"主要指天神，"祇"主要指地上的神鬼。可见早期的中国人，已有根深蒂固的"天神"概念了。于是，当我们谈论"神性"时，就必须与"天神""天性"联系在一起。

在中国古老的神话中，首先具有神性的是盘古。盘古开天辟地之后就死了，但死而不亡，于是，其身体就化作地球上所能见到的一切："首生盘古，垂死化身：气成风云，声为雷霆，左眼为日，右眼为月，四肢五体为四极五岳，血液为江河，筋脉为地里（理），肌肉为田土，发须为星辰，皮毛为草木，齿骨为金石，精髓为珠玉，汗流为雨泽，身之诸虫，因风所感，化为黎甿。"（《五运历年纪》），这一切也都承传了盘古的神性。这是中国古人的思维中，依靠虚构出来的最为古老最为奇妙的神性，但始终没有说清盘古从何而来。其实，也是根本就说不清的。之后的女娲补天、女娲造人的神话完全是以神人的身份在改变世界，但也没有完全说清女娲从何而来。有些记载会提到女娲与

---

① 谢金良：《中国神话传说与古代审美意识初探》，载《美学与艺术评论》第十六辑，山西教育出版社，2018年。

伏羲是兄妹，是在今甘肃省天水市出生的，似乎找到了他们的落脚地。但是，不同的神话版本并没有遵循同样的故事逻辑，也就没有办法把故事完全讲圆讲透了。比如说，《列子》的记载就以为伏羲是其母华胥氏不小心踩到雷神的大脚印之后才怀孕的，但是并没有讲到华胥氏如何生下女娲，这与另一个神话版本认为伏羲女娲是兄妹的故事就无法顺利衔接。种种逻辑漏洞，也就意味着神话是靠不住的，不是真正的历史。但是，话说回来，如果华夏远古时期的神话人物伏羲、女娲、神农、黄帝等无法被史料证真，只能一直以虚虚实实的人物存在，我们如何去说清楚华夏民族的由来？还好，考古学出现了！近百年来，考古学越来越兴盛，随着近几十年大批挖掘机在神州大地上广泛使用，以及大批考古队伍的主动挖掘、盗墓大军的偷偷挖掘，从地底下发现了大量的文物。截至目前，有不少考古文化遗址，如仰韶文化、红山文化、半坡文化、河姆渡文化、良渚文化、二里头文化、三星堆文化、秦安大地湾文化等遗址，都能或多或少与神话传说、历史记载相印证，也能很好地证明中国境内从旧石器到新石器时代都有丰富多彩的史前审美文化。

早期人类的审美需求、审美智慧究竟从何而来呢？毫无疑问，肯定是与天地密切相关。人类生存在天地间，如果没有天地的佑护，根本就无法生存下去。人类的生存，不只是改造世界和征服世界那么简单，而是被天地赋予了一种使命和能力以及需求，就是被其创造者赋予了神性才同时拥有了使命、能力、需求。为什么说人类是被其创造者（不是具体的某个人，而是天地间各种物质交融演化的结果）赋予神性呢？这个问题是无法得到证明的，但是我们可以借助汉语的独特性来管窥一二。比如，人类都有"神经"而且必须"经"通体健才是正常人，一旦神经有病就可能导致生活错乱；每个人都有"眼神"且必须有"灵光"才是健康的，如果六神无主、神魂颠倒、神志不清、心神不宁等都可能导致疾病；而一旦人死亡之后，神经也就失去知觉，眼神的瞳孔立即消散，神不附体，人也就无法继续生存。可见，神性之于人类是多么的重要！于是，古人常以形、神、肉、体、魂、魄、身等来描述身体的不同类型状态。当人的身体的各要素都处于正常状态时，才能正常地感受美的存在，才能在身心愉悦中审美。从这个意义上说，神性与审美息息相关，虽然说不清道不明，但绝对不可忽视！尽管我们无法充分论证，但我们确实有理由相信天性与神性乃是地球人类的审美根性。反过来看，若无"天"与"神"，所有的审美文化可能都不会出现，各种审美现象也都不会像历史的真相那样展开，因为有太多精美的艺术品、文物都是古人为了敬献于神才出现的，有太多审美体验都是感受到某种神秘的存在而使内心得到震撼和满足。因为神性自始至终存在于地球中的一切事物中，所以一直挥之不去。不管相信也罢，不相信也罢，总是有许许多多的人生活在神性的光辉中。因为相信神性的存在，才有可能诗性地生活，这很可能是大多数有宗教信仰之人的认识与选择吧。

理解了神性的从天而来，也就不难理解巫性乃是神性的赋予，环环相扣，使天人之际的演化始终遵循着一样的逻辑规律——"天规"。从传说中的天地相通到绝天地通，"天规"的突然改变，使得神性不足以顺利畅通到所有的人类，于是神人的出现便是天赋异禀，便是赋予了巫性。借助有限的典籍记载，我们不难发现远古的圣人都是奇迹般降临到地球的："夏商周三代君王的远祖，都是神的化生。唐尧、虞舜、大禹，在道教传说中也都是神人。《诗经》中的《大雅》之《生民》《商颂》之《玄鸟》，就已述说了'感生'的神秘故事。《白虎通·姓名篇》曰：'禹姓姒氏，祖以薏生；殷姓子（好）氏，祖以玄鸟子生也；周姓姬氏，祖以履大人迹生也。'颛顼，后世称火神，其母女枢因感'瑶光'而生，出生时头戴干戈，并有'盛德'字样。周文王的远祖后稷，因其母姜嫄'出见大人之迹而履践之'后受孕而生，出生后被其母多次遗弃仍存活，长大后擅长种植粮食作物，成为中国的

'农业始祖'。帝尧,其母庆都因赤龙感之受孕而生。"① 而且降生以后,大多有特异功能,有奇迹出现,如《史记·五帝本纪》称黄帝"生而神灵,弱而能言……教熊罴貔貅貙虎,以与炎帝战于阪泉之野"。不只是先秦时期的大人物故事常有神奇的色彩,秦汉以来的历朝历代都不乏奇人,如明代王阳明在娘胎十四个月,出生时其祖母梦见云中有仙送子,出生后到五岁才能言。凡此种种奇人奇事,往往被研究者当作迷信忽视了!殊不知,这正是神性赋予巫性的典型体现。

神性赋予巫性,才使得神人降生,然后一个个带着使命似的都干出惊天动地的业绩,如伏羲、女娲、神农、黄帝、尧、舜、禹、汤、姬昌、姬旦、仲尼……莫不如是。不妨以伏羲的主要贡献为例:创立八卦,开启了中华民族的文化之源;教民驯养野兽成家畜,教民作网用于渔猎,提高了人类的生产能力;变革婚姻习俗,倡导男聘女嫁的婚俗礼节,使血缘婚改为族外婚,结束原始群婚状态;始造文字,用于记事,取代了以往结绳记事的形式;发明陶埙、琴瑟等乐器,创作乐曲歌谣,将音乐带入人们的生活;将其统治地域分而治之,而且任命官员进行社会管理,为后代治理社会提供借鉴;根据《长沙子弹库楚帛书》的记载可知伏羲时期已有天地,但仍是一片荒芜,于是伏羲娶妻,生子四,命名万物。② 可想而知,正是具有神性又有巫性的神人(即大巫)降生,才开始改变人类的环境、使用的工具、习俗制度等,使得娱乐审美成为可能。从这个意义上看,神性赋予巫性无疑是人类审美的开端。必须说明的是,华夏以外其他的民族、国度、区域都与伏羲关系不大,但在各自的审美文化历史上,在其开端都能找到一个类似伏羲的神人用超人的智慧和能力改变了许多不利于人类生存的条件,这也是各自都有神话故事在叙说自身历史的共同需要。

---

① 谢金良:《中国神话传说与古代审美意识初探》,《美学与艺术评论》第十六辑,山西教育出版社,2018年。

② 《伏羲》,https://baike.baidu.com。

三、审美主流：诗性的中和之美

不妨先简要了解一下何为诗性？"诗性"一词源于十八世纪意大利学者维柯的《新科学》。台湾文藻外语学院应用华语文系林雪铃教授根据维柯在《新科学》中的论证，对"诗性思维"作了这样的阐释："诗性思维，又称原始思维，意指人类儿童时期所具有的特殊思考方式。其特征为主客不分，运用想象力将主观情感过渡到客观事物上，使客观事物成为主观情感的载体，从而创造出一个心物合融的主体境界。"诗性思维具有三个典型特征：思维的悖常性；创造情景相融的境界；借助奇特的想象创造新的意象和境界。[①]一般而言，诗性思维（智慧）往往可等同于审美思维（智慧），而与工具理性思维相对立。不管学者们如何去讨论诗性智慧，我们大致可看到诗性智慧与圆融中和的审美境界也是密切联系在一起的。正是从这个意义上，我们可以很清晰地发现历代中华审美文化的主流都倾向于一种具有诗性思维的中和之美。

人类的诗性思维从何而来？这种无须理性的思考，无疑便是人类的一种审美本能。人类因为有神经，有感官，有感觉，便有感受和想法。追根究底，人类儿童时期宛如每个人的儿童时期，都会依恋其生育或养育的爹妈，而人类的爹妈到底是什么样的造物主至今没有标准答案，因此从物质生成的角度也只能与广阔的天地万物联系在一起。模糊地说，天地交媾、万物化生之后才慢慢造就了人类，人类只要有生存条件就能很直接地感受到天地万物对于自己的影响，只要内心完全从属于天地万物就能达到物我无间、人天合一的境界。换句话说，就是内心的思想不存在与外物相抵触，才能虚心静气，才能发现"天地有大美而不言""不全不粹不足以为美"。在理性不发达的时代，原始先民几乎是靠诗性思维在生存和生活着，日出而作，日落而息，几

[①] 《诗性思维》，https://baike.baidu.com。

乎没有时间观念，没有理性思考，自然而然地过着无忧无虑的生活。似乎可以这么说，在神性没有赋予巫性之前，即神人尚未降生之前，人类几乎是诗性地生存着，过着真正毫无功利性的审美生活，那是自然而然的自发审美时代，人类与天地万物相对和谐地生存着。老子和庄子一直向往回到史前的时代，并不是那个时代的生活条件有多好，而是因为那是真正无功利的审美时代，所有人似乎都是在诗意地栖居着，没有心机，没有是非，没有目的，没有时间观念。这如同是早期人类的伊甸园，是天地赋予人类的快乐童年，但毕竟不是永久的。于是，"智慧出，有大伪""圣人出，大盗起"，神人的降生，使人类逐步从原始野蛮进入文明社会。如果把伏羲氏画八卦看作一个最早的开端，那么可以说从此就进入了易学时代。易学时代的开启，从观物取象的思维开始，在诗性思维（想象）的基础上发明文字符号、时间观念，逐步导入神性主宰和理性思考的时代。

从原始的审美时代开始进入史前的易学时代，社会越来越进步，但是存在的问题也越来越多，越难以解决。于是，先民开始发现，要解决文明时代的各种矛盾问题，只能选择"中和"。正是从这个角度，我们发现运用易学追求审美的方式便是华夏民族一以贯之的中和之美，而其主要目的说到底就是为了趋吉避凶、祈求"平安"。进而言之，中国古代虽然没有美学学科，但却始终以运用易学追求审美的方式来建构思想体系、阐明哲学道理、创造审美文化、包容异学文化，始终围绕太极中和的原理与智慧使其文明得以持续不断地传承与开新。正是如此，我们认为在当今新时代加速中华民族伟大复兴之时，要真正增强本民族的文化自信，就应该努力把中国易学与美学研究作为一个新的学科方向，确实在当下时代大变局中重视易学与审美的结合研究。中国易学与美学作为学科方向的设想刚刚由笔者提出，肯定还有许多人无法理解其重要性和必要性。为此，拟从以下三个方面加以简要论述。

其一，只有运用易学知识才能更加深刻理解中华审美文化的底蕴。中华文化的底蕴是什么？一言以蔽之，就是"中"。吾国名曰"中国"，何也？笔者曾尝试运用易学知识加以理解：

> 比如，女娲造人的故事，在东汉应劭《风俗通》中只略及"抟黄土为人"，并未谈及更多细节。而流传到后来，就添加了很多情节——包括女娲造人的起因、思维、方法等，说得条条是道。这里，从一个雏形发展而成生动完善的故事，其实也潜藏着不同时代的审美意识，并凸显出一定的特色。"抟黄土为人"，有何深意呢？我以为，这里试图说明中国先人与"土""黄"的密切联系。华夏民族起源于西北黄土高原，黄色皮肤与黄土地、黄河水的共同特征是"黄色"。我们知道，在五行理论中，土旺四季而居中，是最为重要的；在五色中，黄色配土，是最尊贵的。在后天八卦图中，乾居西北为尊位。综而观之，人是天地中最尊贵的，"黄""土""西北"都是同类中最尊贵的，从中我们似乎可以发现源于远古而独具特色的以自我为中心的审美意识，持续不断地影响中国古人审美观的建构。[①]

对易学知识有所了解的人大多知晓，"河图""洛书"被称为是无字之《易经》，被看作中华文化思想理论的数理本源。"河图""洛书"的中心数字都是五，这与阴阳五行理论中，把中、宫、五、黄、甘、土等对等联系是完全一致的。之前笔者在撰写另一篇论文，在谈到如何理解文王、周公的易学文化贡献对于近三千年中华文明演变的意义时，又对前面引文中的发现进一步阐发：

---

① 谢金良：《中国神话传说与古代审美意识初探》，《美学与艺术评论》第十六辑，山西教育出版社，2018年。

为什么可以艮卦为首而出现《连山》，以坤卦为首而出现《归藏》，还有以乾卦为首而出现《周易》？其中恐怕是有深义的。有人认为，在先天八卦方位图中，艮卦位居西北；在后天八卦方位图中，乾卦居西北；在十二消息卦图中，坤卦居西北。这三卦都可位居西北，故能为尊为首。从空间的角度看神州地理，西北乃陕甘宁之地，是传说中伏羲、女娲的故乡，也是文王、周公的故乡，所以西北被视为尊位。西北大多是黄土地，不仅土地裸露，其色偏黄，人种亦黄，且常穴居土洞之中，可以说人与黄土地最为密切。也许在他们原始的审美意识中，天地之间人是最尊贵的（传说女娲造人，便是先持黄泥土而成人），而在西北之人眼里黄土又是最尊贵的，由此形成了极为原始的以自我为中心的审美思维，虽居神州西北却自以为是居宇宙天下之中心，而把人、土、黄、中、五数等联系在一起，形成深刻影响中华文明的思想理论，如人居天地之中而最尊贵、金木水火土五行之中土最尊贵、青红黄黑白五色之中黄色最尊贵、宫商角徵羽五音之中宫调最常用、东南西北中五方之中居中最尊贵……乃至古文《尚书·大禹谟》所谓"人心惟危，道心惟微；惟精惟一，允执厥中"，被称作是儒学的"十六字心传"，可见持中守正的思想不仅是根深蒂固的地缘思想，也逐渐演变成一个伟大民族持续发展过程中不断坚守的一种审美信念，而这种思想信念又深深地烙印在易学文化的图书典籍里。①

可能还是会有许多人看完前面两则引文的阐释时，依然大惑不解。为什么呢？主要就是大多数人未研读过《周易》学说，对阴阳、五行、

---

① 谢金良：《四圣一心 必中必正——对易学文化与中华文明的若干思考》，已收入《〈周易〉与审美文化论稿》，复旦大学出版社，2022年。

八卦、河图、洛书、先天图、后天图、十二辟卦图等易学知识不熟悉，也就无法借助易学知识来深刻理解本国文化的底蕴。有鉴于此，加强易学文化的普及与传播，今后应该得到政府和社会各界的重视。

其二，只有运用易学思维才能更加深切领悟中华审美文化的奥妙。中华文化源远流长，奇特多样，丰富多彩，琳琅满目。在我们看来，所有中华文化基本上都属于审美文化，而且任何一样文化都有"道"，都有奥妙。俗话说"内行看门道，外行看热闹"。在雅俗共赏的中华审美文化园地里，最能体现"中和之美"的审美艺术莫过于民间所谓的十大国粹："一、刺绣：主要有彩绣、雕绣、十字绣、人绣、乱针绣等，飞针走线，绣尽万水千山。二、剪纸：主要分为单色剪纸、彩色剪纸和立体剪纸，一纸一生命，一剪一新生。三、围棋：传为帝尧所作，是中华文化智慧的结晶；识围棋，晓人生。四、陶瓷：瓷器始于土，成于火，明如镜，白如玉，有青花瓷、珐琅彩、粉彩、高温颜色釉瓷等四大名瓷，是文明的象征，也是中华民族的艺术瑰宝。五、茶叶：有六安瓜片、安溪铁观音、都匀毛尖、祁门红茶、武夷岩茶、黄山毛峰、君山银针、西湖龙井、信阳毛尖、洞庭碧螺春等十大名茶，远销世界各地。六、丝绸：主要分为纺、绉、缎、绫、纱、罗、绒、锦、绡、呢、葛、绨、绢、绸等14大类，古诗中有'红袖织绫夸柿蒂，青旗沽酒趁梨花'之誉。七、京剧：位居中国五大戏曲之首，腔调以西皮、二黄为主，用胡琴和锣鼓等伴奏；人生处处都是戏，戏里处处看人生。八、中医：诞于原始，立于春秋，古有神农尝百草，华佗救世人，至今已有几千年历史，是中国重要文化传承的瑰宝；一花一世界，一草一安康，仁心总济世，本草也流芳。九、功夫：中华民族智慧的结晶，蕴含着先哲们对生命和宇宙的参悟，讲究刚柔并济，内外兼修，讲究刚健雄美的外形，更有典雅深邃的内涵；武术吃的是苦，磨的是志，练的是体，强的是心。十、书法：是中国汉字特有的一种传统艺术；中国汉字开始于图画记事，经过几千年演变为当今的文字，殷商时期的甲骨文,周朝时期的金文、石刻文,秦代的篆文,汉代的隶书,东晋到唐朝的楷书、行书、草书;人道是'翰墨怡且乐,书法寿而康'。"①可以说,在这十大国粹审美艺术中,只要细细深究其文化原理与流变经过就能发现样样都与易学有密切联系。其中所提到的中医、功夫、书法、围棋是很明显受易学思想影响的,就连京剧、昆曲也离不开运用易学思维与原理——"赵建永教授的《〈周易〉美学与戏曲艺术之渊源——以京剧昆曲为中心的考察》,该文从《周易》与戏曲之源、阴阳原则之统一、取象写意之合一、易学对京昆内容的渗透、弘扬易学与振兴京昆五个方面展开论述,探讨作为人文之源的易学与以京剧昆曲为代表的中国戏曲艺术之间的密切联系,并在与西方戏剧的跨文化比较中彰显中国戏曲的特色。"②茶叶制作与品鉴之道也与易学密切相关——"中国茶道从远古的《周易》中承传了变易之道,种植有变化,采收有变化,制作有变化,品味有变化。茶道以一种奇特的形式流传世界,年年在变,月月在变,日日在变,变出博大,变出雄伟,变出壮观,变出精微。"③台湾著名易学研究者黄来镒先生著有《茶道与易道》,认为茶饮的精髓在于"道",而茶道源自易道;《易经》之道谈中庸、中和,而茶之道亦必须符合中和之理,方能将茶香完全闷出、释出——泡茶讲究"中庸"之道,闷茶的时间得宜,茶香自然甘醇,入味可口;奉茶之道,讲究伦理;奉茶礼仪,合乎中道;饮茶时,感恩入口,品茶时,体现谦谦君子之风,均为"和"的最佳诠释。④复旦大学生命科学学院李辉教授(笔名紫晨)也运用科学与文化知识深研茶道,著有《茶道经》,该书的"内容提要"指出:

---

① 根据微信公众号"美丽梳心"发布的视频内容加以归纳整理。可以视为民间学人对"十大国粹"的认可,也确实都具有典型代表性。
② 朱立元主编:《美学与艺术评论》,第二十二辑卷首语,山西教育出版社,2021年。
③ 《茶道与〈易经〉》,http://www.360doc.com。
④ 黄来镒:《茶道与易道》,浙江大学出版社,2013年。

"一阴一阳之谓道"。将阴阳五行说、道家文化及传统医学经络理论等,贯穿于茶的分类、茶之气脉贯通、茶树栽培、茶叶制作、保存、烹煮以及茶之品鉴、早晚饮茶规范、四季饮茶保健、祛病等实践过程,并运用现代前沿科学方法加以分析证明,从"道"的层面揭示"茶理""茶术"之阴阳"和而不同"的奥秘,对推动茶文化的科学健康发展,具有积极的指导意义。尤其是作者行文采用简洁的古汉语句式,典雅精炼,与传统文化中"道"与"经"的表述韵律要求极相吻合。①

首句"一阴一阳之谓道",足以证明李辉教授通过长期认真深入研究中国各种茶文化之后,也高度认同"茶道源于易道"之说。因此,从京剧的创作与鉴赏、茶叶的制作与品尝这两个最具生活艺术化的典型例子,可以非常充分地说明中国易学与美学的内涵无比深厚,而外延确实是无所不包的。由此可见,古代中国人总是在细心体悟易道过程中创造美、发现美、体验美,都是在易学加上审美的基本模式下不断开创中华审美文化的新花样。

其三,只有运用易学原理才能更加深入体悟中华审美文化的境界。中华文化的审美境界是什么?是极高明而道中庸,是和谐平衡的中和之美。正如张法先生在《中国美学史》之《绪论》中谈及"中和境界"时指出:"中国文化的最高境界是'和',包括人与人之和、人与社会之和、人与宇宙之和。中国艺术之美自觉追求表现天地之心,拟太虚之体,因而也把'和'作为最高境界。……中国的'和'与'中'是联系在一起的,所谓'中',就是按照一定的文化法则来组织多样的或相反的东西,并把这些构成一个和谐的整体。'中'在艺术上表现为对中心的追求。……总之,中和是中国文化的最高境界,也是中国美

---

① 紫晨:《茶道经》,复旦大学出版社,2019年。

学的最高境界。"①关于中和,不只是儒门中人的追求。道家、道教中人,虽然倾向于阴柔为主,但也是主张中和的,如《老子》第四十二章就提出"万物负阴而抱阳,冲气以为和"、《太平经·和三气兴帝王法》认为"元气有三名,太阳、太阴、中和"、北周庾信《道士步虚词》之四有"中和炼九气,甲子谢三元"之句,例证可谓比比皆是。佛教中人,虽以涅槃为皈依的终极目标,但也大抵是主张中和的,如刘勰《文心雕龙》的"唯务折衷",唐代诗僧皎然的"诗家中道",乃至晚明四大高僧提倡的"三教合一"、禅易相融通等思想都是倾向于中和的。近几年来,笔者致力于研究中和之美后发现②,不仅是提出"中和之美"的董仲舒,就连宋代思想家周敦颐、张载、二程、三苏、邵雍、司马光、朱熹、陆九渊、杨万里以至明代的王阳明等大儒名家都力主中和,而且都深受《周易》学说的深刻影响。但是,如果我们不懂易学,就很难发现这些思想家中的主要精华是来自《周易》,也就很难真正理解他们代表性学说的精髓。比如说,许多人都对王阳明的"知行合一""致良知"颇感兴趣和认同,但什么是良知呢?王阳明用一句话来概括就是"良知即易",于此若不知易不懂易学就难以理解良知了。相关的例证还有不少,概而言之,中国历代的许多思想家、艺术家都主张中和,而且都受易学影响,因此我们只有充分运用易学原理才能更加深入体悟中华审美文化的高妙境界。

四、结论

按理说,本文对审美根性的研究尚在起步阶段,难以得出准确的

---

① 张法主编:《中国美学史》,高等教育出版社,2016年,第15—16页。
② 笔者已完成上海社科基金一般项目课题"中和之美:《周易》与中华审美文化史论",2014年立项,2020年结项。

结论。有鉴于此，我们将反过头来，进一步强调深入研究中国易学与美学，对于从人天之际的视角研讨审美根性问题的合理性及其时代意义。从某种意义上说，易学是本国固有之学，是无所不包的；美学是西方哲学发展到近代的新产物，也是无所不包的。表面上看，易学更关注天，而美学更关注人，其实都与天人关系的研究密切相关，两者的结合无疑更有利于究天人之际，更有利于深入认识宇宙世界的宏观与精微，更有利于引导人们在生活中正确地体悟道并审察美，让中西学术得以巧妙结合的所谓"易学与美学"思想理论更好地服务人类的未来，以致真正实现人类命运共同体，和衷与共，天下大同，早日抱团谋求人类共同向更大更远的星空发展。所以，从人类未来发展的目标和需求来看，中国易学与美学研究理应被当作一个新的学科方向，并确实加以重视。

本文的想法还都很粗浅，意在抛砖引玉，希望能够得到学界同仁和各位读者的批评指正！为了避免被误读，于此再郑重声明：本文的所有与"神"相关的观点和想法都是在坚持无神论思想的前提下所作的尽量合乎科学的推测。

（原文首次在"诗性与神性——第二届中国古典美学论坛"上发表，后收入《中国美学研究》第二十一辑，第20—35页）

关于构建和书写中国美学史的讨论

——中国古典美学高端论坛相关发言引得

随着新时代的到来，中国古典美学的研究与传播也迎来了更具挑战性的时代。为能更好地传承中华美学精神，复旦大学中文系、复旦大学文艺学美学研究中心、复旦大学中国学研究中心于2018年6月30日至7月2日主办了"传承与构建——中国古典美学高端论坛"。这次论坛的主题是中国古典美学的理论创新和学术路径的反思。关于中国美学史的研究，历来是学术研讨的重要话题。在这次会议上，大家除了认真总结与反思中国古典美学在教学与实践方面的成果和经验以外，仍有不少学者认真讨论了中国美学史如何构建和书写的问题。几位学者除了提交正式的论文以外[1]，还在会上发表了不少有史料性或创新性的言论。为能促使中国美学史研究持续走向全面深入，以下拟侧重结合一系列相关问题，有所选择地摘引多位名家相关的发言实录[2]，既是

---

[1] 详参陈望衡《中国古典美学史体系的建构》、张法《中国美学史应当有怎样的整体框架——中国美学史研究40年演进的新思考》、王振复《中国巫性美学："作为文化哲学的美学"》、刘成纪《40年中国美学史研究的十个问题》、夏锦乾《探索中华美学的审美基因》等，均载于《传承与构建——中国古典美学高端论坛论文集》，复旦大学中文系主办，2018年7月1日。

[2] 文中摘引的发言实录，主要根据2018年7月1日复旦大学中文系主办"传承与构建——中国古典美学高端论坛"会场发言录音整理稿，录音由复旦大学中文系文艺学博士生田鹏（15级）、樊高峰（17级）共同整理完成，并由本人改定。本文初稿完成后，又经相关发言专家审订修补。后文中凡是不加注释的引文，均为发言实录，其来源皆同此，不再加注。

提供给学界参考，亦兼作本文讨论和发表个人浅见的基础。

一、中国美学史写作的艰巨性成共识

中国有着长达五千年的文明史，在前两千五百年的文明进程中，几乎没有留下多少可供全面深入研究的可靠的文献记载或史料，尽管近代以来又陆续有不少的考古发现实物可供佐证，但又因繁杂零散而难以整理出系统性的材料。在后两千五百年的文明进程中，审美文化异彩纷呈，丰富多元，留下了汗牛充栋的研究材料，让人难以尽窥其要，亦令人无所适从。在近代以前的中国一直是没有美学学科的，也没有专门的美学史理论和著作。近代以来中国美学学科的建构又是举步维艰，直到改革开放初期才开始起步。此外，中国有五十六个民族，每个民族都有一定的审美文化和特色，而且大多处于研究的盲点和弱点。毋庸置疑，种种历史和现实的复杂原因，导致中国美学史的建构和书写成为一大难题。这一点在中国美学研究界，可以说是已基本形成共识。

复旦大学朱立元教授在致辞中指出："改革开放40多年来，中国美学的研究成果和方法都有很大的收获，队伍不断壮大。中国古典美学史论的研究取得了骄人的成就。这里我谈一点个人的看法，我觉得我们美学界，特别是中国古典美学界的研究工作者们，包括我们在座的诸位重要专家，在新时期以来，我们实际上构建了中国美学史这门新的学科。在此之前，在中国没有这门学科。我自己虽然不是研究专家，但是我觉得从学术发展的情况来看，我个人认为，在学者们的共同努力下，创新性地构建了中国美学史这门新的学科。这是我们40年以来的重要成果。我们在座的很多专家都为此做出了重要的贡献。"浙江师范大学张法教授也在致辞中指出："中国美学实际上是一个比较困难的学科，研究起来是非常困难的。正因为比较困难，所以取得的成果都是比较愉快的。"

武汉大学陈望衡教授专门阐发对建构古典美学史体系的见解，他在发言中运用一些事例说明了中国美学史非常难写的原因:"我的美学引路人很多,但是在中国美学史方面,我的引路人是蒋孔阳先生……蒋先生有两篇非常重要的美学文章。一篇是《大音希声》……这篇文章对我而言,开辟了一条研究中国古典美学的通道。古典美学最最重要的应该是老子。老子里面最重要的就是两句话,一句就是'道法自然',一句就是'大音希声'。'道法自然'是哲学的,而'大音希声'才是美学的。……中国人对于音乐的美看得至高无上。我的美学是境界本体,而且我认为中国古典美学也是境界本体。……关于中国美学史的研究,有两种研究,一种是个别问题研究,一个史的研究,两个都不能互相替代的。史的研究有它的好处,因为有些专题,如果不放到历史中去的话,你往往会得出片面的看法。……这个过程中,我就自己思考自己怎么建构中国美学史。正如刚才立元所说,就像张法所说,中国美学史是一门很难建构的学问,非常复杂。"

华东师范大学朱志荣教授在小组点评中谈道:"在座的都是中国美学研究的专家,都写过类似的文章来谈各自的看法。记得前几年见到陈望衡先生时,我告诉他说我也想写一本中国美学史,但是我当时认为自己的思想还不够成熟,应该等到我的思想比较成熟的时候,有一套自己东西的时候再来写,仅仅把材料粗疏地安排一下这是不行的。之前,我也和朱存明教授编过《中国美学简史》,参加了张法教授的'马工程'。但是我写得不像他们那样写得很有自己的创见。因为有创见就会引起争鸣,所以评审的时候专家就会跟他们讨论这些问题。但我这个就是作为教材,讲求四平八稳。最近华东师大研究生院要求我编一套美学思想史,但是我还在犹豫这件事情,怎么编是一件很头疼的问题。"

话说回来,经过近四十年的探索,中国美学史写作不仅实现了从无到有,而且已经陆续创作了许多种各有特色的美学史,甚至连个人独撰的《中国美学全史》也已正式出版。这一历史事实,似乎也在昭告一种事实：写作中国美学史虽然看上去极其艰难，但写出来其实也不难。但是，为什么大家又都觉得很难呢？笔者认为这应该就是说，要写出一部真正的中国美学史是极其艰难的，或者说要写好一部中国美学史是很难的。从这个角度看，从某种意义上说，目前已出版的各种中国美学史类书籍，不管如何都还是处于初步的探索，不可能是登峰造极之作。但是，我们必须由衷感谢前辈时贤精心奉献的美学史作品，为今后持续深入地撰写好中国美学史奠定了深厚宽广的基础。

二、回顾近百年中国美学史写作历程

中国学者是从何时开始着手建构和书写中国美学史的？真正比较符合美学意义的第一本《中国美学史》是由谁来完成的？诸如此类的问题，中国美学研究界似乎还没有完全形成共识，估计也很难形成共识！

陈望衡教授谈道："中国美学史如何写？我记得1980年，在昆明召开的第一届中国美学史大会上就讨论了这个问题。讨论这个问题的背景是什么呢？上个世纪七八十年代，李泽厚先生作为领军人物带着一批人在写中国美学史，会议前，研究部分成果在《美学》丛刊上发表了。我记得1980年的美学大会上，山东大学的周来祥先生做了一个长篇发言，谈中国美学史研究，我印象特别深刻。他提出美学与思想要区别开来。1980年会议之后不久，出了第一批成果，其中有李泽厚《美的历程》。《美的历程》应该是第一本中国美学史。但不一定是中国美学思想史。叶朗先生出了《中国美学史大纲》。再就是李泽厚和刘纲纪主编的《中国美学史》第一卷，后来出了第二卷，没有出全，只写到魏晋南北朝时期。还有，就是我们不能忘记的敏泽先生的《中国美学思想史》。敏泽先生把他的中国美学史明确地标为'中国美学思想史'。李泽厚、刘纲纪的中国美学史没有标明'美学思想史'，标的就是'美学史',叶朗的书也一样。实际上,他们的美学史就是美学思想史。那么,《美的历程》是什么史?也许,是美学现象史。值得特别指出的是,现象史不是没有理论,它也有理论。与一般的美学史、美学思想史不同的是,它不是从理论到理论,而是从现象到理论。正是因为从分析现象中揭示理论,这理论倒显得格外厚实,格外有分量。从出版时间来看,《美的历程》最先;就影响来说,它最大。无疑,它是第一本中国美学史。在此以后,出了好几部中国美学史,其中有笔者的《中国古典美学史》。可以说,中国美学史研究作为一门学科,在这个时候建立了。"可以看到,陈望衡教授认定《美的历程》是第一本中国美学史。

张法教授认为:"史应该是一个整体性的。相对于美学原理来说,《美学原理》1924年就出版了,而中国美学是到了1984年。差了这么多年。前史里面比较重要的人是刘师培。他写了论文《中国美术学变迁论》。此美术学即当时对aesthetics(美学)的翻译方式。这论文是1907年写的。他想写中国美学史,但只发了两篇文章。应该是比较早的。之前,有很多人在美学史的研究上,在点和面上,非常有成就的,比如宗白华、方东美,他们的高度很多都是我们今天达不到的。不过他们没有写一个整体的中国美学史。真正的美学史是从1984年开始。李泽厚《美的历程》实际上是中国艺术史,因为它是用西方的理论、荣格的理论来解释中国艺术史。"如此说来,张法教授认为李泽厚与刘纲纪在1984年出版的《中国美学史》第一卷,才是第一部真正意义上的美学史。但事实上,这也是一部有头无尾的美学史。

北京师范大学刘成纪教授对此也很有看法:"中国形态的美学史研究,应该说是从1978年开始。一个标志性的问题,我们可以在李泽厚和刘纲纪所写的《中国美学史》第一卷的《后记》里面看到。李泽厚申报的第一个项目就是'中国美学史',因此我们可以把1978年看作新时期以来美学史研究的开端。""中国美学有自己的自我意识的话,我认为起点就是1918年陈独秀提出的'美术革命论'。因为'美学'和'美术'的概念在当时是被混用的。在讨论中，出现了巨大的论争。中国绘画和西方绘画到底怎样画，这样一个论争。论争中，邓以蛰和宗白华就参与了，他们的参与非常重要，把一个绘画的论争提升到了美学的高度。我认为这是中西艺术差异意识产生的一个早期形态。第二个要考察中国美学史这个概念到底是怎样提出来的？什么时候提出来的？从史料可以看出，从1927至1928年，邓以蛰是在厦门大学开过关于中国美学的课程。这是一个早期的标志。更重要的是，1935年邓以蛰在清华大学以'中国美学史'这样一个名字来开课。到这个时候，中国美学史这样一个观念应该是在人们的心中比较清晰了。从邓以蛰留下的讲义和文章中我们可以看到，根本就是一个通识教育，都是一些关于书法、绘画的单篇文章，不是所谓的美学史，不过是起了一个美学史的名字。美学史什么时候用学科形态准备出现？有一年，中宣部和教育部做了一个教材编订的计划，在这一计划中，有王朝闻先生主编的《美学概论》、朱光潜先生编的《西方美学史》，这两个都顺利完成，另外由宗白华编订的是《中国美学史》《中国美学史资料选辑》。正如张法老师所讲，它确实是极端地难作。它没有一个理论基础作前期的准备，所以宗白华的任务最终就没有完成。正是在这一背景下，到1980年，《中国美学史资料简编》（北京大学美学教研室），就是宗白华在60年代承担的这个任务的最终完成版。1981年李泽厚《美的历程》，1984年李泽厚、刘纲纪《中国美学史》第一卷，1985年叶朗《中国美学史大纲》，1987年敏泽《中国美学思想史》，1989年李泽厚《华夏美学》。从以上两种状况，可以得出这样一个结论：中国美学史的产生表现为一种逐步觉醒式的连续性的历史运动。我们很难说是什么时候觉醒的，它是个连续性的觉醒，不断地深度地觉醒。而改革开放以来，这一系列中国美学史的前奏，累积而成了今天的这种厚度。最近40年的觉醒是一个最终的觉醒。"不难发现，刘成纪教授对此没有轻易下结论，但却比较全面客观地梳理了中国美学从研究的意识、学科的概念，到美学史的雏形、资料的汇编、课题的申报和完成，以至通史性著作陆续出现等一系列过程，无异于简要回顾了近百年中国美学史写作的艰辛历程。

上海政法学院祁志祥教授在发言中也附带提道："很多专家谈了中国古代美学史怎么去写，已经写了的如何评价，正在做的怎样把它写得更加合理。这里我愿意分享一下我自己在做的中国美学史的研究领域。以我的学术史的梳理，我觉得是宗白华领衔主编的《中国美学史资料选辑》。美学怎么去界定，在中国古代的典籍中如何去寻找那个属于美学的资料，实际上很难。所以他1955年的工作就没有能够完成。但是他的一个弟子叫林同华，他想继承老师这样一个没有完成的想法。所以林同华就写了一本书，叫《中国美学史的若干问题》。收集了好多篇论文，曾经送给我一本。他想做老师没有做成的事情。后来就是由叶朗等人参与的《中国美学史资料简编》出版，这是1980年出的。在这之前的1978年，李泽厚思考中国美学史怎样做，他写了一个初稿，叫《美的历程》。但正如有学者指出的那样，《美的历程》是艺术的历程，不是艺术学或美学的历程。李泽厚后来意识到这一点，所以在1989年的时候，补充写了一部《华夏美学》。《美的历程》一般人都愿意把它看成最早的一部美学史，但我认为它不是美学史，《华夏美学》才是。后来1985年，叶朗的《中国美学史大纲》，才是完整的、篇幅适中的一部美学史著作。"祁志祥与张法一样都不认为《美的历程》是第一部，但却把《中国美学史大纲》看作是第一部。从审美性、整体性、系统性的角度看，这种看法也是有一定道理的。

平实而论，认定哪一部才是第一本中国美学史，对于中国美学史的写作并无非常重要的意义。但对于早期艰辛探索历程的回顾，确实是很有意义的。在历史回顾中，让我们不会忘记一大批曾为中国美学史写作奠基的前辈，诸如王国维、梁启超、蔡元培、刘师培、邓以蛰、朱光潜、宗白华、方东美、李泽厚、林同华、刘纲纪、王朝闻、叶朗等名家，也能由此产生对美学史写作的敬畏感和使命感。正是有了一代又一代学人坚持不懈的艰辛探索，中国美学史的写作才能取得如此长足的进步。

三、中国美学史写作应该与西方有别

在人类的审美文化园地里，美学学科很迟才在西方出现，到近代才辗转引进到中国。在学科建立初期，美学史的写作纯属西方的专利，似乎与非西方的国家无关。在美学学科传进中国以后，中国学者首先考虑的也是如何撰写西方美学史，这无疑也是中国美学史建构很迟才起步的原因。之所以要写中国美学史，无疑也是出于对西方美学研究的比较和回应。而如何开始建构和书写中国美学史，从史实来看也是对西方美学史的写法亦步亦趋，是在有所仿效的过程中逐渐凸显出中国审美文化特色的。经过近百年，尤其是近四十年来的探索和尝试，中国学人开始意识到中国美学史写作应该与西方有一定的差别。这种差别到底有多大？能否彻底改变西方美学史的那种书写传统？美学史写作到底该不该有东西方之分野、国别和民族之分殊？对此，陈望衡和张法以及刘成纪等人都是深有感触的。

陈望衡教授在发言中袒露了个人的许多想法和做法："我写中国美学史是1994年，主要参考书是朱光潜的《西方美学史》。朱光潜写的《西方美学史》体系非常严密。他的体系是：哲学思潮、文化思潮、艺术思潮、美学思潮四维一体。比如古典主义，它既是哲学思潮，文化思潮，艺术思潮，也是美学思潮。朱先生从古希腊开始，几个思潮一路写下来，就把美学史写完了。朱先生的写法给了我很大的启发。于是我就确定去写，我确定以审美为中心，以文化为视野，以艺术为背景，以哲学为基础去写我的美学史。这首先牵扯到美学是什么的问题。

鲍姆加通说美学是感性学，但不是一般的感性学，他说'感性认识的完善就是美'。研究的不是感性而是'感性认识的完善'。感性是心理学的问题，感性认识的完善才是美学研究的问题。据此，我理解的'审美'不是纯感性的东西，而是感性与理性相统一的东西。这就涉及真与善。中国人谈论审美，总是要去谈论'真'和'善'。'真'不仅涉及自然，而且涉及宇宙之本，于是就通向'道'了。这'道'，儒家与道家的理解各有侧重，但不相对立，而是相通的。在中国古代有'礼'与'德'两个概念，它们可以归属为'善'。'礼'更多地涉及国家制度层面，'德'则更多地涉及社会规则层面。两者可以互释互化互通。众所周知，美学的摇篮是艺术，许多审美观念是从艺术审美中产生的。西方这样的书很多，如《拉奥孔》；中国古代也有，如《文心雕龙》。两者相同的地方就是都谈到审美，不同的是西方的艺术书如《拉奥孔》可以纯粹谈审美，而中国的艺术书就不行，总是会谈到道、礼、德这样的问题上去。《文心雕龙》首篇是《原道》，谈了诸多的文与'道'、文与'经'的关系。正是因为中国古代本不存在纯粹的美学，所以，我就不写一部纯粹的美学史，而是要写一部美学观念史。我的美学史，会涉及作为宇宙本体的'道'，政治学的核心概念'礼'，还有伦理学的'德'。概而言之，我不将纯粹的审美作为研究对象，而将审美和审真、审善统一起来，将三者的统一作为研究对象。朱光潜很重视文化思潮与美学的关系，我也试图这样去做。但我发现还是有些问题的。中国古代当然有文化，但有没有思潮？按一般的理解，思潮是一个时间性的概念，顾名思义，它是思想之潮，一潮过去，另一潮过来。西方文化思潮时间性很明显。中国的文化现象是不是这样？不能说没有时间性，但时间段不是那样明显。讲中国文化，时常听到的概念是：先秦子学、魏晋玄学、两汉经学、隋唐佛学、宋明理学、清代朴学……它们是思潮吗？可以说是，也可以说不是。尽管它们不一定是思潮，但它们与美学有联系。因此，我还是要谈它们与美学的关系。有些文化现在与美学的关系是明显的，好谈，如先秦子学。有些就不好谈了，如清代的朴学，但我又不能回避它。深入研究，发现朴学有反美学一面，也有尊重美学的一面。除了以上的问题，还有一个核心与边界的问题。中国美学史的主题是审美，核心是艺术。这一点是没有疑问的。但是边界呢？北师大开过一个美学会，要讨论中国美学的边界问题。我去了，我发现，会议上几乎没有人认真地谈论美学的边界问题。我是带了一篇文章去的。我的文章专门谈了美学的边界问题。我认为，美学的边界应该是人生和环境，如果说，这一点在西方美学史不是那样明确的话，在中国美学史，它是明确的。关于人生，前面我已经谈过。关于环境，我认为，中国审美中的山水，其实都不是纯粹的自然，而是人化的自然特别是精神人化的自然，用现代的概念来说，就是环境。中国的山水诗、山水画很发达，说明中国美学很重视环境。我这篇文章在《河北学刊》发表了，也被人大复印资料复印了，大家可以找来看看。"总体来说，陈望衡研究中国美学史，既吸收朱光潜写美学史的做法，又有自己的一套标准，他主要是围绕审美、文化、观念、艺术、人生、环境等关键词来写中国美学史的，不是做纯粹的美学史。这种做法显然有别于西方，但根本上还是与撰写西方美学史的做法有一定的类似。朱志荣教授在点评中就认为："他强调要以审美为中心，把审美与文化联系起来。我认为文化问题和美学问题是有联系的，但是也不能混为一谈。最近有三位年轻学者写论文向我质疑，关于美学学科的，《清华大学学报》第4期已经登了，对美学学科的问题，对美的理解的问题，有很多的误解，我觉得还是要厘清的。"

张法教授长期致力于中国美学史的写作，他在发言中侧重从根本上比较了中西之别："中国古人在掌握世界的时候，实际上是按照道。道既是基本的规律，又是走路的道。它是现象和本质相统一的。整个中国美学史的资料都是现象性的，而西方对学科的要求是law，即规律、原则和法理。写一个美学史，必须是一个有体系、范畴、逻辑的。而中国的古代不是这样的。我们在中国美学的书籍中看到的一些概念，其实是在一些零散的谈话中出来的。而且很多话语，比如在读文论、画论的时候，完全是聊天。如董其昌的南北宗，他的整个著作全部是聊天。真正的南北宗的理论只有两段话。他著作的百分之九十都是'我买了什么画''什么画是好的'。如果按照西方law的原则，谈不上什么理论著作。但是南北宗理论自提出以来，对明代的绘画意识、审美意识的划分都有很大的影响。后来说书也有南北宗，文学也有南北宗。在面对中国美学史的时候，我们要知道中国人对于理论是按照道去理解的，而不是按照西方的law。我们今天虽然要按照西方学科的基本原则，但如果完全按照西方的方式去写中国美学史的话，去寻找资料写中国美学史就会比较困难。因为实际上，很多比较好的东西是在一些比较边缘的地方。比如说，有人说中国美学是不讲非功利的。但实际上，中国美学也是讲非功利的。比如说《长物志》。魏晋时期，'长物'就是无用之物。只有无用之物才是喜欢的。到了明代的时候，文震亨的《长物志》，涉及的就是士大夫的品味，非功利的。在礼乐里面讲，一个人如果有闲情慧眼，他看到任何地方它都是美的。任何的景色无非图画，闲情后面就是非功利的。中国的思想什么都有，关键在于它的很多思想都是在边缘里面。以道的原则来看待学问的话，虽然是零散的闲聊，但是对中国古人来说，它就是理论。当我们的审美文化出现之后，把中国美学史和审美文化区别开来，对中国美学史的研究可能是有所阻碍的。中国人的道就像太极图那样是虚实合一的。我们看到实的时候，实际上它背后还有虚的一面。西方一定都是实的，他们认为只有'实的'东西才是可以讲的。但在中国人看来，真正的东西是'言不尽意''难以与俗人道也'。真正的东西是没有讲的，没有讲的话才是最最重要的。因此，如果从虚实结合，或道的理论来讲中国美学史的话，中国人的美感究竟是怎么样从物质的东西、词汇概念,作为一个整体来把握?总之一种美感是如何产生出来的,又是如何在社会上形成定理的?比如说,三寸金莲的美,是李煜对于女人那种小脚的欣赏之后,然后拓展到整个五代南唐的艺术,扩展到宋代,扩展到整个古代男人的审美趣味。既有资料,又有物质形态,又有理论。我们看到明清小说,只要男女谈恋爱,它一定是与小脚相关联的。小脚到了清末民国,就被解构了。中国美学史,如果我们不是从理论著作出发,那些美感是如何产生出来的?如果是从物质形态所依托出来的,按照这种方式的话,我们中国古代有代表性的特殊的美,比如说彩陶、玉器、瓷器,会发现都是有自身的资料体系的。今天所写的中国美学史所包括的范围中,在古代日常生活中很重要的一些东西是没有进入里面的。比如都没有写瓷器。瓷器自宋以后无论是日常生活,还是精神生活都是中国人非常重要的一部分,而且都是有很多理论和材料的。为什么它不能进?因为它与西方以law所构成的体系是有出入的。在按照西方学科构建之外,如何根据中国以道的原则去书写中国美学史,二者之间是很难结合的。虚实结合……中国和西方理论的提炼方式都是不一样的。中国古人是怎样对美的本质下定义的?但却找不到定义,如此一来,下定义就比较困难。后来西方人不讲美的本质了。所以说我们就出来了。现在最大的障碍就是,中国人谈论道的基本原则。如果从这方面考虑,那么我们在写中国美学史的时候可能就会与西方人有点不一样。"总体来看,张法认为写作中国美学史必须与西方美学史有别,因为中国以道为主的思维是虚实结合的,审美文化是掺杂在生活现象之中的,很多比较好的东西又是在一些比较边缘的地方,所以必须有不一样的写法才对。

朱志荣教授在点评中指出:"我曾参加过张法教授主编的中国美学史的写作,我们多次谈论了中国美学史书写的整体框架问题。从这次论坛看,张法教授的思想比以前更加成熟和系统了。他提到了中国的道和西方law的区别问题。西方研究,是要透过现象看本质,而审美是始终不脱离现象的。而现象和本质是统一的，这一点我非常赞同。张法教授提到了《美的历程》受到了克莱夫·贝尔'有意味的形式'的影响，这是我们80年代曾经有过的事情。我们不能用西方的思想来解说中国美学，那这就把我们变成了西方思想的一个注脚。王朝闻先生就是吃了这个亏，他写了几十卷，还有许多讲稿、书信。王朝闻先生是一个艺术家，而且对艺术有独特的领悟，但他的写作却变成了西方思想的一个注脚，搞了半天是论证西方思想是正确的。西方的思想是正确的，要你论证吗？还写了那么多书去论证！你就是写200卷、2000卷也不过是论证西方思想的正确。我们应该有一种求异思维。我们应该总结和提炼自己的思想，而不是去成为别人的一个注脚。张法教授就说不能纯粹用西方的思想。"

刘成纪教授也充分意识到中西的差别："理解新时期中国美学史的研究，必须要理解它的背景。刚才张法教授追溯到王国维、梁启超、蔡元培和刘师培，那个时期的美学研究基本上就是按照西方的道路来找中国。西方有的我们也有。就是这样一种观念产生的对于中国美学的一种关注。以西方有的我们也有这样一种想法为背景，基本上就是以西格中。……做中国美学史，首先就是要辨析中国美学和中国美学史的这样一些概念。从美学学科的高度来理解中国美学史，被一个区域性或历史性的概念限定的时候，我们就发现理论之间是存在内在矛盾的。为什么？现代形态的美的理论，它是要揭示美的共相，揭示跨文化，或全人类的对于美的一种普遍认识。从这个意义上来说，从来不存在中国美学。世界上关于美的真理只可能有一个。所以无论是西方美学史，还是中国美学史，都是关于美学的一些次级的问题。虽然是次级的问题，但是我们看到中国美学史主要是在和西方美学、西方美学史的争论中产生的。鲍桑葵、吉尔伯特和库恩的《美学史》，前面从来没有加上'西方'两个字。他们认为他们的美学就是全人类普遍的美学史。塔达基维奇和比厄斯利的美学史也是中国的翻译者在他们的书名前面加上了西方，他们二人也不承认他们的美学仅仅对于西方有效。同样的道理，鲍姆加登、黑格尔，他们俩的美学原理著作本义也是要传递普遍适应性的著作。但中国学者更愿意称他们的美学为西方美学。这是中国学者，以自身的视角对其普世性提出了质疑。在这样一种背景下，我们既要看我们如何定位中国美学或者中国美学史在那样一种普世观念中的位置。20世纪以降，中国美学和中国美学史的书写，是中国人借助美学伸张民族本位立场的努力，又包含着使西方美学从一种普世性话语退回到一种区域性话语的这样一种企图。但我认为无论是中国还是西方谁也没有权利拥有美学原理的专属性和美学历史的唯一性。他们的美学都在通向普世性原理的途中。由此，共识性的美学原理仍然是一个被悬置的问题。我们都没有达到这样一种全人类性的高度。在这样一种背景下，我们看中国美学或者中国美学史中的'中国'，明显是一个地域、历史和文化融合的概念，与此相关的美学起码包含了两点：一个是中国现当代美学；一个是中国古典美学。那么在中国美学作为中国现当代美学和中国古典美学总的概念这样一个背景下，很明显中国美学史更具有中国性。也就是说，由历史形成的中国古典美学史无疑最大限度地承担起了作为中国美学史的使命，而不是现当代美学。关于中国美学史的中国性和西方性的兼容问题，虽然中国美学史能够达到一种最高度的中国性，但是传统意义上，正如张法老师所讲，是一个有美无学（即中国古代没有西方那样的学科型的美学）的历史。这就决定了中国美学史仍然是一种被现代西方学科所规划的一种产物。今天我们写作不得不讲的一个背景，就是'西方出理论，中国出史料'。搞了一辈子最后证明：中国美学是对西方普世性理论的一个东方印证，使得我们构成了西方的一个案例。"朱志荣教授在点评时说："刘成纪教授说，我们最终要有一个普世性的。他们认为的普世性的，其实与我们的可以有一个互补。西方人不知道，我们可以告诉他们，我们有这样一些东西。虽然不一定比他们多，但是我们有。我们要把它们概括和总结出来，以至于最终走向普世，最终走向世界。中国是一个美学大国，全世界研究美学的人加起来没有我们中国人多。但不是多就可以了，比如足球。我们要变成美学的强国，我们有能力变成美学的强国。"

不能把中国美学史的写作变成西方思想的一个注脚，这应该是能够逐渐成为共识的。但是，怎样做才不会做成注脚呢？怎样做才能彰显中国美学的独特性和系统性呢？尤其是对于一些明显具有中国特色的审美历史和现象，在美学史写作中是避而不谈，还是浓墨重彩，抑或轻描淡写、一笔带过呢？其实，对审美现象、源流、范畴、定义等的理解，因人而异，如果在学术思维和学术话语上没有实事求是的革新，难免都会被他人理解成是别人的注脚。

四、中国美学史研究要关注巫性美学

当许多学者运用惯常的思维在理解中国美学史如何建构时，已有一些学者不断尝试跳出原有的认知框架，把目光聚焦到前两千五百年的远古史初时期，把问题凝聚在中华审美文化的传统基因上。在考镜源流的基础上，一些明显有别于西方的审美现象不断进入美学史研究的视野。这对中国美学史写作来说，无疑是提供了一种新的思路和视野，从某种意义上说也是对以往所建构的中国美学史的一个新挑战。

最近几年来，复旦大学王振复教授一直在做巫性美学的研究，他在发言中也袒露了自己的独特思考："我认为我这个巫性是可以做的。为什么？因为巫性就是一个既是异化了的，又是对象化了的；是'二律悖反'，又是'合二为一'。我理解的巫性是个什么东西呢？我认为巫是拜神与降神、媚神与渎神、畏天与知命、灵力与人智的有机结合和妥协。其中的美学意蕴，而非美学意义——我把美学分了几个层次：第一个是美学意蕴；第二个是美学意义；第三个是美学思想，此外还有美学系统、美学体系。这里面不是一个理论性的东西,而是一个意蕴的东西。我在2002年的时候写过一篇文章,叫作《〈坛经〉的美学意蕴》。这里'巫'的美学意蕴是这样来概括:迷信与理智交互,糊涂同清醒兼备,萎靡和尊严相依,崇拜携审美偕行。它们的关系都是'二律悖反',又是'合二为一'。其中可以理解到一种美学意蕴,当然这里审美的概念是比较大的,是哲学的美学。我是这样理解的,不一定对。第二个问题就是关于文化哲学的问题。我在2002年的时候出过一本书,叫《中国美学的文脉历程》。在此之前(国内)已经出了好几本中国美学史,我当时想我能不能写美学史,但是我想我不能再写了,所以我想出了用'文脉'来做主体,这个就是一个界限,刚才我说的'巫性'也是一个界限。此前做的都是哲学美学,当然也关系到文化。哲学美学,它是在哲学与艺术审美学之间的这么一个东西。文化美学,这是一个文学哲学的美学,这是海因茨·佩茨沃德讲的,他是国际美学学会的前主席。文化哲学的美学是怎样的美学呢?它是由三个因素构成的:第一个人类学意义上的'气';第二个文化哲学意义上的'道';第三个审美现象学意义上的'象',三者组成中国文化哲学。原来是二维的现在变成三维的。哲学美学当然要从哲学进入。哲学的美学就是一种哲学诗性。这个诗性主要是艺术审美,但是里面还有其他的东西。文化哲学的美学,是文化意义上的诗性。人对现实的审美关系,对美学来说主要是艺术审美。当然也关系到人对自然的审美,对道德的审美、对宗教的审美。我后来想,假如从文化的角度来看的话,人对现实的基本关系,或者人把握世界的基本方式,共有四种,一种就是求神的以及和宗教相关的,比如巫术、神话、图腾——它不是宗教,但它和宗教相关,可归到求神这一类去;第二是求真的;第三个就是求善的,就是道德的;第四个就是求美的。假如从文化哲学,就是人类学美学这个角度来说,那么这四个都应该关注到。就这个题目还有两个东西需要简单地说一下,第一就是'天人合一'的问题。这个问题大家讲得很多,我以前在开会的时候碰到好多学者,其中很多国外的学者都谈论'天人合一'。有人说'天人合一'4000年以前就有了,而且叫天人合一的宇宙观。我觉得有些奇怪。但同时,要知道天人相分的,假如不知道他们是分开的,又如何知道它们是合一的呢?它的前提是天人相分的。那么跟原始混沌是不一样的。原始混沌可以说是天人合一,但是原始混沌时还没有分清天和人。当人跟天分开以后才能合一。讲天人合一就应该承认天人相分。石器时期是天人合一的。那么当时有没有哲学,应该有哲学元素。巫的宇宙观就是天人合一的。在《淮南子》里面关于宇宙有两种说法。一个说法是'上下四方曰宇,往古来今曰宙'。那么这个应该是哲学的时空观。还有一个是什么?'凤凰之翔,至德也。而燕雀佼之,以为不争与之争于宇宙之间。'这里提到宇宙,是建筑。这个东西就不是哲学。第二个想法是这样,搞美学的都知道一个概念叫作'原始宗教'[①],它是宗教的原始部分,宗教所具有的基本性质它都基本具备。宗教的教团、教义、教律以及终极关怀,原始宗教都不具备。以前我写的东西里面都有原始宗教,现在基本上都不用了。而用原始巫术、原始神话、原始图腾,它们三个是三位一体的,又是各尽所能的。"王振复教授从文化美学的视角,发现了巫性美学的重要性。他把美学分了几个层次:意蕴、意义、思想、系统、体系;从天人合一理解到天人相分,但又从原始宗教理解到原始巫术、神话、图腾的三位一体。不难发现,想

---

① 王振复教授补充注释:"关于'原始宗教'问题,我当时发言认为,用这个概念讲原始文化不准确,应该说,文化形态学意义的原始文化,是原始神话、图腾与巫术三者的结合,三位一体又各尽所能,中国原始文化是以巫性文化为主导的。'原始宗教'既然也是一种原始形态的宗教,宗教应当具备的教团、教义、教律与终极关怀等文化属性,'原始宗教'也应基本上具备,可是许多学者所说的'原始宗教',这些文化属性它不具备,所以我认为'原始宗教'的概念是不科学的。可能当时我说得太简而不清楚。"

要理清中国美学史的文脉可真不容易，因为早期历史上看似神秘混杂的东西实在太多了①。

对此，刘成纪教授是持肯定态度的："必须厘清两种起源观：一个是美的历史起源，一个是美的思想起源。惟其如此，我们才能追溯到史前时期。今天的很多美学史研究是从春秋时期开始的。最早形成美学反思的历史当作了美的历史。和历史起源之间要划清界限。由此就产生了两种处理方式。一个是美的历史起源这样一种方式，如李泽厚、敏泽、王振复、张法，均将中国美学史的起源追溯到了史前时期；一个是美的思想史起源，如叶朗、祁志祥、陈望衡。目前的态势，有融合的趋势。比如陈望衡《文明前的'文明'》、朱志荣《中国审美意识通史》都是把问题提升到一个更为久远的时代。80年代的那样一种分化在这里已经形成了一个完整的形态。王振复老师讲的这个问题非常重要，史前作为文化哲学的问题，巫性作为美学的问题，因为过去做史前的研究、文化的研究，我们都没有形成一种理论形态。只不过认为那个时候是美学，但是它是什么美学我们没有讲清楚。到底什么是中国美学史，我认为应该持一种开放的观点。"

《上海文化》主编夏锦乾先生对王振复教授的肯定更明显："审美基因的概念在美学书上还没有看到过。我的初衷是要呼应王振复老师的巫性美学。我们近百年来的美学研究，都是采用了以西释中、以西格中的套路。受到西方美学思想、术语、范畴的影响很深。我认为这是中西交流所必须要经历的一个阶段。这种研究也取得了很大的贡献。

---

① 王振复教授补充说明："其实，作为文化哲学之美学的中国巫性美学，本身就十分复杂。中国美学的起始看似'混杂'实际是可以理出学术头绪的，就是从文化形态学角度，始于以原始巫术文化为基本而主导、伴随以原始神话与图腾文化。如果说'混杂'，那么中国巫性美学作为一种文化哲学的美学，在学术思维上是三维的，即这种美学处于文化人类学、文化哲学与艺术审美学之际。而哲学美学，是处于哲学与艺术学之际的学科。可惜的是，眼下有些所谓美学，实际上是一维的，只留下一个艺术学甚而是文论而已。"

但100多年以后,我们需要对这样的套路进行反思。主要问题在于这种套路把研究的主体和对象都解构了。如果按照西方的思想、概念来研究,而从中国找一些例子来解释,最后我们就没有自我了。研究的主体没有了。正是在这种研究套路下面,我们中国没有一个完整的美学史。现在大部分的美学史都是从周代开始,这可能受到'五四'时期胡适的《中国哲学史大纲》的影响。蔡元培在书序中对胡适'截断众流'的方法论给予了很大的赞赏,结果就是在所谓实证主义的科学方法的名义下,把周代之前的历史截去了,这对中国美学史而言,就意味着把最重要的源头剔去了。今天我们重新研究史前审美意识的发生史,着重从器物和审美基因方面去研究,这是回到了美学本体自身。王振复教授的巫性美学就是希望建立一个从自我本身去看的思路。中国美学一定存在一些从远古沉积下来影响到现在的元素,唯有这些因素,才给中国美学一种独特的属于自身的特点,和内在的统一性。我非常赞同刚才刘成纪教授说美学是一种世界性的、普世性的观念。但是美学又具有各个民族、种族、文化自身的特色。两方面并不对立。所以美学基因应该是美学史研究一个非常重要的问题。如果把握了这些基因,当下审美的诸多现象便可以找到一些历史的、本土的解释。即便是深受西方美学影响的学者,他们在美学研究上也可能会受到这些基因的影响。所以这个问题应该引起我们的重视。美学基因的问题与审美意识的研究相似但不同。审美意识可能跟审美意识、日常生活需求、个性化的一些实践联系在一起的。审美基因则是从个体上升到群体,它们需要从群体中寻求。远古先民的审美实践在民族的心理层面,它必定存在着痕迹,所以将其概括、抽象出来,还是有意义的。我理解的审美基因是跟中国最早的审美实践联系在一起。三代以前是一个巫术时代。巫术是那个时代的核心。巫术根本的内容是对对象的幻想性的控制。所谓的控制是某种意志在控制。巫术代表了早期人类对自我意识的一种崇拜。后来意象、意境都强调'意',我认为跟最早的巫术都有联系。通过仪式,将人的意志转化成灵,转化中实现了一种和的关系。因此,'意'与'和'可能就是中国审美文化的基因。"

朱志荣教授在点评中则保留自己的看法:"王振复教授讲到巫性美学作为文化哲学,一方面讲到了马克思对他的启发和影响,对象化和异化的问题。第二个是文化哲学,但是我一直在想,在谈论文学与美学的关联时,是不是既要讲到联系但同时也要指出区别。我还是认为美学的学科还是要纯净一点,不要太杂。"

王振复教授提出的巫性美学,确实让人顿觉中国美学史的本源非常复杂,甚至连流变也无法挥去巫性美学的魅影。但这无疑更加切合中国美学史的本然实际,是书写中国美学史过程中不应该回避的根本性问题。朱志荣教授的点评说得也在理,一个学科发展越纯净越好办,似乎是认为越纯净就越有利于学科的发展,但是也不能掩盖历史真相才好。这也让笔者想到一个关键的问题,如果中国美学史本身异常混杂,我们写作时是采用"混杂",还是"纯净"呢?摆在大家面前的难题是,把看似"混杂"的都梳理到清晰完美体现出来几乎是不可能的,而仅仅是纯净的建构和书写又难免会违背史实,究竟如何是好呢?

五、中国美学史到底应如何书写才好

毫无疑问,中国美学史到底如何书写才好,是大家重点关注的问题。前面几个问题的探讨,也是紧紧围绕该问题展开的。大家都自觉地反思中国美学史研究存在的问题,既说明了美学史研究本身确实存在了不少悬而未决的问题,也体现了美学史研究在方法和思路上比起以往有更大的进步。只有找到问题,发现问题的症结,并尽力加以改进,美学史的研究才能取得新的飞跃。

对于40年中国美学史研究,刘成纪教授归纳了三点贡献:"第一,实现了国家历史的完整书写,出现了一大批通史性著作,更多的是一些专题性的关于美学史的讲述。第二，实现了西方美学史的中国化再造，为美学学科的建构提供了美学话语和中国方案。到底中国话语、中国方案提供好了没有现在还难说。但是我们起码有这样一种理论自觉。第三，借助美学视角，揭示了中国文明的特性。我们可以确定的一个认识是，中国美学思想是作为中华文化的一个精髓存在。在研究中，逐渐从美学的问题一步步地朝着文化的范围放大。放大之后，中国美学逐渐和中国传统文化有了一个等量齐观的性质。"刘成纪教授还提出了十个问题[①]，并在发言中充分表达自己对解决主要问题的看法："那么怎样解决这个问题？从40年中国美学史研究的实绩来看，这种西方出理论、中国出史料的研究法导致了中国美学史研究问题选择的严重偏至。我们理解的美学，如刚才陈老师所讲的是审美学，但是从中国古典来讲，审美这个概念囊括不了中国美学的历史。张法在《中国美学史》的书中讲，中国美学是在名词和形容词之间往返滑动的，它有它的名词性，这也就意味着（许多东西并不是）审美能够解决的。王振复教授也在讲巫性美学，这个巫性美学如何才能包括在审美范畴中也就成了一个严重的问题。'五四'新文化运动以来，解放性叙事、启蒙叙事，导致了我们对美学选择的一个巨大误差。比如我们都盯着魏晋时期的自由解放，把王朝稳定时期的美学成就基本上就淡化了。西方自柏拉图开始到启蒙运动，它的美育观是一种批判性的美育观，用美来介入现实批判。但在中国传统中，美是一个建设性的概念。诗教、礼教、乐教，都是实行一个对社会的建构。这个也是和西方不一

---

① 依次是：一、中国美学史的学科自觉；二、美学、中国美学与中国美学史的关系；三、中国美学的中国性与西方性的兼容；四、中国美学史的历史发端；五、中国美学史的历史分期和发展规律；六、中国美学史的逆向重构和本来面目；七、中国美学史研究的中心和边界；八、中国美学与传统国家政治的关系；九、中华民族美学历史的多元一体性；十、中国美学史料学的建设。刘成纪教授认为，讲清这十个问题，既是对40年来中国美学史研究状况的学术总结，也是对未来研究的理论开启。

样的。在这样一种背景下,我们应该采取怎样的措施来实现对中国美学的建构?从40年来的经验看,就是以中国性的美学话语来建构中国美学自身。比如李泽厚的主题论美学、叶朗的意象美学、陈望衡境界本体论美学、祁志祥乐感美学,都是试图建构一种中国式的理论然后对中国美学的历史进行解释。但第三点,我认为现在是一种比较可行的办法——在中西之间保持弹性的方式,比如张法最近几年补朝廷美学的问题。就是在西方的理论之下,形成一种对西方溢出的方式。(第四是)中国美学史的历史源头问题。这是前几年一直争吵不休的。……最严肃的起源,我认为从王国维开始。只有从王国维,才有美学学科,才有美学史。从美的自觉,可以从魏晋开始。若作为中国人哲学对象的反思,从春秋开始。从美的历史起源,则是史前。美学的历史分期,传统方式就是朝代分期法。近代,随着西方历史哲学的介入,我们往往从历史中寻找美学发展的规律性。所以跨朝代分期法,这是西方历史哲学对中国影响的一个结果。但传统中国历史是一个超稳定的形态,很难看到西方那种剧烈的时空巨变,从希腊、意大利、法国到德国,都是具有巨大的时空巨变。所以,美学发展的趋同性远远没有大于差异性。中国美学的分期是极端混乱的。有的把先秦两汉搞在一起,有的把两汉魏晋搞在一起,有的是魏晋南北朝或者独立。此外还有日本人内藤湖南隋唐变革的这样一种讲法。但我认为中国美学史不是随着朝代的更迭而另起炉灶的历史,其美学思想的连续性远远大于差异性。代际之间总是同中有变,而不是变而再变。这个稳定性尤其是在礼乐方面。从周公制礼乐一直到清朝,一个延续不变的传统就是礼乐传统。这就是一个不变的问题。中国美学的演进模式,基本是在西方进化史观的影响下,认为中国美学史首先有发端、成形、高峰等等,就是给它理出了一个不断进步的过程。其实我认为中国美学历史没有进步,更多的是重复,甚至倒退。"对此,朱志荣教授在点评中指出:"关于刘成纪教授讲的退化,是激进性的、情绪化的东西。我认为进化论历史观是简单化了的。不能简单化地理解为重复和倒退。"刘成纪教授的结论看似有些偏激，但也体现了他在思考诸多问题之后，对如何写好中国美学史的些许失望，因为要把所有问题都妥善解决实在太难了。

祁志祥教授不仅认为叶朗《中国美学史大纲》是第一部美学史，而且还分享了自己写作美学史的经历和思考："我曾经受益匪浅，我就是通过它进入中国美学史的大门，许多年过去，后来发现也有一些有待完善的地方。是什么呢？我把它概括为一句话：中国美学史包含着若干的范畴、概念、命题，但叶朗的书仅仅抓住意象、意境这个范畴。所以他把丰富多彩的中国美学史，变成了意境、意象的演变史。于民也写了一部美学史，他认为古代美学核心范畴是和、气。王文生在上海文艺出版社出了《中国美学史》上下卷，但他有一个副标题——情感的历史。他认为中国古代美学的核心范畴是情感，所以他聚焦情感在不同历史时期的发生与发展史。（除了）于民、王文生以及王振复的《中国美学的文脉历程》等等，朱志荣有一个《简史》，他抓住意象，这一点跟（朱光潜、叶朗的做法一样）……陈望衡《中国古典美学史》对美学的理解，范畴有多种，其中也有一个核心范畴，也就是意象。张法先生的理解很开启我们的思维。朝廷美学、士人美学、民间美学，我看了以后很受启发。他的写法自成一说。我们要鼓励和宽容中国美学史的各种写法。我这部书怎么写的？2008年的时候，我写了一部《中国美学通史》三卷，从先秦写到'五四'。今年又写了一部从'五四'到当代的《中国现当代美学史》。大概在两年前，在上海人民出版社的促动之下，我们联合申报了上海市的重大战略出版工程项目，叫作五卷本的《中国美学全史》。我们在前三卷的基础上，增加了论美学和中国古代美学精神。中国古代美学实际上就是中国古代美学精神运行史的呈现出来的运行轨迹和时代特色。都说中国古代美学是有美无学，那么我们在梳理中国美学史的时候，就应该聚焦关于美的思考。我们不能同意说中国古代有美无学，一方面我们写美学史的时候也回避美的聚焦。叶朗说中国古代美学史最重要的范畴是意象,这里我愿意提出一些不同的看法。意象何以成为美的范畴?因为意象给我们带来愉快,它符合'美者甘也'这个意思,因此它才成为美的范畴,否则意象何以成为美的范畴?让我们感到愉悦的不仅是意象,还有道、器、和,等等。所以我们在写中国美学史从第二到第三卷,(更加关注)美学精神的运行史。中国美学精神是什么?道美、心美、味美、文为美,诗性为美。不同时期有不同的表现形式,从以心为美生发出以情为美。'五四'以后,变成了一个独立的美学学科,人们可以在其中系统地表达对美的思考。'五四'以前怎样,08年出版的书;现当代怎么样,商务印书馆出版的这本书。8月中旬,将出版5卷本的。"关于中国美学史书写的问题,祁志祥教授根据自己的理解和尝试,谈到了怎样才能把中国美学史写得更加合理,认为中国美学史就是中国美学精神的运行史。

江南大学赵建军教授点评:"祁志祥教授的乐感美学,抓住美学能够给人带来快乐这样一个特质,保证学科特质的一个问题,他在讨论《诗经》美的用法之后,转到了个人撰写美学全史的体会。他是想说'我的书是从一个什么样的逻辑起点出发',他在参透通过对象视听觉带来一种乐感、快乐,把美学带到一个精神和生命的层次。他对《华夏美学》的肯定也反映了这一点。作为有中国特点的著作的推出是很有意义和价值的。"赵建军教授对中国美学史写作曾经发表过以幻象为核心范畴,融合易儒道释于中国特色的美学形态的观点,他在点评中主要对祁志祥"乐感美学"提出自己的一点看法,或许还有很多认识限于发言时间,未能充分展开。

江西师范大学陶水平教授在发言中也对相关问题有自己的看法:"我认为,中国美学史的研究应该是多元的。无论是理论思想史、范畴史、文化史、艺术史、意识史、器物史、风尚史、制度史以及现象的、理论家的、流派的,甚至一本书的研究都是亟须的。美学在中国非常重要。世界上没有哪个国家的美学学科像在中国这样受到政府、民间以及社会各界的重视。美学在中国像西方的神学。所以蔡元培的'美育代宗教'，是很有远见的。我预料美学还会有更大的繁荣和发展。不管你是哪一种研究的路径、方式，其中有一个精气神的东西——灵魂，就是要研究美学精神。最近几年，我跟朱志荣先生搞了一个研究中华美学精神的课题，研究美学精神，对于我们民族的精神、个体的精神，中华美学史应该以这个来贯穿。我非常认同祁志祥教授的观点。我觉得感兴学研究，可以成为当代中国美学理论重构的路径。"

关于中国美学史应该如何书写才好的问题，在笔者看来是一个历久弥新的问题，将随着时代发展和社会的进步而不断变化。作为美学史研究者只有不断深入历史，不断结合时代发展的问题，才能使美学史的写作更加全面深入，更加切合历史真相和生活实际。

六、关于书写中国美学史的粗浅意见

中国美学在历史研究方面经过近四十年的书写，据统计已出现上百部各有特色的通史性或专史性著作。可以说，中国美学研究已经不缺史书了！但是，相关的历史书写，肯定还会不断延续下去。在笔者看来，留给后人的问题就是：中国美学史书写，还缺什么呢？表面上看什么都不缺，其实仍然缺的是思想的深度、源流的考索、文物的佐证、史料的深掘、美学的特色、文学的表达，尤为缺乏的是面对审美历史本身的发掘与研究，以及众多学养深厚的美学史专家的通力合作。好几年前，笔者也尝试过召集人马来撰写一部通史，但终因知难而止。早有念头，当时突发奇想，提了一些想法和要求，现在看来仍然是觉得有点意义的。不妨以此若干粗浅意见作为本文的小结：

创新之处：内蕴中国心，外显古典美，总体美学观。作者高起点、高学历、高职称，团结一心，精诚合作，集思广益，多年磨一剑,多人审一书,比撰写博士论文更严谨苛刻,比传统治学更致用创新,倾情熔铸,力求完美,不成精品死不休。研究对象大而全、巨而细,跨度大、字数多、质量高。

理论:以时间为主导,以历史为依托,以实践为依据,以审美为内容,以品种为形式,实事求是地发掘和再现中国古典美学的源远流长、博大精深、神秘奇特、错综复杂、历久弥新、圆融变通。

方法:注重文本考据,力求还原历史,附加精美图片,引用准确无误,文笔通顺流畅。

效果:宏微并重,主次兼顾,首尾相连,前后互通,文脉同传,学术俱显,道理齐明,古今合心,中外共鸣。

目的:为中国争气,为古典增光,为美学正名。

这几年来笔者也一直有所思考,按照笔者的理解,要写好中国美学史,至少还要在理论建构、知识储备、材料开掘、团队协和、治学手段、审美实践、话语创新等方面痛下功夫。尽管笔者的想法过于理想化,但仍期待在不远的将来能够有更坚实厚重的中国美学史著作面世!

(原载《中国美学研究》第十三辑,商务印书馆,2019年,第58—76页。按:本文原题为《也谈如何构建中国美学史——中国古典美学高端论坛相关发言引得》,于2018年10月28日在上海政法学院召开的"中国美学的演变历程高端论坛暨《中国美学全史》五卷本恳谈会"上发表。会后经过进一步修订再投稿,投稿之后又加以修订。有点遗憾的是,因故没能用上最后的修订稿。为了弥补缺憾,本书选用最后的修订稿。)

中华文化审美基因初探

——在中和之美研究基础上对"中"范畴的理解

在2018年7月1日由复旦大学中文系主办的"传承与构建——中国古典美学高端论坛"上,《学术月刊》编审夏锦乾先生发表了《探索中华美学的审美基因》一文,作为对王振复先生提出建构巫性美学的积极呼应。夏先生提出了"审美基因"概念,并初步论证了探寻中华美学审美基因的重要性,而且也初步提出其个人观点:"我理解的审美基因是跟中国最早的审美实践联系在一起。三代以前是一个巫术时代。巫术是那个时代的核心。巫术根本的内容是对对象的幻想性的控制。所谓的控制是某种意志在控制。巫术代表了早期人类对自我意识的一种崇拜。后来意象、意境都强调意,我认为跟最早的巫术都有联系。通过仪式,将人的意志转化成灵,转化中实现了一种和的关系。因此,'意'与'和'可能就是中国审美文化的基因。"[①]对于"审美基因"的提法,笔者是非常认可的。

中华文明上下五千年,但在前两千五百年中,几乎没有多少可靠的研究史料。仅仅凭借传世文献以及近现代以来陆续发现的考古遗存和材料,如何才能找到中华审美文化的基因呢?笔者开始尝试从易学与美学研究的角度加以探寻。

[①] 谢金良:《关于构建和书写中国美学史的讨论——中国古典美学高端论坛相关发言引得》,《中国美学研究》第十三辑,商务印书馆,2019年,第71页。按:原来的引文误用初稿,以本文为准!

一、研究基础：近四十多年来学术界研究中和之美的成果

近40多年以来，中国古典美学研究取得了不少开创性的研究成果，而中国美学话语和言说方式的问题一直困扰着学界。经过对《周易》学说与中华审美文化史之关系的研究可以得出，源于《周易》的中和之美一直是中华审美文化的基础和内核。也就是说，中国美学中中和之美是其话语结构和言说方式的总枢纽。因此，可以通过对中和之美的探究来探寻中华审美文化的基因，以便更好把握中华审美文化精神的实质，以期在新时代下建构中国美学自己的话语体系和言说方式。关于中和之美相关问题的研究，主要有以下几方面的成果。

首先，关于中和思想观念本身文化内涵的研究。代表性的论文有黄卫星、张玉能《"中"字的文化阐释》。该文认为，从哲学上来看，"中"是人类所追求的一种无过无不及的中间状态，反映在中国传统哲学思想中就是"中道"（中庸之道），反映在西方哲学思想中则是"中庸"，反映在佛教哲学思想中则是"中观"。世界几大哲学思想体系都强调通过中介的对立统一，而反对折中主义。从伦理学来看，人们所崇尚的中正、中允（公正、公平）之道，即以公正、公平的立场态度来处理人际关系从而建设一个公平、正义的和谐社会，既是一种高尚道德，也是社会主义核心价值观的一个重要方面。从社会学来看，人类社会可以划分为上中下三个层次，中间层次人数最多，是需要妥善对待的社会阶层。在美学和文艺中，中和之美是中国传统美学思想的主要特征，也是中国传统美学思想的辩证法思想的集中表现，而中国传统书法美学思想中的"中锋"范畴，更是体现出中国传统美学思想的伦理型特质。[①]孔润年《论"中和"理念的几个问题》认为，"中和"是中国哲学和中国伦理文化所推崇的价值理念和处事方法，也是贯通价值哲学之本体论、方法论和价值论的共有原则。"中"，有"中国"

---

① 黄卫星、张玉能：《"中"字的文化阐释》，《青岛科技大学学报》，2018年第4期。

之意,也有"中心""主体"之意,相当于一个事物向周围扩散的中心点,以及控制全局的主体责任者。"和",有"和谐""聚合"之意,是处于非中心或边缘状态的事物的一种存在状态。"中"与"和"组成"中和"一词,是指事物存在的一种正常状态。"中"与"和"的关系,还可以抽象为体与用、道与器的关系,即中为体、为道;和为用、为器。"中和"与"和合",虽有区别,但也有很大的重合,二者都是哲学理念,并且都强调"和"的理念和价值。"中和"理念的本质是要求人们按唯物辩证法办事,特别是要按对立统一规律办事。"中和"理念的核心是正确处理矛盾关系的有效方法。①特别值得一提的是,2017年11月26日下午三点在西安西北大学举办的第四期中和思想学术沙龙,首先是王元琪博士作主题发言——《"中"说》,他的发言主要包括"'中'的字源说""'中'论诸说""'中'论的普遍范式""'中'的多维度诠释"等四个部分,查阅了相当多的文献资料,旁征博引,认真严谨的治学精神令人叹服。据说会上印发的《中和思想学术沙龙资料》,刊有张茂泽《论"中和"的意义》、赵润琦《论〈周易〉的"中"》、孔润年《中和理念的源流、内涵和价值》三篇论文。与会者一致认为:"中国传统文化是实现中华民族伟大复兴的重要文化源泉,而'中和'思想是传统文化的精髓和内核。""我们以为'中和'既是本体论,也是世界观、方法论、政教观和人生观,我们从事'中和'学术研究,目的是创新和传播中国传统文化,把传统文化从农业文明处境下解放出来,成为人类社会发展、人的自由和当代社会生活的重要推动力,促进现代文化的发展和繁荣,找回传统文化的核心理念,恢复传统文化的原创能力,同时为传统学术文化的交流和发展搭建平台,打通古代与当代的沟通渠道,使中华民族成为具有文化自信、文

---

① 孔润年:《论"中和"理念的几个问题》,《价值论与伦理学研究》,2018年第1期。

化自强、文化自尊的伟大民族。"①

其次，关于中和之美观念本身的研究。这方面有不少代表性的论文，张国庆《中和之美的几种常见表现形式》认为，在中国美学史上，实际上存在着既有本质区别也有一定联系的两种中和之美，即作为特定艺术风格论（"温柔敦厚"之属）的中和之美与作为普遍艺术和谐观（以《乐记》为代表）的中和之美。文章主要对后一种中和之美的常见表现形式作了进一步探究。②过了七年，张国庆又撰文对于为何要将中和之美"一分为二"、诗教何以也能称为中和之美以及两种中和之美的理论特征及异同等问题作了详细论述。③张利群、黄小明《中和之美模式辨析》一文在史与论的结合上，全面论述了作为儒家传统文艺观和审美观的"中和之美"的特征、本质、表现形式、哲学基础及其在中国美学史上的作用和意义。④邓承奇、高伟杰《多元统一 中和至美——谈孔子的审美标准》认为，千百年来学术界一直把"思无邪"作为孔子的审美标准，其实全面、准确地考究孔子的审美标准后可知，应是"中和之美"。孔子继承和发展了前人"尚中""尚和"的思想，提出了"中庸"的原则，经过长期的积累与拓展，这才成为他认识问题和处理问题的原则和方法。中庸之美在美学上就是中和之美，不论自然美、社会美、艺术美均如此。孔子的中和之美具有普遍性、代表性，对后世产生了重要影响。⑤任浩《中和之美探胜》一文，把作为美学理想、哲学范畴、道德目标的中和之美与自然科学联系起来加以理

---

① 参见搜狐博文《"中和"思想是传统文化的精髓和内核》，www.sohu.com/a/207031823_782379。
② 张国庆：《中和之美的几种常见表现形式》，《文艺研究》，1992年第4期。
③ 张国庆：《再论中和之美》，《文艺研究》，1999年第6期。
④ 张利群、黄小明：《中和之美模式辨析》，《西北师大学报（社会科学版）》，1994年第2期。
⑤ 邓承奇、高伟杰：《多元统一 中和至美——谈孔子的审美标准》，《齐鲁学刊》，2000年第1期。

解,通过对中国古代哲人早已提出的中庸之道、中和之美要义的分析,论证了中和之美作为人类文明化的目标,被广泛地运用于自然界、社会和人生,其生命力在于不断地追求新的平衡。[①]王祖龙《中和之美的人文底蕴及其现代意义》认为,人文价值取向作为中和之美的意义域长期以来被忽视。作为中国古代以"中"为正确的审美方法,以"和"为审美内涵的普遍的和谐观,它具有一定的辩证精神和人文色彩。它集哲学范畴、审美理想和伦理学目标于一体,从而构成其丰富的人学内涵。作为一种普遍和谐的人文精神,对于想摆脱生存困境、艺术困境和精神危机的今人来说,它仍具有一定的现实意义。[②]胡睿臻《中和之美:文化还原与现代转化》认为,中和之美的起源,与政治和德行有密不可分的联系。关于它的理论表述,存在于以美喻政、喻德之中。它也被用作培养政治人才,甚至是直接行政的手段。它具有难以避免的政治特性,体现了统治者的社会一体化追求。所以,要实现中和之美的现代转化,就必须对它进行去政治化,把它的出发点移置个体的需要与发展上,这样它就可以在现代社会焕发出积极的意义。[③]曾繁仁《礼乐教化与中和之美——中华美学精神的继承与发扬》认为,《中国美育思想通史》着重阐述中国古代相异于西方美育的"礼乐教化",以"中和之美"作为整个中华美学精神之主要特点,并以之为中心线索,在此前提下着重探讨了与此相关的礼乐教化、风骨与境界等观念,阐述了主要立足于"以美育人"的中华美育思想的基本特点,勾勒出其五千年的发生发展的历史。同时,也力图揭示促进中国五千年美育发展的诸多关键性因素,如儒道互补、阴阳相生、中外对话融通以及

---

① 任浩:《中和之美探胜》,《山西大学学报(哲学社会科学版)》,2000年第1期。
② 王祖龙:《中和之美的人文底蕴及其现代意义》,《三峡大学学报(人文社会科学版)》,2002年第4期。
③ 胡睿臻:《中和之美:文化还原与现代转化》,《中国中外文艺理论学会会议论文集》,2013年8月。

审美与艺术统一等的内涵与意蕴。①朱玉婷《析"中和"之美的本质特征》认为,"中和"是中国古代文论的核心范畴之一,在儒道两家的推崇下,以"中和"为美的思想对艺术创作的发展、思想人格的塑造产生了深远的影响。"中和"之美的本质特征可从三方面加以把握:在感性与理性相统一的维度上,它表现为"礼乐和谐";在形式与内容统一的维度上,它表现为"文质彬彬";在最终的宇宙艺术人生相统一维度上,它表现为"天地人和"。②

再次,从文艺美学的视角对中和之美的研究。代表性的论文蒋树勇《论"中和之美"的艺术辩证法——古代文论民族特色初探》认为,我国古代文论源远流长,其派别之众多,主张之殊异,备极绚烂,如奇花异葩,毕罗瑶圃,蔚为大观;而通过对"中和之美"思想的分析,可以从一个侧面论证它所包含的艺术辩证法是中国古代文论的民族特色之一。③李蹊《"文"即中和美德说——先秦"文"论探微》认为,"文"在今天所能见到的先秦著述中含义特广,治文学史和思想史者多有论及。该文把"文"作为中和美的集中体现,即作为一个广义的美学概念而不是单就文学范畴作一探讨和论证。另外,文章还认为"文"作为中和美德的集中体现,主要是儒家的观点,但中和美却是诸子共同追求的美的极致。由于对中和内涵的解释以及达到中和的道路存在根本的分歧,因此在互相辩难中涉及非常广泛的领域——天道、地道、人道,也就是天文、地文、人文。④陈顺

---

① 曾繁仁:《礼乐教化与中和之美——中华美学精神的继承与发扬》,《山东大学学报(哲学社会科学版)》,2016年第4期。
② 朱玉婷:《析"中和"之美的本质特征》,《九江学院学报(社会科学版)》,2018年第2期。
③ 蒋树勇:《论"中和之美"的艺术辩证法——古代文论民族特色初探》,《文艺理论研究》,1983年第4期。
④ 李蹊:《"文"即中和美德说——先秦"文"论探微》,《社会科学辑刊》,1987年第2期。

智《略论先秦儒家中和文艺观》认为，先秦儒家文艺思想大抵可以归纳为"文质彬彬""辞达而已"的文辞观，"情止乎礼""思无邪""温柔敦厚"的伦理观，"言以足志，文以足言""情信辞巧"的美善观和"兴""观""群""怨"的效用观；而其主要美学特征是中和之美，主要内容是封建伦理道德，最终目的是教化人民、调整社会人伦关系，为统治阶级服务；其主要类型则属功利实用，以致我们可以称之为重践履、尚道德、求功用的中和文艺观。①张峰屹《董仲舒"〈诗〉无达诂"与"中和之美"说探本》认为，董仲舒的经学思想涉及某些文艺问题，其中有创见或新意者，是他的"《诗》无达诂"说和"中和之美"说。"《诗》无达诂"严格说并不是一种真正意义上的文学思想，而是"物莫无邻，察视其外，可以见其内""见其指者，不任其辞"的经典解读方法。它对于文学思想的价值，是给文学阅读活动提供了认识上的重要启发。"中和之美"说对先秦儒家的"中和"思想作出了新的解释，董子把它纳入顺天法地、天人相应的思想体系，由天地具有"中和之美"而落实为人的修心养性功夫。因此，"中和之美"说也并不是本色的文学思想。但是，由于它涉及人的情感，认为怒、喜、忧、惧皆宜"反中"，就包含了人的情感应当如何表现的问题，从而具有了一定的文学思想的意义。②张庆利《〈易传〉的中和之美与文学精神》认为，《易传》对《易经》的阐释，以'中'为标准推断吉凶，以'和'为宗旨申说易理，以刚柔相济为尚，以刚柔适中为善，以追求崇高与美好为宗旨，以师法自然、生生不息为旨归，并以和融的语言为媒介，充满了中庸和穆的思想，反映了以中和为美的观念，体现

---

① 陈顺智：《略论先秦儒家中和文艺观》，《武汉大学学报（社会科学版）》，1993年第2期。
② 张峰屹：《董仲舒"〈诗〉无达诂"与"中和之美"说探本》，《南开学报（哲学社会科学版）》，2000年第1期。

出中正和谐的文学精神。①张丛皞《"中和之美"之于当下文学创作的意义》认为,"中和之美"是中华美学精神的组成部分,其强调情感的表露要自然而然、居中克制、恰到好处,悲喜不要过度,情绪不宜宣泄,艺术表达与审美诉求尽量处于平衡、和谐、圆融的格局和状态中。在传统社会里,"中和之美"既是艺术的创作原则,也是生活的伦理准则,体现了儒家文化秩序中文艺观和道德观的统一。今天重提"中和之美",不是要在官方的文艺倡言中寻找可靠的艺术法则,也不是对中国古典美学强加新意,而是在于其与当下凡俗生活本相的同构性,在于其与当下中国文化境遇及大众心灵感受的脉息相通,在于其有对当下文学创作某些消极惰性倾向的平衡抑制功能。②曹炫洁《论"中和"的艺术审美蕴涵》认为,"中和之美"是中国古代美学的一个重要范畴,"中和"来源于儒家中庸的哲学思想。儒家和道家都把"中和"作为艺术审美的理想和原则,但侧重点有所不同,一个注重外在形式的和谐,一个注重内在精神的和谐。该文从儒道两家对作为本体性范畴的"道"的不同阐释入手,分析了同把"中和之美"作为艺术审美原则的儒道两家是如何体现的。③靳小云《回望"中和"——儒学艺术精神的"中和之美"》认为,孔子是"中庸"哲学的倡导者,他将"天道中庸"的伦理道德观念运用于艺术审美领域,以后历代的艺术创作中"中和之美"的审美观念都得以体现。它对于促进艺术向着和谐统一的方向发展起到了积极的作用,但其消极影响也是不容忽视的。直面当今的众多艺术现象,对这个古老话题的重新思考,无论对

---

① 张庆利:《〈易传〉的中和之美与文学精神》,《东北师大学报(哲学社会科学版)》,2011年第4期。
② 张丛皞:《"中和之美"之于当下文学创作的意义》,《文艺报》,2016年11月7日,第3版。
③ 曹炫洁:《论"中和"的艺术审美蕴涵》,《安徽文学》,2009年第8期。

艺术家还是艺术创作活动都有着重要的意义。①白洋《浅析中庸之道与中和之美》，简略分析了中庸之道与中和之美的区别与联系。②

最后，还有从中西比较的视野和生态美学的视野研究的文章。例如，高小康《从东西方早期美学思想看"中和之美"》一文，试图从相似性方面进行比较，探讨中国早期儒家的审美思想"中和之美"同古希腊相似的审美范畴之间的异同，以及形成这种相似性的原因和条件。文中认为，中华民族同以古希腊为代表的西方民族，由于各自的自然、社会条件的差异而形成了不同的文化心理结构，由此派生出了东西方美学思想中的许多不同特点。然而在这种种不同中又有某些相似的、共性的东西存在。因此，在研究东西方美学的差异时，如果注意到二者的相似性，或许有助于更深入地了解审美历史发展的基本规律及不同民族美学思想的本质特点。③郑冬瑜《生态美学视野下的"中和之美"》一文，则试图在生态美学视野下对"中和之美"重新解读，恢复其完整的美学内涵，认为"中和之美"包含中国传统生态智慧的发轫，其大道本源性的思维模式和对待自然的审美化态度具有现代意义，在实现古典美学形态现代转换的过程中，成为中国当代生态美学理论资源的有益补充。④

关于早期中和之美观念的研究，相关论文还有：顾永芝《荀子发展了"中和之美"的思想》，《音乐研究》，1985年第3期；倪素平《先秦儒家文艺观中的中和之美》，《阴山学刊》，1996年第1期；顾建

---

① 靳小云：《回望"中和"——儒学艺术精神的"中和之美"》，《中国包装工业》，2014年第8期。
② 白洋：《浅析中庸之道与中和之美》，《智富时代》，2016年第12期。
③ 高小康：《从东西方早期美学思想看"中和之美"》，《南京师大学报（社会科学版）》，1987年第1期。
④ 郑冬瑜：《生态美学视野下的"中和之美"》，《广西师范学院学报（哲学社会科学版）》，2014年第6期。

华《中国古代艺术鉴赏的最高标准——中和之美》,《北方工业大学学报》,1998年第4期;刘景亮、谭静波《中和之美与大团圆》,《艺术百家》,2001年01期;梁玉水《中和之美:作为一种语言结构意义分析之初探》,《佳木斯大学学报》,2002年第3期;牛芙珍《一个美学的核心范畴——"中和之美"再探》,《廊坊师范学院学报》,2003年第3期;李娜《中和之美》,《聊城大学学报》,2008年第2期;邰东梅、吴景东《儒家"中和"观与中和之美》,《中国美容医学》,2008年第9期;范泠萱《中国远古文化中的"中和"之美》,《数位时尚(新视觉艺术)》,2011年第2期;张兵《中和之美、尽善尽美与人格之美——论孔子的〈诗〉审美》,《齐鲁学刊》,2012年第5期;李啸东《我眼里的中和之美》,《文艺生活(艺术中国)》,2013年第2期;牛剑萍《浅析孔子音乐美学思想的"中和之美"》,《黄河之声》,2016年第12期;季贞贞《浅析孔子艺术美学中的"中和"之美》,《焦作大学学报》,2017年第1期;等等。还有一些论文,是论述中和之美在历代文论、文学、艺术、思想等方面中的具体体现和影响。限于篇幅,不再赘述。相关研究专著倒是不多,如张国庆《中和之美——普遍艺术和谐观与特定艺术风格论》,巴蜀书社,1995年;程静宇《中国传统中和思想》,社会科学文献出版社,2010年。张国庆先生侧重从艺术的角度,分别阐述两种不同风格的中和之美,而程静宇先生则相当全面地阐述各种主要学科和中国传统文化经典中的中和思想,实事求是地证明:中道(中和)思想在我国源远流长,自上古尧、舜开始,一脉相承于禹、汤、文、武、周公、孔子、孟子、以及汉、唐、宋、明、清乃至近代,延续了几千年,有着极为丰富的内涵,具有重要的学术价值和现实意义。

  还必须提及的是,近40多年来一系列与中国美学史论相关的著作中,都不同程度地提到中和之美的体现和影响。再综观以上所提及的诸多研究成果,可以非常清晰地发现中和之美在中华审美文化历史中不仅是一以贯之,而且是始终扮演极其重要的角色。正如张法先生在《中国美学史》之《绪论》谈及"中和境界"时指出:"中国文化的最高境界是'和',包括人与人之和、人与社会之和、人与宇宙之和。中国艺术之美自觉追求表现天地之心,拟太虚之体,因而也把'和'作为最高境界。……中国的'和'与'中'是联系在一起的,所谓'中',就是按照一定的文化法则来组织多样的或相反的东西,并把这些构成一个和谐的整体。'中'在艺术上表现为对中心的追求。……总之,中和是中国文化的最高境界,也是中国美学的最高境界。"①

综上可见,目前学术界对中和之美的研究已比较全面深入,也充分认识到中和思想的价值意义,但也明显存在一些不足。首先,对中和之美的研究主要局限在其具体内涵范畴和其与文艺美学关系问题上,而对其本身的建构史相关问题的研究较少,除过少部分研究触及到了易学体系中的中和之美问题之外,其余大多都以儒家的中庸之道为依归,从而忽视了儒家思想建立之前中和之美话语建构的漫长历史。其次,以往的研究都是相对系统的理论建构,大多浅尝辄止,而对相关文本史料的梳理不足,尤其缺乏从易学与美学的视角来考察早期中和之美观念的形成。最后,对"中""和"两个美学范畴,缺乏深入的研究。

二、溯本求源:中和之美与"中"范畴的形成关系密切

根据以往的研究基础,我们可以确信自先秦时期以来,中国人是极其崇尚中庸之道、中和之美的。至于中国人从何时开始崇尚中和,为什么要崇尚中和,也就是对中和范畴、观念的早期形成过程,一直缺少关注和研究。当然,这确实是一大难题!有鉴于此,我们拟再展开一些力所能及的研究,以弥补现有的不足。

---

① 张法主编:《中国美学史》,高等教育出版社,2016年,第15—16页。

（一）"中"源于史初"立中"测时

在我国，先民们对时间的理解，有着一个从朦胧到逐渐清晰的过程。据研究，在这个过程中，通过测日影来观测时间的变化，是非常重要的一环。而人们对"中"的理解，很可能源于测日影。在已出土的殷商甲骨卜辞中，就有"立中"（即立一"中"以测风向、日影之义）的记载，由此引发一些学者对于"中"的猜想。著名史学家唐兰先生《殷墟文字记》以为"中"是氏族社会"建中""聚众"的徽帜，相当于是插在聚集场地中央的"中"字形旗帜；而甲骨文字学家李圃《古文字与中国文化源》则认为是一种测天的仪器，姜亮夫先生也认为这与测日影相联系。对此，王振复先生在略加考辨的基础上，提出自己的看法：

> 卜辞所谓"立中"，就是一种原古的巫术行为。"立中"以测日影，后来发展为同时测风力与风向。在先民心目中，看不见却感觉得到的风，同样也是神秘的。迄今所知关于"立中"的卜辞，都与贞（占卜）风有关而与徽帜无涉。如："无风，易日……丙子其立中，无风，八月。"（胡厚宣：《甲骨六录》双一五）"癸卯卜，争贞：翌……立中，无风。丙子立中，允无风。"（王襄：《簠室殷契徵文》天十）
>
> 要之，所谓史者，从中从又，其本义显与"立中"相勾连。《说文》云："史，记事者也。"这"记事"，并非一般的"记事"，而是将占卜结果契刻于甲骨之上，这便是最远古的"史"。而史字从又，说明"记事"的动作、行为。史者，巫也。史是从巫中发育、分化而来的。①

---

① 王振复：《中国美学的文脉历程》，四川人民出版社，2002年，第26—27页。

王振复先生由"史"说"中",又由"中"论"史",是很能说明问题的。对中国人而言,对"中"的理解无疑是一个大问题,这牵涉到对"中原""中国""中土""中华""中庸"等"中"的理解。换言之,我国古往今来一直对"中"情有独钟,有没有深刻的渊源呢?借此,在王振复先生研究的基础上,笔者也想从"中"和"史"的角度谈谈尚未成熟的看法。从汉字流变规律看,"中"应该是象形字,"史"是会意字。从甲骨卜辞有"立中"之说,"中"与测天气是密切相关,不管它是否与建中聚众的徽帜相关,我们都可以判定"中"与其字形相类的东西有关。还有,用"中"测日影,也基本上可以肯定是远古测日影以定时间的一种仪器或工具。这说明"中"与时间是密切相关的。我们以为,"中"在某种意义上就代表时间。在汉字中,"中"具有"不偏不倚"的意思。那么,什么时间才是"不偏不倚"呢?只要对日影或日晷有所观察的人,都会立刻想到只有在正午时分(一刹那),测日影的"中"之影才能"不偏不倚",即变成一个点(这跟准确投射到一个预定的目标点,跟说话说到点子上等,意思显然是相通的,故"中"又有"射中""中肯"等引申义)。可见,先民对"中"的原始认识至少有三个方面:一是"中"形如旗帜、仪器;二是其日影跟每个时间点相联系(只有正午是正中之影);三是其所"立"之"态"与每一时刻的风向、风力相关(只有风力均衡时才是中正之态)。而不管是测日,还是测风,抑或要求氏族成员在约定的时间在某地集合,也不管是正午,还是中正形态,或是指集合场地的中心,"中"显然都与时间和空间密切相关。直至今日,我们的语言表达还经常运用"在……中",来说明事情发生的时间或地点,足可证明"中"具有无与伦比的时空特征(尤其是跟时间相关,因为它更多地用作测时间)。因此,"中"作为相当原始的"时钟",无疑具有"时中"的意味。可以推想,在先民的眼中,它就跟今日的钟表一样,成为时间的代名词。那么,"中"的意义也就很好理解了,就是与天体运行的时间段刚好相对应的，也就是"准"的意思。"中"，是用于准确报时的，报得准确无误了就是"中"，否则就是"偏""误"。联想到占卜也是一样的道理（占卜跟测定时间，都是预测），预测准确了就是"中"（准）。

需要指出的是，占卜跟时间观念联系在一起。可以推想，在先民还没有时间观念之前，无所谓过去、现在、未来，怎么会想到预测将来的事情呢。而时间观念的出现，跟先民长期的直觉和经验的感知是有关系的，尤其是必须根植于带有实验性和观测性的天文"研究"，而测日影的行为不管是不是最早的天文"研究"，无疑都是先民形成基本时间观的重要阶段。这就使得先民的占卜心理和行为，必须和测日影的时间观测行为，发生必然的联系。再进一步推想，在没有形成时间观之前，先民的任何行为都是感性的，生活行动无疑会受到很大的阻碍，变得混乱复杂，如出去觅食，不知太阳何时下山，就可能天黑以后还在离出发点很远的地方，甚至很可能是漫无目标地仅靠人的本能生活在地球上，因为没有时间观念也就等于没有准确的记忆，只能凭生理的感觉去行动。而有了一定的时间观之后，眼前的世界似乎变得清晰，尤其是开始懂得简单预测（如测日影、风向等）之后，人们自然会发现做事先预测会使事情变得更容易些。于是，从测日影的思维原理，人们有了进一步的需求，就是想先预知未来某个时间点是否有利于做某事。如此，占卜的心理出现了，而且很容易成为任何具有一定时间观念之人的普遍心理。有了这种心理是正常的，关键是如何占卜呢？根据测日影的原理，先民们也考虑到借助一定的工具（利用甲骨、兽骨等来占卜天意，即是该心理的一种行为方式）。但是，问题又来了，借助占卜能预测准确吗？这里涉及一个重大的问题，就是原始占卜术的准确率。试想，如果屡占不准，还会延续占卜这种活动吗？毫无疑问，占卜作为一种早期的信仰能持续不断沿承下来，是离不开其基本功能的——就是能帮助人们更好地预知未来，而且具有一定的准确性。可见，占卜的作用就是让人谋事做事更容易，因为事先预知便能及早定出对策。如果真如我们所推想的一样，那么也就很好理解《易》的意义了——用于占卜的方法、理论、文本等都叫"易"（占卜，占卜使人办事更容易）。应该还有另一层意义，与时间变化有关，时间在变，事情也在变，那就要不断地占卜（易）——变易，这样来看时间的变化与不断变易的意思是相通的，应该也是相同的。从《周易》的主旨思想来看，既认为时间世界是无时无刻不在变化的，又认为人们也要跟随时间的变化而变化。笔者认为这跟原始的占卜心理及其行为显然是一脉相承的。

综上所述，我们以为我国远古先民是把"中"当作时间的。这还可以从"史"字得到证明。的确如《说文解字》所言，"史"是记事。什么叫记事呢？就是把发生过的事情，用文字记录下来。从时间的角度看，任何一个时间段发生的事，都是不可能得到全面准确的描述和记录的，认为任何一时一刻都稍纵即逝，而任何时刻所包含的信息量都是巨大的，区区几个文字只能记个大概情况而已。由此可悟，任何所谓的历史记录，都不可能是历史实录，都会有误差，甚至是与事实完全不符。但是，人们有了时间观念以后，逐渐发现过去发生的，有些事很重要，值得作为经验或经历记载下来，于是有这种心理就有相应的行为。问题的关键，首先是如何记录？这也是一个相当难以解决的问题，理当留给文字考古专家来思考。在此，我们要问及的是"记录"的合理性问题，即用什么来记录以及记录什么？任何时间点发生的事，都是无形无影的，要把它记录下来就等于是要化无形成有形，这就需要一系列的代号（须具备符号学的基础）。而任何时间点的记录，在符号简陋的年代，只能是抓住最能让人记住的（须具备初步的时间概念）。更重要的是要明白，这种"记录"就等于要把过去的时间点（发生之事）留住、拖住，如同不让一个人往前走一样。于此，我们发现汉字的"史"就像是要把"中"（时间）拖住一般，不仅非常形象，而且意义鲜明。所以，从对"史"的形象认识，反过来又可证明"中"是一个时间事件的代表。简言之,"中"即时间。尽管这是我们带有假想性的结论,但对探清"中"范畴对中和之美观念形成的影响,无疑是有非常重要意义的。

(二)《易经》卦爻辞之"中"已成为审美准则

史初时期,随着先民生产劳动经验的不断积累,各种技术不断进步,尤其是在天文观测和历法制定方面取得显著的成就。传说在黄帝时期,容成氏便开始着手制定历法。可以想见,当时最初的历法是多么的粗糙简单,但不管怎么说这是人类开始走向文明的重要标志。有了历法,一般的历史时间观才得以形成,人们可以给时间定坐标了,可以更好地掌握客观自然发展变化的规律。此时,先民们开始有意识地关注时间的变化了,并不断积累和总结经验,把天文学、时间学的成果及时运用到日常生活中,使一些基本的时间观念逐渐得到普及。从甲骨卜辞中有"立中"的多处记载来看,说明我国至少到了殷商时期天文观测和记录已经成为一种常态,且是官方的一件大事,《革》卦《象传》"君子以治历明时",应该是对这种现象的一种反映。那么,这也说明从那时开始人们已经懂得借助原始的时钟("中")来认识时间了。如果历史果真如此,"中"对我国史初先民的影响无疑是至为深刻的,并形成以"中"为核心的或与"中"相关的时间观念和审美观念。比如,有"中"可用于观测,是好的;观测的"中"很准确,是好的;正午时分"中"最正,是好的……我们发现在《周易》诞生以前,先民们对"中"的好感已形成,并作为重要的审美原则反映在《周易》卦爻辞中,如:

《屯》卦六三爻辞:"惟入于林中。"
《讼》卦卦辞:"有孚窒惕,中吉。"
《师》卦九二爻辞:"在师,中吉。"
《泰》卦九二爻辞:"得尚于中行。"

《复》卦六四爻辞:"中行独复。"

《家人》卦六二爻辞:"无攸遂,在中馈,贞吉。"

《益》卦六三爻辞:"有孚中行。"六四爻辞:"中行告公从。"

《夬》卦九五爻辞:"苋陆夬夬,中行无咎。"

《丰》卦卦辞:"宜日中。"六二爻辞:"日中见斗。"九三爻辞:"日中见沫。"九四爻辞:"日中见斗。"

《中孚》卦名:"中孚。"

《周易》本经中共有十四个"中"字,除一处是卦名外,卦爻辞中大抵有十三个"中"字,可分成三组:一是"林中"(在森林中)、"日中"(在太阳正射中)、"中馈"(在家中饮食);二是"中吉",即持中不偏则吉;三是"中行",即居中行正。其中,除了两处在卦辞,一处为卦名外,其余均处于中间四爻的爻辞中,处于二、五居中之爻辞的有五处。如果结合《易传》的解释,可以肯定"中"在《易经》中,不仅可指时间(中午)、空间(方位)、程度(大小)等,而且已有"中以行正"的意味,包含中庸之道的义理。从爻义来看,有"中"的爻义都是比较好的,没有凶兆之义。这些"中"字的时间意味几乎没有了,而是成为一种审美的原则或方法。当然,从原理上看与作为时间意义的"中"仍然是一致的。在《易传》中,对经文的解释,最常用的就是用"中"来判定爻义为何吉凶,作为解释经文的重要条例。这也可以说明,《周易》作者不仅开始使用跟"中"相关的词语,而且在爻义判定上已经把"中"作为主要的审美原则。否则,《易传》也不可能凭空使用"中"道思想,来阐发《周易》的本义。通过对《周易》古经文本的解读,我们发现当时中正和谐的审美观已然形成。

(三)《论语》的"时"与"中"观念密切联系

在中国,"时"和"中"都是非常古老的观念。《周易》由阴阳两极的符号化,用两极的中间组合:"太极、两仪、四象、八卦","八卦成列,象在其中"(《系辞下传》)构造出了一种用以描述事物中间状态的结构图式系列及其哲理。阴阳相交,中正和谐。在《周易》六十四卦卦爻辞中,二、五两爻吉辞最多,合计占47.06%,差不多占到了总数的一半。其凶辞最少,合计仅占13.94%,也表明了尚中的倾向。① 有鉴于此,以下拟从"时""中"等范畴的角度,来谈谈《周易》对《论语》《中庸》审美观念的影响,以证明"中"范畴形成对中和之美观念的影响。

前文的论述已经表明,在《周易》中,"中"的思想已经成熟。在孔子的思想体系里,"中"是一个非常重要的范畴。子曰:"不得中行而与之,必也狂狷乎!狂者进取,狷者有所不为也。"(《论语·子路》)张秉楠先生在《孔子传》中试将《论语》部分文本进行编年,其中认为此段话是孔子于游历诸侯后期,即六十至六十八岁期间提出,同时也是孔子第一次明确"中"的观念②。《论语·子路》中对"中行"的理解,即认为如果得不到言行合乎中庸的人与他相交,那一定要得到激进的人或狷介的人,因为前者流于冒进,而后者却退缩而不敢有所作为。显然,孔子认为"中行"是一种既不同于狂妄又有别于拘谨这两种对立品质的最适中的德行,而恰恰是这一适中的德行才是最好的和最高的德行。故孔子说"中庸之为德也,其至矣乎!民鲜久矣。"(《论语·雍也》)因此,作为至高德行的"中庸",其核心思想正如郑玄注《礼记·中庸》时所说"用中为常道也",其内容不仅仅是一种道德规范,同时还是维持"常道"的一条重要的行为准则。③

《益》卦六三爻爻辞为"益之用凶事,无咎;有孚中行,告公用

---

① 杨庆中:《周易经传研究》,商务印书馆,2005年,第209页。
② 张秉楠:《孔子传》,吉林文史出版社,1989年,第303页。
③ 郑桂霞:《孔子的"中庸"思想》,《北方工业大学学报》,1993年第2期。

圭"；六四爻爻辞为"中行告公从，利用为依迁国"。对此，黄寿祺、张善文先生认为此乃"谓当取向'中和'，施行正道"①，并引朱子《周易本义》"三、四皆不得中，故皆以'中行'为诫"之语以证。除此之外，还有《夬》卦九五爻曰："苋陆夬夬，中行无咎。"即要求君子居中行正，远离佞人。而对于"不得中行"之语，孟子曾引之而评曰："孔子岂不欲中道哉？不可必得，故思其次也。……狂者又不可得，欲得不屑不洁之士而与之，是獧②也，是又其次也。"（《孟子·尽心下》）事实上，孔子对于"中"的理解在此以后③又有了深化，并提出了"过犹不及"（《论语·先进》）的观点。其犹如《乾》卦上九爻"亢龙有悔"及《未济》卦上九"濡其首，有孚失是"之意。

而后，孔子在用中思想和方法上也有所发展。如"中庸之为德也，其至矣乎！民鲜久矣"。（《论语·雍也》）因孔子自称"七十而从心所欲不逾矩"（《论语·为政》），应当是在孔子晚年时提出"中庸"思想并躬亲实践而有所感触。同时又将"中庸"思想贯彻到政事、道德等领域，如自卫返鲁后子张问政时，孔子提出了"尊五美，屏四恶"（《论语·尧曰》）的观点，犹以"五美"充满了用中的思想，即"惠而不费，劳而不怨，欲而不贪，泰而不骄，威而不猛"（《论语·尧曰》）。"惠而不费"者如《节》卦九五爻，居中当位，故为"甘节，吉，行有尚"；"劳而不怨"者如《谦》卦九三爻，居于群阴之中而得位，故为"劳谦，君子有终，吉"；"欲而不贪"者如《需》卦九五爻，居中且正，故为"需于酒食，贞吉"；"泰而不骄"者如《小畜》卦九五爻，率群阳信于一阴，正合于"君子无众寡，无小大，无敢慢"（《论语·尧曰》），故称为"有孚挛如，富以其邻"；"威而不猛"者

---

① 黄寿祺、张善文：《周易译注》，上海古籍出版社，2004年，第325页。
② "獧"即"狷"。
③ 子夏少孔子四十有五，子张少孔子四十有九，孔子对他们的评价当在弱冠之后，因此也就在归鲁以后。

如《泰》卦六五爻，柔居尊位，下应贤人，故为"帝乙归妹，以祉元吉"。以上只是《周易》与孔子"时中"思想之一隅，略举以相参照。有鉴于此，我们拟再进一步理解孔子中庸之道及其与《周易》的关系。

《中庸》第二章认为："君子中庸，小人反中庸。君子之中庸也，君子而时中。"可见"中庸"的思想与"时中"观念是一脉相承的。我们知道，"时中"就是伴随客观环境的变化而调整自己的行动方案，即《论语·微子》"我则异于是，无可无不可"，朱熹《中庸章句集注》理解为"随时以处中"。而何谓"中庸"呢？所谓"中庸"就是各方关系达成一种和谐、平衡的状态，这是一种使事物能稳定、恒久、长住久在之道①。《中庸》云："执其两端，用其中于民。"北宋程颐说："不偏之谓中，不易之谓庸，中者天下之正道，庸者天下之定理。"（《河南程氏遗书·第七上》）历代学者对中庸思想的理解可谓举不胜举，而实际上这些在《论语》中都已讲明。

《论语·尧曰》记载尧对舜的教导："天之历数在尔躬，允执其中。"可见"执中"的思想与"天之历数"相关，即是先民时间观在哲学观和审美观上的反映。在孔子看来，中庸是至高无上的道德准则。它的核心是要求认识事物和处理问题时把握好度，做到无过无不及。如《论语·先进》中有孔子与弟子子贡的一段谈话："子贡问：'师与商也孰贤？'子曰：'师也过，商也不及。'曰：'然则师愈与？'子曰：'过犹不及。'"这里所谓的"过"与"不及"都不是很好的，孔子认为过分和不够是两个对立的极端，但是偏向任意一方都不好，最好的状态就是二者的折中统一（关键要"中庸"，要适度），既不过分也不怠慢，努力做到二者相协调统一。又如《论语·子罕》："吾有知乎哉？无知也。有鄙夫问于我，空空如也。我叩其两端而竭焉。"这里的"叩其两端"可谓是孔子力求做到中庸的基本方法，简言之就是兼听两面

---

① 王霆钧：《"易"的世界观和思维模式》，《周易研究》，2000年第1期。

而有所折中。《周易》对阴阳关系是否和谐的判定,其实也就是"中庸"之道。如《讼》卦卦辞:"讼:有孚窒惕,中吉;终凶,利见大人,不利涉大川。"即认为当诚信出现问题而引起争讼时,持中不偏才能获得吉祥。又如《乾》卦初九爻辞"潜龙勿用"和上九爻辞"亢龙有悔",一是强调开始做事时要韬光养晦,一是事成之后要戒骄戒躁以免物极必反,说起来跟"过犹不及"的思想是一致的。"执两用中"的理念就是认为在度的范围内变化,是最适宜的,即"过犹不及"。实际上,中庸不仅仅是道德标准,而且是正确认识事物和处理问题、在社会立身处世的一种方法。我们做任何事情既不应过,又不能不及,因为过与不及都将违反中庸,其结果必将是事与愿违,正所谓"过则失中,不及则未至"①。而应遵守客观事物本身的规律,根据时间、地点、条件的变化,只有做得恰到好处,把握适度,才能达到预期的效果。可见,孔子的中庸思想深受《周易》阴阳交感、中正和谐思想的影响。

  中庸之道,就是和谐之道。中庸是从"和谐"的角度来思考的。《论语·子路》中说到"君子和而不同,小人同而不和"。"君子和而不同"也成了后世很多仁人志士的相处之道。如果结合《易传》中《睽》之《象传》"上火下泽,睽;君子以同而异",我们不难发现孔子"和而不同"的思想,正是源于《周易》对《睽》卦的理解,即如何化"睽"为"合",在相异之中寻找相合之处,求同存异,以求和谐共处。又如《论语·子路》:"礼之用,和为贵。先王之道,斯为美;小大由之。"儒家讲求礼,而礼的美好之处就在于中庸,在于和谐。中庸讲究在差别中寻找相同,求同存异,从而达到和谐统一,也注重在大同下寻求小异,不盲从。孔子的好恶之道,也是遵循中庸之道的。

---

① 谭元昌:《论中庸与孔子的教育思想和文艺思想》,《内蒙古教育学院学报》,1995年第1期。

《论语·子路》中还提到:"子贡问曰:'乡人皆好之,何如?'子曰:'未可也。''乡人皆恶之,何如?'子曰:'未可也。不如乡人之善者好之,其不善者恶之。'"在孔子看来,人们感情上的爱憎好恶都有各自不同的标准,只是盲目从众,往往会出现错误。而这种思想我们也可以在《周易》的阴阳和谐中寻到源头——所谓的"阴中有阳、阳中有阴",即阴阳必须相互协调、相互统一,才能够客观、完善。所以说中庸也就是中、和,也就是和谐。

《中庸》说"天下国家可均也,爵禄可辞也,白刃可蹈也,中庸不可能也"。在社会中处事立命做到中庸,遵循事物变化发展的规律,以时间、地点、条件为转移,无过无不及以求阴阳和谐绝非易事。值得注意的一点是,孔子的"中庸"不同于一味的折衷。匡亚明先生认为"中庸"不同于"同乎流俗,同乎污世"(《孟子·尽心下》)的"乡愿",在于"中庸"有原则,而"乡愿"没有①。可见孔子对"中"的阐发必须建立在道德的基础之上。

《周易》不愧为中华文化的源头活水。自上古时代开始,它就在不知不觉中渗入中华民族的精神思想、生产活动之中。《论语》作为儒家的元典,在两千多年的中国审美文化发展中起到了指导性的作用,同时也深深扎根于中华民族悠久的思想文化当中。整部《论语》虽对"阴阳和谐"只字未提,但却将《周易》中正和谐思想融入为学、修身、治国等方面,使中和之美的观念逐渐深入人心,成为贯穿中国审美文化的核心线索。

(四)"中""和"范畴乃是中华文化的审美基因

一般认为,"中和之美"就是儒家的中庸价值观念在审美领域中的体现。其实,如果我们继续观照两千五百年前的学术文化,我们将

---

① 匡亚明:《孔子评传》,齐鲁书社,1985年,第207页。

清楚地发现，中庸观念只是中和之美观念的鲜明体现而已，中和之美的观念由来已久。浅言之，中华民族的尚中观念古已有之，出土的甲骨卜辞已实证了殷人五方尚中的意识；《国语·郑语》中史伯的观点已充分体现"和"的概念。史伯之后孔子之前，如季札观乐、医和论"和"、伍举论"美"等，均将"中和之美"观念提升到相当的高度，而这些都不是孔子儒家的思想。因此，从这个角度看，以往把儒家中庸价值观念直接看作中和之美观念的根源，是不够准确的。我们发现，当代学者尽管并不缺乏对中和之美的研究，却尤为缺乏对早期中和之美观念形成历史的全面深入考察和研究，即使是《周易》与美学方面的研究也对中和之美的研究有所忽视。①因此，倘若我们把这个关键的问题解决了或是向前大大推进了，不仅有助于中国易学、中国美学乃至中国学术文化的正本清源，而且对中国文学创作与批评理论的完善也是大有裨益的。

"中和"一词，开始出自《礼记·中庸》："天命之谓性，率性之谓道，修道之谓教。道也者，不可须臾离也；可离，非道也。是故君子戒慎乎其所不睹，恐惧乎其所不闻。莫见乎隐，莫显乎微。故君子慎其独也。喜怒哀乐之未发，谓之中；发而皆中节，谓之和。中也者，天下之大本也。和也者，天下之达道也。致中和，天地位焉，万物育焉。"而实际上，已有大量研究成果表明，"致中和"不只是儒家的思想，而且是道家，甚至连道教、佛教也是基本上认同的。根据《尚书·虞书·大禹谟》"人心惟危，道心惟微，惟精惟一，允执厥中"和《中庸》"执其两端，用其中于民，其斯以为舜乎"，可以发现早在尧舜禹时期就非常注重"中"了。从《中庸》"极高明而道中庸"一句，

---

① 曾伯林：《论儒家、道家与〈周易〉的和谐美学思想》，《长沙大学学报》，2006年第1期。文章认为，先秦时期的儒道两家以及《周易》是"和"学思想的主要代表，这三者的和谐美学思想有其相通之处，但又各具特色，特别是《周易》的和谐思想代表了中国古代和谐思想的最高成就。

也可推测先民往圣在运用"中庸"方面是有长期的经验和体会的。

许慎《说文解字》:"中,和也。"中即和;只有中,才能和。但是,从审美的角度明显提出中和之美的,是董仲舒《春秋繁露·循天之道》:"成于和,生必和也;始于中,止必中也。中者,天地之所终始也;而和者,天地之所生成也。夫德莫大于和,而道莫正于中。中者,天地之美达理也,圣人之所保守也。《诗》云:'不刚不柔,布政优优。'此非中和之谓与!是故能以中和理天下者,其德大盛;能以中和养其身者,其寿极命。""阴阳之道不同,至于盛而皆止于中,其所始起,皆必于中。中者,天地之太极也,日月之所至而却也,长短之隆,不得过中,天地之制也。"董仲舒之后,汉儒常训"太极"为"大中"。《汉书》说"太极元气,函三为一。极,中也"。"太"犹"大"也,故"太极"即"大中"。《汉书》又说"易,两仪之中也"。可见,"中"与太极思维在某种意义上也是一致的。

三、结语

综上所述,我们初步认为,"中和之美"不仅是中国古典美学的思想精髓,而且是中华审美文化的本源和核心。在某种意义上,可以说中华审美文化基因与"中""和"范畴的形成和确定有密切联系。由于篇幅限制,有待今后再作更深入的研究。总之,中华审美文化基因的探寻,应该引起学术界的高度重视,并尽快加以认真研究。

(本文与樊高峰博士合作。原文曾收入华东师范大学中文系主办的《"中国古代美学范畴的现代价值"国际学术会议论文集》,2019年6月2日。修订后发表于《辽宁师范大学学报》,2021年第3期,第121—131页)

江南文脉的历史传承与文化使命

江南是中华文明的重要发祥地，江南文化是中华文化的重要组成部分。江南文脉，是指江南文化的源流脉络。从距今约7000年前开始，先民们在江南筚路蓝缕，相继创造了河姆渡文化、马家浜文化、崧泽文化、良渚文化。这些南方文化与北方的龙山、大汶口等文化交相辉映，形成了中华文明最早的辉煌。任何文化都可以分成器物文化、制度文化、观念文化三个层面，它们组成相互依存、逐步深化的复杂结构。江南文化在前两个层面上都留下了优秀的遗产，但最值得我们总结继承的是其观念文化，也就是江南先民的审美基因、思维模式、价值判断和思想结晶。

一、审美基因：江南文脉的早期起源

何为文脉？文脉一词，最早源于语言学范畴，后来被借用成文化学范畴，有"文化的脉络"之义。因此，要寻找江南文脉的早期起源，首先就要探求远古江南先民的审美基因，这样才能更好地理解和把握其观念文化的核心。从历史到现实中的江南，堪称平原泽国，因受长江和太湖以及钱塘江流域等水体（以四处遍布的湖泊为多）的滋润，水土肥沃，植被繁茂，气候适中，景色宜人，百姓生活富裕，历来是宜居的人间天堂。从某种意义上说，地理位置的优越性和独特性，造就了江南文脉独特的审美风格和鲜明的文化基因。

如果要用现代科学的方法来考证和研究，我们只能求助于若干考古出土的发现成果[1]。首先是浙江省余姚县河姆渡文化遗址，1977年出土的骨耜，作为农耕业的重要实物，证明了此时长江中下游地区先民们已开始种植水稻，也开始了饲养业和渔猎，逐渐过上了定居的生活。与此同时，制陶技术也出现了。河姆渡文化遗址1973年出土的稻穗纹陶盆、黑陶敛口釜、石斧、猪纹陶钵（这是中国最早以猪的形象作为装饰的陶器）、朱漆木碗（是迄今为止发现最早的木胎漆器），1977年出土的苇席残片，等等。从这些蛛丝马迹中，不难发现远古江南先民特殊的生活观念，比如尚农乐耕、追求精致生活、努力提高生活品质，等等。距今大约7000年，河姆渡文化的"干栏式建筑"，是考古学上首次确认的此类建筑，是该遗址最为重要的遗迹现象之一。在同时代稍晚一点的许多江南文化遗址，都有干栏式建筑物的"出土"。古书记载，北人穴居，南人巢居。但巢居毕竟不是长久之计，干栏式建筑便是走向定居的一大进步。这一遗迹现象，充分说明远古江南先民努力建设美好家园，追求和向往安居乐业的稳定生活。如今的江南，遍布着大大小小的美好家园，或许便是源于早期这些审美观念。

距今7000余年，浙江省嘉兴市马家浜文化遗址显示，此时先民不仅已普遍种植水稻，制造和使用穿孔斧、骨耜、木铲、陶杵等农用工具，以及骨镞、石镞、骨鱼镖、陶网坠等渔猎工具，还饲养狗、猪、水牛等家畜，在编织、建筑（已有榫卯结构的木柱）、炊具制作等方面，都有一定的水平。崧泽文化上承马家浜文化，下接良渚文化，距今约6000—5300年，以首次在上海市青浦区崧泽村发现而命名。此时的崧泽人开创了轮制陶器，开始使用还原焰烧制陶器，不仅制陶技术方法较前有了很大的提高，而且十分讲究造型和装饰，使器物具有浓厚的艺术气质和神韵。嘉兴南河浜遗址的发掘，首次发现了"祭台"，

---

[1] 关于考古的成果，主要参见邹文《中国艺术全鉴》（全六册），人民美术出版社，2000年。

在崧泽还发现了两口我国最早的水井。不少墓地陪葬品质精量大，丰富多彩，这都充分表明6000年前的崧泽人在生产、生活、文化等方面均已达到一定的水平。

学术界有人认为，中华文明的曙光是从浙江杭州的良渚升起的。距今5300至4500年左右的良渚文化，已发现各类遗址135处，被认为是探索中华文明起源、实证中华五千年文明的一片"圣地"。考古研究表明，此时的农业生产已率先进入犁耕稻作时代，手工业趋于专业化，琢玉工业尤为发达。其琢制的玉器，数量之多、品种之丰富、雕琢之精美，均达到史前玉器的高峰。良渚农业的大发展提高了生产力，更促进了手工业的发展，制陶、制玉、纺织等手工业部门从农业中分离出来，尤其是精致的制玉工艺，展现了当时手工业高度发展的水平，其他诸如漆器、丝麻织品、象牙器等，既代表了当时先进的工艺技术，也显示了其审美能力和创作水平。在社会生产力发展的基础上，当时的社会制度发生了激烈的变革，社会已经分化成不同的等级阶层，这在墓葬遗存中表现得尤为突出。

不难发现，从河姆渡文化到良渚文化，虽有五千多年的跨度，但都有一些相同的特点：一是注重精耕细作，不断改进生产工具，生产力水平不断提高；二是重视手工业制作，技术不断革新，品种日益繁多；三是注重生活品质，审美思维特别发达，工艺制作审美意味浓厚；四是重视房屋乃至宫殿、城池的建筑与设计，干栏式建筑物日趋繁多，建筑技术不断提高；五是崇尚天人合一的观念，敬重神祇鬼魅、已有墓葬殉物的风尚习俗；六是注重等级礼规，贫富贵贱有别，礼制社会制度逐渐形成。这些特点或明或暗，但都具有一定的传承性和特殊性，是构成江南审美文化基因的重要元素，也是理解江南文脉及其观念文化的主要窗口。尽管创造早期四个阶段文化的先民未必就是后来江南人的远祖，但是我们无疑可将江南文化土壤的早期成果之共性作为解读整个江南文脉的重要基础。

二、审美思维：江南文脉的历史传承

审美思维总是潜藏在人类生活和审美文化的细枝末节中，并逐渐演变成一种族群的美学精神而在历史的演进中不断传承。要理解江南人的审美思维，有三个方面是值得关注的。

一是审美形式与观念。据文献记载和考古发现表明，江南地区早期的吴越部落有着鲜明的文化标志形式，如舟楫、农耕、印纹硬陶、土墩墓、悬棺葬以及好勇尚武、淫祀和断发文身，尤其是断发文身的习俗，先秦典籍多有记载，亦有考古实物可证。《史记·吴世家》说：太伯、仲雍居于句吴，"文身断发，示不可用"。《左传·哀公七年》记载：仲雍在吴，"断发文身，裸以为饰"。太伯，又称泰伯，周部落首领古公亶父的长子，两个弟弟仲雍和季历。父亲传位于季历及其子姬昌（即周文王），太伯和仲雍避让，千里迢迢来开发蛮荒的江南，成为句吴（即吴国）第一代君主，东吴文化的宗祖。来自西北的王子，居住东南之后，引导人民兴水利、养桑蚕、种稻谷，竟然也断发文身，可见这不仅是早期江南生活习俗的重要审美形式和文化标志，而且也是江南气候和地理的特殊性所造成的。

二是审美内容与工艺。无论是一个相对完整的区域，还是一个族群，审美思维大多是一脉相承的。据考古发现，崧泽文化陶器的显著特征之一，就是在造型上充分运用弧线、折线的适当处理，器型种类繁多，且各不相同，尤其讲究造型和装饰艺术。良渚文化的各种陶器造型优美，已有极少彩陶，且常在器表用镂刻技巧加以装饰。一般的器物突出部位刻画出精美的花纹图案，既有形态生动形象的鱼、鸟、花、草等动植物，也有线条纤细、结构巧妙的几何形图案。有一些陶器把手上附加的编织纹饰，竟是用细如丝线的泥条编叠粘贴而成，足见其制作之精良。良渚文化的许多陶器，既是美观、大方、实用的生活器皿，又是精致巧妙的工艺美术品。良渚文化的玉器制造业，承袭了马家浜文化的工艺传统，并吸取了北方大汶口文化和东方薛家岗文化各氏族的经验，从而使玉器制作技术达到了当时最先进的水平。良渚文化可谓是承上启下各五千年，从其制陶和制玉体现出来的工匠精神和完美主义，无疑也是江南审美文化得以持续传承的主要内容。

三是审美思想与价值。在江南地区的历史进程中，可以体现审美思想的比比皆是。首先是宗教信仰，这是审美思想的根源所在。从考古发现的祭台和墓葬表明，江南远古先民一向崇尚天地鬼神，无数精致的工艺品可以说大多是为了奉献给神灵的贡品。反过来说，坚定的信仰也促进了审美思维的发达，大大提高了工艺水平。汉唐以来，北民南迁的数量越来越多，唐宋时期由中原迁往江南的人口剧增，大大促进南北文化的交融，也进一步丰富了江南的审美思想。道教和佛教在江南地区都特别兴旺发达，与北民南迁有关，应该也是与早期信仰"天人合一""万物有灵"等观念一脉相承。其次是礼法制度的确立，表明贫富分化的加剧，使氏族社会迅速演变成国家型的阶级社会，于是崇尚权力和财富、追求高级享受的生活品质，也就很早地成为江南先民的生活指导思想。最后是历史故事的熏陶，如干将莫邪铸剑的传说、吴越争霸中勾践"卧薪尝胆"的故事、秦汉之际项羽与"江东父老"的故事、三国争霸中与东吴相关的故事、南朝宋齐梁陈的短暂接替、南宋赵家王朝的偏安图存，一段又一段历史演绎，既丰富了江南文化的精神，也裹挟了更为丰富多样的文化观念，使之在生生不息的文化洪流之中得以传承。

三、审美追求：江南文脉的文化使命

俗话说，江南才子千千万，不如山东一圣人。唐代以来，中国历史上一共产生了638位状元，据不完全统计，仅苏州地区就有60名。到了现代，江南地区更是成为院士的摇篮，1955—2009年当选的两院院士中，籍贯为江浙沪的达780人之多。回望历史，江南地区的才子佳人可谓比比皆是，除了前文提及的太伯、辟雍、干将、莫邪、勾践等先秦贤人，还有伍子胥、夫差、西施、钱镠、魏伯阳、孙策、孙权、周瑜、陆机、陆逊、葛洪、骆宾王、张紫阳、周敦颐、陆游、唐伯虎、祝枝山、文征明、徐祯卿、徐渭、王阳明、章太炎、蔡元培、鲁迅、徐志摩、钱学森、金庸、屠呦呦等历代名人，举不胜举，而且每一位都有许多传奇故事或不朽功绩。但遗憾的是，江南仍然缺少像齐鲁之地拥有孔子、颜回、曾子、孟子那样的圣人。值得我们欣慰的是，五百年前的王阳明儿时便晓得成为圣人的重要性，历经勤学苦练乃至冥思苦想加上人生挫败而在"龙场开悟"之后开创出心学，使人人都有望成为圣人。

当下的浙江学人开始重视阳明心学的研究与传播，无疑也能让更多人认识到江南人的历史文化使命。尽管江南缺少圣人，但却不乏神仙，也不缺乏大文豪、大哲人、大科学家。东汉魏伯阳著有《周易参同契》，被誉为"万古丹经王"，东晋葛洪《抱朴子》、北宋张伯端《悟真篇》都是修真成仙的宝典，西晋陆机《文赋》、南朝梁代刘勰《文心雕龙》，堪称中国美学与文论的杰作，北宋周敦颐《太极图说》乃是宋明理学的奠基之作，南宋爱国诗人陆游，一生都在盼望祖国统一，刘伯温神机妙算，有功于大明的建立与巩固；唐伯虎乃有明一代文艺奇才，鲁迅被称为"民族的脊梁"，蔡元培是现代中国高等教育的先驱，堪称"学界泰斗、人世楷模"，中国著名药学家屠呦呦，刚被评为20世纪最伟大的科学家之一，正在商海叱咤风云的马云，其实也是江南文脉的典型结晶。

为什么江南地区能培育出那么多优秀人才？除了政治、经济、地理等优越因素以外，江南人在文化传承上形成的特点也是不可忽视，如习文重儒的教育氛围，又如极重同乡情谊，经商、求学相互提携关照，都有利于人才的成长。明清时期，无论科考还是当官，拜同年、

火部 美学与审美文化 / 317

拜乡谊的风气贯穿始终。到了民国初年，蔡元培执掌教育部后，在他的提携下，江浙学人尽据要津，对中国教育界产生了重要的影响。当时的教育部高级职员中，包括次长和三位参事、两位司长，都籍隶江浙两省。"万般皆下品，惟有读书高"的观念，之所以能在江南人的心里根深蒂固，是因为现实的环境给读书人造成的压力和带来的希望，或许是此地人才辈出的潜在动因。

（原载《人民论坛》，2019年04期（中），第124—126页）

土部

儒学与儒家文化

《大学》的德育思想体系述评

《大学》是儒家经典的组成部分，原先收在《礼记》中，到了宋代，才被从《礼记》中抽出，与《中庸》《论语》《孟子》相配，合称为《四书》。《大学》凡十一章，按传统说法，前面一章是经文，大概是孔子所说的话，由其门徒曾参叙述的；十章传文，则是曾参对经文的阐释和发挥，由他的学生记录下来的。但这种说法与《大戴礼记》中《曾子立事》等篇不符，所以《大学》的作者到底是谁，至今不明。

《大学》是一篇议论如何平治天下国家的政治论文，也是关于个人德行增进和事业发展的宗旨及途径的纲领性著述。宋代大儒程颐认为："《大学》，孔氏之遗书，而初学入德之门也。于今可见古人为学次第者，独赖此篇之存，而《论》《孟》次之。学者必由是而学焉，则庶乎其不差矣。"（《四书集注》）他认为，《大学》是开始学习的人进入道德的门径。综观《大学》全文，程子的说法真不失为扼要公允之论。《大学》在开篇首句就提出和建构了儒家教育的思想体系，即"大学之道，在明明德，在亲民，在止于至善"。这个教育思想体系的核心，就是在"明明德"（使人们的美德得以显明）的基础上，鼓励天下的人革除自己身上的旧习，从而使人们达到善的最高境界（止于至善）。不难看出，《大学》理想中教育和培养人才的目标，是使受教育者成为"盛德""至善"的人士，亦即能够"修身、齐家、治国、平天下"的仁人、君子。郑玄说："《大学》者，以其记博学可以为政也。"（《礼记正义》卷六十）就是认为《大学》的主旨在于如何培养为政之才。朱熹在《大学章句序》中认为"大学"即大人之学，并将大学之道概括为"穷理正心修己治人之道"(《朱文公文集》卷七十六)。"修己"和"治人"即为儒家教育的基本目标,"修己"为"治人"打下基础,而"治人"则必须身居官位——因为,在封建社会中无论是对于想在政治上有一番作为的人来说,还是对于只欲追求功名富贵的人来说,"学而优则仕"都是必由之径。可见,《大学》的人才培养目标主要是为封建政治服务的,其所谓的教育是以培养忠于封建统治的各级官吏和贤人君子为目的的。

我们知道,儒家教育的根本目的是"化民成俗"和"建国君民"。"化民成俗"的关键在于树立良好的道德风尚,"建国君民"则需要造就和使用大批贤才。从二者关系看,贤才本身首先是道德行为的典范,重要的是,能够进入统治集团承担治国之任的人总是少数,而维持封建统治秩序的道德规范却需要社会全体成员共同遵行。那么,对于维护封建王朝的统治来说,封建纲常伦理教育的作用要远远超过培养治国人才。其实,儒家教育既然是为封建政治服务的,那么必然将德育放在教育的首位,并在教育实践中努力贯彻实施。《大学》的德育思想作为儒家教育思想体系的重要组成部分,在教育人才的问题上,不仅坚持强调应以提高思想品德为成才的根本,而且把个人道德修养的完善和造就治国平天下的人才密切联系起来,使自我教育、家庭教育、全民教育构成一个有序的育才体系。细究《大学》经传之文,可以看出《大学》的德育思想体系是相当完备的,它在论述德育的任务、过程、内容、方法、途径、原则、重要性等方面都有精辟独到之处:

1. 论德育的任务。《大学》在经文开首第一句就明确指出教育的思想重在德育,而德育的根本任务就是使受教育者能够"亲民"和"止于至善"。经文的第三句以"物有本末,事有终始,知所先后,则近道矣,"指出受教育者探究和了解事物发展客观规律的重要性,要求受教育者应树立合乎"道"和"理"的世界观,由此通过经文第五、六段的分析论证,指明搞好德育的最低要求就是使受教育者"格物致知"（穷究事物的原理以获得知识）——这是德育的首要任务。换个角度说，《大学》把受教育者的知识教育（格物致知）视为德育工作的首要任务，而把受教育者的身心教育（亲民止善）当作德育工作的根本任务和目标。

2. 论德育的过程。《大学》在经文开首提出明明德、亲民、止于至善三条德育思想纲领之后，还重点提出搞好德育要经过"格物、致知、诚意、正心、修身、齐家、治国、平天下"八个过程，并郑重地指出："自天子以至于庶人，壹是皆以修身为本。"即主张从天子到下面的老百姓，在这八个德育过程中都要以提高自身的品德修养为根本。《大学》在论德育过程时说："古之欲明明德于天下者，先治其国；欲治其国者，先齐其家；欲齐其家者，先修其身；欲修其身者，先正其心；欲正其心者，先诚其意；欲诚其意者，先致其知；致知在格物。"又说："物格而后知至，知至而后意诚，意诚而后心正，心正而后身修，身修而后家齐，家齐而后国治，国治而后天下平。"

显而易见，在儒家所宣扬的封建社会伦理道德和政治哲学的基础上，把德育的过程跟"格物"（推究事理）、"致知"（获得知识）、"诚意"（意念诚实）、"心正"（思想纯正）、"修身"（自我教育）、"齐家"（家庭教育）、"治国"（全民教育）、"平天下"（德教盛行）有机地联系在一起。所以，这个过程就是一个培养受教育者知（格物致知）、情（心正不邪）、意（意念诚实）、行（修身、齐家、治国、平天下）的过程。不过，这个过程主要是以受教育者的学识、智力为基础的，通过"正心、诚意、修身"等途径来提高思想品德修养，使受教育者能"亲民""止于至善"，然后以此标准的个人德行作为道德教育的示范和事业发展的基础，去实践"治国、平天下"，使更多的人"明明德"。这样的过程是相对合理的，值得今人借鉴。其不可取之处在于德育的目的是稳固封建伦理道德思想体系，为封建社会的政通人和服务。可见，这是一个从低级到高级不断发展变化的进德过程，是用封建伦理道德和理想目标来教育和限制受教育者身心发展的过程。从这个目的和意义上说，这是一个较合情理的、全面的德育过程。

3. 论德育的内容。《大学》进行道德教育的核心内容是仁和义，这是对儒家思想的延续。传之十章中说："唯仁人放流之迸诸四夷，不与同中国。此谓'唯仁人为能爱人，能恶人。'""仁者以财发身，不仁者以身发财。未有上好仁，而下不好义也。未有好义，其事不终者也。此谓国不以利为利，以义为利也。"以此来说明重视仁义，对"平天下"的重要意义。传之九章则以"尧、舜帅天下以仁而民从之"，来说明行仁治国的好处。在《大学》中"仁"还派生了孝悌与忠善等德目。传之三章提出："为人君，止于仁；为人臣，止于敬；为人子，止于孝；为人父，止于慈；与国人交，止于信。"传之九章又说："孝者，所以事君也；弟者，所以事长也；慈者，所以使众也。"传之十章引晋文公重耳的舅舅子犯教育重耳的话说："亡人无以为宝，仁亲以为宝。"这些都是以仁义为核心的德育内容。说到底，其德育内容，就是封建儒家教育所必备的道德知识，是为维护封建统治秩序服务的。

4. 论德育的方法与途径。德育方法是为贯彻教育目的、配合德育内容和任务而采取的灵活多样的方式或手段。《大学》的德育方法也有其独特的地方。首先，它强调注重道德知识教育。宋代朱熹说："《大学》始教，必使学者即凡天下之物，莫不因其已知之理，而益穷之，以求至乎其极。"(《四书集注》)《大学》不但强调了道德知识的重要意义，而且要求人们要按照《大学》"格物致知"的方法去穷理明德。其次，它要求人们培养道德情感和意志。《大学》认为在"格物致知"之后，就要"诚意"和"正心"，要求想进德修身的人必须"慎独"，即在独处无人注意时，也要使自己的行为一丝不苟。这就是要求受教育者要善于培养道德意志，做到意念诚实。最后，它要求人们躬行实践，言行一致。《大学》认为德育的方法在于实践，在实践中进一步加强自我教育、家庭教育、全民教育，以便使自己的美德显扬天下。

《大学》认为，德育的重要途径是格物致知。汉代郑玄在《礼记注》中如是说："知是对于善、恶、吉、凶的因果关系的认识。格，招致、引来之意。物，是事之意，如果我们的认识趋向于善，就会引来善事；如果我们的认识趋向于恶，就会引来恶事。就是说事是按照人的思想追求发生的。"此外，"诚意慎独""正心修身""反求诸己""挈矩之道"等也是《大学》关于德育的良好途径。

5. 论德育的原则。《大学》在篇首提出的"明明德""亲民""止于至善"，就可理解为是关于德育的三大基本原则。《大学》认为，人生来就具有高尚的"明德"，入世以后，"明德"被掩，需要经过"大学之道"的教育，重新发扬明德，革除旧习，达到道德完善的境地。具体说来，就是要做到格物致知、诚意正心、修身为本、反求诸己、推己及人。最重要的原则就是要划清德与财、义与利的界限，以德为本，重义轻利。即传之十章所强调的"德者，本也；财者，末也""仁者以财发身，不仁者以身发财""国不以利为利，以义为利也"之语。

6. 论德育的重要性。重视德育是一切社会办教育的普遍规律，《大学》尤其强调德育对培养贤人君子的重要作用，对德育在教育中的地位和作用尤为强调，并由此形成一个以德为本的相当完备的教育思想体系。它所阐明的纲领和条目，对古代的思想教育产生了重大影响，对当今的德育工作也有着一定的借鉴意义。

（原载《福建论坛》文学·艺术理论专辑，2000年，第56—57页）

关于经学存废问题的若干思考

经学是最具有中国特色的学术文化之一。近代以来，伴随着西学东渐，社会动荡，帝制垮台，经学逐渐式微。尤其是"五四"运动之后，经学开始缺席，西学教育逐渐深入人心。改革开放以来，随着西学思想的负面影响越来越明显，学术界和社会各界又重新掀起国学热。在这一轮新的国学热方兴未艾之际，经学研究备受重视，读经正在演变成一种社会时尚。当此之时，摆在人们面前的一个问题：被废止百年的儒家经学，是否应该得到复兴？尊经、读经是否必要？从目前来看，这个问题尚无定论，但无疑是当下中国文化研究和教育值得深入思考的。对此，本文拟结合历史和现实加以探析。

一、承上启下的汉代经学：纷争与功过

毫无疑问，经学历史是从西汉开始的。汉代是儒家经典的复兴阶段，也是儒家经学最为繁盛的时期。因此，研究经学问题始终都不能绕过汉代，也绕不过对儒学经典思想价值的再认识。大凡谈论经学，总离不开对经、经典的定义、来源、演变、功用等问题的探究。关于"什么是经"的问题，尽管各种说法未臻一致，但都有一种共同的认识，即相传孔子编删整理的"六经"（《诗》《书》《礼》《乐》《易》《春秋》）都是儒家经师共同尊奉的"经"或"经典"。如果"六经"都是孔子的著作，那么孔子就是"经"的始作俑者，也就是说"经"的最初来源只要追溯到孔子就足够了。问题是，这"六经"都不是孔

子独立撰写的，他不能完全享有著作权。相传"六经"之于孔子，只是"述而不作"，大抵就是根据一些典籍、史料加以编删整理而成更方便学习和阅读的书本而已。从这个角度看，清代学者章学诚《文史通义》提出"六经皆史"的说法，确实是比较符合历史事实的。但是，"六经"毕竟不能等同于史书，也不能等同于一般的教科书，而是具有特殊意义的"经书"。因为相传孔子编撰"六经"，不是瞎编，也不是简单地删述史料，而是按照自己的审美标准有所取舍，并按照一定的义例、条例加以编撰，而这些义例又是隐而不宣，没有在经文中直接加以体现。比如，《春秋》中被赋以"微言大义"，但在文本中是没有注明的，《春秋》中涉及的许多历史故事，相关情节也都没有详细记载。正因为如此，才会出现《春秋三传》（史传不止三传）的不同言说，也因此导致《春秋》学研究的纷争不断，往往也是历代经学研究者论争的导火索和焦点。问题还在于，由于史料记载有所缺失，有关孔子与"六经"的关系逐渐变得迷糊不清，战国以来出现在典籍文献中的各种记载都难以还原历史真相，以致各种记载都变成传说，似是而非，难以定论。既然如同传说，就会出现一些不切实际的说法，甚至出现许多自相矛盾的表述，这就为后来学者否定"孔子作六经"提供了大量的证据。但是，不管否定者的证据如何充分，历代学者中相信孔子与六经有密切关系的还是大有人在。那么，信与不信，或是半信半疑，无疑就是历代经学家引起纷争的症结所在，也是如何看待儒家经学思想的关键所在。在长达两千多年的经学历史中，这个问题论争到最后也没有标准答案，直到今天问题依然存在，只是不再成为学术论争的重点罢了。但其实仍然是当前传承和弘扬儒学文化的死结之一，问题得不到解决，就无法形成对儒学思想价值的统一认识，也很难真正说清孔子思想的价值意义。笔者以为，仅仅依靠传世典籍史料尚不足以解决问题，有待更多出土文物重见天日，或许能彻底揭开这一千古谜案。

话说回来，倘若孔子真是"述而不作"所谓的"六经"，可见"六经"的来源肯定是更为古老。事实上，以往的许多研究成果虽然尚不足以明证确实是孔子通过"述而不作"而编撰出"六经"的，但通过分析和解读传世的与"六经"大体相关的文本内容，完全有理由推断其中许多思想内容是产生于孔子时代之前的，比如，《周易》本经不可能是孔子所作，甚至是被孔子删述的可能性都没有。又譬如，《春秋》记载的大部分是孔子生前的鲁国历史，很能说明这不是孔子所作或绝大部分不是孔子所作的，但文本内容语焉不详之处倒很有可能是被孔子或他人删述过的。这样看来，追溯"六经"的来源非但不能止于孔子，还应追溯到西周、商、夏等史初时期，甚至还应追溯到更为久远的史前时期。这样一来，看似简单的问题就会变得相当复杂。

可是，这个问题又是至关重要！如果不能得到有效的解决，许多思想的根源就得不到正确的理解，许多问题就会变得没有标准答案，更有甚者是导致许多错误的史料和对历史的误解长期以讹传讹，真假难辨。问题真有这么严重吗？不妨举些例子说明。提起"一阴一阳之谓道"，都知道是出自《易传》之《系辞传》，都会因此以为这是《系辞传》或者是《易传》作者的思想，也有不少人直接认定这是孔子的易学思想。这种思想及其相类似的观点，在传世的春秋战国时期出现的典籍史料中，除了《系辞传》以外，都没有被提及，迄今为止也没有发现可能比《系辞传》更为古老的著作中，有对这种思想的文字表述，所以后代学者也只能认定这种思想产生于春秋末期，或是战国时代，无法再推到更久远的时代了。我们知道，"一阴一阳之谓道"是非常重要的易学思想，与《庄子》所言"《易》以道阴阳"相得益彰，但明显更为具体深刻。由于史料缺失的原因，学术界只能把这种思想归功于《系辞传》的作者，并把这种思想的产生时间推定在《系辞传》创作的时代，那么也就不可能早于孔子时代了。事实果真如此吗？笔者以为这很值得怀疑，依据就在通行本《周易》本经的文本和卦序之中。《周易》共有六十四卦，除了乾卦纯阳、坤卦纯阴以外，其余六十二卦都是仅由阴爻和阳爻组合而成，这些卦象符号从个体到整体，象征人道、地道、天道的运行变化，可见已具有"一阴一阳之谓道"的创作思维和审美观念。再看通行本《周易》中六十四卦的排序，始于乾、坤，终于既济、未济，不仅依次相邻两卦具有"非覆即变"的规律，而且上经三十卦与下经三十四卦都各内含十八个卦象，也就是说六十四卦的排序并非毫无逻辑规律，而是明显具有一定的排序规则。从已发现的排序规则上看，大致上都体现了"一阴一阳之谓道"的思想，这种思想在《序卦传》中某种意义上也得到很好体现。联想《史记》"文王拘而演《周易》"之说，我们似乎应该有更充分的理由推证：假使真有文王演《周易》之实，他对《周易》的推演可能就是对六十四卦的精心对比和排列，而所排列的卦序就是推演的重要成果之一，那么他排序的思想标准或是数理逻辑应该是有所依据的，难道"一阴一阳之谓道"思想不是他巧妙赋予的，反而会是后来易学研究者从中分析归纳再发现的？到底是文王有意为之，还是无意使然，其实都无法否定一个客观事实：通行本《周易》六十四卦排序已蕴含"一阴一阳之谓道"的思想了。推想是容易的，确证就几乎不可能！但是，只要这个疑点得不到澄清，易学思想的来龙去脉也就难以说清了。

再举《诗经》为例。传说孔子以前传世的诗作就有三千多首，但雅俗不一，良莠不齐，孔子编选《诗经》时只选择其中的三百零五首，其他的大部分诗作也就因为得不到重视而逐渐亡佚殆尽，后来许多研究先秦诗歌的学者也因此怪罪孔子，使得孔子编撰《诗经》的功过难以定论。那么，如何评价孔子编撰《诗经》一事的功过呢？我们知道，在经学昌明的时代里，罕有学者因此指摘孔子的过失，甚至更多的是由此赞叹孔子的高明和伟大。而在经学没落、文学繁兴的现当代，不少学者从文学、历史、文化的角度，无视经学的价值，认为孔子的删诗是错误的行为，值得批判。在他们看来，孔子仅凭己意断定被删掉的诗作为劣诗，难免带有个人偏见，是很不客观和科学的。这种观点看似有一定道理，因为从人文学科的角度看，若能使所有的诗作都流传千古，才能便于后人选读和研究，至少能更有利于对先秦学术文化的深入研究。但是历史记载偏偏就是这样不从人愿，经常在某个转折点黯然消失，让人无可奈何！这能完全怪罪与之相关的历史人物吗？面对同一篇诗作，似乎可以允许不同读者有不同的理解和评判，但果真如此来看待和鉴赏作品，也就没有优劣之分的客观标准了。假如评判诗作必须要有一定的标准，那么也就意味着优胜劣汰实属必然。那些被删掉的诗作，允是不合孔子的审美标准，但也未必就会全部亡佚，而事实上的确如此，这反过来应该可以说明孔子的审美标准是符合人心的，是有一定客观理据的。那么，孔子所依凭的理据是什么呢？是否合情合理呢？因无史料明证，自然成为千古谜案。现在来追究这些问题，只能追溯到汉代学者的说法。而汉代学者如毛亨、毛苌、韩婴、辕固、申培等传《诗》者，虽有《诗传》作品流传，但可惜传到后来只剩下《毛诗传》。汉代学者去古未远，又传承有自，应该是比较值得信赖的。可是他们毕竟是"崇圣尊经"的学者，仅注重从伦理道德的角度阐发经义，缺少怀疑和批判，也缺少多维视角的审视和解读，加上传承过程中产生的许多不确定因素，以致同时代的传《诗》者就有不同的见解，这也自然又导致后来此起彼伏的纷争不断。而当经学的义理不再被后学者信奉时，《毛诗传》的价值和意义也被大打折扣。《毛诗传》的价值应该如何评估才好呢？笔者以为，一旦离开对经学的正确认识，不但无法正确评估《毛诗传》，而且无法评判孔子编撰《诗经》的功过。在今天的文学研究者看来，《毛诗传》提出"诗言志"的观点，是非常重要的诗学理论，而对其中涉及道德礼教的阐发却不以为意，甚至是加以无情的批判。今天的研究者发现《诗经》中也有不少类似于淫诗、艳诗的作品，就以为《论语》所言"诗三百，一言以蔽之：思无邪"是对孔子儒家思想的粉饰和曲解，对《毛诗传》中揭示的许多典故也不再重视，以为都是对儒家礼教思想的美化。而事实上，在笔者看来，不从经学义理的角度，不借助《毛诗传》，是很难理解《诗经》的。比如《关雎》，为什么会放在首篇？明明谈及的是儿女情长、男欢女爱之事，为什么仍然被认定是"思无邪"呢？难道孔子是胡编，毛亨、毛苌又是有意美化孔子和《诗经》？其实道理很简单，在儒家经学思想看来，乾坤交媾化生万物才有天道运行，男女交感传宗接代才有人伦繁衍。《周易》下经从《咸》卦开始便是对人伦的重视，《毛诗传》以"后妃之德"论《关雎》也是对这一天经地义之人伦的赞美。明于此，才能更好理解《诗经》深含的意蕴，才能体会孔子编撰《诗经》的良苦用心。否则，仅仅依凭文本的随意解读，就会造成曲解乃至对古人的亵渎！尽管如此，在没有充足史料佐证的前提下，如何正确解读《诗经》就无法形成统一的认识，也就无法评判汉代《诗经》学以及孔子编撰《诗经》的学术意义。可见，对经的来源追溯问题，对经学历史乃至中国学术文化的研究至关重要。

值得注意的是，从汉代儒家经学产生之初，经的来源问题已经显得扑朔迷离了。除了对"六经"如何演变而来的问题不甚了解以外，对"六经"如何从春秋战国时代传承到秦汉时期也不是特别清楚。比如《乐》传说是"六经"之一，到底是不是经书的形式，或者只是有名无书，为什么没有流传到汉代等问题，汉代经学家都已经说不清楚了。而其他"五经"能够传到汉代，也是有些来路不明的。个中原因非常复杂，但至少有四点原因是不可忽视的。一是经书的文字载体尚不可靠。战国时代，经书多半是竹简编成的，数量有限，容易毁坏，很难长期保存。二是经历的时代动荡易于亡佚。战国、秦汉之际，战乱此起彼伏，许多书籍因此散失殆尽。三是秦始皇焚书坑儒和西汉初期禁止民众私藏典籍。儒家经书典籍惨遭浩劫，很难完整传世。四是得以传承下来的经书主要是靠传经者口耳相传，代代更相传递，历经几代传经者才被重新著于竹帛，难免以讹传讹、抱残守缺。以上原因，导致汉代经学成立之初已经无法弥补经书本身的许多缺憾，这些缺憾无疑就是日后经学家纷争不断的根源所在。而从汉代儒家经学历史来看，导致纷争的原因还不止于此。我们知道，西汉中期开始尊奉儒家经典之初，大部分的经典都是传经者通过默写的形式重新用汉代的隶书书写出来的（除了《易经》未遭秦火，可能有先秦或秦代的版本流传下来，其余的《诗》《书》《礼》《春秋》都是重新默写的，新抄的版本也因传经者的不同而有差异），即所谓的今文经。在对今文经的理解上，西汉的经学家已经开始激烈的论争，比如对《春秋》的解释就有许多家，而已立于学官的《公羊传》和《穀梁传》就一直在为争立博士而较争，长期是治《公羊传》的经学家占上风，只有在汉宣帝时期《穀梁传》学者才一度获胜；对《诗经》的解释也有许多家，齐诗辕固、鲁诗申培、韩诗韩婴、毛诗毛公（毛亨、毛苌），最后是毛诗得以胜出，并千古流传。对《易经》的解释更是五花八门，有"训诂举大谊""阴阳候灾变""章句守师说""以《十翼》解经"等不同研究方向，最后是象数派易学家略占上风，并成为汉易的主流。从西汉今文经学家彼此之间的论争过程可见，即使没有古文经的出现，经学家们对儒经的解读同样会是见仁见智，纷争不断。前已述及，纷争的原因多半是历史材料缺失引起的，以致对文本和经义的理解产生分歧。但是，我们不能忽视的是，还有很大一部分原因是现实造成的。现实不合理，自然存在诸如政治、阶级斗争，以及观念、利益之争等，从根本上看乃是人性之争。若能从人性的角度来看待学术问题，就能更深入地发现经学家产生论争的症结所在，也才能更好地理解经学演变的历史和评判经学思想在历史语境中的功过是非。

二、崇圣尊经的古代中国：演变与得失

从西汉中期开始，中国就进入长达两千年的"崇圣尊经"时代，

即进入了儒家经学占主导地位的时代。如果没有古文经的出现,就不会有此起彼伏的今古文经之争成为经学历史演变的主要线索,经学思想的研究也许会变得更加单纯些。可是,历史的演变偏偏总是出乎人的意料之外!在今文经学刚开始兴盛不久,汉武帝末期,鲁恭王刘余坏孔子宅,得古文经籍数十篇,便有了一批与今文经典有所不同的古文经。到了西汉末期,又发现了一批古文经,使得古文经典的数量空前繁盛。值得注意的是,由刘歆发现和整理的这批古文经,到底是不是刘歆的伪作,向来没有定论。但在后来的经学历史演变中,我们可以清楚地看到正是这批古文经典的面世,促使古文经研究在短时期内赢得许多学者的青睐,导致今文经学在东汉时期迅速走向衰落。从古文经的出现到东汉末年郑玄以古文经学为主遍注群经,今古文经学之争就一直是汉代学术界争论的焦点。不容忽视的是,在很长一段时期内今文经学是居于官学的主导地位,而古文经学仅是"私学"而已,今文经学者也一直在打压古文经学,并与之持续论争。这场论争在东汉演变成一场旗帜鲜明的学术论争,在汉章帝的主持下两派的代表人物在白虎观讨论了一个多月,最后由皇帝统一裁决,并形成了以今文经学为思想基础的《白虎通义》作为会议成果由班固编撰成书,暂时平息了今古文经学之间的纷争,也再次奠定了今文经学的统治地位,并促使了儒学与谶纬宗教神学的合流。在笔者看来,东汉初期的这场白虎观之争,看似以今文经学略胜一筹而告终,而实际上是为日后古文经学复兴埋下了伏笔。理由有三:一是有可能是伪作的古文经,初步得到了官方的承认,获得了一定的合法性;二是古文经学的研究方法更具有学术性,更适合后学者展开对经典的研究与传承;三是与谶纬神学合流的今文经学逐渐走向虚妄怪诞,变得越来越不切合现实。也许正因为如此,东汉中后期以来研治古文经学的学者越来越多,不仅使古文经学得以立于学官,而且使得今古文经学在文本、思想方面的界限越来越不清晰,以致出现诸如郑玄这样的大学者也开始混用今古文经义来解读儒家经典，到了三国时期魏国学者王肃也同样是混用今古文经义来解释儒家经典。至此，今文经学的统治基础基本上被瓦解，加上有影响力的今文经学家寥寥无几，也就标志着今文经学开始式微了。汉代的儒家经学演变史，充满了激烈的今古文之争，但也非常富于戏剧性，隐隐约约的学术进程中平添了许多学术难题，让后世学者对经的来源、本义、文本、传承过程等真相更加难以考究和定论。可以这么说，后世学者想要研究经学史无论如何也绕不过汉代，而一旦进入汉代经学史的研究便会遇到许多复杂的实质性问题。有鉴于此，我们不能不重新回过头来思考一个问题：从历史发展的角度看，汉代儒家经学的兴盛发展对于中国古代政治、经济、文化的发展有何得失？这无疑是一个相当复杂的问题，但问题的答案无疑有助于当今中国人民对传统经学文化的批判与继承，同样也有利于经学研究朝着更为科学合理的方向进展。对此，笔者拟发表些许浅见，以待学界教正。

首先，春秋战国时期儒家学者对原始典籍的重新编撰，使之演变成具有儒家思想色彩的经典教材，促使更多学者在纷乱的时代中展开激烈的争鸣，引发了一场旷日持久的思想论争。回顾历史，虽然我们无法证明在夏、商、西周时期是否有过类似后来诸子百家争鸣的时代，也无法确证在那漫长的史初时期是否已有"三坟""五典"等重要典籍存世，但我们可以推想那也一定不是独尊某种思想、典籍的时代，而更有可能是后来许多重要思想的萌芽和肇始阶段。从传世的先秦典籍文本内容来看，不只是"五经"的文本和思想至少在西周时期已经客观存在，先秦诸子典籍中也有许多零散的思想和材料至少在西周时期已经出现。这一事实非常有力地说明：传承至今的中国传统文化，不是肇始于孔子的儒家文化时期，而是滥觞于史前和史初华夏先民的文明智慧之结晶，是值得后世历代学人研读和传承的文化精髓。但是，我们同时必须看到另一事实：倘若没有以孔子为代表的各个时代儒家学者对这些原始经典的重视、整理、编撰、注疏、传承、保护，早期的原始经典有可能在流传过程中出现更多的亡佚、散乱、误解等后果。因此,在经典文本传承方面,从孔子到汉初的经师可以说是厥功至伟的,但也不是完全的有得无失。辩证地看,得失难以定论,根本问题在于两个方面:一是相传孔子对于原始经典文本不是单纯的传承,而是有目的地加以整理和改编,有所删削,并注入了个人的思想,使这些经籍隐含了偏向儒家思想的经义。换句话说,经过改编的原始典籍变成了带有义理色彩的儒家典籍,而不再是所有学者都信奉的文化古籍。二是对于原始经典文本内容的阐释开始偏于儒家化倾向,不管是"六经注我"还是"我注六经"的研究思路都殊途同归于阐释儒学经义,而对原始经典涉及的历史、文化、功用等有所忽视。如果人类历史在纷繁复杂的思想论争中,能够彻底证明唯有儒家思想是最正确的、最适合人类发展需要的,那么以儒家经典替代原始经典无疑就是符合历史发展潮流的,是一次有得无失的文化革命。否则,把"篡改历史和经典"的罪名安在儒家头上,也是理所应当的。所以,评判得失的关键,还不能定格在早已无法改变的历史,而是必须更多地关注儒学在后来的历史进程中能否真正地发挥积极作用,比其他思想更能造福全人类。

其次,汉代以来儒家经学的复兴,主要是出于政治统治的需要,而不是学术自身发展的需要。我们知道,在诸子百家争鸣的时代,即使有孔子、孟子、荀子等大批名儒在世,儒家学说尽管人才辈出,影响广泛,也远未达到可以独尊的地步,反而是法家在秦代大行其道而儒家惨遭"焚书坑儒",道家思想在西汉初期得以重视而有休养生息政策实行。这些历史事实说明了什么呢?笔者以为,先贤治国注重的是时代和现实的需要而对学术思想有所取舍,而儒家思想在天下未平、政局未定、人民未富的历史时期既无法满足统治者的政治需要,也无法说服君主和民众追求礼乐教化的德治社会。到了汉文帝时期,贾谊《论积贮疏》"仓廪实而知礼节"、《过秦论》"仁义不施,而攻守之势异也"等著名观点都很雄辩,但也无法马上改变儒学受冷落的局面。直到汉武帝时期,才听从董仲舒的谏议,"罢黜百家,独尊儒术",结束了诸子学术思想纷争的局面。这无疑也是当时社会和政治需要所致,而并非单纯是从学术思想优劣的角度来评判诸子百家的。从当时的情况来看,"六经"之学虽然得以复兴,并在形式上得以独自立于学官,但也并非完全是儒学思想专治天下,至少法家的思想并未被彻底摒弃,甚至仍然是统治者治国的重要手段,不断出现的酷吏和冤案可以证明"外儒内法"才是历史实际,难怪清末思想家谭嗣同会在《仁学》中惊叹:"两千年之政,秦政也,皆大盗也;两千年之学,荀学也,皆乡愿也。"秦汉以降两千年的数十次朝代更迭,主要是庸政、暴政、专政导致的,可见推行仁政的时代并不多见也不持久!这反过来似乎可以说明,儒家的仁义之学表面上得到重视和推行,其实并未得到君心和民心的贯彻执行。这又是为什么呢?在两千年漫长的历史演变中,不能排除有天灾人祸、异族入侵、民众暴动等因素导致政权更替、家国沦亡的事实,但从根本上看不能不归咎于指导思想和传统文化本身存在许多问题。而许多问题的产生就是源于思想的纷争,主要在于学术上缺乏统一的认识和兼容并包的理论。按理说,"独尊儒术"便可思想统一,"统纪可一而法度明,民知所从矣"(《汉书·董仲舒传》),而事实上恰恰相反:西汉中后期儒学内部便有思想纷争,古文经典出现之后今古文经学之争更是愈演愈烈;待到东汉末期古文经学快要一统天下的时候,天下大乱,佛教东传,道教兴起,玄学之风流行,而后儒与佛、道相争又起,本土学术在六朝时期几乎丧失主导地位;入唐以后,经学地位重新确立,但好景不长,中国化佛教宗派如雨后春笋,土生土长的道教也得到重视和发展,及至唐末五代时期天下又乱,经学地位再次风雨飘摇;而在积贫积弱的两宋时期,内忧外患从未停息,儒学在与佛、道嫁接之后得以复兴,但倾向于谈论心性、道理的理学虽有助于匡正世道人心,却对富国强兵缺少方略,最终无法扭转被异族侵吞的惨败结局；在蒙古族统治的元代，经学虽未被尽弃，但儒学者的地位已明显下降，理学反而逐渐成为禁锢思想的枷锁；有明一代，废除明经取仕的制度，程朱理学横行，阳明心学兴起，而正统经学日益衰颓，三教合一思想在晚明时期演变成主流；明末清初的实学作为心学的余绪，力图补偏救弊，但更多是出于反清复明的需要，亦非对经学思想的重视，这种思绪至清末孙中山、章太炎等人仍有鲜明体现；而在清代乾嘉时期，为躲避声势浩大的文字狱，许多学者不得不钻进故纸堆里，探赜索隐，广搜博采，力图振兴汉学，而导致汉学与宋学的纷争，再到后来国门被打开之后，汉代经学刚被学术界重视不久，西学东渐且日益兴盛，不仅出现中学与西学之争，而且研治儒学的经学家又重新展开激烈的今古文经学之争，最终在历史大变革中寿终正寝。回顾两千年的经学史，汉代经学繁兴得益于"独尊"，宋代理学繁兴也是得益于"独尊"，而两次"独尊"都导致"物极必反"，究其主因在于都不是学术理论发展的需要，而是政治统治的需要。如果是从学术文化发展的角度看，源于先秦早期的经典固然重要，但是伴随时代发展而出现的非儒学思想也是不容忽视的，比如道家、墨家、法家、阴阳家、兵家等诸子百家思想并非一无是处，魏晋以来的玄学、道教、佛教等文化思想也颇有可取之处，近代以来传入的东洋、西洋等异学思想更加重视民主与科学，可见走向"独尊"的儒学思想是不利于学术生态平衡的，势必引发思想较争而不断处于尴尬的地位。因此，在传承儒学思想的同时，形成兼容并包的学术理论思想尤为必要。而这又是历代"崇圣尊经"的经学家们难以觉悟和警醒的，即使有所醒悟懂得援用"外学"创新儒学（如玄学、理学、心学皆非纯正儒学）但也无法摆脱再次"妄自尊大"而被唾弃的厄运。这一历史事实表明，儒学独尊有悖于时代发展的需要，同样也有悖于学术理论走向科学发展的合理需要。

最后，从西汉中期到清末，儒家经学能够长盛不衰，说明经学思想确实也是华夏民族思想精神的根源和依托，是具有相当的合理性因素的，是值得推崇和传承的，当然也就是不容被轻易废弃的。前已指出，儒学经义主要源于孔子儒家及其后学，但儒家经典的合理性却是由来已久，可以上溯至史初时期，可谓是华夏先民贤哲文化智慧的结晶，值得不断继承和发扬。细而论之，《易经》的象征思维、中和思想、太极文化是华夏文明的本根，《诗经》《礼经》《乐经》的诗学、礼教、合同思想是华夏文明的特色，《尚书》《春秋》的史官文化承载着华夏文明的进程，河图洛书、阴阳五行、天干地支、天文历法等文化精粹在儒学的推动下促使华夏文明屡创辉煌，而这些思想文化在西汉时期就被学者们统摄成经学思想，得以重视和发展，并逐渐成为具有一定理论体系的指导思想。尽管经学内部的纷争不断，这些指导思想始终坚不可摧。即使汉代以来异学纷呈，外学兴起，学术思想不断在演变，这些经学思想的合理内核也仍然影响深远，深入人心。但是，我们也应充分意识到，这些看似合理的思想固存，是得失并举的。从得的角度看，举不胜举，比如《春秋》"大一统"的思想，有利于民族融合、国家统一，虽然历尽朝代更迭与国家分合，但总能趋于统合而非完全分散；《礼》《乐》的礼乐教化思想，促使我国一直能够维持"礼仪之邦"的美誉；《周易》的义理思想，让自强不息、厚德载物、审时度势、与时偕行、革故鼎新、勤俭节约等思想精神一直得以弘扬；而与《易》学相关的阴阳五行思想，在很大程度上也推动了古代科技的进步。从失的角度看，也是比比皆是，比如形成于汉代的"三纲五常"、名教思想、男尊女卑思想，形成于宋代的"存天理，灭人欲"思想，都对历代民众的思想产生禁锢的反作用，此外一些所谓的封建迷信思想、谶纬神学思想以及各种本土化的宗教思想，都不同程度上与儒家经学思想有千丝万缕的联系。从总体上看，儒家经学思想还是比较人性化的，有利于华夏古老文明的传承，其核心价值观也基本上符合华夏民族的理想追求，与全人类追求幸福美好生活的愿望是基本一致的。而对儒家经学所造成的不利因素，大多可以归咎于文化传统的特性，具有一定的历史局限性，需要后学者加以改造和创新。

三、经学缺席的中国大陆：革命与困境

经学缺席的现象，在中国已有百余年历史了。有人认为这也标志着经学的终结，以为经学统治的时代将一去不复返了。在20世纪初叶，经学为什么会开始缺席并走向终结呢？这个问题非常值得反思，也不断有研究者加以思考和总结。从历史进程来看，清末民初的中国学术界并不是缺少著名的经学家，也不是所有的学者都一致反对延续经学，而经学最终被取缔却很快变成历史事实。从当时的时代背景来看，确实已有大量的西学传入，但也没有完全压倒经学；各种政治思想运动此起彼伏，在维新变法和革命思潮的交互冲击下，反对传统文化的思想逐渐成为主流，但是真正提出彻底取缔经学的主张也不很鲜明。可是，20世纪最初十年各种政治、文化事件的突变，一场大革命的迅速到来，却以摧枯拉朽的态势令经学基本终结。不容置疑，封建君主专制制度的覆灭和新文化运动的到来，便是儒家经学走向终结的直接原因。换句话说，随着共和时代的到来，民主和科学得到大力提倡，经学一统天下的局面必须被打破，崇圣尊经的思想观念已经无法适应当时的中国。

但是，我们也必须清醒地看到，经学在当时并没有彻底地终结。20世纪二十年代以来，尽管经学已非官学，不再受政府的重视和保护，儒家经典已褪去神圣的光环和失去独尊的地位，但是经学思想的传承、经学历史的研究、儒家经典的存续仍然普遍存在。经学刚被取缔不久，仍有不少保守派鼓吹经学，提倡读经，但主要目的是企图恢复帝制，显然悖逆时代发展的潮流。但也有一些学者出于对传统文化的保护，仍然继续潜心研究儒学，一大批著名的新儒家可谓是这方面学者

的代表，他们试图创新儒学理论，让儒学思想重获生机和活力，虽有广泛的思想影响，但也无法改变经学被终结的命运。还有一批经学史研究者，他们并不"崇圣尊经"，但却非常重视经学历史的研究，有些是新儒家代表人物，有些是坚持唯物主义的历史学家（如周予同），还有一些属于受过经学教育的学者（如马宗霍、皮锡瑞、蒋伯潜等），不管他们是从什么角度来看待经学历史，无疑都有助于经学传统的延续。更值得说明的是，与秦代完全不同的是，此次取缔经学，只是废除传统的经学教育和统治地位而已，不再让学校教育纯粹以经学思想为主，而没有从政策上迫害研究和爱好儒学的人，更没有把儒家经典列为禁书或是大量烧毁儒学书籍（实事求是地说，当时学界仍比较重视儒学典籍，否则就不可能再续修《四库全书》，又请大批著名学者撰写提要）。另外，我们也应该看到，在民间私塾教育中，仍有继续教学儒家经典的现象，这也是儒学文化传统到当代能够得到接续和发扬的主要原因。综上所论，我们可以得出一个结论：经学被取缔之后大约四十年的时间里，并没有彻底终结；表面上经学缺席了，但经学思想的影响仍然存在；儒经失去往日的地位，但儒学在人们看来还是值得深入研究。

新中国成立以后大约三十年的时间里，经学走向彻底终结了吗？即使经学研究在大陆受到激烈的冲击，但也并非彻底终结。20世纪五六十年代掀起的文化扫荡、提倡"简化字"、"破四旧、立四新"等运动，确实对以经学思想为代表的传统文化造成很大破坏，尤其是六十年代中期发动的史无前例的"文化大革命"运动，经学更是惨遭毁灭性的清算和打击，但是也仍然是不够彻底的。尽管与"五四"新文化运动相比，持续的时间更长，打击的范围更广，但这毕竟只是一场轰轰烈烈的政治运动，因此在形式上虽然已经几乎终结了经学思想的传承和传播，但并没有完全从思想上清除儒学思想的深刻影响。不可忽视的是台湾地区比较重视经学文化研究。在东亚、东南亚也形成新的儒学文化圈，日本、韩国、新加坡等地也都比较重视儒学的发展和创新，使得经学研究的传统不至于被彻底割裂。平心而论，在20世纪中期儒家经学研究在中国大陆的确是走下坡路，而在大陆以外的局部地区儒学仍然深入人心，并在一定程度上向全世界传播和影响。正是那些受儒学理论影响的国家和地区在实践上取得一定的经济、文化成就，反过来大大促动20世纪80年代以来大陆学者、政府对儒学的不断重视。近几年来，一个非常明显的现象是，政府越来越重视以儒家经学为代表的国学，最重要的标志莫过于将把国学经典纳入中小学教育的主要内容之一，社会各界也普遍出现对儒学的重视，各种与儒学相关的孔子学院、书院、学会、通识教育核心课程、培训班、读经班大量出现，甚至有一些人开始呼吁进一步重视经学教育，恢复以前的经学传统，以对抗不断西化的思潮和解救日益失德的文化困境。这种现象的出现，不管怎么看，从物极必反的角度来看待经学历史，允是符合历史发展趋势的。

面对历史，何去何从，并非个别人的主观意志所能彻底改变，而是历史潮流的演变态势所决定的。于此，探讨经学存续与废置的问题，理应有更为清醒的历史意识，理应更为实事求是地面对现实，才能让经学朝着更为科学合理的方向进展。因此，笔者认为有必要重新思考两个与经学相关的问题。

一是取缔经学的官学地位、终结经学独尊的局面是否完全正确？从两千年经学独尊的历史来看，对学术文化的多元化发展是不利的，对国家的富强和人民的幸福也不是非常有利，可见"独尊"确实要不得；从百余年来取缔经学教育的结果来看，人民的思想观念得到极大的解放，国家和民族虽历经磨难但也仍不断在进步发展，尽管在改革开放过程中出现了许多问题（比如道德滑坡、信仰危机等），但也不完全是缺失经学思想教育引起的，更多是科技、观念大变革时代人心难以迅速适应引起的。要解决这些时代发展遗留的问题，仅仅依靠经学教育显然是不够的，必须形成更为全面的具有一定科学思想教育才行。因此，笔者以为重新恢复经学教育的传统，甚或是再让儒学独尊，并不符合历史发展的潮流，而应该是必须断绝的旧观念，否则死灰复燃，果真是会贻害无穷！

二是经学可以在中国历史上缺席和终结吗？前已指出，近百余年来经学在中国看似缺席了，但并未彻底终结，甚至已开始走向复兴，很能说明终结经学传统是不利国家和民族发展的。经学思想源远流长，具有合理的内核，已然成为中国传统文化的主干和特色，是中华文化的本根和灵魂，理应得到一定的传承和发扬。传统儒家经学研究的治学方法和成果，对当代的学术研究也仍有借鉴作用和运用价值。因此，那些符合时代发展需要的经学思想内容，仍有必要走进学校课堂，成为中国人学习和理解的重要内容之一（当然，不能再是唯一）。那么，读经虽然是必要的手段和方法，但也必须有所取舍，应该以符合人性道德教育的内容为主。当然，这个问题颇为复杂！如果不让读经，优秀文化难以传承；如果过于提倡读经，经中的陈腐思想和封建糟粕难免会再使后学者受害，导致新的文化复古思潮。这无疑也是当下大陆开始提倡恢复国学经典教育进入中小学课堂，必须面对的严峻问题，应该引起教育界和学术界足够的重视、研究和应对才是。

四、结语

通过以上的分析和思考，笔者以为，只有更加全面深入地研究以经学为代表的传统文化思想，不断结合和联系时代发展的社会需要，才能更好地辨别是非，更为有效地运用和发扬传统的优秀文化，更好地解决中国乃至全人类在当代文明进程中出现的各种严峻问题。经学是存还是废，历史已经作出选择；经学有得还有失，历史也作了清晰呈现。在当下国学复兴的进程中，无论是提倡读经，还是企图恢复经学教育的传统，都不能离开对历史和现实的思考，都应该顾及国计民生，也应该朝着学术文化多元并举的方向发展，朝着建构科学合理的真正符合全人类共同发展的思想理论方向发展。否则，自以为是，妄自尊大，盲目复古，矫枉过正，过度崇拜，势必会重新造成一系列不良的后果。因此，在复兴儒学以补偏救弊的同时，不仅政府应该密切关注和引导，学术界应该加强研究和反思，而且社会各界人士也应该逐步形成一些科学的认识，尤其是要让年轻的一代形成对经学及其传统文化的正确认识，让优秀的文化精华真正得以传承和弘扬！

（原载《上海文化》，2020年第3期，第87—97页）

《穀梁传》的真伪和写作时代问题考辨

关于《穀梁传》①的作者和写作时代等问题，自古异说纷纭。本文拟就诸家之说，对此问题试作清理和判断。

一、《穀梁传》不是刘歆伪作

《穀梁传》属于今文经，但近代的今文学家崔适在《春秋复始》中却考定为古文经，同属刘歆伪作。书中指出："《汉书·梅福传》，推迹古文，以《左氏》《穀梁》《世本》《礼记》相明，《后汉书·章帝纪》令群儒受学《左氏》《穀梁》《古文尚书》《毛诗》，此于《穀梁》，一则明言古文，一则与三古文并列，其为古文明矣。古文为刘歆杂取传记而造，则武、宣之世，安得有《穀梁》。……歆造《左氏传》，以篡《春秋》之统，又造《穀梁传》为《左氏》驱除，故兼论三传则申《左》，并论《公》《穀》则右《穀》……然则《儒林传》谓《公》《穀》二家，争论于武、宣之世者，直如捕风系影而已矣。至成帝绥和元年立二王后，采梅福所上书，引《春秋经》曰：宋杀其大夫。《穀梁》曰：其不称名姓，以其在祖位，尊之也。是为引穀梁氏之始，去河平三年刘歆始校书时十八年矣。歆所造伪书已出古文也"②。过去一般都

---

① 本书中几篇关于《穀梁传》的文章，当初发表时，"穀梁"都写作"谷梁"。今一律改作"穀梁"。
② （清）崔适：《春秋复始》卷一《穀梁氏亦古文学》，北京大学出版部排印本，1918年，第2页。

以《公》《穀》并称，作为今文载籍，自崔适书出，《穀梁传》的真伪也成问题了。其后张西堂先生还专门写了一部《穀梁真伪考》以扩张崔氏之说①。这些翻案文章是近代疑古思潮下的产物，所列证据都不够坚强有力，所以绝大多数的学者仍维持旧说。

事实上，崔氏所论是有误的。《穀梁》并非真是古文，它虽曾与三古文并列，是有其历史原因的。纵观经学历史，《穀梁》之学向来殆如附录，只有在西汉宣帝时期尤为兴盛。在汉代主要是受到《公羊》学的压抑，在立官的道路上多次受挫。参加宣帝亲自主持的"石渠阁"经学讨论大会的《穀梁》学派代表尹更始，本是重要的《穀梁》学传人，"擢升谏大夫、长乐户将"之后又受《左传》，"取其变理合者（变通而合于《穀梁》之理者）以为章句（为《穀梁传》之章句）"②，这便在《左氏》《穀梁》两传间，架设了桥梁。之后又有不少《穀梁》传人兼治《左传》，所以此后《左》《穀》两家乃较为接近。《毛诗》因与《左传》同受压抑，所以在东汉，两家也较为亲近，于是《左氏》《穀梁》《毛诗》再加上《古文尚书》，便成为东汉"古学"的骨干，并因争立学官组成联盟。这都与文字上的今文古文之分无关。

再说，刘歆之父刘向，据《汉书》所载是宣帝时期《穀梁》学的主要传人之一，《史记》中也有关于《穀梁春秋》的简单记载，而崔氏却认为《穀梁》是刘歆伪作以供《左氏》驱除对立学派的，实在是不可置信。显然，《穀梁传》不是刘歆伪作的。但是，能就此肯定《穀梁传》不是一部伪作吗？这个问题还需作进一步的考辨。其实，它所以遭到"伪作"的怀疑，问题就出在来源、作者、写作跟成书的时代，没有明确的史料记载。

---

① 张西堂:《穀梁真伪考》，北平和记印书馆，1931年。
② （汉）班固:《汉书·儒林传》，中华书局，1975年。

二、《穀梁传》是不是子夏所传的

《穀梁传》在唐代的"九经""十二经"和宋代的"十三经"中，都被列为"《春秋》三传"之一。所谓"传"，就是阐发和解释经义的意思。它和《公羊传》，确是以阐明《春秋》的"微言大义"为目的，相传均是子夏私相传授的。很明显，如果《春秋》中不含"微言大义"，《公》《穀》之书就是后人杜撰出来的。可是，关于《春秋》的文义问题，由于缺少真实可信的史料依据，至今还是纠缠不清的。所以《穀梁传》的来源问题、很难说清楚。笔者认为，《穀梁传》很有可能是源于子夏所传的《春秋传》①，但决不是一部子夏口传的《春秋》经义实录。

首先，一些史学家认定《春秋》中没有所谓的"微言大义"，是没有根据的。诚然，依靠所有现存的史料还很难断定《春秋》就是孔子的著作。但是，从现有的学术成果来看，至少可以肯定：《春秋》与孔子的学问有着密切的联系；《春秋》是从周代（主要是鲁国）的旧史中删定出来的。由此我们又可以得出：孔子很可能对旧本《春秋》作过一些整理、解释和个别文字订正等删修性的工作；孔子对《春秋》一书有着自己特别的见解，并按一定的"义例"，赋予治国平天下的理想模式来编撰和讲解《春秋》；不论孔子是否修订过《春秋》，作为一部史书，应该会有它的记事体例和对史实的褒贬，即使不便直书而隐约其词，也应该是稍加探索而即可明其真相的。例如鲁桓公"薨于齐"一事，三传都有或详或略的记载说明，证之以《诗经·齐风》中的《南山》《敝笱》《载驱》，就可以真相大白。《春秋》作为我国第一部编年史，而记事极为简单，大多是点到为止，这是不能用当时书写工具落后来说明问题的。今天我们所见到的《春秋》既是删定之书，就不可能是为了记史而修史，说它在记史之外别有寓意，也是合情合

---

① 《春秋传》在这里专指传说中子夏秘传的《春秋》经义，是一部虚名的文本。

理的。因此，我们应当把《春秋》也当作经书来看待，才能还它的本来面目。当作经书，就不能否认其中有"书法""义例"的存在。

但是，《春秋》里面并不是几乎每一条都表现了圣人的"微言大义"。顾颉刚先生1925年有答钱玄同书，扼要地提出《春秋》并不"处处有微言大义"，"《春秋》为鲁史所书，亦当有例。故从《春秋》中推出些例来，不足为奇"①，不失为恰当之论。可是，究竟是谁最早从《春秋》里"推出此例来"呢？一般认为，从《春秋》里寻找"微言大义"，开始于战国时期，那时，《公羊》和《穀梁》已开始私相传授。按此说法，即以为《公》《穀》之书完全是后人杜撰而成的。其实，既然我们肯定《春秋》原有旧史书之例，就不应否定它还有删定者的"书例"，更不应因此否定这些"书例"会为后世所传习。《公》《穀》之书专讲"微言大义"，一定源有所据，不可能全凭牵强附会杜撰出来的。从《公》《穀》传文中也可看出，《春秋》并非每条都可以讲"微言大义"的。

其次，《穀梁传》如果不是子夏传给后世的文本，就是后人根据子夏所传重新编撰而成的。它很可能是源于子夏的。这可以先从两方面加以考虑：一是孔子对于《春秋》的理解，在他现存的言论中没有明文，据说是秘传给弟子。然而，孔门弟子所传的《春秋》经学，后世多无从稽考，据说只有子夏有经传于世②；二是《穀梁传》解《春秋》时，所依据的大量材料不知从何而来。相传是子夏私相传授的。如果这两种传说可信，证明《穀梁传》是源于子夏所传的，就很容易了。但是，正是这些传说没有足够的史料依据，所以历来对此争论不休。其实，我们还可以借助《穀梁传》本身所含的内容来加以证明。

第一，《穀梁传》和《公羊传》是同源异流、同本异末的两部著作。一方面，《公》《穀》大体上有一个共同的蓝本。除了两传的体例

---

① 钱玄同:《论春秋性质书》,《北京大学国学门周刊》第1卷1期,1925年10月14日。
② 参见(宋)洪迈《容斋随笔》"续笔"卷十四"子夏经学",上海古籍出版社,1996年。

均为问答式的解释体和所据的《春秋经》文本基本相同以外,据笔者考证,《公》《穀》文中许多含有叙事成分的,所述内容大同小异,可起互补互证的作用,并不自相矛盾。如僖二年"虞师、晋师灭夏阳"一条。特别值得注意的是,《穀》有经文不立传的约1130条,占总数的三分之二。而《公》《穀》同时不立传的就有1040条左右,且同样两条以上连续无传的有95处之多。此外,《穀梁》独有传文和《公羊》独有传文的所占比例极小,分别是263条和90条。

另一方面,从《穀梁》本身看,传中阐述经义,多引前人之说。有前代传经者的语录,如"沈子(定元年)""尸子(隐五年、桓九年)"等诸经师的说法,还有作者师说以外的传闻十余处,如"或曰""传曰"等引文。《公羊》阐述经义也如此。这些引论看似道听途说,实可算是博采众长,有超越师承择善而从的严谨态度。

根据汉代的文献记载,《穀梁》和《公羊》一样,最早只是口耳相传,至西汉始著于竹帛,成为定本。既然二传都是在传授和记录经义的基础上并经过长期的口耳相传才写定成本的,就不只是对第一个解经者言论的实录,必然杂有历代传经者对原有经义重新加以阐释的成分。换句话说,同一师门的弟子,即使是最早的传经者,对同一经师传授的经义内容单凭口耳传授和人脑的记忆力保存,肯定有不少的出入,更不用说他们再凭记忆的内容所作的阐释会有侧重点的不同,甚至产生意见分歧。加上各自秘密递相传授日益久远,以讹传讹,所存在的差异性有增无减更是可想而知的。即使二传一开始就写定成本,也不能排除因流传产生互相矛盾的可能。由此推知,发现"《公》《穀》有不少矛盾之处",还是不可否认它们是同源的[①]。

第二,《公》《穀》的作者大讲"微言大义",一定是确信它们是孔子秘传的。他们距孔子的时代很近,如果所信无据,那么他们的所

---

① 近代学者大多是抓住《公》《穀》之间"有不少矛盾之处",来论证它们"同出子夏的不可信"。

作所为就真是宛如痴人说梦,实是自欺欺人。从他们在传文中所露的才华看,不像是那等无聊好伪之徒。而后世学者却以为他们"皆据一二字各逞私臆妄为解说,或无中生有,或颠倒史实,要皆为凭空撰语自圆其说者,《公羊》诞矣,《穀梁》尤甚焉"①,所以否认《春秋》中隐含着"微言大义",以为《公》《穀》中的"经义"是其作者挖空心思发挥出来的,并不是子夏所传的。

诚然,它们的经义有不少牵强之处,但是不足以肯定"皆为凭空撰语自圆其说"。倘若《公》《穀》都是牵强附会出来,更应该引起学术界的重视。因为这"凭空撰语"不是昙花一现,不仅口耳流传百年不亡,而且刚写定成书之后便引起统治者的重视并相继成为官学,甚至是双双成为中国古代最重要文化典籍的一部分得以千古流传。莫非古往今来的学者都看不出它们杜撰的破绽,以致不能把它们拉出经学的殿堂?看来,它们的内容决非全是"妄为解说""无中生有",而应是源有所据,更可能是前代所传的。

再次,《穀梁传》"源于子夏所传"的说法基本可信。虽然已无先秦的史料以供考证,但是,离先秦不远的汉人都笃信此说。自从唐人杨士勋《春秋穀梁传序·疏》明载"穀梁子受经于子夏之门"以后②,清代以前的学者也极少有对此产生怀疑的。即使有些学者考证穀梁子不是子夏的学生,可按清人钟文烝《穀梁补注·论传》所论"盖穀梁受业于子夏之门人,因遂误以为子夏门人"③,《穀梁》也还是子夏所传的。其实,只要作传者有参考子夏所传的《春秋传》,就可算是源于子夏的。而从可证《公》《穀》同源的材料进一步分析,二传作者很可能都是以子夏所传的《春秋传》为主体加以改编的。再说,那些对传统说法质疑的学者,其所持的论据并非坚强有力、无可争辩。

---

① 顾颉刚讲授、刘起釪笔记:《春秋三传及国语之综合研究》,巴蜀书社,1988年。
② (晋)范宁、(唐)杨士勋:《春秋穀梁传注疏》,上海古籍出版社,1990年。
③ (清)钟文烝:《穀梁补注》,民国十八年上海中华书局铅印本。

最后，肯定或倾向于"《穀梁》源于子夏所传"的说法，并非认为《穀梁》是子夏所传《春秋》隐义的实录。毋庸置疑，今天所见到的《穀梁》，其所传之义仅有部分合于《春秋》作者的本意。由于《春秋》经文，本源于旧史；《穀梁》在写定成本之前，曾长期流传于众经师之手。倘若其本意是由"书法""义例"而见，则所谓"书法"也应包括四部分：周代史官（主要是鲁国）的"书法"；删定《春秋》使之由史变成"经"并传解"经义"者的"书法"；由师承或揣测而作《穀梁》传文者的"书法"；流传过程中历代著名传经者的"书法"。因为，它不止源于子夏，根源是周代史官和删定者创制的"书法"，但是又因为流传久远导致这些"书法"产生变异和发展。其中，子夏所独传的《春秋传》，很可能就是《穀梁传》最主要的来源。

三、《穀梁传》是不是穀梁子所作的

《穀梁传》作者，最早提及的是《汉书·艺文志》，以为是穀梁子，但具体名字不详。而后世学者却不知何来所据，给穀梁子取了六个名字。比较不同的文献记载，计有喜、嘉、赤、淑、俶、寘六种不同的名字。对此，不少学者提出了考证意见。阮元《十三经校勘记》引王应麟云，"穀梁子或以为名赤，或以为名俶，颜师古又以为名喜"，按云："作'俶'是也。齐召南云：《尔雅》'俶'训始，故字元始。"清代今文经学家皮锡瑞认为穀梁子的几个名字不是专指一人，可能是代表不同时代的传经者[①]。而皮氏此说，近代吴承仕先生在《经典释文叙录疏证》中却把它看作"不明声类，而妄为说"。吴氏依靠声类转换的分析，指出一人六名是"字异而人同"。[②]

---

① 《经学通论·论〈公羊〉〈穀梁〉二传当为传其学者所作，〈左氏传〉亦当以此解之》。（清）皮锡瑞：《经学通论》，中华书局，1954年。
② 参见黄寿祺《群经要略》，福建师范大学油印本；华东师范大学出版社，2000年。

综观有关榖梁子其人的记载，虽存在着名字不同，但几乎没有人否认历史上有榖梁子之人。可是，他是不是《榖梁》的作者呢？这个问题史阙有间，也很难说清楚。笔者认为，榖梁子与《榖梁传》的关系，就好比孔子跟《春秋》的关系一样。他很可能是《榖梁传》的重要传经者之一，主要是对子夏所传给后世的《春秋传》文本作过一番修补和删定工作，以致后世学者把著作权归给他。这可通过考辨汉代以前《榖梁》的流传情况和榖梁子生活时代的有关记载，得到推证。

第一，"子夏传榖梁子"的说法不可信。因为，据《史记·仲尼弟子列传》所载，子夏小于孔子四十四岁，当生于公元前508年。这样，要是有子夏传榖梁子之事，至晚也不会迟于前420年左右。但按桓谭《新论》"《左氏》传世后百余年，鲁人榖梁赤为《春秋》，残略，多所遗失"，和陆德明《经典释文序录》引糜信注以为榖梁子"秦孝公同时人"的说法，榖梁子的生活年代不应早于前四世纪中期。据一些学者考证①，"榖梁子传荀子"的说法基本可信，即可证明榖梁子跟荀子的生活年代相距不远。如此说来，榖梁子不可能是子夏弟子。很可能正如钟文烝先生所猜想的一样，榖梁子是受业于子夏之门人，而不是受业于子夏之门。

第二，既然榖梁子不是子夏弟子，就不能肯定《榖梁传》全是子夏所传的，更不能肯定它是榖梁子所作的。《四库全书总目提要》中就说："旧题赤撰，亦非也"，因为"《公羊》《榖梁》既同师子夏，不应及见后师。又'初献六羽'一条，称'榖梁子'曰，传既榖梁自作，不应自引己说。且此条又引'尸子曰'。尸佼为商鞅之师，鞅既诛，佼逃于蜀，其人亦在榖梁后，不应预为引据。"同样的理由，马培棠《国故概要》不仅用来怀疑"榖梁子为子夏门人"之说，而且进一

---

① 摘录于刘师培（即刘申叔）《榖梁荀子相通考》，载范文澜《群经概论》，北平朴社，1933年影印本。

步提出:"则《穀梁传》是否出于一人之手,实亦成问题。"①其实,《穀梁传》既是源于子夏所传,说明在穀梁子之前已有子夏《春秋传》的流传。关于汉代以前《穀梁》的流传情况所据一向不明,传统说法包括三方面:仅靠师徒之间的传承;是口耳相传的,不见诸文字;是一线单传,不公诸于众。假如传统说法是指《穀梁传》成形之后的流传情况,则从《穀梁传》文中所引的补充解释来看,至少表明在其文本定形之后还有不少改动。而使其定型的传经者可能就是穀梁子。由此得出:穀梁子既是子夏《春秋传》的传经者,又是删定者。真正意义上的《穀梁传》当始于穀梁子。但在他删定之后,仍有后代传经者不断修正,以至出现抄袭他传的现象。

四、《穀梁传》是不是作于战国,成书于汉昭、宣时期

应该说这个问题是难以解决的。由于《穀梁传》在先秦时期的情况缺乏史料可供考据,对于这些问题,两千年以来的研究者只能提出疑问而不可能作什么补充。也正是如此,我们才有必要根据有关学者从不同角度探讨本问题的结果来进一步推证。

首先,作于战国时期。这可从两方面加以考察:第一,如果《穀梁传》是子夏所传的并在流传过程中被辑为定说,则其当作于战国时期是无疑的;第二,如果它是穀梁子凭空杜撰出来的,则其写作时代就难以确定,有可能是在战国,也有可能是在秦汉之际。据刘申叔先生的《穀梁荀子相通考》,以为"以上十二条,皆荀子传《穀梁》之证"②,而荀子是生在秦统一天下之前,则《穀梁》也应作于荀子以前的战国时期。相反,据日本学者本田成之所论,则以为"《穀梁传》

---

① 参见黄寿祺《群经要略》,福建师范大学油印本,华东师范大学出版社,2000年。
② 刘申叔:《穀梁荀子相通考》,载范文澜《群经概论》,北平朴社,1933年影印本。

是从荀子而传，在秦汉之际加以种种要素；至于现在之书，可以断定其成于汉初。"① 其实，既然穀梁子是《穀梁传》的删定者，《穀梁传》至少早在穀梁子之前已存世。从这个意义上说，它是作于穀梁子所处的战国时代之前。

其次，它不是成书于汉昭、宣时期。《穀梁传》虽然不是经过相当长的口耳相传才被写定成书的。但是，我们也不能完全否认有口耳相传的事实。不妨稍作推测，倘若可以肯定孔子在《春秋》文字以外另有褒贬之义，则"其义"只是口传给他的某些弟子，并未由他亲自写之于书，后由他的弟子把他口传的"义"，笔之于书的或继续口传的也决非一人，而相传却只有子夏经传于世。可以推测在子夏时代，孔子所传的《春秋》经义是以子夏传授的为主，而其他弟子所传的都不及子夏，以致逐渐失传或仅有片言只语流行于世。子夏所传的"经义"，经过若干年后口传到穀梁子时，由于相隔几代的口耳相传，难免"残略、多所遗失"，但文本的主体尚在，于是穀梁子作为一代《穀梁》的传人不忍圣人经义流散于当世，便广采博览有关解说《春秋》经义的言论，重新加以删定并编著成书，所以后世学者把他的姓氏作为书名，把他当作该书的作者。

按理说，《穀梁传》如果是成书于战国时期，就应该用古文写录，而它却是用今文（即汉代流行的隶书）写成的。笔者推测，《穀梁传》在编定成书之后，仍然是以口说相传于师徒之间，后来，才逐渐以口说流行于世，并成为先秦较有影响力的一种思想。所以秦始皇"焚书坑儒"之时，《穀梁》为数不多的文本也没逃过秦火之厄，以致再次靠口耳相传，到汉初才被著于竹帛的。

《穀梁》不是成书于《公羊》之后。前人指出，《公》《穀》相同

---

① 江侠庵编译：《先秦经籍考》上册所载本田成之的《春秋穀梁传考》，上海文艺出版社，1990年12月影印本。

者十之二三。对这一前提，因为二传文字具在，一般学者都可以同意，不过有人用这一事实证明二传同出于子夏，有人则以之证明《穀梁传》晚于《公羊传》。持后种观点的，根据《公羊》大致成书于汉景帝时，且《穀梁》依《汉书》记载是在宣帝在位时立于学官的，由此推测《穀梁》是成书于汉昭、宣时期。其实不然。

前已论之，笔者认为《穀梁传》是源于子夏所传的，经过穀梁子删定成书之后仍有不少改动，才出现抄袭的现象。所以，并不能因此证明它是成书于《公羊》之后。根据徐复观先生的考证①，汉初董仲舒的学说更接近于《穀梁》；而董仲舒据《史记》《汉书》明载，是很著名的《公羊》家，不可能既专治《公羊》，又兼治《穀梁》。由此似乎可推测，在仲舒时代，《穀梁》已有专书流行于世。

进而论之，根据《汉书·儒林传》所载，有《穀梁》在汉初的传人瑕丘江公，为争立学官跟董仲舒在汉武帝面前论辩《春秋》经义之事。关于这件事，《史记·儒林列传》中也有简要的记载。由此分明可见:《公》《穀》两家在武帝时已经引起朝廷的重视，具有一定的影响。话说回来，倘若那时的《公》《穀》之学还是师徒口耳相传，就不可能有那么多学者传习它们，并引起那么激烈的争论（在武帝面前争辩，作裁判的是丞相公孙弘）。再说，《公》《穀》之学在武帝时既然已受到重视，为何《史记》《汉书》都不知道它们是何时著于竹帛的，难道史迁、班固都是明知而不记？抑或在他们生前，《公》《穀》早已著于竹帛？

另外，既然武帝时，《公》《穀》两家已互相攻讦，为什么在此之后把《穀梁》写定成书的人还要抄袭《公羊》的文义？难道不怕《公羊》学家借此来非难《穀梁》吗？其实，如果在汉武帝之后还有抄袭

---

① 徐复观:《两汉思想史》卷三《原史·孔子修〈春秋〉的意义》，台湾学生书局，1982年。

之事,那么多位居显位的汉代《公羊》家是决不会错过良好的攻击机会的,而汉史并无记载此事。再说,西汉昭、宣时期《穀梁》的传人荣广、皓星公、蔡千秋、尹更始等已都是有史可查的名家,如果《穀梁》是在这时段里写定成书的,应该有其中的主要传人介入此事,而汉史也不明载。参照前面所论,应该可以推断《公》《穀》早已著于竹帛,至迟是在汉初,而不是在汉代昭、宣时期。

总之,通过对《穀梁传》来源、作者、写作时代的考察,我们得到了如下结论:它是源于子夏所传的《春秋传》,经穀梁子的删定成书后又惨遭秦火之厄,至迟在汉初用今文著于竹帛。可见,它不是一部伪作。①

(原载《福建论坛(文史哲版)》,1996年第2期,第9—13页;中国人大复印资料《历史学》全文转载,1996年第7期,第45—49页)

---

① 本文限于篇幅,无法展开具体论述。可参见谢金良《穀梁传开讲》第一至第三章,华东师范大学出版社,2011年。

西汉中期以前《春秋穀梁传》流传情况辨异

跟其他先秦儒家重要典籍一样,《春秋穀梁传》(简称《穀梁传》或《穀梁》)在汉代末著于竹帛之前也经历过一段较长的师徒口耳相传时期。但是,有关这段口耳相传的故实,由于汉代的正史没有详载,是一个难以猜透的谜。尽管在东汉以来一些学者的著作中,还有对这一时期《穀梁传》师徒传承系统作简要描述的,但大多语焉不详,所据不明,而且存在推断的大致年代不合理等问题。为了进一步解决问题的可疑性,本文拟在对前代的权威说法加以分析和辨异的基础上,寻找更切合实际的传承系统。

《穀梁传》在汉代以前的流传并不广泛,主要是靠孔门后学师徒之间口耳相传。按唐代《穀梁传》注疏家杨士勋的说法,其师徒传承的系统大体是:子夏传穀梁子,穀梁子传荀子,荀子传申公。这也是清代中期以前学界较为一致的一种说法,具体源自杨士勋《春秋穀梁传序·疏》中一小段记载:

> 穀梁子,名淑,字元始,鲁人。一名赤。受经于子夏,为经作传,故曰《穀梁传》。传孙卿(按:即荀子,名况,又称荀卿),孙卿传鲁人申公,申公传博士江翁。其后鲁人荣广大善《穀梁》,又传蔡千秋。汉宣帝好《穀梁》,擢千秋为郎,由是《穀梁》之传大行于世。①

---

① (晋)范宁、(唐)杨士勋:《春秋穀梁传注疏》,上海古籍出版社,1990年。

唐初人颜师古《汉书注》"穀梁受经于子夏，传荀卿"，说法类似。但是按此说法稍作推算，这一《穀梁》学传授系统就令人费解。对此，很有必要进一步加以分析①。

一、"穀梁子受经于子夏之门"的说法，很值得怀疑。根据《史记·仲尼弟子列传》所载，子夏小于孔子44岁，当生于公元前508年（按：孔子生于前551年，卒于前479年），晚年在魏国讲学，居西河，为魏文侯师。由此可以推定，如果子夏真有口授穀梁子以《春秋》，至晚不当迟于公元前420年左右。如果算到汉高祖时代，其间已近250年，而《穀梁》传人所历却仅三世，显然有悖情理。对此，人们首先对"子夏传穀梁子"的说法产生怀疑，主要疑点如下。

第一，如果按桓谭《新论》所说的"《左氏》传世后百余年，鲁人穀梁赤为《春秋传》"，和今人对《左传》成书时间的考证结果——成于春秋末年，约前五世纪后期②，那么穀梁子大约就是在前四世纪中后期作《穀梁传》的。这种说法跟陆德明引糜信注以为穀梁子"秦孝公同时人"的说法大体吻合（按：秦孝公即位于前361年，卒于前337年）。如此说来，果真有穀梁子其人的话，他生活的年代也跟子夏相距甚远，是不可能得到子夏亲传的。

第二，《四库全书总目提要》认为，如果穀梁子是子夏的学生，在《穀梁传》文中不可能引用沈子和尸子等后师的言论，因为沈子和尸子都是战国中期的人。《提要》之意，就是不敢相信"穀梁子受经于子夏"之说。

第三，清代钟文烝《穀梁补注·论传》以为"穀梁受业于子夏之门人，因遂误以为子夏门人"③，即穀梁子是子夏的再传弟子。假如钟

---

① 以下分析引用古代文献主要引自黄寿祺《群经要略》，福建师范大学油印本，华东师范大学出版社，2000年。

② 参见胡念贻《〈左传〉的真伪和写作时代问题考辨》，《文史》第十一辑，中华书局，1981年。

③ （清）钟文烝：《穀梁补注》，民国十八年上海中华书局铅印本。

文烝的推测能成立的话,《穀梁传》在汉代以前的情况就少了很多疑点。但是,子夏与穀梁子之间的媒介传经者,其大致情况又如何考证呢?这恐怕是永远也考证不清了。

第四,历代学者从《公》《穀》传文中找出了大量的"内证",来肯定"《公》《穀》同出子夏的不可信",其实就是在怀疑穀梁子不是子夏的学生。如果穀梁子是子夏的嫡传弟子,那么《穀梁传》也还是源于子夏的。这一点,常被那些持怀疑态度的学者所忽略。

第五,且不论"穀梁子传孙卿(荀子)"的说法是否可信(按:杨士勋《疏》是持这种说法),若假定它是可信的,"穀梁子受经于子夏之门"的说法也就不攻自破。理由很简单,荀子,是战国时期赵国人,他主要活动的年代大体可考。据各家考定,大约是生于周慎靓王时(即公元前315年),卒于秦始皇11年(公元前236年)左右,约活了85岁。前已述之,按杨《疏》之说,穀梁子当生活在前四世纪早期以前,显然跟荀子的生活年代相距很远,不可能既师承子夏又亲传荀子以《春秋》。事实上,杨《疏》所记是有误的,从各传人的生活年代加以考究,就可看出他们的传承系统存在着年代不合理的问题。而从以上所列的疑点来看,失误可能就在"子夏传穀梁子"的说法上,因为历来的学者大多以为"穀梁子传荀子"的说法基本可信。

二、可以肯定,荀子之学跟《穀梁传》有着密切的关系,但是,究竟是"穀梁子传荀子"呢?还是"荀子传穀梁子"?这个问题极难作出回答,我们认为还是维持"穀梁子传荀子"的说法较为合理。

今观荀子所遗留下来的著作,有引《穀梁》之文的,也有用《穀梁》之说的,都可以把它看作荀子治过《穀梁传》的内证。清人汪中《荀子通论》说:"《风俗通》'穀梁为子夏门人'。而《非相》《非十二子》《儒效》三篇,每以仲尼、子弓并称。子弓之为仲弓,犹子路之为季路。知荀卿之学,实出于子夏、仲弓也。"[①] 钟文烝《穀梁补注·论

---

① (清)汪中:《荀子通论》,福建教育出版社,1987年。

传》引惠栋曰:"荀卿著书,言师不越时,言天子以下庙数,及賵赠襚含之义,诰誓盟诅交质子之文,诸侯相见,使仁居守,以大上为天子,皆本《穀梁》之说。"并指出"其(杨士勋)言传孙卿信矣"。①

近人刘申叔先生《穀梁荀子相通考》一文,又根据清代惠栋的推证结果,援引《荀子》文本内容与《穀梁传》思想相互参证,进而肯定"穀梁子传荀子"的说法是可信的:

> 《大略篇》云:"诸侯相见,卿为介,以其教出毕行,使仁居守。"案《穀梁》隐二年传云:"会者外为主焉尔。知者虑,义者行,仁者守,有此三者,然后可以出会。"荀子此文,正与"义者行,仁者守"二语合。……
>
> 《大略篇》云:"誓诰不及五帝,盟诅不及三王,交质子不及五霸。"案《穀梁》隐八年传云:"诰誓不及五帝,盟诅不及三王,交质子不及二伯。"与荀子同。惟《穀梁》仅指桓文言,而荀子则指桓文及秦穆宋襄楚庄言耳。又荀子此文,与《礼记·杂记篇》所载周丰语相合。……
>
> 《解蔽篇》云:"昔人臣之蔽者,唐鞅奚齐是也。唐鞅蔽于欲权而逐载子,奚齐蔽于欲国而罪申生。"案《穀梁》僖九年传云:"晋里克杀其君之子奚齐。其君之子云者,国人不子也,不正其杀世子申生而立之也。"杨倞注《荀子》,即引《穀梁》为证,而不引《左氏》《公羊》,明荀子此语,本于《穀梁》也。
>
> 以上十二条,皆荀子传《穀梁》之证。且《穀梁》之文,多引《论语》。如隐元年传云:"成人之美,不成人之恶";僖二十二年传云:"过而不改,是谓之过。"二十三年传云:"以不教民战,则是弃其师。"皆《穀梁》引《论语》之证。据郑君《论

---

① (清)钟文烝:《穀梁补注》,民国十八年上海中华书局铅印本。

语·序》,则《论语》一书,为仲弓子夏所撰。而《穀梁》既师淑子夏,荀子并师淑子夏、子弓,故《穀梁》引《论语》,而荀子亦多引《论语》。观二书之皆引《论语》,则知二家学术相近矣。盖荀子之传《穀梁》,其善有二:一曰发《穀梁》之微言,一曰存《穀梁》之佚礼。惜《穀梁》古谊,近儒多未诠明,倘能即《荀子》以考《穀梁》,则鲁学渊源,多可考见,此则后儒之责也。①

借助上文的考辨依据,我们至少可以由此肯定一个事实,即荀子之学跟《穀梁传》的关系非常密切。当然,这主要还是通过比较两家著作在文句表层意义上的类同而得出的推论。

日本汉学家本田成之也试图通过比较《荀》《穀》两种著作的思想要素,来寻找"荀子传《穀梁》"的内证。本田氏在《春秋穀梁传考》一文中指出:"《穀梁》由荀子所传,非无可信之点。以《穀梁》之法家态度,与荀子学说,颇有吻合之处也。"其推证的理由可参见下文:

> 荀子之书,皆一王道之记录可见也。至历代诸儒之奏议、论著,在大体亦是继承其意者。然时而倾于民本,时而侧重君权,时而主礼乐文化,时而主富国强兵。虽有各项之不同,要之以王道为最上之道。与心得,则一也。视其所重,则足以知其时世之文化程度。今观《穀梁》之说,如前述之重君权,不贵善惠贤,而贵正义等,可谓显受法家之影响。此特其动机耳。又一方则非难战争,不忽民事。此等说,仍然十足儒家,而与法家不同。余从此点而综合之,《穀梁传》是从荀子而传。②

---

① 刘申叔:《穀梁荀子相通考》,载范文澜《群经概论》,北平朴社,1933年影印本。
② 江侠庵编译:《先秦经籍考》上册所载本田成之的《春秋穀梁传考》,上海文艺出版社,1990年12月影印本。

本田氏此文虽不是明证"穀梁子传荀子"之说，但从他得出的《穀梁》由荀子传来之结论，以及刘申叔等学者的推证结果，足以印证杨《疏》"穀梁子传荀子"的说法是基本可信的。

三、杨《疏》所记"孙卿传鲁人申公"的说法，同样存在着年代不合理的问题。按照《史记·儒林列传》"高祖过鲁，申公以弟子从师入见高祖于鲁南宫。吕太后时，申公游学长安，与刘郢同师。"《汉书·儒林传》"申公，鲁人也。少与楚元王交，俱事齐人浮邱伯受《诗》。卒以《诗》《春秋》授，而瑕丘江公尽能传之，徒众最盛"等有关记载可知，申公不是荀子的弟子，而是荀子门人浮邱伯的弟子。

为什么说申公不是荀子的弟子呢？只要再推考一下申公的生活年代就明白了。据《史记·楚元王世家》所说"楚元王刘交者，高祖之同母少弟也"，跟前引"申公游学长安，与刘郢（交之子）同师""俱事齐人浮邱伯"一事，大致可推断申公与楚元王俱事于齐人浮邱伯的时间，是在秦始皇统一六国以后，很可能就在秦汉之际。因为从"武帝初即位，臧乃上书宿卫……申公（时）已八十余……申公亦病免归，数年卒。"就可以推知申公的青年时代是在秦统一之后。但是，荀子却在公元前236年就过世了，怎么可能以《春秋》传申公呢？再据《汉书·楚元王传》"楚元王……少时尝与鲁穆生、白生、申公俱受《诗》于浮邱伯。伯者，孙卿门人也。及秦焚书，各别去。"又可知浮邱伯出生于秦统一之前，说他受《春秋》于荀子之门，在年代上是合理的。又《汉书·儒林传》"吕太后时，浮邱伯在长安，楚元王遣子郢与申公俱卒学"，可肯定浮邱伯在汉初还活着，说他传申公以《春秋》，在年代上也是合理的。顺便一提，倘若《穀梁传》真由荀子、浮邱伯、申公他们沿相传习，从前引"及秦焚书，各别去"一句，就不难想象在秦火烧得正旺之时，《穀梁传》及其传人所处的境地是如何困危的，也就不难推想在秦火未燃之前尚有古文本《穀梁传》存世的可能。

但是，奇怪的是——《史记》《汉书》都没有明载"荀子传浮邱伯以《春秋》"或是"申公受《春秋》于浮邱伯",只知道浮邱伯和申公都以传鲁《诗》为本业。也许那时的《穀梁传》还是如本田成之《春秋穀梁传考》所言"殆时附录,故若穿凿而论之",抑或《公》《穀》二传学派未明,其传人并不以此学闻名,因此史家写史时常忽略其名,而以《春秋》笼统而称二传之名。也许那时的二传还没有加上《穀梁》《公羊》之书名以分别《春秋》之学。这些疑问因史阙有间,一时真难以说清楚。

四、经过前面的一番考辨,在杨《疏》等说法的基础上,我们把汉代以前《穀梁传》的传承系统,依据各传人的生活年代加以梳理和订正,得出的结论是:子夏传无名氏(可能不止一人),无名氏传穀梁子,穀梁子传荀子,荀子传浮邱伯,浮邱伯传申公。

应当声明一下,这样的结论还是依据前人的主要说法,其能否成立取决于如下四个前提:(一),《穀梁》是源于子夏《春秋传》;(二),先秦时期确有"为经作传"的穀梁子其人存在;(三),汉以前《穀梁》保持师徒口耳一线单传;(四),非受此传的人不知《穀梁》传文,不能引《穀梁》之说。这四个前提必须同时成立,我们依据前人说法梳理后的结论才有成立的可能。因为如果这四个前提有一个不合史实,就会对前人所谓的《穀梁》传承系统感到莫名其妙。前提(一)(二)若不成立,则《穀梁传》始于何时何人所传就说不清了;前提(三)若不成立,《穀梁传》在汉以前的传授系统必是异常庞杂,而不是只有那几个传经者而已;前提(四)若不成立,我们就不能把"《穀梁》《荀子》二书有相通之处",用作"荀子传《穀梁》"的内证。而事实上这些前提,就是有关《穀梁传》存在问题留给历代学者争论的焦点。仅以前提(三)而言,台湾学者徐复观就认为《穀梁传》在早期都是靠"口耳相传"和"一线单传"而流行于世的说法不可信,其主要论据有二:第一,《传》中所引诸子及"传曰"等的补充解释,打破了一线单传的妄说;第二,《穀梁》传承,仅凭记忆可口传两百余年之久,是不可思议的①。顺便一提,基于徐复观先生的论证,我们认为真正意义上的《穀梁传》当始于穀梁子,在此之前的《春秋传》是口耳相传,以致"残略,多所遗失"(这是穀梁子为经作传的原因),但不是一线单传,以致能有诸"子"和"传曰"等解释经义的言论存世(这是穀梁子作传的一个来源)。在穀梁子之后可能有文字本,但存世不久,主要还是以口耳相传为主,但不是一线单传,前人所记的传承系统可能是最主要的并有传习至汉代的一派,所以被视为流派的唯一。如果根据以上的补充说明,前面所列的前提会有个别不成立,如前提(三)。但却只有从前人的说法加以订正得出的结论才比较趋于合理。这也是我们对汉代以前《穀梁传》流传情况的认识,与传统说法大同小异之所在。

(原载《福建师范大学学报(哲学社会科学版)》,2000年第4期,第77—80页)

---

① 详见徐复观:《中国经学史的基础》,台湾学生书局,1982年。

《春秋穀梁传》风格论

儒学经典《春秋穀梁传》(以下简称《穀梁》),至汉初始著于竹帛,但其师徒口耳相传由来已久,理应作为先秦散文之余绪加以研究。《穀梁》学说向来以经学要典著称,但论及其文章风格者无多。晋代荀崧称其"文清义约,诸所发明,或《左氏》《公羊》所不载,亦足有所订正"(见《晋书·荀崧传》);东晋范宁在《春秋穀梁传集解·序》中综比《三传》时指出:"《左氏》艳而富,其失也巫;《穀梁》清而婉,其失也短;《公羊》辩而裁,其失也俗。"至唐代,柳宗元说"参之以穀梁氏以厉其气"(《与韦中立论师道书》),又说"穀梁子、太史公甚峻洁"(《报袁君陈秀才避师名书》);刘孟涂《与阮芸台论文书》中则说:"益之以《穀梁》之清深。"① 及至清代中期,《穀梁》学专家钟文烝在总结前代研究成果的基础上进一步指出:"《穀梁》文章,有二体:有详而畅者,有简而古者。要其辞清以淡,义该以贯,气峻以厉,意婉以平。征前典皆据正经,述古语特多精理,与《论语》《礼记》最为相似。"同时又指出:"《易》《彖》《象》传释经,有曰其位、其吉,有曰吝道也、安行也、遍辞也、志疑也,有止一字者,曰穷也、明也、咎也、行也、下也、顺也、惫也。《穀梁》文句,多与相似。"② 仅从所引前代名家对《穀梁》的个别评语来看,《穀梁》不仅上承《周易》,下与《礼记》《论语》同流,而且在传经、叙事、议论、文体、文气等

---

① 参见黄寿祺《群经要略》,福建师范大学油印本,华东师范大学出版社,2000年。
② (清)钟文烝:《穀梁补注》,民国十八年上海中华书局铅印本。

方面均有独特之处，值得我们进一步加以借鉴和研究。

由于《穀梁》学说自汉代一度兴盛之后顿成绝学，以致其文体价值日益被忽视，尤其是蕴含于书中的文学价值历汉代以来就没有得到较系统性的研究。本文拟在前贤精辟论述的引导下，采撷相应的范例，对其文章风格略加评介。

一、正文训诂　审慎周严

《穀梁》传《春秋》是从解词入手的，因此文中充满着训诂的内容，诸如语序、句读、虚词和方言等方面的问题都无不涉及。比如，鲁定公二年，皇宫发生火灾，《春秋》记载为："夏五月，雉门（宫廷的正门）及两观灾。"《穀梁》以设问式解释说："其不曰雉门灾及两观何也？自两观始也，不以尊者亲灾也。先言雉门，尊尊也。"也就是说，如果语序改为"雉门灾及两观"，就表示火灾是从雉门发生的，而后延及到两观，实际上火是从两观燃起的。那为什么不说"两观灾及雉门"呢？因为如先写"两观"，就会使表示尊贵的"雉门"和"灾"相衔接，故把语序前后调换。《穀梁》中尤其强调虚词的语法作用，如定公七年"齐人执卫行北宫结以侵卫"，《穀梁》解曰："以，重辞也，卫人重北宫结。"重辞，即起强调作用的虚词。卫国很看重外交官北宫结，而齐国偏偏抓住了他，让他带路去侵略卫国，所以文中加"以"表示强调的意义。《春秋》经文是没有断句的，所以《穀梁》在释义时对句读也颇为重视。如隐公二年的经传："纪子伯（《左传》作子帛）、莒子盟于密。或曰：纪子伯莒子，而与之盟。或曰：年同爵同，故纪子以伯先也。"这两种句读法，由于一字之游移，就会产生三种不同的理解。对此，《穀梁》的做法既审慎又周严，显示出其训诂的精到。

《穀梁》在训诂传经方面的审慎周严之风还表现在对《春秋》经文

的义例进行了缜密的思辨和分析,并做了不厌其详的说明。比如,经文中多次出现"称人以杀,杀有罪也""称国以杀,罪累上也",即是指明经文的一种常用义例:凡在记述杀某某人的前面,如果是称呼某国人,则表示被杀者有罪当死;如果是称呼某国名,则表示被杀者的罪行牵连到君王。例如隐公四年九月的经传记载卫大夫祝吁杀死国君,妄图自立,罪不容诛,所以经文称"卫人杀祝吁"。鲁文公六年十一月的经传为"晋杀其大夫阳处父。称国以杀,罪累上也"。《穀梁》文中"称人""称国"屡屡出现,不胜枚举。对这种用语方面的义例,《穀梁》常以此作为释经的敲门砖,虽然颇有些铺张渲染和牵强附会的倾向,但从文化语言的角度看,是不无道理的。

另外,《穀梁传》审慎周严的态度还表现在:阐述经义时一贯坚持"信以传信,疑以传疑"的学术原则,多引前贤之说以补不足,即有"或曰""传曰"及诸"子"等前代经师的说法。往往一条经文的阐释存有多家的看法,如成公二年的一条经文,《穀梁》解释就作了大量的引证。这些引论看似道听途说,实可算是博采众长,又是超越师承、择善而从的严谨学风的突出表现。

二、自问自答　逐层推论

《穀梁》多以自问自答的方式,层层递进地剖析历史故实,寓褒贬于其中,或直接或曲折地反映了春秋时期各诸侯国的礼制、法制等方面的情况,展示了奴隶社会向封建社会迈进的历史进程,其中不乏精彩的章节。如"荀息论假道"(僖公二年)、"丽姬害申生"(僖公二年)、"泓之战"(僖公二十二年)、"郊祭卜牛"(哀公元年)、"六鹢退飞"(僖公十六年)、"梁山崩"(成公五年),等等,或运用多侧面的描写手法,或采取多层次的议论方法,或夹叙夹议,或以对话描写叙事议论,都写得意趣横生、引人入胜。僖公二年"虞师、晋师灭夏阳"

的传文，不仅文详而畅，而且独具匠心，堪称是文质兼优、蕴意丰赡的美文。在自问自答中，传文主要还是依经求义，但却能抓住经文所表现的"夏阳、虞师、晋师"三者之间的关系，由夏阳地理形势的重要性（虞、虢之塞邑），进而指明虞、虢之间唇齿相依的关系（灭夏阳而虞、虢举矣），从而很自然地把问题转移到"晋献公欲伐虢"这件事的叙述上，把它作为虞师不经意而助晋师灭虢国的主要原因加以叙述说明。在叙述"晋献公伐虢"一事中，传文巧妙地采用对话描写来记述事件。逐层推论出经文的义旨，又在夹叙夹议的对话描写和简单记事中通过人物形象的刻画摆出经文义旨所涵盖的史实根据，自然使文章表达的中心更突出。另外，在对话描写中，荀息之语尤其是"璧则犹是也，而马齿加长矣"云云，文理兼备，甚是传神。宫之奇的谏词也很富于哲理，其引语"唇亡齿寒"用来形容虞、虢之关系是很逼真的。诸如此类的语句渗透在文章中，无形地提高了文章的思想底蕴和艺术水平。

三、貌似繁文　实有意趣

《穀梁》中以"简而古"的传文居多，所以大大降低了著作的文学品味。"详而畅"之文相对较少，一般都是在对《春秋》重大史事加以描述时才出现，如"泓之战""殽之战""元年春王正月"等传文。值得一提的是，《穀梁》对这些事件的阐述不仅不惜笔墨，尽详通畅，而且在叙述、描写、议论的技巧上独具特色，其文学价值和史学价值不容低估，更不容忽视。《穀梁》中字数偏长的传文往往能通过详略得当、情节完整、形象鲜明的叙述逐层推论出《春秋》经文寓含的义旨，如前引"荀息论假道"一文。有些篇章貌似繁文，而实有意趣。如成公元年冬十之文，就是一段绝妙的文章，叙述成分非常明显。从文学角度分析，《穀梁》在文章中的"繁文"，不但使各诸侯大夫受辱的细节更显生动逼真而富于典型和真实,从而更恰如其分地表现出他们受辱的程度和情态,以衬托出齐国此举的可恶和草率,自然也就使齐侯引火自焚的骄态更加真实地流露出来,真可谓承前启后、妙趣横生之描写,避免行文的呆板和生硬,而赋上了浓厚的文学艺术色彩,岂不妙哉?又如文公十一年"冬十月甲午,叔孙得臣败狄于咸"一文,为了突出三长狄的身体庞大和坚不可摧,《穀梁》只轻描淡写了"瓦石不能害""身横九亩""眉见于轼"三个典型细节,便使三巨狄的形象维妙维肖。为了说明经文"叔孙得臣败狄"所包含的史实,《穀梁》的表现手法更为高明,即通过"射其目"三个字,一方面可作为"叔孙得臣,最善射者也"的依据,另一方面又可通过再现长狄因被"射其目"而遇害的经过衬托出叔孙得臣的机智勇敢。这样的描述既详略得当又有鲜明的形象刻画,既有细腻的描写又不失语言的简洁,无疑能使故事更加生动逼真,既富于传奇色彩又有一定的真实性。

四、辞清以淡　意婉以平

《穀梁》的文章言辞清朗,平淡朴实,含义婉曲,简短明快。如隐公元年"郑伯克段于鄢",仅用一百四十个字,便揭出郑庄公兄弟背弃仁义道德的行径,并提出了"缓追逸贼,亲亲之道"和"处心积虑成于杀"的解决方略。从表面上看,《穀梁》似乎在逐字逐句训释经文,实际上都避开了词语的表层意义,而是深入发掘诸词的深层寓义,在淡淡的词句中却始终贯串着一层层婉转而又峻厉的文风意趣。

再以庄公三年"冬,公次于郎"为例。传文解释说:"次,止也,有畏也,欲救纪而不能也。"这是层层深入地解词,道出"次"的深刻蕴含,纪国的土地被齐国夺去,鲁庄公本想带兵救纪,可是到了郎地停滞不前,停的原因是有畏齐国强大,停的结果是不能援救纪国。解释一词,而及因果,可见剖析得多么深入,而又多么全面,虽然传文只有十三个字。僖公十四年的一段传文解释得更妙，经文是"十有四年春，诸侯城缘陵"，传文说"其曰诸侯，散辞也。聚而曰散，何也？诸侯城，有散辞也。桓德衰矣"。用"散辞"解释"诸侯"，意谓这是一种概括的说法，乍一看真是令人莫名其妙，然而后面的传文由因溯源便解开了其中的症结：齐桓公率领诸侯们在缘陵筑城，按照经文的体例，本应按大小顺序列出参加修城的诸侯来，但由于桓公的德行已经衰微，起不了统领的作用了，所以诸侯们各自分别前来，虽然在一块儿督率下属筑城，其实是勉强的，显得很散漫。对此传文用"散"字描摹诸侯的无一统之状，不是很恰切吗？由于《穀梁》重视从经文字辞出发来引申其言外涵义以揭其本旨，所以谈起来，总能在清淡的文辞中给人一种引发深思，终拾谜底的愉快享受。①

五、义该以贯　气峻以厉

《穀梁》"义该以贯、气峻以厉"的风格，可以其传解隐公元年经"元年春王正月"之文作为典范。该文一开始先对经文按照《春秋》义例作了简释，紧接其后又连续以设问的方式提出了"公何以不言即位""焉成之""君之不取为公何也""让桓正乎""隐不正而成之何也""其恶桓何也""善则其不正焉何也"七个问题，详细阐发，指出隐公要让位给桓公为"不正"，但其中心论点是"正隐治桓"。前三个问题，通过一问一答的方式巧妙地把《春秋》不书"公即位"留下的疑问，转移到隐公和桓公的关系问题。后四个问题，传文先从正面论证"让桓是不正的"，又由此从反面得出"隐不正是因桓恶"和"正隐是为了恶桓"的结论。为了使得出的结论更具说服力，传文对"恶

---

① 薛安琴:《〈穀梁〉传经特点寻绎》,《辽宁师范大学学报（哲学社会科学版）》,1990年第1期。

桓"之因主要就以"隐将让而桓弑之"一语带过，因为桓公应该受到谴责是很明显的。而把论证的重点放在"善则其不正焉何也？"这个问题上，对此，传文不仅运用"摆事实，讲道理"层层深入论证，关键在于能抓住"隐不正"作为分论点，联系儒家的思想精神和一些当时约定俗成的道德规范，结合史实详加论证，最后得出"隐不正"的理由原来是"若隐者，可谓轻千乘之国，蹈道则未也"。其实，又是从反面来论证桓公之可恶，并且给"正隐恶桓"之义赋予了更深邃、更全面的意义。透过文章，不难发觉《穀梁》在行文中始终贯串着一股严厉公正的文气，屡以《春秋》之义为法度，以正道之义为道德评价的标准，对隐公和桓公的行为力图作出公正的裁判。

从整条传文来看，《穀梁》因为"成公志"意义明显，所以一语带过。对于批评隐公让位"不正"，含义隐约，须根据史实的轻重才能加以批判或肯定，所以详加说明。由此可见《穀梁》文章工妙、详略得当。此外，传文虽以一峻厉之气呵出"正隐恶桓"之《春秋》大义，又对"隐不正"判析得鞭辟入里，但由于传文的分析论证有理有据，能紧扣论点，所以文风也颇委婉庄重。

我们对《穀梁传》文章风格特色的述评仅是一次尝试，其中更深层次的文学价值尚有待学界同仁今后的努力，《左传》的文学价值早已深入人心，而与它齐名的《公羊传》和《穀梁传》却依然默默无闻，但愿学界能抛开历史的偏见，公正客观地审视《公》《穀》的文学价值，肯定它们在中国散文史上的应有地位和影响，让《春秋》三传遗留的先秦文风为后人所认识和运用。

（原载《福建论坛（文史哲版）》，1999年第5期，第79—81页）

清禅旧隐古名儒

——詹敦仁与儒、道、佛文化思想研究

詹敦仁,字君泽,生于后梁乾化四年(914),卒于北宋太平兴国四年(979)。先世河南光州固始县人。祖父詹缵随王审知入闽,任前锋兵马使,后退居仙游县植德山下。父亲詹世隆,兵曹录事参军。敦仁幼受家学,聪颖过人,早有文名。据其《自叹吟》"我属遭时正乱离,胸中经济未容施。只闻弘肇锥安用,岂信扬雄字识奇"可知,詹敦仁生逢乱世,虽有经世治国之才,却是生不逢时,志不得伸。据《安溪县志》记载,后周显德二年(955),他具文申请在安溪设县,并首任县令,但旋即归隐县西佛耳山下,著有《清隐堂集》《清禅集》等。

尽管詹敦仁在安溪县为官从政的日子很短暂,但政绩却相当显著——开疆置县、劝谕教化、发展经济、致力统一、廉洁爱民①,不仅辞官退隐后邑人便为之立生祠以敬祀,并在过世后被南宋朝廷追封为"靖惠侯",倍受历代安溪民众的尊敬与奉祀。据《安溪县志》所载,詹敦仁为人处世颇具君子风范,爱民如子,深受民众爱戴和好评。不妨举两条史料为证。南宋咸淳八年(1272)敕封靖惠侯詹敦仁之文曰:"朕惟礼教失而非鬼越望之祭遍郡国,若畏垒之庚桑,齐社之栾公,是宜命祀。安溪为邑,尔神实始,而从遁之乐,民思之不忘,寇旱灾疠,禳祈响答,以功诏爵,法当得封。赐尔侯圭,用彰清退惠利及

---

① 詹敦仁在这些方面的功绩,详见安溪县人民政府于2002年5月编撰的《詹敦仁事迹简介》。

民。可封靖惠侯。"①清代文渊阁大学士李光地在康熙年间编撰的《安溪县志·序》中说："吾邑自詹公敦仁启治以来，世有贤侯。而詹本名德君子，报政以后，卜隐于佛耳山下，遂蕃其子孙于此。"②从所举的两条史料中，我们发现一个问题：詹敦仁生平并非高官大臣，仅仅是一个偏僻山城的开先县令，而且从政的时间不够一年，何以能深孚众望，奉为人神，并在过世近三百年后再被朝廷追封为靖惠侯，对安溪人民乃至海内外詹氏子孙产生深远的影响？由于时代的变迁，许多可以回答该问题的史料佐证都已缺失或演变成亦真亦幻的民间传说。但从遗留下来的相关材料中，我们仍然可以完整清晰地勾勒出他的光辉形象——"清禅旧隐古名儒"。凭此深刻的形象来挖掘他的思想成就，或许还能很好地解决前面所提出的问题。

从詹敦仁遗存的若干诗文碑记③，以及一些广为流传的民间故事中④，笔者发现他生平的思想颇有特色，可谓是亦儒亦道亦佛，值得加以探究。

一、儒家思想：儒师真莫敌

詹敦仁从小就饱读儒家经书，虽生逢唐末五代乱世，身处闽地边疆，仍不忘以儒家思想作为为人处世的基本思想准则。从他的诗文中，可以清晰地发现他思想的主流是儒家道统的思想。他在《宿建造寺访秦隐君旧居》诗末句真情流露："诗肠老更刚，儒师真莫敌。"在《仆

---

① 《安溪县志》，新华出版社，1994年，第1383页。
② 同上书，第1402—1403页。
③ 本文所引用的诗文碑记等主要参考资料，均来自《重建开先县令詹敦仁纪念馆暨詹敦仁学术研讨资料汇编》，"安溪开先县令詹敦仁纪念馆"筹建理事会辑，2000年10月28日。
④ 本文所引述的与詹敦仁相关的民间故事，均来自"詹敦仁学术研讨"资料《詹敦仁与民俗文化》，詹敦仁纪念馆筹建理事会编，2003年12月22日。

忝四门新颁九经大本,喜而书之》诗中大声感慨:"吾道晦蚀后,辉光发丰蔀。转抄良苦难,鱼鲁乌焉久。有诏锓之木,此意良已厚。天将振斯文,三沐三稽首。努力须及时,有志竟不负。"在《余以邑事举王副监自代,将结庐于佛耳山,王君挽之以酒,作此而别》诗中更是袒露自己的思想本源:"平生出处顺天时,仕止常师孔仲尼。尺短寸长先训在,不须端策拂吾龟。"在《比闻车驾幸孔子祠昭封,其后复禁孔林樵採。因此作之》诗中曰:"儒泽及万世,古今同师尊。星言肃銮辂,草木蒙至恩。圣道发光灿,天意振斯文。鲰生百稽首,万寿祝吾君。"《勉儿》诗曰:"明时方急士,儒术可谋身。报国丹心赤,传家黄卷新。窗檠宜自勉,蔬饭莫嫌贫。吾老子应少,禄荣须及亲。"此外,他于《诗》《易》《书》《礼记》《周礼》《春秋》等儒家重要经典都有深刻的体会,并分别作《世吟》《自得吟》《原道吟》《省身吟》《思古吟》《伤春吟》加以阐颂。其《自得吟》所云"若问儒生何所有,胸中原有洗心经",很能代表他内心思想的儒家传统。从其他遗留的诗文中,笔者发现他在弘扬儒家思想方面还有一系列鲜明的特色。

(一)敦仁中正。仁、义、礼、智、信,是儒家追求理想目标的根本出发点。其中,求"仁"是最为根本的。《周易·系辞上传》曰:"安土敦乎仁,故能爱。"意思是说,安处其环境以敦厚施行仁义,所以能泛爱天下。詹敦仁的取名之义大概本于此。回顾詹敦仁的生平,的确是名副其实。他诚实敦厚,广施仁义,爱国爱民,为安溪民众树立了良好的榜样。从遗留的诗文中,很多作品都可充分体现他"敦仁中正"之品行作风。不妨略举几首诗为证。先看他的《省身吟》(礼记):"一篇大学先诚意,二字中庸在反身。俯仰吾心无愧怍,更将儒行细书绅。"能以儒经为镜,时刻反省身心,真正无愧于儒家的本色,可谓是詹敦仁如实的自我写照。据乾隆版《安溪县志·詹敦仁传》记载,敦仁改小溪场为安溪县并首任县令时,抚恤黎民,敬事而信,节用而爱人,使民以时,能"以农隙召便近户与番休戍卒,立门楼、廊廨宇，开邸肆。不逾年，毕工。召民海谕，德惠居多"。此事在他的诗作中也有所体现，如《尝调发左右二都营兵士筑县，户役三日，计功未毕，再调发未及者，作此呈陈林二都营使》："番更迭戍备非常，兴筑频繁土木功。事贵均劳无独逸，法从抽拨尚余工。左都浑与右都似，公役还将军役同。料得饥寒能抚字，子来何异庶民攻。"一个新任县令，为督役筑县衙廨宇，如此用心良苦，可谓是难得的仁爱之人！敦仁的仁爱之心，在人际交往方面也有特色，这可以从他的一些诗题上就能发现，如《癸卯闽乱，从弟监察御使敬凝迎仕，作别》《余至佛耳山，有林其姓者居乡好贤，馈酒米蔬果之属，作此答意》《留从效受南唐节度使，知郡事，辟余为属，以诗谢之》《蔡俨郎中过余，相勉就仕，作此见意》《余以邑事举王副监自代，将结庐于佛耳山，王君挽之以酒，作此而别》《王令至节馈酒见惠，作诗代简谢之》《龙安悟长老惠茶，作此代简》《邻舍黄文惠送新酝，作诗谢之》，虽然仅仅是以诗作来作谢或作别，但其对亲友、上下属的仁爱之心，却是任何物质品所无法替代的。

（二）忠君爱民。詹敦仁生活的年代，历经五代、十国、北宋等多个王朝政权的统治。他首任安溪县令时，正值后周朝代。他忠君爱民的思想，除了"劝闽王入贡""劝陈洪进献地归顺"等典型事件外，在他的诗作中也有明显的体现。《喜闻大朝有诏而作》："鹊噪南枝到杏村，朝来喜奉诏书温。一溪清彻恩波暖，我欲驱驽叩帝阍。"永嘉乱，衣冠南渡，宗族先祖流落南泉，故作《忆昔吟》诗曰："忆昔永嘉际，中原板荡年。衣冠坠涂炭，舆辂染腥膻。国势多危厄，宗人苦播迁。南来频洒泪，渴骥每思泉。"丙辰年大旱，作《真龙行》诗曰："南国久无雨，村村捶旱鼓。真龙何处藏，忍视三农苦？何时山出云，一施天下普。秧马早归田，菜甲修长圃。来苏望霓民，周原行月无。蓑笠起披忙，荷锸遍原土。伫看斗横空，余粮栖九亩。吾亦乐其乐，村歌与社舞。"《甲子苦雨》："多稼一川云，飞丝十日雨。衣生壁上镰，尘满甑中釜。农妨获稻功,吏急征输苦。何当大明时,村村皆乐土。"《白头谣》末四句:"我愿君王心,无勤远征讨。人人大刀头,稽首谢穹昊。"长短句《牧牛歌(官以牛贷民,牛死,岁输米,名曰长生牛米,因作此以伤之)》:"从今得牛休趁耕,自挽牛犁免愁恼,愿牛长健田长丰,老稚团栾得相保。吾君神圣仁且明,期与王民日皞皞。"以上这些作品内容,既体现他对明君真龙的"忠",对贫苦百姓的"爱",也体现他对"村村皆乐土"之理想世界的向往。

（三）和平统一。儒家"大一统"的思想,在詹敦仁的作品中有着明显的表现。他生活的时代正值天下纷乱,四海纷争,然而他却热切希望能早日看到国家的统一,处处诗吟民生,时时心怀社稷,始终坚持和平统一的思想原则。后唐清泰二年(935),年仅二十二岁的詹敦仁便上书闽王昶,劝之入贡。昶赏其才,命参决军事,强以袍笏,他拒绝接受而退居泉山杜门不出。此事有其诗作《劝王氏入贡,宠余以官,作辞命篇》为证:"争霸图王事总非,中原失统可伤悲。往来宾主如邮传,胜负干戈似局棋。周粟纵荣宁忍食,葛庐频频谩劳思。江山有待早归去,好向鹩林择一枝。"从诗句中可以发现詹敦仁追求和平统一的思想在年轻时就已是无比坚定了。中年以后的詹敦仁,其志不减当年,有三首他的诗作可以为证。《复留侯问南汉刘君俨改名龚字音义》一诗,巧妙根据汉字的历史和特点,指出"唐祚值倾危,刘龚怀僭伪。吁嗟毒蛟辈,睥睨飞龙位"。比闻周帝逊位,国号大宋,喜作《看剑吟》曰:"三尺锋芒射斗牛,悲鸣匣里气横秋。曾陪蛇径追雄鹿,肯身鸿门快沐猴。跃地既言神有感,挂天应使鬼先愁。持归愿献明天子,欲断奸谀几辈头。"《宋师下江南,太祖答李后主,云一家为父子两家为父子乎》曰:"闻说江南一剪平,一家父子又谁争。隙光穴照无私地,同是中天仰大明。"晚年的詹敦仁,仍时刻关心国家的和平统一大业。北宋太平兴国二年(977),陈洪进霸守漳泉,拒不归宋,敦仁乃遣其子詹琲力劝洪进。洪进闻之,见大势所趋,即献漳、泉二州并请詹玭代撰《献地表》，避免了战争而更快实现了国家的统一。当年中秋夜，詹敦仁父子欢喜之至，于赏月饮酒之际联手吟诗《詹玭入郡谒陈侯，劝归顺皇朝。归侍，举酒对月，父子交韵联句》为证："（父）夜静月华明，（子）秋深露气清。（父）园林消溽暑，（子）山水送寒声。（父）菊富陶无酒，（子）莼肥翰可羹。（父）人生贵自适，（子）世利不须营。（父）漫舞衣饶冷，（子）狂歌酒易倾。（父）劝酬儿与父，（子）今古梦还醒。（父）笑眼看毛凤，（子）长怀念鹡鸰。（父）干戈时已定，（子）款款话平生。"詹敦仁父子长期致力于国家统一的思想和行动，的确是功勋卓著，利国利民又利己及子孙后代！难怪他父子最终能得到南宋朝廷的嘉赐，同时追封为侯。

综上所述，可见詹敦仁的儒家思想是一以贯之的。他既爱好和平统一，又不忘忠君之道，而忠君是为了爱民，爱民又与他敦仁中正的品性一致，而这一切实际上又跟他的儒家修养相关。因此，从以上的材料分析可以得出一个结论：詹敦仁，堪称"古名儒"。

二、道家思想：人生贵自适

在笔者看来，最能说明詹敦仁富有道家思想的有三方面。第一，功成身退。辛辛苦苦开疆置县，毫不继续坐享其成，而是"举王直道以自代"，携家归隐佛耳山。第二，浪漫气质。如《营侯洋新居》："举杯邀佛耳，伴我醉还醒。"《清隐堂记》："饥餐饱适，遇酒狂歌，或咏月以嘲风，或眠云而漱石。是非名利，荣辱得丧，皆不足以为身心之累，此真清者也。"敦仁能置身世事之外，看破红尘名利，穷隐深山，饮酒作诗，真有道家的浪漫情怀。第三，性如渊明。敦仁在诗作中经常以东晋陶渊明的品行作为比照，如"渊明欠欠储瓶粟""闾巷皆陶君子化""菊富陶无酒""未师陶令好栽菊""渊明无酒兴徘徊"等句相当直接。细加分析其他诗作，笔者惊奇地发现詹敦仁与陶渊明在思想、性格上有不少相同之处。

（一）性本爱山。陶渊明"性本爱丘山"，不做县令而"复得返自然"。詹敦仁更是如此。有其诗作为证，如《春日吟》曰："老去身长健，酣中性颇真。溪山随处好，非主亦非宾。"《卜侯洋新居》曰："我爱佛耳山，来偷一日闲。不见佛耳面，愧汗不开颜。有时见佛耳，杖屦渡前湾。何似卜新宅，与山重往还。"《山居》曰："巧匠断山木，飞云近觉低。嚣尘难共处，吾室得幽栖。卜舍锄荒径，开林出小溪。渔人归棹晚，初月挂山西。"《发南台舟中作，岁在戊戌》末句："世间名利俱尘土，归买青山不论钱。"《伏拜家君手书，不觉偶成一绝》曰："十年采尽北山薇，不管兴亡是与非。回首白云长在望，爱山成癖自忘归。"《行山吟》曰："一片青山值万钱，牧童笑指有牛眠。我来多种松杉木，绿荫苍苍不计年。"《闲居》曰："景仰高人酷爱山，眠云扫石处身闲。呼童尽日钩帘看，桂影婆娑上玉栏。"敦仁如此爱山，尤与佛耳山魂牵梦绕，很能体现他爱好自然并回归自然的性格和思想。这也许就是他终究选择"出世"归隐的根本原因。

（二）归隐田园。陶渊明喜欢过农家的田园生活，自给自足，自斟自饮，悠然于山水之间，纵情于名利之外。詹敦仁也有着同样丰富多彩的田园生活。有诗为证，如《经营吟》曰："经营骑马来，佛耳山前过。停车问耕牛，春雨一犁破。举杯酌山人，洗足溪边卧。团团月吐出，呼童正巾帽。浩歌发清风，胸怀天宇大。明朝试诛茅，小室事洒扫。春山笋蕨肥，妻儿莫愁劳。作诗问青天，独唱知谁和。细思一生贫，旋行如蚁磨。从今已定居，甘向西山饿。"《柳堤记》诗曰："种稻三十顷，插柳百余株。稻可供稠粥，柳可爨庖厨。息耒柳荫下，读书稻田隅。以乐尧舜道，同是耕莘夫。"《蔡俨郎中过余，相勉就仕，作此见意》诗曰："渊明久欠储瓶粟，岂不常怀升斗禄。平生只为折腰劳，甘向篱边茹秋菊。施于有政是亦为，可仕可止当自卜。日月逝矣不我延，将仕且学宣尼诺。"躬耕于佛耳山下，读书于稻田隅上，饮酒于清溪水边，置身世外，虽贫亦乐，虽饿亦甘，归隐田园的生活果真带给詹敦仁最好的享受！

（三）素朴恬淡。陶渊明素朴恬淡的风格，在詹敦仁归隐的生涯中也有相同的体现。有诗为证，如《长至日即事》曰："尝闻君子居，不厌九夷陋。我亦客南州，荜门与圭窦。三径草就荒，一堤柳仍茂。洒然有余欢，曾不愧屋漏。"《和秦隐君寄张建封韵》曰："自笑谋生拙，清溪钓锦鱼。晚凉三弄笛，夜静一床书。"《卜筑吟》曰："小溪把钓希周望，佛耳躬耕以昔伊。笑共山妻餐笋蕨，姓名那肯世人知。"《清隐堂》曰："一间茅屋宽容膝，半亩蔬园剩供厨。静把旧书重点读，旋沽美酒养疏愚。"《幽居》曰："多觉年来计已疏，诛茅草草卜幽居。园林更小仍栽竹，囊橐虽贫且买书。门掩一区杨子宅，俎登三韭庾郎蔬。世人但说归休去，林下相逢总是虚。"淡泊以清隐，遁世以埋名，读书以修身，幽居以静心，保持素朴恬淡的作风，而把物质生活的需求降到最低限度，正是詹敦仁能够超凡脱俗的力量所在。

由此可见，开先县令詹敦仁能够果断出世，与山为邻，与水为亲，与书为友，与酒为伴，与人为善，独善其身，归隐田园，真可谓道家"旧隐"之徒也！

三、佛家思想：清禅的的是栖身

能够证明詹敦仁具有浓厚佛家思想色彩的真实史料并不多，但能够说明他与佛家结缘不浅的材料还是不少的。比如说，他归隐的山叫"佛耳山"，传说他与佛耳山的佛天岩神——九座祖师有梦遇，并因此得到风水宝地。还有，他常留宿寺庙，与僧人多有来往，这从诗题《宿建造寺访秦隐君旧居》《宿建造寺枕上闻笛》《雨中谒介庵》《甲子诏遣钉访刘居士作此》就可说明。詹敦仁还有修建寺院的故事，据元符戊寅五世族孙知安溪县事詹铠《清隐先生传》所载：

敦仁自莆田县归，迫居佛耳积十余年，有客携世隆之书访之，泣下，作诗曰："回首白云长在望。"后于佛耳山最高处筑"望云亭"，以寓思亲之意，图其诗于壁。又以所居"清隐堂"与佛耳山相背，卜迁于侯洋，乃以故堂命僧行钦居之，榜曰"介庵"，时与往来答问，有《清禅集》。后从效施旧宅，以养僧徒，是为封崇院。有诗见寄，因和之，亦遂拓介庵为清禅院，劝化里人林氏等家田资以给僧徒衣钵之用，院复像而祠之，邑簿樊希韩尝奉祀院祠，有"清禅旧隐古名儒"之句。望云亭废，有苦行者仍其地增广之，以直面九峰。古有九仙之目，改为"九仙岩"。后有二台僧栖钵于是。一日，白众腾空而去，又更为"罗汉岩"，名其山曰"九罗汉"。①

敦仁拓建清禅院之事，在其诗作中也有所体现，如《留侯施旧宅筑院以养僧徒，有诗来示，余亦拓介庵表院额依韵奉复，岁在丁巳》曰："循环天道理相因，不间情疏不间亲。今古大都成一梦，光阴不肯驻双轮。羁身寥落天涯角，幻世升沉海岸滨。欲问康王何处觅，清禅的的是栖身。"从这首诗中，我们可以推断此时的詹敦仁不仅仅是受到佛家思想的影响，而且是已经具有自己独特的禅学思想。他的禅学思想独特之处，一言以蔽之，就是他所谓的"清禅"。何谓"清禅"呢？有其诗作解，即《或劝余念佛作此答之》所云："不耽经佛不参禅，兀兀无营度几年。饥即饭餐渴即饮，健时静坐困时眠。"在笔者看来，这乃是一种似禅非禅、似道非道而又道禅合一的思想。如果以传统的佛道思想作为参照的话，詹敦仁的"清禅"思想可谓达到不同寻常的境界，应该是解悟上乘心法之人才可能体会到的。在其他的几首诗作中，我们发现詹敦仁的确具有一定的佛学造诣。如《宿建造寺枕上闻笛》：

---

① （明）詹仰庇修撰《清溪詹氏族谱》，民国二十九年续修的石印本。

"枕上惊残梦，梅花几彻吹。禅房月明夜，耿耿寸心悲。"《欧阳长官见过，约余买邻，作此奉呈》："知心真我辈，遂性即吾庐。"《雨中谒介庵》："腊尽雨未止，才晴又却阴。杖藜穿草屦，呼酒访禅林。催鬓年华暮，关心世事深。凭君挥玉尘，为我涤烦襟。"《与介庵游佛耳煮茶待月而归》："活火新烹涧底泉，与君竟日款谈玄。酒须迳醉方成饮，茶不容烹却是禅。闲扫白云眠石上，待随明月过山前。夜深归去衣衫冷，道服纶巾羽扇便。"由于史料的欠缺，我们尚找不到敦仁学佛参禅的有力证据，也就发现不了他佛学思想的来源。据笔者推测，他的佛学思想除了受到宗教习俗的熏陶之外，大半是在修身养性的归隐过程中体悟到的，所以才能独自开辟出"不耽经佛不参禅"而以"清禅"度身的修佛之道。真可谓是"旧隐"悟"清禅"，水到渠成，自然进入道禅合一的境界。

综上所论，可见詹敦仁的思想独具"亦儒亦道亦佛"的特色。难能可贵的是，詹敦仁能以毕生的实践将儒、道、佛三种思想融合得臻于完美的境界。不妨再以其诗句作一简单归纳。于儒，"将仕且学宣尼诺"，"仕止常师孔仲尼"，"莘野躬耕学商伊"。于道，"爱山成癖自忘归"，"归买青山不论钱"，"独吟独酌醉还醒"。于佛，"道人已得三三昧"，"我本无心物自狎"，"清禅的的是栖身"。但他仍是性情中人，正如《清禅图余像立生祠感叹而作》："少年慷慨慕英雄，正色扬须有古风。多少丹青描不就，而今双鬓一癯翁。"时至今日，当时的这位"癯翁"已默默辞世千余年了，他的处世思想却大多淹没在他遗存的诗文里难以发扬光大。如果本文的阐述没有浮夸的话，那么詹敦仁的独特思想也该被世人重新加以认识和研究了。

[原载《纪念安溪开先令詹敦仁论文集》，詹石窗主编《道学研究》（香港）（国际标准连续出版物），厦门大学出版社，2005年增刊，第135—144页]

略论詹敦仁美学思想及其当代意义

在现代文明的快速演进过程中,时人仍然不忘寻根问祖,还原先祖先人的光辉榜样,继承源远流长的优秀传统,这些对于中国学术文化的传承与传播,对于中华民族的振兴与崛起,无疑都是具有积极的推进作用。对于早已逝去的古人,足迹已无,能够让后人与之对话的充其量只有静穆的作品文本。而文本的解读往往只能隔靴搔痒,甚至引起误读。究其因,世易时移,前人所处的环境和所有的心境,后人往往难以得知。那么,我们何以能够重新理解古人呢?笔者以为,从人类生存、人生审美、人性魅力等视域,深入理解古人的处世态度和美学思想,或许能使古人的观念与当代相通,甚至可以从中发现值得今人珍惜和学习的东西。有鉴于此,本文拟试图从美学的角度,以詹敦仁诗作所体现的思想行为作为范例,进行一次抚今追昔式的探寻。

一、从生平事迹看詹敦仁的审美旨归

詹敦仁(914—979),祖籍河南光州固始人,字君泽,号清隐,五代时福建安溪开先县令,宋咸淳八年(1272)敕封为靖惠侯。

据万历年间《泉州府志·卷十宦绩》载:"詹敦仁,字君泽,五代光州固始人,迁闽隐于仙游植德山下。上闽王昶书,劝昶修贡。昶命参决军事,强以袍笏。不受,以诗谢之……居泉山,杜门不出,节度留从效辟至,力辞之。乃求监小溪场,请置县,遂为清溪令。政尚德惠,荐王直道以自代。爱佛耳山峭绝,可耕可庐,卜筑其上,号所居曰'清隐',自为记……"①《福建通志》载有詹敦仁生平事迹,《全唐诗》也录有其小传:"詹敦仁,字君泽,固始人,初隐仙游,后为清溪令,诗六首。"据《清溪詹氏族谱》②卷二十三之《詹氏清隐家传记》记载:"惟敦仁,号清隐先生,实为詹氏始祖,改小溪场为安溪县,以抚辑黎民,民仰之如父母。既而谢事,隐于佛耳山,朝夕吟咏,有诗若千首,后以天年终。"种种史料表明,詹敦仁既是唐末五代时期的名仕和诗人,也是今天安溪的开先县令和詹氏始祖。对于这位富于传奇式的古人,以下从四个方面略论其生平。

(一)少年便有归隐志。914年,詹敦仁出生于福建仙游,一个走向归隐的官宦之家。其曾祖父詹成,是河南光州府中军司马。祖父詹缵随王审知入闽,授金紫光禄大夫行营兵马使。父亲詹世隆,兵曹录事参军,后退居福建省仙游县。王审知任闽王时,曾多次征聘詹敦仁的祖父詹缵。但詹缵隐居于仙游植德山下,不肯应聘。詹敦仁是詹缵入闽后,隐居植德山下后才出生的。王审知死时,詹敦仁还是11岁的少年。据元符戊寅五世族孙知安溪县事詹铠《清隐先生传》③所载:

> 敦仁幼聪敏,缵尝谓其子世隆曰:"兴吾家者,必此儿也!"遣从徐寅学,尝读寅所举进士赋《止戈为武》题至"破山加点……拟成无人"之句,遂识其妙。尤长于诗,与郑缄之文、林滋之赋号为"三绝"。泾帅卢简能以其诗文与先人颇相类,辟为宾佐,辞

---

① 《安溪县志》(清·乾隆丁丑版),安溪县志编纂委员会整理,厦门大学出版社,1987年。
② (明)詹仰庇修撰:《清溪詹氏族谱》,民国二十九年续修的石印本。
③ 载《清溪詹氏族谱》卷二十三,转引自《重建开先县令詹敦仁纪念馆詹敦仁学术研讨资料汇编》,"安溪开先县令詹敦仁纪念馆"筹建理事会辑,2000年10月28日。下同。

曰"燕台梁阁，非贤不处"。龙启中以监籍升为四门义学士。

透过史料，不难发现少年的敦仁具有诸多特质。第一，曾祖父、祖父和父亲都是军官，堪称将门之后。而且都已厌倦沙场，渴望太平，辞官归隐。在如此特殊的氛围下，才使敦仁读《止戈为武》而能"遂识其妙"。"妙"在哪里呢？我们不得而知，但可以发现幼小的詹敦仁于此初步形成自己的审美观——非好战，喜太平，求统一。第二，敦仁自幼聪敏，又受业于名师徐寅，饱读诗书，尤工于诗，冠绝闽中之首。受过传统的经学教育，使他的骨子里具有儒家的现实主义思想，而诗人的气质和才华，又使他多了几分浪漫和自由。老师徐寅是归隐名仕，其隐逸的品格使他具有归隐的思想。第三，詹敦仁在年轻时就以诗歌闻名于闽，并因此受到地方官员的器重。学而优则仕，可詹敦仁却情愿放弃几次做官的机会，尤其不愿入伍参战，未经世故便有几分归隐的志向。第四，关心国事，渴望统一，二十一岁时就上书规劝王昶修贡京师。第五，时局动荡，志不得伸，意欲归隐。有诗为证："天将振斯文，三沐三稽首。努力须及时，有志竟不负。"（早期诗作《仆忝四门，新颁九经大本喜而书之》）"五斗嫌腰折，朋山刺眼新。善辞如复我，四海五湖身。"（早期诗作《癸卯闽乱从弟监察御史敬凝迎仕作别》），不难发现这些诗句中已明显流露出归隐山林的志向。综合以上几方面，一个才华横溢、爱国爱民、追求自由、有心归隐的年轻诗人形象便跃然纸上，显得与众不同。

（二）中年辞官进山林。937年（天福二年），闽王昶遣敦仁致书石晋，而他竟辞不行，因此惹怒王昶，开始流落南泉，遁迹晋江，归隐泉山，有诗《喜达泉州，筑室于晋江城山居之一》作证。据《清溪詹氏族谱》卷二十三记载：隐居泉山期间，与詹敦仁较有交往的是当时泉州的节度使留从效。留从效曾派遣苏公诲，邀请詹敦仁到泉山城居住，与其同游郡圃，饮酒唱和，一日两人谈到天下古今的事情，詹敦仁"因乘间述古者逆顺祸福之理，且言周之三监①，汉之六国②，终以危亡"。以史为鉴，当知逆顺之理，逆则亡而顺则兴。留从效也因此被说服，于是就让詹敦仁代他"撰表入贡京师"，意在归顺朝廷，促成统一。后来，留从效再三劝勉他当官，出于朋友的深情厚谊，他不得已向留从效请曰："郡治之西去百余里，有场曰'小溪'，去场之西又百余里，有山曰'佛耳'，其山峭绝高大。有田可耕而食，有山水可居而安。"他发现小溪场土沃人稠，舟航可通，就提出置县的建议，并成开先县令。但他更向往有山水可居而安的佛耳山，于是知安溪县令几个月后，便荐王审知之孙王直道为县令，而自己悠然隐居于安溪西北的佛耳山下。关于此事，史料有所记载。据《安溪县志》记载，后周显德二年（955），他具文申请在安溪设县，并首任县令，但旋即归隐县西佛耳山下，建清隐堂。詹敦仁何以如此厌倦官场呢？有一点是可以肯定的，就是他既看清乱世的各种现实，也能熟通历史，做到以古鉴今，尤其是"性本爱丘山"，喜欢归隐山林。

（三）老年清隐乐余生。詹敦仁出生于仙游植德山，后隐居泉山，最后归隐佛耳山（今安溪县祥华乡境内）。佛耳山成为他的第三个隐栖之处。此时，敦仁已经四十二岁了。他在佛耳山下建造房屋，并"爰取清幽之义，榜其所居之室曰'清隐堂'"。从此，他在佛耳山下度过了自耕自食、艰苦俭朴的后半生。有诗为证："一间茅屋宽容膝，半亩蔬园剩供厨。静把旧书重点读，旋沽美酒养疎愚。"（《清隐堂》）"细思一生贫，旋行如蚁磨。从今已定居，甘向西山饿。"（《经营吟》）。归隐山林，以耕读为乐。由于敦仁樵耕自作，日与樵农辈相

---

① 按："周之三监"，指西周初期周公摄政之时，管叔、蔡叔与武庚三人监殷，作乱，叛周；于是周公讨伐并诛灭武庚与管叔，流放蔡叔。

② 按："汉之六国"，指西汉景帝时的吴楚七国之乱，即吴王濞、楚王戊、赵王遂、胶西王卬、济南王辟光、菑川王贤、胶东王雄渠一起联合叛乱。七国之乱平息后，以楚元王之子平陆侯礼为楚王，其他六国都"国除"。

处,他亲身体会到了耕樵生活的无穷乐趣,过着"秉耒就耕,书横牛角,锄且带经,或偃息乎繁阴之下,开卷自得,悠然而乐"(《柳堤记》)的神仙般生活。

(四)逝后父子同封侯。宋太平兴国四年(979),詹敦仁逝于佛耳山下,享年六十六岁。据说,临终之时,他在自己的书像上题写:"清者其形,隐者其迹。千古虚名,一朝过客。袖手西归,风清月白。"他超脱的一生中,唯独做过几个月的县令,他把是非、名利、荣辱、得失都付于身心之外,真正做到清其形,隐其迹。敦仁逝后,安溪"吏民如丧所亲,道路号泣,立像作佛事者七日"([宋]陈永弼《清隐祠堂记》)。邑民百姓感戴他的恩德,在县治的东侧建"开先祠堂"纪念他。宋咸淳三年,乡民林济川上书朝廷,申求追封詹敦仁祠堂以庙额。宋咸淳八年(1272),在敦仁辞世约三百年后,南宋朝廷根据詹敦仁生前的政绩敕封他为"靖惠侯",同时敕封其次子詹珪为"靖贞侯"。这就是安溪历史上有名的"父子封侯"。①

综其一生,我们发现詹敦仁对人生的定位是非常准确清楚的,其审美归趋一以贯之,爱山成癖,乐在其中,无怨无悔,以清隐形迹成就了亦人亦神的崇高形象,富有人格魅力,备受后世敬仰!他的一生遁世而无闷,超然而不拔,俯仰天地,无愧于心,看似平凡,实则伟大,值得今人效仿!

二、从遗留作品看詹敦仁的美学思想

悠悠千载,物是人非。虽然我们已经从蒙昧走向文明,从战乱走向太平,但作为人类的生存境遇仍然面临巨大的挑战。作为一个人,

---

① 参见詹秋冰《〈全唐诗〉中詹敦仁生平事考及其诗辨异》,载《纪念安溪开先令詹敦仁论文集》,厦门大学出版社,2005年。

如何在短暂的人生中，超凡入圣，实现审美的人生，也仍然是一个值得深入研究的课题。倘若我们为人处世能以詹敦仁为学习的榜样，以大局为重，不慕虚名，清心寡欲，与世无争，或许能在竞争激烈的环境中更多地拥有快乐，更好地实现人生价值。詹敦仁审美般的人生究竟是如何实现的呢？从他遗存的若干诗作中[①]，我们约略可以看到他一生的主要美学思想。

（一）忠君爱民，谋求统一。作为一介儒生，詹敦仁最根深蒂固的思想之一，就是忠君爱民。他逝后能被百姓奉为神灵和被朝廷追封为侯爵，即源于此。尽管他地处东南，偏安一方，但却时刻挂念朝廷和国家。有诗为证："鹊噪南枝到杏村，朝来喜奉诏书温。一溪清彻恩波暖，我欲驱驽叩帝阍。"（《喜闻大朝有诏而作》）（南朝称周为大朝）比闻周帝逊位，国号大宋，喜作《看剑吟》："三尺锋芒射斗牛，悲鸣匣里气横秋。曾陪蛇径追雄鹿，肯身鸿门快沐猴。跃地既言神有感，挂天应使鬼先愁。持归愿献明天子，欲断奸谀几辈头。"尽管他是读书人，是辞官归隐的名仕，但却时刻牵挂百姓的疾苦。有诗为证："南国久无雨，村村槌旱鼓。真龙何处藏，忍视三农苦？何时山出云，一施天下普……我亦乐其乐，村歌与社鼓。"（《丙辰年大旱，作真龙行》）"多稼一川云，飞丝十日雨。衣生壁上镰，尘满甑中釜。农妨获稻功，吏急征输苦。何当大明时，村村皆乐土。"（《甲子苦雨》）"可怜一朝随物化，长生无米堪拢捣。驱儿偿债入东邻，推门吏急如星火。田荒牛损儿就奴，老妻夜哭伤头皓。愿牛长健田长丰，老稚团栾得相保。

[①] 按：詹敦仁生平著述颇丰，著有《清隐堂集》《清禅集》等行世。古本《全唐诗》有收录他的诗作。《全唐文》《唐文拾遗》《函海·全五代诗》《永乐大典》均收有詹敦仁诗文。本文所研究的诗歌文本等主要参考资料，均来自：《重建开先县令詹敦仁纪念馆暨詹敦仁学术研讨资料汇编》，"安溪开先县令詹敦仁纪念馆"筹建理事会辑，2000年10月28日；"詹敦仁学术研讨"资料《詹敦仁与民俗文化》，詹敦仁纪念馆筹建理事会编，2003年12月22日。

吾君神圣仁且明,期与王民日皞皞。"(《牧牛歌》)尽管他不愿入伍从军征战南北,为祖国统一赴汤蹈火,却是一心盼望家国一统,极力规劝地方势力早日归顺朝廷。有两首诗为证。《宋师下江南,太祖答李后主,云一家为父子两家为父子乎》:"闻说江南一剪平,一家父子又谁争。隙光穴照无私地,同是中天仰大明。"不难发现,在詹敦仁隐居山林的生活中,仍然不忘国家和百姓,真正做到以国家兴亡为己任,乐百姓之所乐,苦百姓之所苦。

(二)读经明理,吟诗抒情。古人皓首穷经,多为博取功名,光宗耀祖。而詹敦仁一生博学群经,为的却是致知明理,陶冶身心。当卓绝的才气,颖悟群经的妙谛,自然成吟的便是千古绝唱,而非泛泛的教化之音。詹敦仁留有几首读经书的感受之作,颇能见出他的眼界与心志。他读《诗》而有《闵世吟》:"诗存三百本人情,曾被宣尼教化声。闾巷皆陶君子化,涂歌里咏媲群经。"读《易》而有《自得吟》:"盈虚消息自能明,遁世曾无怨闷情。若问儒生何所有,胸中原有洗心经。"[①]读《书》而有《原道吟》:"古今异世本殊途,诰誓何由俪典谟。若使帝王相易世,争知文武不唐虞。"读《礼记》而有《省身吟》:"一篇大学先诚意,二字中庸在反身。俯仰吾心无愧作,更将儒行细书绅。"读《周礼》而有《思古吟》:"周家文物盛当时,上下相安不自欺。凿井耕田随分定,春台何处不熙熙。"读《春秋》而有《伤春吟》:"东迁周室日陵迟,天子威权总下移。黜霸尊王当日事,谁能秉笔继宣尼。"[②]儒家修齐治平的思想,一切皆以修心为本;儒家仁义礼智的思想,一切皆以治人为务。明于此,才能止于至善!笔者以为,詹敦仁结庐山林仍不厌倦点读儒家经书,与他深明儒家思想应该是分

[①] 按:从此诗句,可以发现詹敦仁的归隐原因,更多是自觉的因素,而不是被时势所迫,属于主动归隐。如此审美心胸,实在难能可贵!
[②] 按:从《原道吟》和《伤春吟》两首诗作中,笔者进一步发现詹敦仁不仅精通而且重视逆顺祸福之理,跟他熟读史书而深有感悟是分不开的。

不开的。

（三）看破红尘，追求归隐。詹敦仁面对短暂的人生，体悟颇深，向来以东晋名仕陶渊明为榜样，立志结庐山林，耕读一生。有诗为证："柳腰舞罢香风渡，花脸妆匀酒晕生。试问亭前花与柳，几番衰谢几番荣。"（《余迁泉山城，留侯招游郡圃，作此》）、"欲结茅庐志浩然，芒鞋竹杖自轻便。逢人邂逅休辞剑，后骑追随正着鞭。愿学子骞游汶水，急乘范蠡泛湖船。世间名利俱尘土，归买青山不论钱。"（《发南台舟中作，岁在戊戌》）、"渊明久欠储瓶粟，岂不常怀升斗禄。平生只为折腰劳，甘向篱边茹秋菊。施于有政是亦为，可仕可止当自卜。日月逝矣不我延，将仕且学宣尼诺。"（《蔡俨郎中过余，相勉就仕，作此见意》）、"平生出处顺天时，仕止常师孔仲尼。尺短寸长先训在，不须端策拂吾龟。"（《余以邑事举王副监自代，将结庐于佛耳山，王君挽之以酒，作此而别》）总的来看，在归隐的途中，他比陶渊明更为果断，更为彻底。

（四）怀念故旧，望云思亲。人非草木，孰能无情。纵然归隐心志已决，但家人故旧之情仍然萦绕于心，难以释怀。在亲情与归隐的矛盾中，詹敦仁不免常常因景生情，几分忧愁，几分感伤，流露出思亲恋旧的真性情。刚刚离家时，如孤雁南飞，"孤雁向南飞，伤情忍别离。谁知三去后，独咏四愁诗。"（《余将南游，兄伤其行，颇有挽意，席上奉呈》）"忆昔永嘉际，中原板荡年。衣冠坠涂炭，舆辂染腥膻。国势多危厄，宗人苦播迁。南来频洒泪，渴骥每思泉。"（永嘉乱，衣冠南渡，流落南泉，故作《忆昔吟》）"仆马甘栖息，南来择地安。巧将茅作舍，城近绕庐山。喜识宗人面，襟怀自觉宽。开图阅源派，涕泪染衣斑。"（《喜达泉州，筑室于晋江城山居之，众峰矗起，若堆堞然，寻访宗人，具得其实。作此篇》）"太华峰前伊水头，丝抽独茧漫下钩。有时发棹从东下，误入洞庭深处游。""中原板荡是何年，多少衣冠苦播迁。万古长淮久留恋，一房流落下南泉。"（《怀古二首叙家世》）即使是安居佛耳山下，仍不忘遥思亲人，"太平歌中昔未闻，佛天高处却逢君。姓名不落人间世，何事今朝到望云。"（《再游佛耳，昔筑思亲望云亭，面对九峰山，目曰九仙山，故作此记之》）但是，詹敦仁终究没有因为思亲而结束自己的隐居生涯，可见他对隐居山林是如何的向往和坚定！

（五）向往自然，清隐深山。詹敦仁自幼对大自然情有独钟，对清心寡欲的生活更是乐此不疲，这不是"穷则独善其身"的无奈选择，而是建立在对自然与人生完美的理解之上，是对生态自然真美的不懈追求，是对快乐审美人生的自觉践履。有诗为证："小溪把钓希周望，佛耳躬耕以昔伊。笑共山妻餐笋蕨，姓名那肯世人知。"（《卜筑吟》）、"竹篱随意绕蔬园，小小柴扉不用关。巧引山泉春溜急，闲锄露草晓云翻。紫芽旋摘厨堪爨，玉筋匀和饭可餐。脆酽甘柔真有味，渔樵至老合知恩。"（《雨后蔬园行》）"开屏一展看素花，淡蕊疏枝蓦蓦斜。墨散余香点酥萼，月留残影照窗纱。"（《介庵赠古墨梅，酬此一篇》）、"十年采尽北山薇，不管兴亡是与非。回首白云长在望，爱山成癖自忘归。"（《伏拜家君手书，不觉偶成一绝》）更加与众不同的是，詹敦仁在淡定从容的归隐生涯中，对自然，对生命，对生活，都有独到的认识，并归结为一个"清"字："然清则清矣，是特悬之名耳，又乌睹其所谓至清者哉。若夫烟收雨霁，云卷天高，山耸髻以轩腾，风梳木而微动。殆若晓妆睹镜，夜籁沉声，寒泉聒耳，玲珑如戛玉，峥崇如鸣琴。非宫非羽，五音不调而自协；不丝不桐，五弦不抚而自鸣。此其所以为清者也。然与其适于耳目之外，孰若得之于胸襟之内？春而耕，一犁雨足；秋而敛，万顷云黄。饥餐饱适，遇酒狂歌，或咏月以嘲风，或眠云而漱石。是非名利，荣辱得丧，皆不足以为身心之累，此真清者也。宜乎斯堂，以清目之，是曰清隐堂云。"（《清隐堂记》）做人能达无身心之累的境界，才是真清者。这应该也是詹敦仁业已达到的生命境界，一种富于传奇的神仙般的审美境界。我们认为，如果能好好体悟此"清"的涵义与妙用,也就能更好地理解詹敦仁审美思想的全部。

(六)真清真隐,自由快乐。归隐不是一般意义上的隐姓埋名和远离红尘,而是要在更大程度上实现审美快乐的人生。真清,不是完全脱离现实的社会,而是内心的自满自足,真正做到与世无争,不遣是非,无得无丧;真隐,不是完全离开复杂的人世,而是内心的遗世独立,真正做到心如止水,清净自然,道通为一。真清真隐者,妙在无身心之累,独与天地精神往来,自由自在,至乐无乐。有诗文为证:"小摘丝芹细细烹,独吟独酌醉还醒。山亭门户无关锁,皓月清风四面生。"(《芹山亭》)《柳堤记》:"时方春也,绿染方匀,柔丝袅风,搅诗肠之百结,宜吾一咏而一觞也。春云暮矣,雪絮飞毯,悠扬远近,叹人生之聚散,宜闲居而自适也。于是秉耒就耕,书横牛角,锄且带经,或偃息乎繁阴之下,开卷自得,悠然而乐。虽盛夏溽暑,白扇可置,风袂自快,则是柳之繁茂,不谓无庇物之效也。俄而凉飚飒至,一叶惊秋。露滴疏枝,月筛淡影。放出千岩霁色,静笼数顷黄云。觉岁月以惊心,叹年华之暗度。雨雪飘飘,未春而絮。青山改色,觉老其容,既当收敛。暇余,乃且呼童削其繁冗,伐其朽蠹。"如此休闲自适,悠然而乐,非真清真隐者不能得也!这就是一种"得其环中、超然象外"的审美境界!

(七)明心见性,清禅栖身。在与禅僧的来往中,詹敦仁也浸染了修证禅学的风气。但是,他在禅修的过程中,注重的是觉悟,而不是崇拜,是一种"清禅",是不念经不拜佛的修行;既不是僧人,也不是居士,而是同样能够证悟佛法的人。如此"清禅",成了他的真正栖身之所,快乐之所,使他由儒入道又由道入禅,达到妙不可言的道禅合一的审美境界。如《余抵郡,回道遇介庵,啜茶于野店。时已薄暮,问馆同宿,作此二绝》:"三两人家起暮烟,夕阳风凛怯寒天。君看云外孤僧老,一笠枯藤倒挂肩。""野店相逢说赵州,对师无语亦无酬。道人已得三三昧，明月江头送渡舟。"诗中可证，隐居的敦仁常与禅僧往来，并对说赵州禅，颇得机锋，已有所悟。再如《留侯施旧宅筑院以养僧徒，有诗来示，余亦拓介庵表院额依韵奉复，岁在丁巳》："循环天道理相因，不间情疏不间亲。今古大都成一梦，光阴不肯驻双轮。羁身寥落天涯角，幻世升沉海岸滨。欲问康王何处觅，清禅的的是栖身。"《与介庵游佛耳煮茶待月而归》："活火新烹涧底泉，与君竟日款谈玄。酒须迳醉方成饮，茶不容烹却是禅。闲扫白云眠石上，待随明月过山前。夜深归去衣衫冷，道服纶巾羽扇便。"《或劝余念佛，作此答之》："不躭经佛不参禅，兀兀无营度几年。饥即饭餐渴即饮，健时静坐困时眠。"《清禅图余像立生祠感叹而作》："少年慷慨慕英雄，正色扬须有古风。多少丹青描不就，而今双鬓一癯翁。"多么的自由自在，自然自乐！与时偕逝，念念无住，明心见性，快乐无比！我们在想，詹敦仁在生前便有百姓感恩戴德为他立生祠，视若神仙以敬奉，跟他的良好品行是密切相关的，与他的高超修为应该也是分不开的。

三、从美学研究看詹敦仁的当代意义

从历史的角度看，生活在一千年前的詹敦仁，既不是乱世英雄，也不是著名学者，谈不上彪炳史册。虽也从政过，但仅仅是一个三千邑户的小溪场的开先县令，尚不足七品芝麻官，而且任职仅有区区数月而已，谈不上政绩显著。虽也好写作，留有不少诗文，且有六首收编在《全唐诗》中，但与李白、杜甫等著名诗人相比，仍是非常一般的地方诗人而已，谈不上诗文名家。更为真实的是，他长期隐居在偏僻的佛耳山下，宛如与世隔绝，但却依然能够影响时局，感动黎民，奉为人神，千古流芳。不妨举两条史料为证。南宋咸淳八年（1272）敕封靖惠侯詹敦仁之文曰："朕惟礼教失而非鬼越望之祭遍郡国，若畏垒之庚桑，齐社之栾公，是宜命祀。安溪为邑，尔神实始，而从遁之乐，民思之不忘，寇旱灾疠，禳祈响答，以功诏爵，法当得封。赐尔侯圭，用彰清退惠利及民。可封靖惠侯。"[1]清代文渊阁大学士李光地在康熙版《安溪县志·序》中说："吾邑自詹公敦仁启治以来，世有贤侯。而詹本名德君子，报政以后，卜隐于佛耳山下，遂蕃其子孙于此。"[2]时至今日，不仅詹敦仁的子孙早已走出佛耳山下，遍布海内外，且不乏大有作为之士，而且詹敦仁信仰早已成风，在局部地区拥有一定数量的信众，对安溪人民乃至海内外詹氏子孙产生深远的影响。在安溪，以詹敦仁后世子孙为主捐赠数千万元而建造的纪念馆、祠庙、文化广场等相继竣工，海峡两岸的詹氏子孙联谊相亲，秉承先祖遗风，举办各种活动加以弘扬光大。抚今追昔，笔者不禁要问：詹敦仁何德何能，竟能如此造就非同寻常的人生与后世？老子说："夫唯不争，故天下莫能与之争。"以此审察詹敦仁现象，宛若符契，不证自明。那么，詹敦仁的思想行为在当今时代，还有什么样的意义呢？我们认为，时过境迁，很多东西已经失去可比性，只有从美学思想研究的角度，才能更好地阐述其当代意义。不妨围绕几个现实问题加以反思。

（一）为人处世时如何才能体现人格魅力？大千世界，芸芸众生，熙熙攘攘，为名为利，似乎是最得人心的。尤其是在当今高度发达的时代，物欲横流，充满诱惑，人心不古，道德滑坡，信任危机。这是摆在人们面前的严峻事实！按理说，当今物质文明程度已经很高，作为人本身应该活得更有尊严，更有魅力，可事实往往是相反的。人类到底是什么地方出问题呢？应该是价值观。从更深的角度看，应该就是大众审美观有问题。而詹敦仁的事例恰恰告诉我们，一个人要具有人格魅力，品行端正是至关重要的。而要品行端正，就应该把欲望控制在最低的生命线上，清心寡欲，与天地万物和谐相处；就应该与人为善，与人和睦，

---

[1] 《安溪县志》，新华出版社，1994年，第1383页。
[2] 同上书，第1402—1403页。

惠及百姓，与百姓同心同德同苦乐，做到心底无私天地宽，心系黎民行正道。事实证明，始终做一个有益于国家和人民的人，自然就具有高尚的人格和出奇的魅力！这就是人们所认同的人格之美。

（二）人活世上如何才能做到诗意栖居？在美学研究领域，人们时常向往一种审美理想，就是诗意地栖居。我们发现，很多人都是难以做到的，因为现实中人要做到淡泊名利其实是很难的。即使能够淡泊名利，也未必就能诗意地栖居。何以如此呢？我们觉得其中还有一个个人感悟的问题需要解决。主要就是对审美境界的感悟和追求。感悟是需要智慧的，尤其需要美学智慧，一种有异于理性思维的诗性智慧。詹敦仁道禅合一的心境，并非一般人所能理解。时人似乎只懂得让肉体远离尘嚣，躲避污染，进入生态良好的环境，而不懂得让心灵有所皈依和寄托，就是因为在精神信仰层面上还缺少一个完整可靠的审美的图景。而詹敦仁与众不同的是，他不仅真正归隐山林，在自然生态中获取快乐，而且能够从心灵上彻底解脱，在无思无为中超凡脱俗，真正实现审美的人生。从这个意义上看，詹敦仁晚年的清隐与清禅之风，都是值得今人学习和效仿的。

（三）短暂人生如何才能赢得后世景仰？人生在世，如白驹之过隙，何其短暂！俗话说：有的人死了轻于鸿毛，而有的人死了却重于泰山。真正能令后世景仰的，毕竟是少数。但是，问题也很突出：为什么那些人能得到后世景仰呢？这些人中诸如伟人、圣人、名人之类的，有如天造地设一般，似乎都在造化情理之中。但是，凡人呢？如何才能永垂不朽？这恐怕不是三言两语就能说清的。但是，有了詹敦仁这个真实的榜样，我们就有了效仿的对象。从思想到行为，其实都很简单：凡事要以大局为重，视家国利益高于一切，能与百姓同甘共苦，先天下之忧而忧，真心实意地为人民谋幸福，积善成德，德博自彰。神性的升华，终究还是基于人性中德性的彰扬，还是需要人格魅力的提升，可见道德的修养和践履在人生过程中是何其重要！《周易》

告诉我们"自强不息"和"厚德载物"都是一样重要的,所以做人只有德才兼备,心怀天下,惠及人民,才能得到后人的爱戴与感念!许许多多像詹敦仁一样被后人神化的历史人物,无疑都可以作为做人的典范,昭示后人更好地为人处世。因此,我们对于"神人"的尊重与信奉,就不应该停留在顶礼膜拜的祷祝之中,而应该努力地效仿他们的善思善行,使自己的人格更加完善,使社会的风气更加纯正,使人民的生活更加幸福。

  以上三个问题,其实都是难以回答的。但是,詹敦仁的一生恰恰就为此作了极好的阐释。这无疑就彰显了詹敦仁美学思想在当代的意义和价值。做一个真正的人,纯粹的人,快乐的人,善始善终的人。向往自然,保护自然,融入自然,活得自然,自然而然!一切都是那么的妙不可言!倘若我们要更好地生存,更快乐地生活,就让审美走进人生,真心体悟不可思议的境界吧。那样,我们不仅能活得有尊严,有魅力,有诗意,有快乐,而且还能造就更为完美的形象,不断启示后人实现幸福美满的人生。明于此,也就明白了詹敦仁美学思想研究的全部意义!

  (本文与孙燕华博士合作。原载"清隐显化——詹敦仁与中华文化"学术研讨会论文集,《道学研究》,2011年第二期增刊,第136—144页)

金部

佛学与佛教文化

欧阳渐生平简历存在问题考论

本文着重对近代著名佛学大师欧阳渐生平简历存在的问题进行力所能及的考辨。所考辨的问题具体包括：欧阳渐，籍贯何处？生于何年？卒于何年？寿龄几何？有何字号？也许在大家看来，这些问题应该是不成问题的，即使是有问题也是很容易解决的。因为欧阳大师距离我们的时代并不遥远，而且在20世纪的各种学术论著里关于他的介绍文字可谓不绝如缕，比比皆是。按道理说，这些问题的确应该是不成问题的，更不应该是需要费心详加考辨的问题。而实际上，并非如此！

一、问题的发现：欧阳大师生平简历众说纷纭

笔者收到的《"全国欧阳竟无学术思想研讨会"预约函》篇首句是这样表述的："欧阳竟无（1871—1943），名渐，居士，江西宜黄人，人称'宜黄大师'。"读完此文，着实令笔者疑惑不解的是，此《预约函》为什么在文中既称"竟无"，又称"竟无"，莫非欧阳大师的"名字"有两种不同的写法？在此之前，笔者对欧阳大师的生平情况了解得很有限，所以一时之间实在有莫名其妙之感。为了参加本次研讨会，笔者拟撰写有关欧阳大师佛学思想研究方面的论文。可是，刚开始查阅了一些相关材料，又发现不少学者对欧阳大师生卒年的表述与《预约函》有差异，莫非欧阳大师的生卒年也可以有不同的说法？这肯定是不可以的。究竟孰是孰非呢？于是，为了考辨问题的真相，笔者又

继续查找与欧阳大师生平简历相关的各种材料。查找的结果发现，目前学界对欧阳大师生平简历的介绍存在众说纷纭的现象，有亟需加以科学考辨的必要。在澄清事实之前，我们不妨先大致按照时间顺序来看看近二十年来各家论著中对该问题的表述：

《哲学大辞典·中国哲学卷》："欧阳竟无（1871—1944）居士。名渐。江西宜黄人。人称'宜黄大师'。"①

《中国佛学人名辞典》："欧阳渐（民国）优婆塞字竟无，江西宜黄人……三十六年二月二十三日，以肺炎殁于江津内院，寿七十三。"②

《中国大百科全书·宗教》："欧阳竟无（1871—1943）中国佛教学者、居士。名渐。江西宜黄人。"③

《文史哲百科辞典》："欧阳竟无（1871—1944）居士。名渐。江西宜黄人。人称'宜黄大师'。"④

《中国近现代人名大辞典》："欧阳竟无（1872—1944）江西宜黄人。名渐……1944年2月23日在江津逝世。"⑤

《中国历史大辞典·思想史卷》："欧阳竟无（1871—1944）近代江西宜黄人，名渐，以字行。"⑥

《佛光大辞典》："欧阳渐（1871—1943）江西宜黄人。字竟无，一字渐吾……民国三十二年二月，氏以肺炎病逝于蜀院，享年七十三岁。"⑦

---

① 严北溟主编：《哲学大辞典·中国哲学卷》，上海辞书出版社，1985年，第406页。
② 比丘明复编著：《中国佛学人名辞典》，中华书局，1988年，第579页。该辞典是繁体字编排，据其《自序》文末所署可知其乃成于1974年。
③ 《中国大百科全书·宗教》，中国大百科全书出版社，1988年，第296页。
④ 高清海主编：《文史哲百科辞典》，吉林大学出版社，1988年，第447页。
⑤ 李盛平主编：《中国近现代人名大辞典》，中国国际广播出版社，1989年，第441页。
⑥ 《中国历史大辞典·思想史卷》，上海辞书出版社，1989年，第269页。
⑦ 星云大师主编：《佛光大辞典》第七册，书目文献出版社据台湾佛光出版社一九八九年六月第五版影印，第6101—6102页。

《中国近代哲学史》下册："欧阳竟无（1871—1943），名渐，江西宜黄人，人称'宜黄大师'。"①

《中国近代佛学思想史稿》："欧阳渐（1870—1943），字竟无，江西宜黄人，生于清同治九年（公元1870年）……欧阳于1943年2月23日，病（肺炎）逝于四川江津内院，终年七十三岁。"②

《欧阳渐·简介》："欧阳渐，字竟无，生于公元一八七一年（清穆宗同治十年），死于公元一九四三年（民国三十二年），江西宜黄人，近代著名佛学居士。"③

《中国近现代高僧与佛学名人小传》："欧阳竟无（1871—1943）近代佛教居士、佛教学者。名渐，江西宜黄人。人称宜黄大师。"④

《民国人物大辞典》："欧阳渐（1871—1943），名渐，字竟无，江西宜黄人，1871年（清同治十年）生……1943年2月23日病逝。终年72岁。"⑤

《中华民国史辞典》："欧阳竟无（1871—1943）一名竟无。江西宜黄人。原名渐，以字行……1943年病逝。"⑥

《佛教文化与近代中国》："欧阳竟无（1871—1943），名渐……即于1943年病逝。"⑦

《中国近现代人物名号大辞典》："欧阳渐（1871—1943，一作1872—1944）江西宜黄人。字竟无（有《竟无内外学》），一作竟无

---

① 冯契主编：《中国近代哲学史》下册，上海人民出版社，1989年，第883页。
② 郭朋、廖自力、张新鹰合著：《中国近代佛学思想史稿》，巴蜀书社，1989年，第60、62页。
③ 石峻等编：《中国佛教思想资料选编》第三卷第四册，中华书局，1990年，第288页。
④ 高振农、刘新美：《中国近现代高僧与佛学名人小传》，华东师范大学出版社，1990年，第139页。
⑤ 徐友春主编：《民国人物大辞典》，河北人民出版社，1991年，第1384页。
⑥ 陈旭麓、李华兴主编：《中华民国史辞典》，上海人民出版社，1991年，第305页。
⑦ 高振农：《佛教文化与近代中国》，上海社会科学院出版社，1992年，第24、25页。

（亦以行），又作境无（1908《江西》杂志，载有伯华《和欧阳境无诗》），别称欧阳居士，学者称宜黄大师，影射名东方镜（见龙公《江左十年目睹记》）。"①

《宜黄大师欧阳渐》："欧阳渐，字竟无，江西宜黄人，清同治十年（一八七一）十月八日生……民国三十二年（一九四三）二月六日，他患了感冒，因年迈体弱，转为肺炎，至三月二十三日晨七时，转侧右卧，安详而逝，享年七十三岁。"②

《中国文化大百科全书·哲学宗教卷》："欧阳渐（1871—1944）中国近代佛学家。字竟无。江西宜黄人，人称'宜黄大师'。"③

《宜黄县志·概述》："近代佛学大师欧阳竟吾、爱国将领欧阳琳，均载入史册，传诵后世。"《宜黄县志·人物》："欧阳竟无（1871—1948），名渐，县城南门人，著名佛教居士，杰出的佛教教育家，唯识宗代表人物。"④

《欧阳竟无年谱》："1871年（同治10年）1岁　是年农历十月初八日生。名渐，字镜湖（50岁时改竟无）。生于江西省宜黄县县城南门……1943年（民国32年）73岁2月6日，感冒示疾，转肺炎，体衰不能复，然犹系念般若不已。2月23日时晨7时，转侧右卧，安详而逝。"⑤

《反观人生的玄览之路》："欧阳渐，字竟无，1871年（同治十年）生于江西宜黄……1944年病卒。"⑥

---

① 陈玉堂编著：《中国近现代人物名号大辞典》，浙江古籍出版社，1993年，第571页。
② 于凌波：《中国近代佛门人物志》第一集，台北慧炬出版社，1993年，第187—195页。
③ 胡海波主编：《中国文化大百科全书·哲学宗教卷》，长春出版社（因版权页未署明出版时间，故仅能据"前言"末尾所署日期推测是在1993年6月以后），第44页。
④ 江西宜黄县志编纂委员会编著：《宜黄县志》，新华出版社，1993年，第2、624页。
⑤ 王国炎、徐清祥：《欧阳竟无研究——欧阳竟无年谱》，载《南昌大学学报（哲学社会科学版）》，1994年第1期，第68、72页。
⑥ 麻天祥：《反观人生的玄览之路——近世中国佛教文化研究》，贵州人民出版社，1994年，第64、65页。

《新编佛教辞典》:"欧阳竟无(1871—1943)名渐。江西宜黄人。"①

《欧阳竟无先生与佛学》:"欧阳竟无(1871—1943),名渐,江西宜黄人。人称宜黄大师……享年73岁。"②

《悲愤而后有学》:"这个佛教知识分子集团,以杨文会(1837—1911)、欧阳渐(1870—1943)、吕澂(1896—1989)三个杰出人物为代表,将中国佛学带出笼统颟顸的古代形态。"③

《欧阳竟无先生小传》:"欧阳渐,字竟无,生于清同治十年(1871),死于民国32年(1943),江西宜黄人,近代著名佛学居士。"《欧阳竟无先生学术年表》:"1871年1岁　清同治十年是年十月初八日生于江西宜黄,名渐,字竟无。父仲孙公,母汪太夫人。渐庶出,一兄三姊,家贫……1943年73岁民国32年……2月23日晨7时于四川江津内学院蜀院安详而逝。享年七十三。逝后,国民政府教育部并撰文致祭。"④

《孔学杂著》之"重版引言":"欧阳竟无(1871—1943),名渐,1871年阴历十月初八日出生于江西宜黄一个破落的家族世家……1943年逝世,享年73岁。"⑤

《佛教志·中国佛教大事年表》:"1943年(佛历2487年、民国三十二年)欧阳竟无(1871—1943年)逝世。"⑥

---

① 陈兵:《新编佛教辞典》,中国世界语出版社,1994年,第562页。
② 黄夏年主编:《欧阳竟无集》,中国社会科学出版社,1995年,第1、2页。
③ 王雷泉编选:《悲愤而后有学——欧阳渐文选·编选者序》,上海远东出版社,1996年,第1页。
④ 楼宇烈:《欧阳竟无先生小传》、《欧阳竟无先生学术年表》,载刘梦溪主编《中国现代学术经典·杨文会/欧阳渐/吕澂卷》,河北教育出版社,1996年,第271、454—464页。
⑤ 胡伟希:《欧阳竟无与〈孔学杂著〉》,载欧阳竟无《孔学杂著》,山东人民出版社,1997年,"重版引言"第1页。
⑥ 方广锠:《佛教志》,上海人民出版社,1998年,第421页。

《中国佛教人名大辞典》:"欧阳竟无(1871—1943)近代居士。名渐,江西宜黄人。"①

《欧阳竟无生平传略》:"欧阳渐,江西宜黄县人。生于清同治十年(一八七一),卒于民国三十二年(一九四三)。欧阳原字镜湖,四十岁以后改字竟无。五十岁前后,欧阳在南京金陵刻经处,自修成就法相唯识之学,门人弟子及学术界渐渐誉为欧阳竟无大师。自此之后欧阳的原字镜湖,世遂不复及知……民国三十二年(一九四三)二月二十三日,晚清民国一代佛学巨匠欧阳竟无先生,在四川江津支那内学院病逝,享年七十三岁。"②

《中国历史大辞典》:"欧阳竟无(1871—1944)江西宜黄人,名渐,以字行。"③

《20世纪中华人物名字号辞典》:"欧阳渐(1871—1943)江西宜黄人……字:竟无、竟无、境无/别称:欧阳居士/人称:宜黄大师/影射名:东方镜。"④

《中国居士佛教史》:"欧阳竟无(1871—1943),字竟无,江西宜黄人。"⑤

《中国佛教百科全书·人物卷》:"欧阳竟无(1871--1943)名渐,字竟无,以字行世,江西宜黄人……1943年2月,欧阳竟无因肺病不治而逝,同年3月5日,国民政府教育部撰《祭文》悼念,并向行政院申请褒扬和抚恤。同年4月由政府颁《褒奖令》。"⑥

---

① 震华法师遗稿:《中国佛教人名大辞典》,上海辞书出版社,1999年,第994页。
② 程恭让:《欧阳竟无佛学思想研究》,台北新文丰出版公司,2000年,第119页。
③ 中国历史大辞典编纂委员会编著:《中国历史大辞典》下卷,上海辞书出版社,2000年,第1765页。
④ 周家珍主编:《20世纪中华人物名字号辞典》,法律出版社,2000年,第603页。
⑤ 潘桂明:《中国居士佛教史》下册,中国社会科学出版社,2000年,第844页。
⑥ 赖永海主编:《中国佛教百科全书·教义卷、人物卷》,上海古籍出版社,2000年,第441、442页。

《近现代居士佛学研究》:"欧阳渐（1870—1943），字竟无，江西宜黄人，生于清同治九年（公元1870年），六岁丧父……1943年初，因患感冒而转为肺炎，不治而亡，享年73岁。"①

《近现代以佛摄儒研究》:"欧阳渐，字竟无，生于1871年（清同治十年十月初八），江西宜黄人，人称宜黄大师……1943年2月6日，欧阳竟无患感冒，后转肺炎，病情日趋恶化。至2月23日晨，安详而逝，享寿73岁，由门人治丧。"②

《宜黄挖掘珍贵文物》:"据《宜黄县志》及《南岳欧阳氏五修宗谱》第十六册记载：欧阳竟无，名渐，字镜湖。"③"欧阳竟无（1871—1943），名渐，字镜湖，号竟无，江西宜黄人。"④

……

以上均是笔者直接查考的各种主要论著中关于欧阳大师生平简历的说法。值得说明的是：由于查找工作未能全面彻底，所以仍有一些相关的材料未能进入本文考辨的视阈。也许还会有其他不同的说法存在，但从本文所要解决的问题而言，以上材料就已经足够了。通过仔细的梳理和统计，笔者发现以上材料综合比较起来大致可归纳为三种情况。第一，有些问题大家的说法是基本一致的，不存在任何问题。如姓氏：欧阳（没有异说）；生月、日：阴历十月初八日（没有异说）；卒日、时：二十三日晨七时（没有异说）。第二，有些问题大家的说法多数一致，只有个别明显讹误的不同说法。如籍贯：江西宜黄、江西宣黄（惟有一说，明显有误，无须再考）；名：渐、竟无（惟有一说，明显有误）；号：竟无（惟有一说，明显有误）；卒月：

---

① 刘成有：《近现代居士佛学研究》，巴蜀书社，2002年，第110、117页。
② 李远杰：《近现代以佛摄儒研究》，巴蜀书社，2002年，第124、128页。
③ 2003-10-31 10:38:24 新华网江西频道，http://www.jx.xinhuanet.com。
④ http://www.jxfz.gov.cn。

二月、三月（惟有一说）；寿龄（仅指各家文中明确说明者）：73岁、72岁（惟有一说；若以实岁论，此说亦可）。第三，有些问题存在多种说法，而且大多是知名学者的"正确表述"（即非他人误写所致），所以难以直接判定究竟孰是孰非。如生年：1870（共有三家，以郭朋先生之说为最早出现）、1871（约有三十家，以严北溟先生之说为最早）、1872（只有两家，以李盛平先生之说为最早）；卒年：1943（约有二十七家，以《中国大百科全书·宗教》之说为最早）、1944（约有八家，以严北溟先生之说为最早）、1947（只有比丘明复一家之说）、1948（只有《宜黄县志》持此说，极有可能是版误）；生卒年：1870—1943（共有三家，以郭朋先生之说为最早）、1871—1943（约有二十四家，以《中国大百科全书·宗教》之说为最早）、1871—1944（约有六家，以严北溟先生之说为最早）、1871—1948（只见于《宜黄县志》）、1872—1944（只有两家，以李盛平先生之说为最早）；字：竟无（约有二十七家，以比丘明复之说为最早）、竟无（约有五家，以李盛平先生之说为最早）、镜湖后改竟无（只有两家，以王国炎先生之说为最早）、境无（只有两家，以陈玉堂先生之说为最早）、渐吾（只见于《佛光大辞典》）。称号/称呼/姓名：欧阳居士（较为普遍）、欧阳竟吾（只见于《宜黄县志》）、欧阳竟无大师（程恭让先生特别提到）、宜黄大师（约有十家，以严北溟先生之说为最早）、佛学大师欧阳渐（较为普遍）、影射名东方镜（有两家，源自陈玉堂先生）。

通过对前引诸家说法的分析比较，可以发现前两种情况存在的问题非常容易考辨出真相，而第三种情况存在的问题则比较复杂，仅仅根据各家说法的比较仍无法充分证明孰是孰非，尤其是生卒年和字号问题仅凭这些说法仍难以做出准确的考辨。有鉴于此，本文将继续援引更为可靠的材料侧重对第三种情况存在的问题进行考辨。

二、问题的考辨：欧阳大师亲近者们说法一致

关于欧阳大师生平简历存在的问题，究竟什么样的材料可以作为佐证的可靠依据呢？笔者认为，在无法借助欧阳大师的手稿材料作为直接证据的前提下，运用欧阳大师亲近者们（如其亲弟子、亲近的朋友等）的一致说法作为间接的考辨依据应该是最可靠的，至于后来人（即使是著名学者、专家等）的说法只能作为参考依据。基于这样的看法，笔者援引了如下几则材料作为考辨的依据。

（一）《欧阳竟无先生事略》："欧阳竟无先生讳渐，江西宜黄人，清同治十年生。四岁而孤……三年来更发精刊大藏之宏愿，荼苦拮据心力劳瘁，竟于本年二月二十三日以肺卒于蜀院，享年七十有三……"①

（二）苏渊雷《敬悼欧阳竟无大师》："日者陈朴园先生辱书，谓竟无大师尝齿及末学，方欣参谒有期，商量可待；乃不一日，内院讣至，大师竟于二月二十三晨示寂于江津蜀院矣。天人顿失眼目，痛何可言！……三十二年三月七日午后五时。"②

（三）吕澂《佛学研究和支那内学院》："支那内学院的创办人欧阳先生，名渐，字竟无，江西宜黄人，生于一八七一年（清朝同治十年，农历十月初八日）。其父仲孙公，曾任农部官员，在欧阳十六岁那年去世……一九四三年二月二十三日晨七时，欧阳先生仙逝。"③

（四）吕澂《亲教师欧阳先生事略》："师讳渐，字竟无，江西宜黄人，清同治十年十月初八日生……民国二十九年，遘家难，矢志观行，于《心经》默识幻真一味之旨，夙夜参研，期以彻悟。三载，始

---

① 载《大公报》（重庆版），一九四三年三月十七日第三版。
② 同上书，一九四三年三月十七、十八日第三版。
③ 载《文史资料选辑》第九十二辑，中国人民政治协商会议全国委员会文史资料研究委员会编，1984年，第163、165页。

著《心经读》存其微言……本年二月六日,感冒示疾……至二月二十三日晨七时,转侧右卧,安详而逝。享寿七十有三。"①

(五)金克木《纪念欧阳竟无大师》:"欧阳竟无(渐)居士是佛学大师,也可称儒学大师,生于一八七一年,今年是他一百二十岁的周年'祭'了……欧阳大师逝世在一九四三年。当时我在印度。史氏②去世早一年。"③

(六)王恩洋《追念亲教大师》:"中华民国三十二年二月廿三日,支那内学院院长宜黄欧阳竟无大师考终于四川江津蜀院,丧祭毕,其门弟子王恩洋谨述追念之文曰……1943年3月10日述于江津蜀院。"④

根据以上六则材料,可以准确推定欧阳大师的生卒年月是:生于一八七一年农历十月初八日,卒于一九四三年公历二月二十三日晨七时。作此推证的理由主要有六个方面:第一,吕澂和王恩洋都是欧阳大师的入室弟子,他们师生之间有过长期的密切接触,故其说应该可信;第二,苏渊雷和金克木都是欧阳大师生前的仰慕者,都亲身耳闻了大师逝世的消息,故其说应该可信;第三,《欧阳竟无先生事略》乃是欧阳大师逝世后不久刊载于《大公报》上的纪念文字,是内学院蜀院公开向全社会发布大师逝世消息的第一则文字,故其说尤为可信;第四,最为关键的是,这些"可信"的说法在生卒年问题上没有丝毫的出入,是完全一致的;第五,当代欧阳竟无研究专家王国炎、程恭让等人对生卒年月的说法,与大师亲近者们的说法完全吻合;第六,本文第一部分的分析统计结果表明,如此推证的结果与绝大多数学者的说法一致。因此,我们可以此对生卒年月问题做出准确的推证,而

---

① 石峻等编:《中国佛教思想资料选编》第三卷第四册,中华书局,1990年,第354、356页。
② 按:此处"史氏",乃指《佛教逻辑》作者史彻巴茨基。
③ 载《读书》,三联书店,1991年,第19页。
④ 《王恩洋先生论著集》第十卷,四川人民出版社,2001年,第624页。

无须再借助其他材料佐证。

但是，依据亲近者们的说法，仍不足以考辨欧阳大师生前死后的字号问题。这个问题的考辨，需要有足够的直接依据才行。由于笔者掌握的材料有限，所以只能根据现有材料做力所能及的考辨。先来考辨其"字"问题。不妨按其不同说法逐一加以考辨。第一，字竟无。此说最为普遍，可以吕澂先生为代表。由此笔者认为，大师生前有一字为"竟无"，允为可信。第二，原字"镜湖"后改"竟无"。此说是王国炎、徐清祥两位先生最早根据《江西宜黄南岳欧阳氏五修宗谱》《江西通志》等材料提出的，后来程恭让先生也赞成此说①。笔者认为这样的说法并非无稽之谈，应该是可信的。理由是：欧阳大师名渐，其兄名渻；"渐"之本义为"浸"或"浸染"，如《诗经·卫风·氓》"淇水汤汤，渐车帷裳"之"渐"义，"渻"之本义为"水广大无边的样子"②，可知"渐"与"渻"均与"水"相关；按中国古代的取名表字传统，名与字当有一定意义上的联系，可见以"镜湖"作为"渐"名的原字当比"竟无"来得合理；欧阳大师乃佛门居士，信仰"空""无"的思想，故说其在中年以后改字"竟无"也是极有可能的；当然最为关键的是有《宗谱》作证，所以笔者也赞成此说。第三，

---

① 按：在欧阳大师何时改"镜湖"为"竟无"的问题上，程恭让与王国炎、徐清祥的说法有差异。程氏说是"欧阳原字镜湖，四十岁以后改字竟无"，王氏说是"字镜湖（50岁时改竟无）"（此两种说法，本文第一部分均有引文，可以参看）。在大师何时丧父的问题上，王氏说是"1876年（光绪2年）6岁，是年农历二月三十日，父亲欧阳晖病逝"（详见《南昌大学学报》1994年第1期，第68页），程氏亦持此说，但吕澂《佛学研究和支那内学院》却说是"在欧阳十六岁那年去世"，《大公报》刊载之《欧阳竟无先生事略》说是"四岁而孤"。对此，2024年6月5日笔者进一步发现，根据欧阳竟无《再答陈真如书》中所说"激于自身而出者，渐幼孤庶出"（详见黄夏年主编：《欧阳竟无集》，中国社会科学出版社，1995年，第178页），可以确证他不是十六岁丧父，极有可能是六岁。

② "渐"与"渻"的取义，分别参见《古汉语常用字字典》，商务印书馆，1979年，第120、363页。

字竟无,又字竟无。笔者认为"字竟无"是错误的,理由是:此说主要见于当代个别学者的论著中,尚无可靠的史料佐证,而且大师亲近者们和研究过大师生平的专家都没有如此说法;以简体字论,"竟"与"竞"字形相近,容易混淆;以繁体字论,大师生前的时代都用繁体字,"竟"的繁体是"競","无"的繁体是"無",从笔者查考的解放前材料中只见过"竟無"没见过"競無";以名字意义论,"竟无"有饱满的佛学思想意味,而"竞无"似乎很难说是具有某种可与大师生平思想性格相匹配的意味。由此笔者推测"字竞无"乃至称呼"欧阳竞无"的表述都是以讹传讹导致的错误。第四,字境无。此说源自陈玉堂《中国近现代人物名号大辞典》,其根据是1908《江西》杂志载有伯华《和欧阳竟无诗》。陈氏之说,持之有据,无可厚非。但笔者仍然认为此说不足为信,理由是:"竟"与"境"字形相近,发音相同,因此不能排除有误写误刻的可能;此说只有孤证,而且证据不是欧阳大师的手稿,所以仍缺乏足够的可信度。当然,如果能找到更多的原始材料作证的话,此说还是有可能成立的,但也不能肯定"境无"就是大师的"字"。第五,字竟无,一字渐吾。此说仅见于《佛光大辞典》。由于缺乏材料,对此问题笔者确实无能为力做出评判。如果仅凭主观推测的话,笔者比较倾向于反对这种"字渐吾"的说法,就因为此说没有提供半点依据,也没有相关的旁证,那就不能排除是讹误所致的。综合以上五方面的考辨结果,笔者认为欧阳大师的"字"正确的表述应该是"字竟无"或"原字镜湖,后改为竟无",其余的表述具有讹误之嫌疑的,有待进一步发现史料加以考证。

再来考辨其"称号"问题。从笔者掌握的材料看,大师生前并没有"自号",所有的"称号"都是时人或后人尊称的。常见到的称号主要有:欧阳居士、欧阳大师、欧阳竟无大师、宜黄大师、欧阳先生、欧阳竟无先生、宜黄先生、佛学大师欧阳渐,等等。"称号"乃是对当事人名字以外的称呼,比较不拘一格。笔者认为,常见到的几种称号并未脱离大师生平实际,而且都很妥当,所以应该是可信的,无须详加考辨。此外,还有一些罕见的名字和称号,如"欧阳竟吾"(仅见于《宜黄县志》,恐有讹误)、"影射名东方镜"(见龙公《江左十年目睹记》,陈玉堂先生乃据此为说,不能排除可能性)等,由于材料的限制,所以在此不能确证,也有待进一步考辨。

经过以上的考辨,并综合各家可靠的说法,我们得出的考证结论是:"欧阳渐(1871—1943),原字镜湖,后改字竟无,江西宜黄县人,近现代著名佛学居士,人称'宜黄大师''欧阳居士''欧阳竟无大师''欧阳大师''欧阳竟无先生'等,生于一八七一年(清穆宗同治十年)农历十月初八日,卒于一九四三年(民国三十二年)公历二月二十三日晨七时,享年73岁。"在此郑重声明:笔者所作的结论主要是围绕本文针对的问题而作的表述,至于本文仍无法做出考辨的个别小问题,以及欧阳大师生平经历所存在的其他问题,都还有待来者深入研究,因此本文的结论表述并不追求面面俱到。

三、问题的思考:查考过程中相关发现及体会

事实上,本文所关注的并非仅仅是对生平简历存在问题的考辨,而是导致这些问题产生的根源和使问题日趋复杂化的原因。所以在本文的问题考辨基本结束之后,我们还将结合查考过程中相关发现及体会,力图进一步揭示产生问题的根源和原因。笔者认为,导致对欧阳大师生平简历众说纷纭现象的根源并不在于真相的隐蔽,而在于个别研究者的疏忽大意,归根结底是与学术风气密切相关的问题普遍存在。究其原因,比较复杂,不能一概而论,应该是多方面造成的。

(一)以讹传讹,不够严谨。从我们的考辨过程不难发现,欧阳大师的生卒年月本来是相当清楚的(即真相并不隐蔽),不存在需要考辨的诸多问题。但是,在近二十年来的学术论著中却不断出现众说纷

绘的异常现象,导致这种异常现象的根源应该如何理解呢?根据本文第一部分抄列的各种说法来分析,我们发现错误的说法主要是源自知名学者的讹误表述和个别学者的盲从,也就是以讹传讹引起错误说法是普遍化的。不妨以生卒年问题的表述为例。认为欧阳大师是"生于清同治九年(1870)"的说法,源自郭朋先生在《中国近代佛学思想史稿》第五章开篇首句的表述。这种错误的表述十几年来非但没有受到质疑,反而有个别研究专家盲从。盲从的做法比较容易理解,因为郭朋先生在佛学资料研究方面是学界公认的大家。但让笔者疑惑难解的是,为什么那么多持正确说法的学者,不曾有人对此错误说法置疑呢?究竟是没有发现,还是视而不见,抑或无法考辨?在卒年问题上,郭朋先生倒是注意到了,他在"欧阳于1943年2月23日(病逝)"一句加注释说:"周邦道、章斗航《欧阳大师传》称欧阳卒于民国'三十三年'(1944),误"[①]。结合郭朋先生的注释,我们惊异地发现:其一,认为卒年为"1844年"的说法,源自研究大师生平事实的专家著作;其二,近二十年来持"1944年"之说的学者都是盲从,即使是知名学者也没有例外;其三,郭朋先生的简单考辨,并没有引起学界对欧阳大师生卒年问题的足够重视。这些事实的存在,无疑在某种程度上反映了我们当代学者治学的态度是不够严谨的。所以,我们认为当代学风的不够严谨,缺乏思辨,正是导致以讹传讹的主要原因。

(二)标新立异,不够规范。我们查找的与欧阳大师生平简历相关的材料,主要包括三类:工具书(占大多数)、学术专著、地方志。按道理说,这几类书籍的内容,各自都应该有相对统一严格的学术规范。"生平简历"包含的是一个历史人物生平事实的概要,绝大部分的内容是无法更改的,因而不应该存在表述上的是非争议。作为工具书,最重要的功能就是要如实地载明所涉及条目理应包含的内容,从而方便其他

---

① 有关郭朋先生的观点详见《中国近代佛学思想史稿》,巴蜀书社,1989年,第60—62页。

学者的取用。通俗地说，撰写工具书的目的就是为他人做嫁衣裳。因此，对所撰写的条目在内容选择上就应该特别地认真谨慎，而不能简单地盲从权威或任意发挥；在表述形式上就应该力求与学术界形成的规范相统一，而不能随心所欲地增删、倒置。工具书的要求尚且需要如此，学术专著无疑更应该严格规范。而从我们引证的材料来看，稍作比较，就可以发现有不少是不够规范的。具体表现在：其一，总体上看，比较纷乱，或详或略，或多或寡，且缺乏考据和考辨。这只要多读几则引证的材料就可发觉，无须再举例说明；其二，有些表述没有说明欧阳大师的"字""称号"是什么，只是含糊地提"欧阳竟无"；其三，个别文句的表述明显没有形成统一的规范，如有的表述为"人称宜黄大师"，有的表述为"人称'宜黄大师'"；再如提到生月时有说明是"农历"或"阴历"，而提到卒月时就没有说明是"公历"；又如有的说是"农历十月初八日"有的说是"阴历十月初八日"，有的说是"十月八日"。虽然，仅就各家的说法分析，好像都很得体规范，无可挑剔。但是，一经较为全面比较，就会发现出许多刻意标新立异以隐藏"抄袭""糅合"的痕迹。正是这种"无可挑剔"的正常学术现象，让我们切身体会到当前学术研究中存在的某种不规范。这种莫名其妙的不规范，应该也是导致历来许多历史人物生平简历遭受错误表述的一个原因。

（三）主观片面，不够重视。按理说，我们可以在不少的著作中看到后人对欧阳大师的高度评价，就不能认为欧阳大师没有得到人们的重视。但是，这么多著作都没有把大师的生平简历完全搞清楚的事实，似乎又能从反面说明我们的重视程度是不够的。这一点笔者在查考过程中深有体会。为了取得可靠的佐证史料，笔者查阅了公元一九四三年二月二十三日以后几天的重要报纸杂志，如《大公报》、《文汇报》、《国民日报》、《新蜀报》、《新民晚报》（重庆版）、《申报》、《解放日报》、《海潮音》等，但都没有看到关于欧阳大师逝世的消息报道。这是否可以说明大师生活时代的政府和社会对"一代佛学大师"

的重视和关注非常不够呢？当然，从当时的时代背景来看，这种现象的存在是很容易理解的。但是，当代一些大型的工具书不把大师当"名人""历史人物"看待，就实在令笔者难以理解了。如《二十世纪中国名人辞典》《民国人物传记》《中国古今名人大辞典》《中国历代人物年谱考录》《中国历史人物生卒年表》《民国史大辞典》《中华文化辞典》《中国年谱辞典》[①]等，都没有记录欧阳大师的生平事迹。这应该可以说明大师的功绩在一定时期一定范围内由于人们的主观片面而被忽视了。大师的声望虽谈不上闻名四海，但其苦心经营佛学教育事业和研究佛学思想理论的功绩在20世纪的中国是有目共睹的。对欧阳大师的不够重视还表现在，时至今日有关他的研究材料仍然很零散残缺。比如，《欧阳竟无先生内外学》、《欧阳大师遗集》、《内学年刊》四辑、《欧阳大师纪念刊》、《藏要》《欧阳大师传》、《欧阳竟无评传》等都是研究欧阳大师的基本著作材料，而笔者在复旦大学图书馆竟然都找不到。其中的原因也许很复杂，但应该可以说明我们学界乃至社会各界在相当长的时期内不够重视欧阳大师及其倡导的佛学事业。此外，目前学界对一些历史问题的考辨和一些研究成果的纠错重视不够，应该也是引致讹误说法滋生漫长、循环往复的重要原因。

综上所述，笔者认为只有通过不断端正学术风气，提高科研成果的质量，才能从根本上杜绝"异常"现象的发生。如果学术研究长此以往缺乏严格的统一规范，缺乏严厉的批判意识，那么我们今天的研究非但解决不了太多问题，反而会制造更多需要考辨的问题。

（原载2003年12月南昌大学主办"全国欧阳竟无学术研讨会"论文集《融通孔佛：一代佛学大师欧阳竟无》，宗教文化出版社，2004年，第201—217页）

[①] 这些当代出版的工具书，规模都不小，也都提到欧阳大师同时代的很多学者，就是丝毫没有提到欧阳大师的事迹，着实令人不解！

欧阳渐"佛法非宗教非哲学"思想衍论

欧阳渐（1871—1943），原字镜湖，后改字竟无，江西宜黄县人，近现代著名佛学居士，人称"宜黄大师"。早年习程、朱、陆、王之学，后来主要从事佛学的研究和佛书的编印。综观欧阳渐的一生，可谓是倾尽生命的全部思想和情感来研究中国学术，在佛学方面有着精深的造诣和卓著的成果，尤其是对"佛法"的理解见解独特。但是，欧阳渐的"佛法"思想尽管颇有影响，并不被人们完全理解，甚至遭到佛教界乃至学术界的批评。笔者在研究中发现，学界对欧阳渐"佛法"思想的批评，主要是不完全理解或误读误解引起的。有鉴于此，本文拟针对这一问题重新加以思考和讨论。

一、如何正确理解欧阳渐的"佛法"思想

如何才能正确理解和评判欧阳渐的"佛法"思想？笔者认为，可以从两方面入手：一是欧阳渐的"佛法"概念；二是欧阳渐提出的一系列与"佛法"相关的思想。欧阳渐是这样理解"佛法"的：

> 何谓佛？何谓法？何谓佛法？按：佛家有所谓三宝者，一、佛宝，二、法宝，三、僧宝。佛宝指人，法宝指事，僧者众多弟子义。宝者，有用、有益之义，言此三者能利益有情，故称为宝。已得无上正等菩提的人，是称为佛。法，则范围最广，凡一切真假事理，有为、无为，都包括在内。但包含既如此之广，岂不有

散乱无章之弊耶？不然，此法是指瑜伽所得的。瑜伽者，相应义，以其于事、于理，如如相应，不增不减，恰到好处，故称为法。此法为正觉者之所证，此法为求觉者之所依，所以称为佛法。

宗教、哲学二字原系西洋名词，译过中国来，勉强比附在佛法上面。但彼二者，意义既各殊，范围又极隘，如何能包含得此最广大的佛法？正名定辞，所以宗教、哲学二名都用不着，佛法就是佛法，佛法就称佛法。①

通俗地说，"佛法"就是"成佛的方法"。在欧阳渐看来，"佛法"是"最广大的"，但又不是"散乱无章"，而必须是"为正觉者之所证""为求觉者之所依"。正是在这种概念的基础上，欧阳渐明确提出"佛法就是佛法，佛法就称佛法""执破为佛，破执为法，非别有佛，非别有法"②"佛在属佛，佛灭属法"③"佛法，依体之用而用满之体也，行而果也"④，并坚决认为佛法与宗教、科学、哲学有严格的区别。明于此，我们就可以澄清一个前提，即在欧阳渐看来，"佛法"与今日所谓的"佛教""佛学"是不同的。如果这个前提没有澄清，就会误把"佛教""佛学"的内容完全与"佛法"相等同，从而很轻易很简单地推翻欧阳渐"佛法非宗教非哲学"思想观点的所有论据⑤。

---

① 黄夏年主编：《欧阳竟无集》，中国社会科学出版社，1995年，第1页。
② 同上书，第7页。
③ 同上书，第194页。
④ 同上书，第166页。
⑤ 按：批判《佛法非宗教非哲学》一文观点的文章不少，但大多把欧阳渐所论的"佛法"与现代通常称谓的"佛教""佛学"混为一谈，比较典型的是郭朋等学者的说法（详见郭朋、廖自力、张新鹰《中国近代佛学思想史稿》，巴蜀书社，1989年，第89—98页。）还有一种说法是把此观点直接理解为"佛教非宗教非哲学"，该说法标榜在江西省宜黄县欧阳竟无故居大门左侧墙壁上。笔者认为，一旦把"佛法"简单理解为"佛教"或"佛学"，欧阳渐的思想观点就会被严重曲解，其中的道理应该是不证自明的，故本文对此不作详辨。

欧阳渐的"佛法"思想既是他深入研究佛学的感触，又是针对具体历史背景的需要提出来的。20世纪初期，伴随着西学东渐的进程，人们开始援用西方的"宗教""哲学"观念来研究佛学，并在跨文化比较的语境下探讨一些问题，普遍流行的看法是"有谓佛法是宗教但较高者，有谓佛法是哲学之一种者，有谓佛法是宗教、哲学两兼有者"①。欧阳渐对这些看法"都觉得只是以观世法的眼光来观佛法，非是以观佛法的眼光来观佛法也；又是以世法的范围来范围佛法，以世法的逻辑来逻辑佛法也"②。欧阳渐介入这些问题的思考与回答，始于1922年春在南京高师哲学研究会上讲演的《佛法非宗教非哲学》，同年四月广州惠爱中路王癸坊即庐印行为《佛法非宗教非哲学》单行本。1923年9月，内院第二次研究会，欧阳先生讲演《今日之佛法研究》，后载于1924年内学院《内学》年刊第一辑。1925年8月，因章行严先生来请欧阳作文澄明内学院性质，用以释疑并广为宣传，乃作《与章行严书》。此信从"所学之目的""求学之方法"以及"现得之学理"三个方面分别阐明"佛法非宗教、非科哲学，而别为一学""佛法于宗教、哲学外而别为一学""佛法于宗教、科、哲学外别为一学"③之内学性质。此后，欧阳渐还在《以俗说真佛之佛法谈》《唯识抉择谈》《答陈真如书》《孔佛》等多篇文章中谈及"佛法"。根据这些明确谈论"佛法"的文章内容，并结合欧阳渐生平的佛学思想，我们可以从以下方面来理解其"佛法"思想。

（一）佛法非宗教非哲学。这是欧阳渐《佛法非宗教非哲学》一文的思想，也是他所持"佛法"思想的首要观点。这篇文章主要围绕的问题是"佛法"与"宗教""哲学"为何不同，问题的实质实际上是：如何理解"学佛法"与"信佛教"的区别？如何比较"佛法"与"佛

---

① 黄夏年主编：《欧阳竟无集》，中国社会科学出版社，1995年，第82页。
② 同上。
③ 同上书，第183—186页。

教""佛学"的不同？欧阳渐在《佛法非宗教非哲学而为今时所必需》的讲演中首先指出："正名定辞，宗教、哲学二名都用不着，佛法就是佛法，佛法就称佛法。"①接着从不同角度分析了佛法与宗教、哲学的区别。他认为，佛法要高于宗教，"一者崇卑而不平，一者平等无二致；一者思想极其锢陋，一者理性极其自由；一者拘苦而昧原，一者宏阔而证真；一者屈懦以从人，一者勇往以从己"②。又认为，西方哲学总是"纷纭扰攘，相非相谤，皆是执定实有一理"③，是"无结果之学也"④，而"佛法但是破执，一无所执便是佛也"⑤。通过分辨，他要求人们不"受教之束缚"，且不"随哲学而昏迷"⑥。

（二）佛法为今时所必需。这也是欧阳渐的思想。其弟子王恩洋根据他的思想补编成《佛法为今时所必需》一文，充分阐扬了这一思想。该文的主要思想约略可分成几方面：一是佛法乃是人类始终之必需；二是在纷乱危急的当时中国尤需弘扬佛法；三是西方所谓的科学、哲学、宗教等思想无法彻底解决人类的根本问题，必须依靠佛法才能彻底解决；四是"当知一切宗教家、哲学家皆吾兄弟，彼有信仰之诚是吾所敬，彼有求真之心尤吾所爱，惟彼不得其道，不知其方，是用痛心欲其归正"。⑦

（三）佛法研究的方法论。欧阳渐认为佛法可分为"不可言说"和"方便言说"，而能够学习和研究的佛法都属于"方便言说"。对此，他在《今日之佛法研究》中提出三种研究佛法的方法：一切佛法研究，皆是结论后之研究，非研究而得结论；多闻，闻持，其闻积集（比较

---

① 黄夏年主编：《欧阳竟无集》，中国社会科学出版社，1995年，第3页。
② 同上书，第4页。
③ 同上书，第5页。
④ 同上书，第10页。
⑤ 同上书，第5页。
⑥ 同上书，第19页。
⑦ 同上书，第14—21页。

会通），熏生无漏；须明递嬗之理，须知正期之事（整理旧存，发展新资）①。在《谈内学研究》②中，还提出研究内学的方法，宜知四入、四忌。所谓"四入"，即猛入、徐入、巧入、平入。所谓"四忌"，即忌望文生义、忌裂古刻新、忌蛮强会违（此为泥古不化）、忌模糊尊伪（如华严学者之尊《起信论》）。总之，他认为佛法研究就是积累的功夫，创新的研究。

（四）居士可以护持佛法。在《支那内学院院训释》一文中③，欧阳渐认为佛门乃"不得已而立教，不得已而制学，不得已而作师，皆非本然，无非方便"，"非僧不许为师，非出家不许为僧"乃是佛门"日即式微陵夷""佛法封于一隅，一隅又复自愚，颠漫自炽，知识日微"的主要原因，并对所谓的"唯许声闻为僧""居士非僧类""居士全俗""居士非福田""在家无师范""白衣不当说法""在家不可阅戒""比丘不可就居士学""比丘绝对不礼拜""比丘不可与居士叙次"等各种说法作了批评，大力主张在家居士同样可以护持佛法。欧阳渐如此主张，显然与他那"非宗教非哲学"的"佛法"思想是相一致的。

（五）唯识才是真正佛法。欧阳渐在《唯识抉择谈》④中，首先阐明"佛法"自禅宗入中国后便被"五蔽"（即五种弊端）所遮，"欲祛上五蔽，非先入唯识、法相之门不可；唯识、法相方便善巧，道理究竟，学者于此研求，既能洞明义理，又可乐思想笼统之弊，不为不尽之说所惑；且读唐人译述，既有了义可依，又得如理之可思，前之五蔽不期自除，今所以亟亟提倡法相唯识也"，然后又从"抉择体用谈用义""抉择四涅槃谈无住""抉择二智谈后得""抉择法相谈唯识"等十个方面具体阐述其抉择唯识为真正佛法的理由。所以，他认为只有

---

① 黄夏年主编：《欧阳竟无集》，中国社会科学出版社，1995年，第24—25页。
② 同上书，第33页。
③ 同上书，第44—49页。
④ 同上书，第90—120页。

唯识才是佛法的真谛,而天台、华严以及禅宗等都是中国沙门所创,不是真正的佛法。基于上述思想,晚年的欧阳渐形成了以转依为中心,以抉择为前提,辨法相、唯识为二宗的唯识学,和会通儒佛、促进佛法入世的思想。①

(六)儒佛可以整合和会通。欧阳渐晚年有感佛法相应论述之不足,开始从佛法的立场出发重新解读儒家的重要经典,如《论语》《孟子》《大学》《中庸》等,在力图阐明原儒之本义的同时,肯定儒佛之相互融通、相互印证的特性,强调由儒达佛,认为佛高于儒,提倡以佛统儒。在认为儒佛可以会通的基础上,认为儒家的思想有补佛法之世法的不足,可以通过摄儒入佛,来加强佛教与现实的结合。②总之,欧阳渐既推崇儒家的思想精神,又把儒家涵摄于佛法之中,从根本上贯通了佛法之世法与出世法,会通了儒佛之间的思想联系。

全面考量欧阳渐的"佛法"思想可以发现,该思想并非凭空虚设,而是既本源于释迦牟尼修行成佛的思想方法,又根植于对历史、现实、未来的深刻思考,不仅比较完整系统,而且能发前人所未发,有助于重新思考与"人""佛"相关的一系列问题,更有助于佛法以及中国传统文化的传承。

二、如何客观评判欧阳渐的"佛法"思想

如何才能客观评判欧阳渐的"佛法"思想?笔者认为,探讨这一问题首先不能离开对欧阳渐"佛法"思想形成原因的探讨。其中的原因是很复杂的,不能一概而论。根据已有的研究成果,可以发现其思想成因主要有几个方面。一是学而有得。欧阳渐一生的治学,明显体

---

① 麻天祥:《反观人生的玄览之路——近世中国佛教文化研究》,贵州人民出版社,1994年。
② 李远杰:《近现代以佛摄儒研究》,巴蜀书社,2002年。

现出先"由儒入佛"、后"以佛摄儒"的过程：习程朱陆王而不自足于程朱陆王，习《起信》《楞严》而不自足于《起信》《楞严》，习法相唯识、般若唯智而不自足于法相唯识、般若唯智，终至习涅槃究竟而融会贯通佛法，并由贯通佛法进而会通"东圣""西圣"之血脉。①二是悲愤而后又学有所得。欧阳渐的"佛法"思想是在"天灾人祸"的苦难交织和解读佛经的过程中逐渐形成和成熟的。他面对至亲友人的暴亡，得以一一悟解佛经，直至究竟无余涅槃之说。如他在《再答陈真如书》中说：

> 激于自身而出者，渐幼孤庶出，母长年病，初习程朱，得乡先生大誉，虽足树立，而生死事不了；继学陆王，虽较直截，而亦不了生死；母弃养，无奈何，吾友桂伯华导看《起信》《楞严》，虽快然知生死由来，而岂知无余涅槃之说哉？于是年四十矣！究极所归，学唯识、瑜伽而不能入。女兰，年十七，随予学于宁，予入陇而死，痛彻于心脾，中夜哀号而无可奈何，遂翻然求学，通宵达旦，钻研瑜伽，于是瑜伽、唯识涣然冰解，四方之士毕至，真如、十力亦于是结道义之交。于是年五十矣！又岂知无余涅槃之说哉？
>
> 无端而东儿死，生世十九年耳！聪明而不禄，诚悼痛之。许一鸣同时死，黄树因同年死，于是习般若不能融贯。逾年而同怀姊死，又聂耦庚死，乃发愤治《智论》而般若娴习，虽得毕竟空义，犹未敢执无余涅槃以为宗趣也。进治《涅槃》，年已六十，作《涅槃叙》，苦不克就，乃避暑庐山，会散原至，留连数月，而《涅槃叙》竟。而后知无余涅槃之至足重矣，盖九一八大水泛

---

① 程恭让：《抉择于真伪之间——欧阳竟无佛学思想探微》，华东师范大学出版社，2000年，第3页。

滥,东夷猖獗之时也!都城未陷,予于宁院五题讲会,蒙文通、汤锡予二君主持之,大提特提无余涅槃唯一宗趣之义,会竟而七七事起,竟成宁院讲学终结,岂细故哉?"我皆令入无余涅槃而灭度之",初以为对小乘之说,继但存疑;数年后,夫乃决知。谁者能有渐之长年,谁非出家而毕生如渐唯此一事,谁于诸宗作穷研融会徵实以得南针?是故知无余涅槃唯一宗趣不易易也,此所谓激于己而出者也。①

三是能够结合历史与现实发表看法。欧阳渐治佛学,始终都没有离开历史与现实来空谈"佛法",这是非常难能可贵的。例如,其面对中国佛学衰颓的现状,能积极继承杨文会先生的遗志,创办内学院,广搜博采佛学经卷,细加考订并印行,同时还努力兴办佛学教育,培养了大批传承佛学的人才,使博大精深的"佛法"得以传承不绝;其面对"佛法"引起争论的情境,敢于提出自己的见解来护持佛法,并不断深入研究历史上的各种佛学理论,最终提出自己成熟的理论和看法;其面对抗战期间的民族忧患,能重新解读儒学经典,大胆会通儒佛,并用儒家经世致用的思想来丰富佛法之世法,使佛法与现实的结合更为圆融无碍。②理解了这些成因,我们至少可以肯定欧阳渐的"佛法"思想是其广读佛经、苦参力讨、忧国忧民的结果,而不是随便发表个人见解以伪装自己具有一定的佛学造诣。这一点相当重要,因为具备了这一点,其所提出的问题以及思想观点才有重新加以认真思考和研究的必要。现在的关键问题是,对欧阳渐的"佛法"思想,我们是该赞成还是反对,抑或既部分赞成又部分反对?笔者认为,在作出评判之前有必要对其思想作整体的客观的分析,而且分析的内容必须结合

---

① 黄夏年主编:《欧阳竟无集》,中国社会科学出版社,1995年,第178—179页。
② 高振农:《佛教文化与近代中国》,上海社会科学院出版社,1992年。

实际围绕其提出的问题及其回答问题的文本。以下试从几个方面加以分析。

（一）概念是否完整。欧阳渐整套"佛法"思想的出发点是他对"佛法"概念的理解，所以要评判他的"佛法"思想理当考察其提出的"佛法"概念是否完整。不管我们对"佛法"作何理解，从根本意义上说"佛法"就是关于"成佛的方法"或"成佛的理论法则"。而实际上，在释迦牟尼那里"佛法"并不是我们今日所理解的与"理论"相关的东西，而是通过智慧觉悟宇宙世界真实所必需的"法则"。这个法则是不可言说的，但却又是可以通过方便言说来使人意会和体悟的。从印度原始部派佛教流传至今，可谓有千经万论都在述说这一"佛法"，但都没有一种说法得到完全一致的认同。尽管不能肯定某一说法是完全符合佛陀本意的，但可以取得一致认同的相关说法还是有的，如"佛法无边""觉悟成佛""自觉成佛"等。由于历史真相的遮蔽，"佛法"的概念也在亦真亦幻的历史现实中失去了原有的定义。所以，如果确实要考察"佛法"的概念，并没有太多的历史事实可以依据，只能回归到释迦牟尼"顿悟成佛"这一传奇事件本身。只有假设这一事件的真实性，该问题的探讨才具有最重要的意义。如此而言，我们要考察的问题从根本上说应该是："法"在"佛"先，如何是"成佛"之"法"？"佛"说其"成佛"之"法"，如何是"佛"说之"法"？"成佛"之"法"与"佛"说之"法"，是否等同于"佛法"？"佛法"是否唯一的？尽管这些问题得不到真实的回答，但根据这些问题再来考察欧阳渐对"佛法"的界定，我们就可以清楚地发现把"佛法"当作"为正觉者之所证，为求觉者之所依"并没有离开佛陀的本意，尤其是把"佛法"特殊化，认为"佛法就是佛法，佛法就称佛法"，虽然丝毫没有揭示出"佛法"的内涵，但却非常完整地还原了"佛法"本来的真实。此外，把"佛法"看作"最广大"的，也是符合传统一致看法的。因此笔者认为，如果确实有"佛法"的话，欧阳渐的"佛法"概念虽然模糊,但却不失完整。

(二)前提是否可靠。欧阳渐"佛法"思想的前提是"佛法非宗教非哲学",该前提是否可靠呢?要回答这一问题,必须在"佛法"真实存在的根本前提下才能进行。对于根本前提,由于历史的遮蔽,我们只能回避。但回避并不等于完全忽略对这一根本问题的探讨,而是在假设该问题不成问题的基础上来讨论欧阳渐思考的问题。据史可知,"佛法"的发明权和最终解释权都归属释迦牟尼,并通过"佛经"的方式世代传承,"佛法"的传承所形成的学问便是"佛学",信仰"佛法"和"佛学"的宗教团体便是"佛教"。透过历史演变的过程,我们可以发现原始的"佛法"思想伴随其传播的过程逐渐被演变成"佛教"和"佛学";"佛教"是在对"佛法"的信仰崇拜过程中形成的,从某种意义上说主要是把"佛祖"理解为"佛法";"佛学"是在传播"佛法"的过程中形成的,包含了历代各种对"佛法"的真假理解。从总体上说,"佛教"与"佛学"尽管都与"佛法"密切相关,但并不能完全替代原有的"佛法"本身,甚至有误读误导"佛法"的可能,因此把"佛法"与"宗教""哲学"严格区分尤为必要。由此观之,欧阳渐把"佛法"跟"宗教""哲学"严格区分,在不排斥科学、哲学、宗教的同时,提出"佛法非宗教非哲学"的观点也是切合实际的。明于此,我们便可得到两个重要的结论:一是不可以套用研究"宗教""哲学""科学"的方法来研究"佛法";二是仍可以运用研究"宗教""哲学""科学"的方法来研究"佛教"和"佛学"。依此而言,欧阳渐所提出的"佛法非宗教非哲学"作为其"佛法"思想的前提,应该是可靠的。

(三)认识是否真实。今天摆在我们面前的最大难题,仍然是如何来认识"佛法"。这个难题不能解决,也就没有正确的标准依据来评判欧阳渐对"佛法"所认识的一系列理论观点。因此,我们要评判欧阳渐的认识是否真实,只能通过考察其认识的思路,而不能根据其所得的结论。而要考察欧阳渐认识"佛法"的思路，最主要的就是考察其研究佛法的方法论和所得到的关于"佛法"的理论思想。就方法论而言，欧阳渐提出的研究方法非常注重抉择"佛法"之载体"佛经"的真伪，非常注重全面考索佛学源流再作抉择，非常注重"佛法"本身的义理，都是切合历史实际的。就所得理论而言，我们不难发现欧阳渐的佛学思想不断在深入，时刻以"究竟"为旨归，不自足和固执于原有的理解和看法，勇于摒弃那些不能解决自身以及人类困惑的经典理论，最终把全部的思想都集中到"无余涅槃"上，并在一定程度上会通了儒佛的关系。即使欧阳渐最终觉悟到的"佛法"仍是虚妄的，但他以全部的身心和生命参究"佛法"的过程确实是真实的。从某种意义上说，欧阳渐这种真正以身试法的精神，已经使他完全摆脱了人间的痛苦而得到了"佛法"意义上的解脱。因此，在"佛法"真相没有完全揭开之前，我们没有理由否定欧阳渐对"佛法"认识的真实性。

综上所述，欧阳渐的"佛法"思想是颇有可取之处的。当然，我们不能因为肯定的批判而陷入对其所理解之"佛法"思想的盲目推崇。"佛法"从其根本意义上说，乃是人类争取解脱自身的方法途径，既不因释迦牟尼的发明而私属于释迦牟尼，也不因佛教徒的拥护而私属于佛教，更不因欧阳渐的推崇而私属于欧阳渐，只要能真正全身心践"法"的都有获得智慧而得解脱的可能。所以，我们对欧阳渐"佛法"的评判，没有必要固执于结论的对与错，而应该实事求是地理解他研究"佛法"的方法和过程以及其中所体现的思想精神。

三、如何合理发扬欧阳渐的"佛法"思想

如何才能合理发扬欧阳渐的"佛法"思想？笔者认为，首先应该全面认识该思想蕴涵的理论价值和学术意义，其次应该继承该思想的精髓和精神更为客观地深入开展"佛法"思想的研究。这两方面，本

文在前面的论述中已有所涉及，以下拟再结合个别学者的看法和个人的粗浅见解进行探讨。

与以往的佛学思想相比较而言，欧阳渐的"佛法"思想明显具有与众不同的特质："别调孤弹，宗教则屏为世学，世学又屏为宗教，春粮且不能宿盖垂青者寡矣。"①对这一思想特质的认识，当代学者的看法基本上与欧阳渐当时的自身感触是一致的。如潘桂明先生所言："高振农先生《佛教文化与近代中国》将欧阳渐的佛学思想概括为三个基本方面：'结论后之研究'的方法、'佛法非宗教非哲学'的观点、'法相唯识非一'的异说。这一概括很有见地。"②这一看法应该说是相当中肯的。但由此我们也发现学界一直以来对欧阳渐"佛法非宗教非哲学"的观点，缺乏深层次的思考，不能充分认识到其理论价值和学术意义，以致仅仅把它理解为一种思想的异说、信仰的偏见而已，没能合理地加以继承和发扬。比如，潘桂明先生认为：

> 所谓"佛法非宗教非哲学"，是在当时社会背景下的独特观点……面对当时提倡科学、反对宗教和迷信的思潮，他以近代文化居士的身份，以"佛法非宗教非哲学"之说保护佛教……这种观点虽与事实不尽相符（尤其是对哲学的批评），但也指出了佛法的某些特征。但为了维护佛法的地位，欧阳渐将宗教与迷信并提、哲学与妄见共论，这显然属于源自信仰的偏见。③

这样的理解和评判在现当代学术界中是具有一定代表性的，也是比较容易为大多数人所接受的。但这是否贬低了欧阳渐研究"佛法"的精

---

① 黄夏年主编：《欧阳竟无集》，中国社会科学出版社，1995年，第183页。
② 潘桂明：《中国居士佛教史》下册，中国社会科学出版社，2000年，第846页。
③ 同上书，第847页。

神和思想，以及其中蕴涵的价值意义呢？对此，笔者不敢妄加评判，也无从评判，姑且借助欧阳渐的话语来表达笔者对这种理解的不苟同：

> 是故人智原有高下之不齐，而断不可用常情以度高明之所知，彼科学家、哲学家与吾人同处梦中者耳，智虑不齐，尚不可以常情测，佛与众生一觉一梦，则又乌可以梦中人之知解而妄测大觉者之真证耶？如真欲斥佛法之迷妄者亦非不可，但必先读其书，先达其旨，而后始可从事。苟于彼之书，尚未曾读或尚未读，而动以逸出常情相非难，且将见笑于科学家矣！于佛法奚损毫发耶？①

平心而论，一生都在崇拜和追求体悟"佛法"的欧阳渐，在思想观点上难免有信仰上的偏见。但从他的信仰过程来看，并不囿于宗教和世学的束缚，而是直指事实本身进行智慧的抉择和理论的论证。这样的信仰与其说是源自宗教的情感，不如看作是对生命价值的珍惜和对科学真理的践履。如果能够从这个层面上来理解欧阳渐的"护法"精神及其作出的各种贡献，我们也许能够看到更多长期以来被人们偏见的"正见"。正如欧阳渐所说："总之，佛法之始唯在正信，唯在正见，唯在正行，佛法之终唯在正觉，然则根本决定金刚不摇，外此则随时方便，岂执一也。然则种种危惧皆屡妄情，一切狐疑非达佛旨。"②笔者管见，欧阳渐所体悟的"佛法"，其蕴涵的思想价值正是对一种具有"正信""正见""正行""正觉"之"佛法"思想的信仰和参证，正是紧密围绕人类自身生命价值不断追寻原始"佛法"、宇宙真理的实践过程。尽管这样的过程与"佛教""佛学"的思想理路有着千丝万缕的联系，但并不妨碍其认识真理所应具有的思想价值，反而具有更深更

---

① 黄夏年主编：《欧阳竟无集》，中国社会科学出版社，1995年，第13页。
② 同上书，第21页。

广更切合实际的学术意义。

进而论之，如果我们把"佛法"的精义重新理解，即把"佛"这一文字符号理解为"共同解脱痛苦而获得美满幸福的人类自身"，那么"佛法"这一传统的术语无疑就能从佛教的窠臼中跳将出来，而为全球人类所适用。由此理解开去，"佛法"不仅不是所谓的"佛教""佛学"，而且始终为人类所必需。其实，这种理解从根本上也没有离开"佛法"的本义，也没有离开人类自古以来最关心的问题。求证"佛法"的目的是追求自身的完全解脱，达到最理想的幸福境界或状态；作为人类自身最关心的永恒话题，无非就是如何使每一个人都能脱离生死苦海并永远过上幸福美满的生活。人类的梦想是始终如一的，但如何才能实现这种梦想呢？借助历史和现实，我们不难发现人类所重视的学术研究都是在为实现这一梦想所做的准备和努力。也许有一天我们人类真能找到实现梦想的有效方法或途径，那么人类自身也就可以都"成佛"了。那样的方法或途径，与其说是科学手段，不如说是"佛法"来得更为全面贴切。笔者正是从这个意义上来解读欧阳渐的"佛法"思想，并由此推衍和阐扬"佛法非佛教非佛学而始终为人类所必需"的个人见解。于此个人见解，非常有必要加以声明：凡是能够让人类完全脱离苦海的手段或技巧或理论或途径或方法，就是笔者所谓的"佛法"，也必将是人类共同寻求的理想归宿的根本大法。因此，这一"佛法"不能再依附于"佛教"或"佛学"，而应该回复到本来最理想的意义本身，回复到人类始终梦寐以求的理想原点。明于此，我们人类为了寻找"佛法"，就不能仅仅局限于某个学科或宗教领域的探讨，而应该在原有认识的基础上齐头并进，共同寻找人类的珍宝。就此而言，人类的学术研究意义也在于此。

总之，欧阳渐的"佛法"思想能够从传统的窠臼中跳将出来，回复到问题的本身进行再思考，并结合历史与现实的实际情况进行理论的再创新，使"佛法"的研究和参证更具有实用的意义。因此，只有全面认识该思想蕴涵的理论价值和学术意义，合理继承该思想的精髓和精神，更为客观地深入开展"佛法"思想的研究，才能合理发扬几千年的"佛法"思想传统，使之在当代中国哲学领域里显露应有的价值。笔者对本文所提出的三个主要问题，只是作了一些粗浅的探讨而已，也许并非完全切合解决这些问题的思路和答案，所以仍希望有更多的学者能介入对这些问题的继续思考和回答。[①]

（原载《现代哲学》，2005年第3期，第83—89页）

[①] 本文的参考文献还有——刘成有：《近现代居士佛学研究》，巴蜀书社，2002年；麻天祥：《20世纪中国佛学问题》，湖南教育出版社，2001年；洪修平：《中国佛教文化历程》，江苏教育出版社，1995年。

重提竺道生与涅槃学的若干问题

——读汤用彤先生《竺道生》一文

关于竺道生与涅槃学,汤用彤先生在《汉魏两晋南北朝佛教史》第十六章《竺道生》①中作了深入的研究。笔者阅读时,在汤先生所援引史料的基础上,发觉其中仍有不少没有解决的问题值得重视。为此,本文即以《竺道生》一文的史料作为佐证,结合自己的研究,重提一些比较重要的问题,以有利于进一步研究竺道生生平履历及其所倡导的佛性论。

一、竺道生其人

根据史料记载的情况,可考竺道生其人其事的史料主要有几种:僧祐《经录·道生传》、慧皎《道生传》(《僧传》卷七)、(刘宋)慧琳《竺道生师诔》(《广弘明集·僧行篇》)、《名僧传钞》、慧睿《喻疑论》②、陈垣《释氏疑年录》等。综合这些记载来看,关于竺道生的生

---

① 汤用彤:《汉魏两晋南北朝佛教史》,北京大学出版社,1998年,第425—481页。本文中所引用的史料,大多转引自《竺道生》一文,为行文方便,后文不再注明。
② 汤用彤先生《竺道生》文中认为:"《喻疑论》不知作于何时。然观其仅言法显之《泥洹》,则必在昙无谶大本流行以前。"若依此说,则《喻疑论》乃作于北本《大般涅槃经》流行之前。笔者以为,慧睿乃六卷本《泥洹》的坚信者和改造者,在其著作中故意不提及大本之事也是有可能的,似不能因此而完全证明其书乃在大本流行之前。

平仍有不少问题难以解决,以下分成五个方面提出问题。

1. 生卒年问题。按僧祐、慧皎、慧琳等人的说法,均无写明具体的年岁。郭朋先生据陈垣《释氏疑年录》以为是生于355年,卒于434年。关于出生的年份,汤用彤先生也没有考辨出准确的时间,只是假定于375年。从这些情况来看,只能确定竺道生是东晋时人,具体的生卒时间依然无法定论。

2. 学术师承问题。竺道生乃综合小乘、般若、涅槃之大成者,但关于他的学术渊源却难以确知。对此,笔者遇到的问题主要有几个:竺道生初因竺法汰皈依佛门,不知是否先学小乘佛法?"后入庐山七年,以求其志,常以入道之要,慧解为本。故钻仰群经,斟酌杂论。万里随法,不惮疲苦",不知此七年主要是学什么佛法?后游长安从鸠摩罗什受业,接触般若学说。而后还都居青园寺,又因般若学而推证涅槃之理,初研六卷本而发"阐提有性""顿悟成佛"说(不知何年),被排摈后还归庐山,北本流行后,始升讲座,传其涅槃学。按汤用彤先生的说法,竺道生一生求学过程有三幕。一是在匡山,学于僧伽提婆,主要是以查提婆《阿毗昙心》为主的小乘经典。这里有个问题,不知当时道生是否在庐山与慧远同学于提婆?二是在长安,受业什公。这阶段也有一些问题,如对道生与什公门下的弟子慧睿、慧严、慧观、僧肇等人是否有同学关系很难查证。三是南返建业(今南京)至庐山大倡《大般涅槃经》,这期间有二十五年之久,但事迹不详,年月难考。总的来看,关于竺道生的学术师承和经历,还有很多问题难以得到彻底的澄清。

3. 生平著述问题。竺道生的著述并不少,据僧祐《经录·道生传》记载有:《维摩》《法华》《泥洹》《小品》诸经的《义疏》,还有《善不受报义》及《顿悟成佛义》;据陆澄《法轮目录》记载有《释八住初心》《欲取泥洹义》《辩佛性义》三种;据《僧传》卷七慧皎《道生传》还有:《二谛论》《佛性当有论》《法身无色论》《佛无净土论》《应有缘论》五种;据《广弘明集》还有《竺道生答王问一首》;据《宋史志》还有《十四科元赞记》(一本作《十四科义》)。值得注意的问题是,这些经论著作大多早已亡佚,真是怪哉?为什么世称"涅槃圣"的著作会如此被世人和后人遗弃呢?笔者认为这个问题,很值得深入研究,或许能对"道生佛性论"的形成和发展过程有更深入的理解。

4. 方法论问题。竺道生诠释佛法佛理的基本方法是"慧解为本"。换言之,就是所谓的不拘文字,敢于独立思考,大胆推论,坚持真理。这种思想精神和思维方式,与魏晋玄学家是一致的。由此引发一个问题:道生的方法论有没有受到玄学(尤其是王弼学说)思维方式的直接影响?

5. 生平事迹问题。从以往的史料记载而论,主要有几个重要事迹难以确证,如:道生到底是何时受何人排摈而自虎丘隐居庐山的?史料不明,汤用彤先生以为应在元嘉五、六年中(428—429),但因受何人排挤仍无法考证。据史料载,有"雷震青园佛寺,龙升于天,而道生去京"一事,不知确实否?道生在虎丘山讲说佛法时,留有顽石点头的传说。不知这传说始于何时,更不知此传说有几分可信?相传道生在庐山西寺升于法座,隐机而卒,即"据狮子座"一事,而慧琳《竺道生法师诔》却没有提及此事,不知此说是否真实可信?从以上存在问题的情况来看,不仅数量多,而且大多涉及重要问题,可见关于"竺道生其人"还是一个亟待揭开的谜结。

二、关于"涅槃"义

关于"涅槃"的意义,竺道生同时代的名僧都有自己的见解。一般情况下,大多视"般若"为"智德",而视"涅槃"为"断德"。六朝时期的译经师,对"涅槃"的译法有多种,如意译为"灭""灭度""寂灭",或称"般涅槃""般泥洹",意为"圆寂"。对此,僧肇在

《涅槃无名论》送姚兴表中说："然涅槃一义，常以听习为先。肇才识暗短，虽屡蒙诲谕，犹怀疑漠漠，为竭愚不已，亦如似有解，然未经高胜先唱，不敢自决……夫众生所以久流转生死者，皆由著欲故也。若欲止于心，既无复于生死。既无生死，潜神玄默，与虚空合其德，是名涅槃矣。既曰涅槃，复何容有名于其间哉……泥曰、泥洹、涅槃，此三名前后异出，盖是楚夏不同耳。云涅槃，音正也。"又在"开宗第一"篇中说："无名曰：经称有余涅槃、无余涅槃者，奉言无为，亦名灭度……夫涅槃之为道也，寂寥虚旷，不可以形名得；微妙无相，不可以有心知。超群有以幽升，量太虚而永久。随之弗得其踪，迎之罔眺其首，六趣不能摄其生，力负无以化其体。潢漭惚恍，若存若往。五目不睹其容，二听不闻其响，冥冥窅窅，谁见谁晓？弥纶靡（靡）所不在，而独曳于有无之表。然则言之者失其真，知之者反其愚，有之者乖其性，无之者伤其躯……经云：真解脱者离于言数，寂灭永安，无始无终，不晦不明，不寒不暑，湛若虚空，无名无说……五阴永灭，则万累都捐。"慧远《释三报论》认为"又解脱者断诸有贪，断（……一切），如是解脱，即是如来。如来即是涅槃。烦恼即菩提，生死即涅槃，众生性即如来性。"竺道生《注维摩诘经》认为："不见涅槃，异于烦恼，则无缚矣。"《般若经》认为，佛性即涅槃，与"法性""实相""法身""真如性"等同义，即所谓"佛法中一切言语道过，心行处灭，常不生不灭，如涅槃相"。小乘佛教认为，这是灭除一切苦恼、摆脱生死轮回的最高修行结果。从六朝时期《大般涅槃经》流行之前对"涅槃"意义的认识来看，人们对此仍停留在空想阶段或不确切阶段，为什么能在一夜之间实现"涅槃"意义的升华及其整套理论的完美建构呢？这个问题无疑也是中国佛性论研究值得重视的一大问题。从现有的史料来看，当时有多种版本的《涅槃经》传入中土是中国佛性论得以确立的基础，而竺道生对《涅槃经》的惊人慧解又促使该学说理论得到升华。其中不可忽略的一个重要因素，就是当时风行一时的玄学思潮，与中国佛性论的初期建构有直接的联系。但是这种联系的过程及其结果，由于后世研究者的忽视，而逐渐变得隐晦不清，从而使佛性论的中国本源失去了更多可靠的考辨依据。笔者认为，倘若能结合三国两晋时期的玄学思想，来探讨早期中国佛性论的起源及其演变过程，那么我们就能对中国佛性论的本源问题有更真实彻底的认识。

三、关于《涅槃经》

关于《大般涅槃经》的版本流传情况，笔者发现其中仍有许多重要问题值得重提。可以分成如下几个方面来加以说明。

1. 梵本。相传《涅槃经》在古印度早已有之，为了与后传的版本区别开来，我们就把在古印度的《涅槃经》版本称为"梵本"。关于"梵本"，可疑的问题有三个：一是该本究竟是始于何人何时何地，似乎史无明文详载；二是该本的真伪问题，一直得不到有效的考证。据慧睿的《喻疑论》，似乎当时也有人怀疑全书都是伪作。也许是由于"佛性"问题关系到佛教生存的命脉，所以佛门中人向来并不穷究此书的来源，有宁可"以讹传讹"也不肯"揭其短"之表现；三是译经大师鸠摩罗什不曾见过也从未提过有此佛经，不知是什么原因？按理说，如此重要的佛学经典，在流传过程中不应该有严重滞后的现象，更不应该存在许多不明不白的问题。

2. 译本。从史料记载来看，《涅槃经》传入中土的渠道有多种，所以也有多种不同的译本。一为小乘阿含《游行经》和《佛遗教经》，一为大乘《涅槃经》之异译。作为大乘经典传译主要有三种汉译本：一为大本，也称北本，有四十卷，名《大般涅槃经》，相传由昙无谶传译；二为六卷本，名《方等泥洹经》，相传由佛陀跋多罗和法显传入；三为二十卷本，相传由智猛译译，该本早已亡佚。这些不同的译本有一个大致的相同点，就是所传译的内容仅局限在"梵本"《涅槃经》的"前分"

（相当于前半部分），问题是此《涅槃经》到底还有没有"后分"？如果有会是什么样子？为什么没能一起传译到中土呢？难道真如道普所言"《涅槃》后分，与宋地无缘"吗？这里面涉及的问题极其复杂，从有各种不同传译本而论，可以推证《涅槃经》确实是成书于古印度。但从各本都有头无尾的情况来看，此经的真伪问题着实令人生疑。

3. 大本。大本《涅槃经》涉及面最广，问题也最多，此本可从两方面来讨论。第一，关于北本的传译问题。前已述及，相传北本由昙无谶传入。关于昙无谶其人其事其文，可考的材料有《魏书》、释道朗《大涅槃经序》《僧传》《祐录》等。关于昙无谶与智猛的关系问题，史载有四说不同：《僧传》《祐录》中的《别录》和《涅槃经记》、隋代《灌顶涅槃玄义》等。这个关系问题，最主要的就是昙无谶与智猛有无二人共译前二十卷的事实？而从目前可考的材料看，该问题尚难定论。还有一个至为关键的问题，就是北本传自北凉国前后，竺道生有没有可能接触其事一二？我们知道，竺道生之所以能被称为"涅槃圣"，主要的原因就是能于北本《大般涅槃经》未至中原之前暗与符契，即所阐发的佛性论与该经思想基本一致。笔者认为，不能排除这样一种可能，就是说竺道生对传至北凉的《涅槃经》内容有所耳闻，所以才敢依靠般若学来阐解佛性论，并得出与此经相契的结论。第二，关于北本的改治问题。昙无谶译出《大般涅槃经》是在刘宋永初二年（421），其后在宋文帝元嘉中传至宋都建业。在这之前，南方已经先有法显的《方等泥洹经》流行。北本传至江南，时人认为该本的语言不尽如人意，品目划分不够理想，因此又加以加工改造出一个三十六卷的"南本"。《高僧传·慧严传》对此事是这样记载的："《大涅槃经》初至宋土，文言致善，而品数疏简，初学难以厝怀。严遂共慧观、谢灵运等依《泥洹》本加之品目，言有过质，颇亦治改。"可见此"南本"乃是综合北本与《泥洹》本改治而成的。从这三本的品目比较来看，南本前十七品当是六卷《泥洹》本的十八品，而后面诸品都仍依北本。在文字上，也有因六卷本加以改治的痕迹。对此,汤用彤先生指出:"总之,南北二本之不同,一为品目之增加,此仅及北本之前五品;二为文字上之修治,则南北本相差更甚微也。"关于"改治"一事,笔者认为其中仍有一个问题值得研究,就是"改治"的原因不明朗。可以这么看,南朝人士改治北本并非只是为了使《涅槃经》更完善更通俗,而是为了重新阐发佛性论,使佛性论更具有中国味和人情味,也就更有信徒乐意接受。

4. 六卷本。此本名曰《方等大般泥洹经》,乃法显游西域时所得,译定的时间大致是在义熙十三年至十四年(417—418)。关于法显与佛陀跋多罗共译此经的记载,主要在《祐录》之《出经后记》。对于此本,笔者认为还有几个问题值得研究。一是法显西游,为何只求得六卷?按《出经后记》所载,天竺摩竭提国巴连邑(即摩竭陀之华氏城)的阿育王(即无忧王)塔天王精舍中有优婆塞伽罗先遇见了汉地去的僧人法显,为其求法精神所感动,便为法显抄写此经,希冀此经能在东土流传。法显归国后,于义熙十年(414)年南下入京,此前一年,已有佛陀跋多罗入建业住京中道场寺。义熙十二年(416),佛陀跋多罗与法显开始合作译经事业,先花了一年有余译出《僧祇律》,再翻译此经。从这些记载来看,法显并没有一回国就开始翻译此经,可见他对此经也不是十分的重视,或者说他没有足够的把握能译好此经,所以才要与佛陀跋多罗合作。二是于此六卷本,竺道生为何敢推言其不尽善?并断言"阐提有性"和正容发誓?甚至还有龙光之事?按《僧传》所载,六卷本《泥洹》刚到京都时,道生便"剖析经理,洞入幽微,乃说一阐提人皆得成佛。于时大本未传,孤明先发,独见忤众。于是旧学以为邪说,讥愤滋甚,遂显大众,摈而遣之。"并于大众正容誓曰:"若我所说反于经义者,请于现身即表疠疾。若于实相不相违背者,愿舍寿之时据狮子座。"此后道生投居虎丘山时,又发生了一件怪事:"其年夏,雷震青园佛殿,龙升于天,光影西壁。因改寺名号曰龙光。"关于这些事情,汤先生所考颇详,但类似的问题仍有未决之感。三是道生的涅槃佛性论，是否直接源于六卷本《泥洹》的启发？根据《祐录》《僧传》，都认为道生说"一阐提人皆得佛性"是"剖析经（《泥洹》）理"之后得出的结论。但是从各种史料的比较来看，似乎也可证明道生在六卷本到来之前已对涅槃佛性之说有所思悟。

5. 研究者。即道生时代研究《涅槃经》的人。笔者感到奇怪的一个问题是，传习北本的除昙无谶之后，大多是鸠摩罗什的弟子，如道生、慧睿、慧严、慧观、慧静、僧弼、道汪、灵运等人。为什么会出现这种现象呢？而且这些人所持的佛性论都不太一致，具体的原因背景如能深入剖析，当能更清楚地说明中国佛性论的来源。

四、竺道生的涅槃学

所谓涅槃学，乃是围绕《涅槃经》之传译和解读而形成的学说。以下先根据汤用彤先生的研究成果简单归纳一下竺道生涅槃佛性学说的主要内容。大致可以分成八个方面。

1. 佛性当有说。佛性说是竺道生最基本也最有影响的佛教思想，他在《注维摩诘经》中提出的"法性即佛性""无我本无生死中我，非不有佛性我也""一切众生皆有佛性"等思想，后与六卷本、大本的经文旨意相合。

2. 顿悟成佛说。此说见于《法华经疏》。道生常说"理无异趣，同归一极""理不可分"，并由此来阐发顿悟成佛说，但也仍然主张渐修是不可完全废弃的。

3. 法身无色说。此说主要是在《法身无色论》（已佚）中，今在《注维摩诘经》和《法华经疏》均可得见。主要是讨论色与佛、佛与丈六体、真佛与人佛、佛身之有与无的关系。道生此论，是在"实相无相说"基础上的衍发，认为"若色属佛，色不可变""于应为有，佛常无也""法身无色"等。

4. 佛无净土说。此说在《注维摩诘经》和《法华经疏》中均有提及。从其思想内容上看，道生在这个问题上与僧肇的看法基本一致，即认为佛之法身是空虚清净的，是无形无相的，因此它就不应当有一定的国土；清净国土，实即无土为空，非真有净土也。道生此说主要是由法身无色说推导出来的，如汤先生所说"法身至极，无为无造，美恶斯外，罪福并舍，由是而立佛无净土、善不受报二义""故佛本无身，而寄言为身。佛本无土，借事通玄，而曰净土。皆引人令其向善，非实义也"。道生还认为净土之说，乃方便说法，也是不可废弃的。

5. 应有缘说。此说可依慧达《肇论疏》、（唐）均正《大乘四论玄义》，来测度道生《应有缘论》（已佚）的主旨大义：众生应因"缘"而应佛，佛也应因缘和合而显现。这似乎是其"众生与佛同源"的主要论据之一。

6. 善不受报说。此说可见《名僧传钞·说处》。但因此记载有比较严重的缺文，所以并不能完全明白其中的意思。大致来看，即认为并无因果报应之事，此说与慧远《明报应论》不同。

7. 二谛说。主要可依据《大般涅槃经集解》所引的道生注疏。其中认为真俗二谛的区别在于悟与不悟，"于佛皆成真实，于凡皆成俗谛"。此说与后来禅宗的说法非常相近，所以也有人据此推论道生佛性论对禅宗"顿悟成佛"说的影响。

8. 一阐提人皆得成佛说。道生解经的原则是依义不依言，即不墨守经文。由于六卷本《泥洹》提出："一切众生皆有佛性在于身中。无量烦恼悉除灭已，佛便明显，除一阐提。"竺道生因此"彻悟言外"，认为六卷本新经之义未尽。道生之所以能领悟其理，也许正是他对理性的坚持。试论之，在道生看来，六卷本的说法是自相矛盾的，既说"一切众生"，又说"除一阐提"，显然不合理义；基于对"涅槃"的理解，"一切众生"也应包括"一阐提"，即一阐提也是有佛性的。这里面其实涉及一个非常重要的佛性论的问题：众生都有佛性，是不是就意味着众生都能成佛？在道生看来，"佛性"只是成佛的正因，要想成佛还须有缘因；所谓的缘因，即"照缘而应，应必在智"，要有智慧才能"作心而应""有心而应"；而要求应，也必须待缘，即"照缘起智"。简言之，要想成佛必须要有因缘才行。以上八个方面，可以说比较全面地包括了竺道生的涅槃佛性论。笔者认为其中仍有一个问题值得继续思考和研究：如何才能更全面系统地表述竺道生的佛性论？从以往的研究成果来看，由于史料的不够完整，所以对竺道生的研究也仅处于半成功的状态，很多问题的无法解决事实上也影响到对竺道生涅槃学的全面认识。从这个角度看，继续深入挖掘和总结竺道生的佛性论思想应该有着深刻的学术意义。

五、竺道生的佛性论

竺道生对于涅槃学说有过不少的论说，但最有影响、最有代表性的就是佛性论，这一理论实际上只有两个方面。

1. "阐提有性"论。所谓的"一阐提"，概指断善根、信不具，不可救药的人。在小乘，主要是宣扬"土无二佛""三世一佛"的思想。在大乘，主要是佛性论。所谓佛性，就是指众生觉悟成佛的基因，众生成佛的可能性。按慧远的话说，就是佛之体性。六卷本《泥洹》认为："一切众生皆有佛性……除一阐提""佛身是常，佛性是我"。大本《大般涅槃经》则认为，真解脱者，即是如来，"一阐提也有佛性"。竺道生据六卷本"剖析佛性，洞入幽微，乃说阿阐提人皆得成佛"，先有悟而后与大本符契，可谓远见卓识之人！

2. "顿悟成佛"说。竺道生是此说的首倡者，主要的理论依据是：理不可分、法身全济、理归一极（至极如来）。为了理清竺道生与"顿悟成佛"说的关系，汤用彤先生大致从以下八个方面作了精心的考证。（1）顿渐分别之由来。汤先生认为，"顿渐之辨实不始于竺道生也。但生工顿义，不滞经文，孤明独发，大为时流所非议，至为有名，因而知之者多耳。道生以前，渐顿二字亦常见于经卷。而东晋之世，乃因十住三乘说之研求，而有顿悟之说"。（2）六朝顿、渐之争。在当时主张顿悟的，仍有大顿、小顿之分。主张大顿的唯竺道生一人，主张小顿的有支道林、道安、慧远、㨂法师、僧肇等。关于顿悟说：竺道生之前即有顿悟义，南齐刘虬已言之，源于支道林、道安；之后有谢灵运演述之，慧睿、僧肇等人也为之。关于渐悟：首称慧观、昙无谶《明渐论》等以及江州僧人。关于顿渐之辨，尤以僧肇最为出名。（3）三乘与顿悟。（4）十地与顿悟。（5）道生顿悟与三乘十地。（6）竺道生之顿悟义。（7）灵运述道生顿悟义。（8）慧观渐悟义。对此，笔者觉得有一些问题必须重提。

一是如何才能更全面地考察和评价竺道生的佛性论？从汤用彤先生的做法来看，通过考辨历史文献来研究竺道生的涅槃学说，不失为一种有效可行的方法。但是，由于史缺有间，史料真伪难辨，即使再高明的学问家也难以完全还原出历史的真相，那么单靠考辨所得到的事实往往是很有限的，也就使具体的评价变得模糊不清。笔者认为，还应该结合相关学说理论的研究，运用推理论证的方法来研究佛性论日益演变的过程，其中竺道生的佛性论应该作为一个最重要的问题来看待。

二是如何看待竺道生对后世各种佛性论的影响？为了避免产生对竺道生的误解，就必须全面地分析竺道生的佛性论。如果单就其一小部分的观点来代替竺道生的全部佛性论，很容易造成偏见和误解。所以，只有充分考察竺道生的佛性论，才能更加清晰地把握中国佛性论的发展脉络，也才能对这一佛教的重要理论做出实事求是的评价。

（原载《汉语教学与研究》第9辑，（韩国）首尔出版社，2008年，第379—389页）

从《天童密云禅师年谱》看密云生平审美归趋

——密云圆悟禅师的审美观初探

圆悟禅师(1566—1642),俗姓蒋,号密云,江苏宜兴人,是明末著名的佛教高僧(临济宗),有《密云禅师语录》《天童语录》等行世。综观他的一生,是矢志证悟禅学的一生,是追求禅宗审美境界的一生。近年来,随着对佛教文化研究的深入,密云圆悟禅师的生平与思想也逐渐得到学术界的关注和重视。鉴于目前学界很少从审美文化的角度来探究密云禅师的思想,本文拟从他的生平行履观其审美归趋,初步论述密云禅师的审美思想观念。

一、出家之前:渐修渐悟渐趋禅学之美境

密云禅师的一生,也是颇富传奇色彩的。在他七十七年的人生行履中,可谓是自始至终都与佛教有着千丝万缕的联系。据说,密云禅师自小便喜好禅坐,家世务农,年轻时以耕樵为生,因偶得《六祖坛经》读之而知佛门禅宗之事,有所省悟,但仍觉得恍恍惚惚、昭昭灵灵的幻觉很不安稳,于是决志出家。因此,要全面地理解他的审美观念,就必须联系他幼年以来的故事经历,才能得到更好的体现和感悟。

(一)童年时期:不乐读诵偏好兀坐念佛

明嘉靖四十五年(丙寅)十一月十六日丑时,密云禅师出生在宜

兴（今属江苏省常州市）一个蒋姓的人家。他的生日，恰好比弥陀诞日先一日。他两岁时便过继给张姓人家（祖母的家族）当嗣子。幼年的他，不妄言语，枯坐成疾，据说四岁时"甫离襁褓，而气度凝重，殊无孩稚态，终日堆堆坐地，若忆，持者久之，中冷湿，成肿疾。家人捣药汁，饮之，稍愈，而兀坐如故"[①]。从这个故事来看，虽不足以说明他幼年聪颖过人，但完全可以看出他确实与一般孩童不同，好像得了孤独症。可从他一生的归趋和成就来看，应该是已具有学佛的"慧根"。但他又不是一个类似患有孤独症的儿童，仍然具有男孩子喜欢调皮捣蛋的个性。据说六岁时，"入乡校，不乐章句读诵，惟喜书。遇便辄大书，毁瓦画，墁不顾也。嗣王父厌之，然亦以是奇师。"[②]八岁时未经他教，自然发意念佛。按密云禅师自己回忆说："我幼性顽，乃至不肖之事，靡所不为。但于岁岁二三月间，忽动世间无常之想，便欲修行念佛，念过三日，觉得梦中无念非佛，过三月后，此念渐轻。"[③]此时的密云禅师，虽然尚未觉悟佛法，但已自发归趋佛法，显然不是一般的儿童。换句话说，佛学的种子已经在他的心里生根发芽，他的审美理想已经随同他的梦想在"无念非佛"的境界中飘游。奇怪的是，已见佛性的密云禅师，并没有因此被送入佛门，或是交由佛门僧人来教导，而是逐渐沦为一个平常的农民家孩子，起早摸黑地跟着干农活，刚发育成人就娶妻生子，完全看不出日后会遁入空门的迹象。

---

① 《天童密云禅师年谱》，《禅宗全书》第52册，第510—511页。按：关于密云的年谱，传有多种。本文所参照的《禅宗全书》第52册（蓝吉富主编，北京图书馆出版社，2004年。限于篇幅，后面引文不再详注此书出处）之《密云禅师语录》（题为明代密云圆悟撰、山翁道忞编）书末所附的《年谱》。该《年谱》篇名是《天童密云禅师年谱》，题为"法孙晋昌唐元竑重订"，据书题前密云弟子嗣法弟子通容作于明崇祯甲申秋天的《密云和尚年谱序》称，该《年谱》底本是密云弟子木陈道忞所编，但在表述上存在一些问题，所以再加以重订。
② 同上书，第511页。
③ 同上。

（二）青少年时期：躬耕山野逐渐悟入宗门

从《年谱》上看，从他八岁到十六岁之间，鲜有故事记载。根据他本人的回忆，大体上是过着放牛、耕樵、渔猎等生活：十一岁左右，常与邻家孩子放牛，并帮助他们一起识字，成为同龄玩伴的"鏊头长老"；十五岁时，生活在宜兴南岳山中，已是一个地地道道的"躬耕樵且陶"的农夫；十六岁时，纳娶新安吴氏之女为妻，过上正常的家庭生活；十九岁时，因嗣父生得一子，他便离开张家复归蒋姓；二十一岁时，"染伤寒甚剧"，病得死去活来，于是暂时放弃耕种养家的想法，"一意念佛"，直至梦见神人施与一粒药丸吞服，"醒来遍体汗流，霍然病已"①。这一奇遇，虽然又让他与佛结缘，但也没有让他遂生出家修佛的念想，而是照样又平淡无奇地过了好几年。直到二十六岁时，"阅《六祖坛经》，始慕宗门向上事。耕耨之暇，负薪入市买卖，晚归织履，而《坛经》傍置，玩绎不休"②，此时的他仍然是一个地道的农民青年，但已对禅宗历史故事痴迷不已。二十七岁时，上山干活时忽然有所觉悟，说是"挑柴过一山湾，忽见一堆柴突露面前，有省"③。此时"有省"，可谓是小有顿悟。历经二十五、六年的自然状态下的渐修渐悟，在《坛经》思想熏陶下，尤其是"突露"的柴火堆，让他顿时明白世事变化无常。但他仍然没有彻悟"变化无常"的缘因。这也许便是他不久以后毅然选择出家的根本原因。

二十九岁那年的十二月④，他终于"决志出家"，"区分家事，安置

---

① 《天童密云禅师年谱》，《禅宗全书》第52册，第511—512页。
② 同上书，第512页。
③ 同上。
④ 按：《天童密云行状》记载"三十岁弃妻孥，从幻传和尚"，这与《年谱》说他二十九岁决意出家似有矛盾。对此，罗谊文《明末禅僧密云圆悟研究》（厦门大学硕士学位论文，2009年6月，第21页）有所考辨，认为"两种记载是没有矛盾的"。我同意他的说法：密云是在十二月才决志出家，而后又游历一番，很可（转下页）

妻室，竟乃纵观川原，游历城市，觉步履轻松，如人放下百二十斤担子相似。闻先师在显亲寺，径往瞻礼。此时，遂矢归依之愿焉。"[①]刚放下尘世包袱的他，看似步履轻松了许多，但内心似乎仍有迷惑。试想，一个有家室的人，突然抛妻弃子，虽然决意出家，但仍不知将来栖身何处，能否实现心愿，难免会有忐忑不安、犹豫不决的心理再现。一个山野农夫，初次游历城市，视野突然开阔，新鲜热闹的城市生活怎不会令他流连忘返，乃至后悔刚刚作出的决定。这也许便是他直至进入显亲寺见过幻有正传和尚之后"遂矢归依之愿"的隐衷吧！？至此，密云禅师完成了他一生中最重要的审美理想选择，真正地归趋佛门的修行了。也正因此时已有"矢归依之愿"，才能让他在中年时期经受住幻传和尚的种种严峻考验。

　　行文至此，不免令人产生两个疑问：一是密云禅师从小便有"慧根""佛性"，为什么要等到三十多岁才正式出家呢？二是让他决意出家的直接原因是什么呢？按他自己的理解，乃是"向缘家贫萦系，不能纯一修行""解脱世间羁绊似有时节"[②]，"只为不知本命元辰立地处，故入佛门来"[③]，如此解释基本在理，大致可解开人们的疑问。而在幻传和尚看来，更主要的原因是他"在俗家寒，未尝读儒家经史；脱尘年晚，又不曾备历讲筵"[④]。总的来看，较晚出家不外乎是由于家境贫寒和家庭拖累；而决意出家缘于有所省悟后更急于求解生死之谜。结合这两个疑问的解答，我们不难发现密云禅师的审美归趋，自小就朝着一个既定的方向，从自发到自觉，逐渐地靠近。

（接上页）能真是到了次年正月，才见到幻有正传和尚。如此说来，清晰的表述应该是：二十九岁年底决志出家，三十岁年初见到幻有正传和尚后，更加下定决心皈依佛门，但仍未正式出家。
① 《天童密云禅师年谱》，《禅宗全书》第52册，第512页。
② 同上。
③ 同上书，第511页。
④ 同上书，第513页。

二、出家之后：苦参顿悟大振临济之宗风

据《年谱》，密云年二十九，即辞别妻子儿女决意出家，后随从幻有正传禅师皈依佛门。万历三十九年（1611），嗣正传衣钵。万历四十五年（1617），继席龙池院。其后，历住天台山通玄寺、嘉兴广慧寺、福州黄檗山万福寺、育王山广利寺、天童山景德寺、金陵大报恩寺六大名刹，大振宗风。崇祯十五年在通玄寺圆寂，享年七十七岁。在他出家之后的四十多年里，从中年、壮年到晚年，不仅从一个农夫蜕变成一个僧人，还修行成一个富有审美情趣的禅僧，四处云游，吟咏酬唱，住持寺院，接引后学，立派天童，已然成为名扬天下的一代高僧。因此，要想深入理解他的审美思想与境界，必须联系他参禅证悟的过程和开悟得道的体验以及日常生活交往中的审美情操，才能真实体现出他的审美思维与风格特色。

（一）中年时期：出家参禅苦行终得开悟

三十岁，而立之年，在古代可谓是步入中年了。刚随幻传和尚出家的密云禅师，学道勇锐，志期彻悟，虽已得师命名"圆悟"法号，但并未正式剃度出家，而是面临着能否真正进入禅门的各种严峻考验。他"为荷橐而往，身任众务，以至爨薪陶器，负米百里之外。虽刻苦事众，而参究益力"，但在思想认识上反而"看得心境两立""越看越成两个"，难以参透古人"天地同根，万物一体"的说法[①]。本是农夫出身，身强体壮，让他从事各种繁重的劳动，都可以默默忍受，毫无怨言。但既决意出家，就急于彻悟事理，而如今用力参究，似乎却是背道而驰，这让他确实有点沮丧了。三十一岁时，幻传和尚命他剃度，他却不愿意，而是选择终身苦行，随侍其师。三十二岁时，念己事不明，岁月飘忽，于是积忧成疾。无奈之下，只好屡次请教其师，没想

---

① 《天童密云禅师年谱》，《禅宗全书》第52册，第512页。

到屡遭幻传和尚叱喝责骂。接连被骂,以致惭愧苦闷交感至大病,汗流二七日方苏。"是冬,侍传和尚至常州,途中遭病先回。其父与良师伯者以为祟,设位办食,转诸经咒禳之。正念诵间,师忽至,二人相顾踌躇。师诟云:'汝这鬼子,《心经》念不出,要索食耶?'遂一时踏翻。传和尚闻得,叹云:'此子机用若此,他日吾宗不寂寥矣。'"①正因如此,让幻传和尚认定他将是临济宗的优秀接班人。历经两三年的苦参力讨,虽未得悟,但总算赢得其师的欣赏和青睐。三十三岁那年的四月八日,他开始穿上僧服,正式出家了。

如果说二十九岁岁末的决意出家,是他审美理想归趋佛门的关键转折点;那么,三十三岁正式出家,可以说是他审美思想已臻入佛门的重要标志。在他看来,关键在于能否修行彻悟,而不在于是否及早出家。所以,出家之后,他赶快要求闭关参禅。于是,掩关本山(龙池),以千日为期②。也就是说,他三十四岁春天至三十六岁冬天,长达千日,是在简陋孤寂的关房中度过的。于此,可见密云禅师参禅学道之初,是如何的坚勇策进!由此还可看出,他正式出家之后,选择的是长期闭关参禅以期证悟,而非通过大量阅读佛经要典而得开悟。这与其说跟他文化水平不高有关,不如说是按照临济宗修行的思路而付诸实践。也正如此,奠定了他所坚信的"期悟为本,阅藏为末"③的修行法门。遗憾的是,闭关三年中,虽时时与其师往复问答,当机不让,但终未大悟,其师未给予印可,他也自觉心中不得决定。出关后

---

① 《天童密云禅师年谱》,《禅宗全书》第52册,第513页。
② 按《年谱》,确认三十四岁那年春天已掩关。但又提及另一种说法,即若真是掩关千日,他于辛丑年冬天启关,以岁纪考之,应该是在戊戌年冬天进关的,那就是在他三十三岁时。其实,另一种说法,很可能是算错了。仔细核算一下,从己亥春初到庚子年底,已有将近730天,再到辛丑年冬天,完全可超过1000天。可见,《年谱》提及密云曾说自己"掩关时已虚度三十有四矣",当是真实不虚。详见《天童密云禅师年谱》,《禅宗全书》第52册,第513—514页。
③ 《天童密云禅师年谱》,《禅宗全书》第52册,第521页。

不久，三十七岁时，恰巧幻传和尚要到北京闭关千日，让他代监院务（等于说是临时代理寺庙的住持）。"当晚，室中拟举话问大众，我即向前云：'和尚恁么拟举话？'正好劈口，大巴掌便出。虽然如是，只是恍恍惚惚，昭昭灵灵，也未得个安稳。"①由此看来，他与幻传和尚临别时，试图通过参话头验证，但仍遭怒喝，未被印可。所谓的"恍恍惚惚，昭昭灵灵"，当是一种似悟非悟的状态，可见密云禅师经过一番努力，已经离大悟的审美境界不远了！

到了三十八岁那年秋天，自城里回归途中经过铜官山山顶时，他豁然大悟了。大悟，即真正开悟，悟到佛法真理了。从审美的角度看，即审美认识的角度和境界都同时达到空无一体的意境之中。按密云禅师自己的理解是："忽觉情与无情焕然等现，觅纤毫过患不可得，大端说似人不得，正所谓'大地平沉'底境界。尔时，'恍恍惚惚、昭昭灵灵'底要起起不来，欲觅觅不得，不知甚么处去了，又自密密。举前所见所会古人，因缘宛尔不同，亦自不疑道是与不是。按《答汉月首座》：'老僧于有个小省发，始觉得昭昭灵灵之光景，虽不从前尘所起而有，但举念则有，不举则无，故于生死中未免看作两橛，弗得一体，故弗安稳。历一十三载，于铜官山顶，不觉昭昭灵灵之一念，故觉情与无情焕然等现，不见有男名女字等差别名相。'又云：'于铜官山顶，忽觉情与无情焕然等现，故惟以一条棒，直指一切含灵本命元辰立地处。'"②从阅读《六祖坛经》之后"有个小省发"，到突见柴堆"有省"，再到掩关千日参禅中的小感小悟和与师父临别前的似悟非悟，乃至过铜官山顶"豁然大悟"之前，密云禅师自觉之后历经了十三年的渐修渐悟，总觉得"恍恍惚惚、昭昭灵灵"的幻境让人不得安稳，无法参透"天地同根，万物一体"的话头，看事物总有些区隔，

---

① 《天童密云禅师年谱》，《禅宗全书》第52册，第515页。
② 同上书，第515—516页。

以致无法彻底灭除心中的迷惑。而如今一切疑云烟消云散，所有谜团涣然冰释，他感觉自己真的大彻大悟了。从相关的记载来看，谈及密云开悟的说法大同小异，但都离不开两点：一是过铜官山顶；二是忽觉情与无情焕然等现。前者是说明开悟的详细地点，后者是体现密云开悟时的心境。在山顶开悟，可能与审美心胸相对开阔有关，高居山顶，眼前豁然开朗，容易产生天地人浑同一体的审美感觉，审美瞬间完成长时间艰辛的思索，似乎一切都明白了，于是真正看开了，也就悟透了。开悟后的审美意境如何呢？历代禅师对开悟都有一定的表述，但说法尽管各异，都离不开对禅学佛法的参透，以致不再执着，不再不安，确实达到明心见性的审美理想。按密云禅师的真实体验，就是所谓"情与无情焕然等现"，如此意境从来都是只可意会不可言传的。若从美学的角度来解读，就是完全进入物我交融、物我两忘的审美意境之中，审美主体与审美客体完全融为一体，意与境偕，人与物同，同处一个同根同体的审美关系之中。按笔者的理解，美学上的审美体验常常只是一种瞬间的短暂的体验，时过境迁，审美关系不稳定、无法持久。而禅学上开悟之后的审美体验必须是持续的经久不变的体验，主体审美观念从此一成不变，无执无住，所谓"随缘不变，不变随缘"是也。从佛学的角度看，彻悟应当是彻底明白佛学真理，彻底领悟佛学对"空"的理解，才能中观万物，洞彻因缘，觉悟本心。总起来看，此时的密云禅师顿悟"情与无情焕然等现"，不仅获得了完美的审美体验，而且真实见证了佛理，可以心安理得地修行了。

　　密云禅师感觉自己已经开悟了，但并未得到其师的认可。于是，三十九岁时，就与师弟圆修相约到北京省觐其师。四十岁那年四月动身，取道漕河，十月到达北京，幻传和尚把他们安排在普炤禅寺。师徒久别重逢，一见面便互参话头，甚是有趣：

　　　　及至，（幻传和尚）便问："老僧离汝等三年，汝等有新会处么?"师即出,云:"有。"传云:"有什么新会处?"师云:"一人有庆,万民乐业。"传云:"汝又作么生?"师即问讯,云:"某甲得,得来省觐和尚。"传云:"念子远来,放汝三十棒。"师抽身便出。又一日,传问:"近日又如何?"师即举起右脚。传云:"驴脚?马脚?"师便举起左脚。传云:"马脚?驴脚?"时修禅师在傍,师以手指修,复顾传和尚,修便出。师云:"不消一指。"亦出。又一晚,同众入室,传问:"寂然不动,感而遂通?"师便出。传云:"此子如伤弓之鸟,见弓影便行。"又一晚,同众侍立次,传云:"如人落水,坐观成败,不救一救。"师即推挽众兄弟出,众不从。师云:"争怪得某甲。"又一晚,问:"是大尽?小尽?"有者道小尽,有者道大尽,师云:"敢保不在历本上论量。"便出。一早,侍传,室中语话了。出,吃粥,众问:"说什么话?"师便翻倒饭桌。一日,侍立次,传云:"忽有人问汝,如何只对?"师向前,竖出拳。传亦竖拳,云:"老僧不晓得者个是什么意思?"师云:"莫道和尚不晓得,三世诸佛也不晓得。"传云:"汝又作么生?"师便喝。传云:"三喝四喝后,又如何?"师即连喝退身。传云:"宛有古人之作。"师复喝。又一日,众俱外出,传掩门独处,师外归不敢入,逡巡槛外,狗忽内吠,传书纸塞出门缝,云:"辜负自己名字何?"师以碗锋书瓦,云:"和尚装聋,某甲卖哑,一只黄犬非聋非哑,然虽如是,何名何字?"榫入墙内。传便开门,归方丈。师入,作礼,传云:"门开了,汝不能进耳。"师一喝,便出。一日,传自擎铁冲凿壁,师向前代凿之,传过冲与师云:"老僧有个替手。"遂归方丈。一日,报恩修呼师云:"密云师兄。"传云:"是谁?"修云:"悟师兄。改号了也。"传云:"怪道!怎么糊涂!"师抽身便行。又一早,上方丈问讯,传云:"汝只恁胡统乱统。"师便起单他往,修等挽留。传云:"不要留他,一言相契即住,一言不契即去。"师走出。传云:"将谓汝出一头地,原来是个无明块子。"师云:"钓背筋蛮子,谁不识你,你作无明会那。"传即转身,归方丈。师亦被众兄弟留住。传云:"汝怎么骂了老僧,如何掩得别人过?汝还在这里住?"师即大书,云:"瞒人不好事,好事不瞒人,有人谓我骂师父,我即向伊道:莫谤山僧好。"传亦大判,云:"此是阎老前公招无晦也。"一日凌晨,传和尚以大棒靠佛堂前唤云:"圆悟,我要打汝,汝跪了佛,我与汝说说佛法了。"打,师走,云:"有佛法与别人说。"传直赶上,与师抡劈大棒。得三个月,日提不起手。师当时直倒触上去,传放棒,云:"汝怎么触杀老僧?"师以棒拟打上,云:"岂不幸哉?"①

从以上引文中的描述可知,师徒俩在京相处的日子里,接连互参话头,乃至棒喝,都是有来有往,机锋相对,妙趣横生,难分高下。以喝对喝,以骂对骂,以棒对棒,全然是无心之举,无执无住,无挂无碍。可见,开悟后的密云禅师,不仅应对自如,而且禅风凌厉,显示出从容不迫、因任自然的空无心境。既能目"空"一切,又能了"无"俗念,如非开悟,是无法臻于如此审美心境的。

经其师印可之后,密云禅师就在普炤寺待了一段时间,闲来无事经常题咏自勉,直到四十二岁才离开北京。临别时,其师又以法语示嘱,希望他从此安心修行。他独自一人南行,沿途饱览大江南北的风景,又游历了江浙地区许多名山胜地,造访不少名士并与之酬酢。四十三岁,居石篑山房,以读书为主,也阅读《论语》《孟子》等儒家经典,于此留有"笑里有刀窥得破,光明越格始为僧"之句,可见此时的他已能超越一般人对儒佛之间的区别。四十四岁,仍住在会稽一带的寺庙里,以读书、游历、唱酬等为主,生活如意。四十五岁,辞别石篑山房陶太史,去了普陀山,短暂停留又离开,四处云游,直到秋

---

① 《天童密云禅师年谱》,《禅宗全书》第52册,第515—516页。

天听说幻传和尚即将归来,他也才准备返回龙池。据《年谱》,近几年密云禅师大多在江浙云游,或在山房读书,虽无奇遇殊历,但常有感而发吟咏唱和,且有不少蕴含妙理之句,可见开悟之后的他开始诗意地生活,成为一个富有审美情趣的人。

(二)壮年时期:接掌临济传法开示后昆

密云禅师证悟之后,又经过多年的修行深造,已经基本具备接掌临济宗门的各种素养了。四十六岁,回到龙池。师徒再次久别重逢,一阵互参话头、棒喝之后,幻传和尚决定把法衣传给他,而密云坚辞不受,希望等到其师天年之后再考虑。另有说法,又等了三年,即四十八岁时才勉强接受。四十七岁,助其师编刻《闲谈晚话》。四十八岁,居龙池,其师嘱咐他一定要扶持佛法。四十九岁,那年二月,幻传和尚圆寂,当时密云刚好到城里,一时赶不回来,未能当面训听遗言。据说,幻传和尚遗命密云接掌宗门,住持龙池院。尔后,他守护其师灵柩三年。伴柩期间,他深入阅读历代禅宗公案,偶有往来酬答,时有妙句。直到五十二岁,四月升座,续任龙池禹门祖庭住持,为临济宗第三十世,正式传法,凡闻其所说者无不叹服。五十三岁,为完成其师遗志,始建睹史内院。五十四岁,为其父送终。五十五岁,睹史内院落成,上堂开示,略举"从上世尊至此,无不以悟为期"等语,提出"期悟为本,阅藏为末"的观点。[①]兹从《年谱》中摘录若干诗偈,或许可以很好地体现四十五至五十五岁之间密云禅师的审美心境:

> 师四十五岁……辞别石箦陶太史云:"花事纷纷春尽头,杖藜随意且悠游。谢辞檀越何方去,万里天涯一步收。"……登菩萨顶望日有:"登巅四顾景幽长,水色天光碧玉堂。"……以世识真者

---

① 《天童密云禅师年谱》,《禅宗全书》第52册,第521页。

寡,乃痛自韬晦,作偈见意,云:"翩翩野老僧,匡徒竟不能。若问西来意,拳头劈面抡。不嫌图我拙,且欲得人憎。义断情忘处,诸人会未曾。"①

师四十七岁……登会稽海口之大峰山,兼似墨池王居士,有"满口向人言不得,谩将东海作书池"之句。②

师四十八岁……雪中送报恩修掩关北坞,有"谁人知此意,白日掩柴扉"之句。传和尚亦以偈送云:"老衲于今不坐关,既无住也幸无闲。何曾进又何曾出?只在寻常天地间。"命师和之,师和云:"某甲分明没启关,通身无处着忙闲。也无门进无门出,只么堂堂任运间。"③

师四十九岁,春日因观落梅,偶赋云:"寒梅初放雪添肥,无那春风送尔归。枝上已离空不住,飘飘一瓣不沾泥。"……甲寅二月十二日,本师圆逝,我伴枢三载,夏居山寺,偈云:"古寺团团尽竹林,娑罗树下更阴深。山僧盘膝蒲团坐,堪笑人来解问心。"龙池盖有双树娑罗,已近数百年,其西偏大根轴解者,中安木榻可坐数人,故师复有偈云:"佛号娑罗大树王,为缘垂世作津梁。"盖以此云。④

师五十岁,心丧伴枢龙池……和杨居士捕鱼歌,示樵者偈,因友人论主退步,作偈进之:"人生于世莫徒劳,进步何如退步高。进退两关如达破,了然随步任逍遥。"咏腊梅:"我爱腊中梅,寒花赤体开。春风力不藉,霜雪莫能摧。"⑤

师五十二岁,偶观龙池,有"最怜影落澄潭浸,反笑头陀白

---

① 《天童密云禅师年谱》,《禅宗全书》第52册,第518页。
② 同上书,第519页。
③ 同上。
④ 同上书,第520页。
⑤ 同上。

发侵"之句。是岁,传和尚示寂三年矣。师心丧既毕,众请开堂,乃于四月望日升座……秋寄石梁陶居士:"月到中秋滴露浓,岩前石菊正花红。山僧尽日茆堂睡,长梦毗耶多口翁。"次澹孺杨居士登龙池韵:"相逢不必论高深,觌面何须更用寻。君有胜情并玄度,我无名理况支林。一盂香积维摩供,万法惟吾独露襟。自觉个中无一字,客来谈笑懒言心。"①

师五十四岁,……次报恩修韵有"高提祖印佩单传"之句。复以故里行道先哲所难,为辞众说偈云:"自知住处我无因,一钵风流物外人。踏破乾坤谁是伴,草鞋藜杖逞闲身。"众勉留乃止。②

自从四十岁居普炤寺经其师印可证悟以来,密云禅师就常以题咏诗偈,来抒发内心感受和体验。正是通过这些诗偈,传达出他"杖藜随意且悠游""只么堂堂任运间""了然随步任逍遥"的审美体验以及"满口向人言不得""堪笑人来解问心""客来谈笑懒言心"的审美心态,塑造了一个持久沉浸于禅境而能"霜雪莫能摧""踏破乾坤""草鞋藜杖逞闲身"的无所事事、怡然自得的禅僧形象。也正是他的诗偈传达了至深禅理,让他真正赢得了同门的推崇:"至丁巳年,五十二岁,结制本山时,同门俱在,初若易师,未肯相下,一闻提唱,莫不屈服。繇是,一众为之改观。"③此后,他也常常作偈开示参禅之人,如"师五十五岁……作行、住、坐、卧偈,示不二禅人偈""师五十六岁,愍诸学者参禅不得力,作偈九首,为示入道之要"④。但当他发现这里无人可以证明他的禅学妙旨时,便下座离开。其后,五十七岁登匡庐,有

① 《天童密云禅师年谱》,《禅宗全书》第52册,第520页。
② 同上书,第521页。
③ 同上书,第520页。
④ 同上书,第521页。

"信步何忧不现前，踏破乾坤孰去来"之句①。过衡岳，取道宜春，在江西南昌袁州之泗州寺度夏，有寄袁州诗云"诸君义气越常情，愧我无能报此心"②。秋天，有僧请住天台山通玄寺，初以"投身空闲不欲就，继念先人付托之"，重幡然就之③。八月离开袁州，经广信、绍兴，于十二月抵天台通玄寺。五十八岁，住通玄寺，开堂演法，有"通玄峰顶，别是人间"之语，在此与十几位弟子朝夕过从，传授宗旨。

五十九岁，三月依盐官蔡子谷之请，请住嘉兴海盐金粟山广慧寺。四月受请，同众赴上堂，有"九万里鹏才展翼，百千年鹤便翱翔"之语。于是，宗风大振，以汉月法藏为首的许多优秀人才都出自他的门下。六十岁，前往武林，"谢（郡丞）喜出望外，率合郡士绅会于武林之昭庆寺，一众皆获法施，叹未曾有。秋九月，过绍兴，为空华法姪下火。冬结制，是时座下三千指，多轩昂腾踏不可羁縻之士。金粟宗风日浩浩闻湖海矣。"④值得一提的是，武原朱君上申，闻师名，且信且疑。后来，过装潢家见师像，与其梦无异，从此就特别笃信密云禅师。六十一岁，仍经常开示居士，回复友人书信，过武原与人题赞佛像；到秋天粮食快吃完了，"时门外已有驮负而至者，问其故，曰：'昨宵梦金甲神人告我斋僧功德利益事。飈是远近相传，遂有韦驮赶供之说，出丁齐民之口矣。'冬众盈五百，乃举五峰学、破山明分摄两堂，始有上下西堂焉。"⑤六十二岁，春日送道生禅人归秀水掩关，偈云："上人归去把门封，坐卧经行只此中。打破灵云关捩子，桃花依旧笑春风。"当时，十方来学，屋不能容，乃辟法堂之左庑，建通堂五间十三架，大大扩充寺院规模，乃有"眼望青天起大屋"之语⑥。密云禅

---

① 《天童密云禅师年谱》，《禅宗全书》第52册，第521页。
② 同上。
③ 同上书，第521—522页。
④ 同上书，第523页。
⑤ 同上。
⑥ 同上。

师主持广慧寺时,一切悉依丛林规制,从学者最终多达七百余人①。六十三岁,以谢事告诸檀越,将为拂衣之举,受到众人挽留。六十四岁,正月开建方丈室,四月丈室告成,八月受福建黄檗山万福寺邀请,九月归龙池扫传和尚塔,至善权扫乐庵祖塔,曹琅玕居士等迎请说法于城中万寿法藏禅寺,过姑苏邓尉山天寿圣恩禅寺,扫万峰宝藏两祖塔,后迎就本山升座,说偈之时,郡之士等"皆斋候于城东之瑞光寺,而僧俗男女闻师之来,万众喧阗,街衢巷陌为之不通,乃登塔之绝级,一受瞻礼焉"②,过虎丘,扫隆祖塔;过松陵,舟人不敢维舟近岸,仅于中流受熊明府开先一斋;过秀水,为孝子金善镕对灵说偈,有"秀水年年秀,青山岁岁青"之句;十月,结冬举费隐容为西堂时,徒众已满一万人了。六十五岁,正月过武原,被请到天宁千佛宝阁基升座;二月过武林,众请说法于报国禅院;三月廿七日入院主持万福寺,四月十五日开堂垂示,云:"只叶扁舟泛海中,乘风来到福城东。洪波浩渺无余事,只作抛纶掷钓翁。"③八月,离开黄檗山,过侯官(福州),众姓请于西禅寺升座,为留三日。九月,达武林,僧俗迎至凤林说法;十月返回金粟,挝鼓告众,以清规估唱式分裱衣盂,然后就飘然拂衣而去。过吴门,因为舟车劳顿腹疾,被门弟子迎归北禅寺调侍;腊月,又接受鄮山阿育王广利禅寺的邀请。这一年里,密云禅师四处说法,不断接到著名寺院的邀请,在江南一带颇负盛名。由此可见,从壮年伊始,逐渐接掌临济宗门以来,密云禅师不仅非常坦然地面对生活,而且非常诗意地云游江南名山胜地,结交名士,还在许多著名寺院传法授徒,受到各地禅宗丛林的仰慕和恳请,赢得许多信众的认可

---

① 按《年谱》:"初师在袁,梦至一处见巨井,足饮千人,方盖亭其上,有伟衣冠者进,曰:此师住处也。及询之金粟,信然。"(详见《天童密云禅师年谱》,《禅宗全书》第52册,第522页)可见梦与现实颇合。

② 《天童密云禅师年谱》,《禅宗全书》第52册,第525页。

③ 同上。

和追捧。将近晚年的密云禅师,禅法益密,心志益坚,声名鹊起,大振宗风。

(三)晚年时期:入主天童重振名寺雄风

密云禅师成名以后,经过多年的用心经营,不仅拥有为数广大的徒众,而且在江南一带禅林中深受青睐,年事渐高的他也想觅求一处久居之所,以免四处漂泊不定。六十六岁,元日受阿育王寺邀请,二月一日抵明州,驻天宁寺,三日入院,十五日就开堂传法;三月,过天童景德禅寺,扫应庵、密庵两祖塔时,寺僧明贯联合诸郡士请主太白名山,而檇李吴太常等人则请他再主金粟,两郡交迎,几致违言。两难选择的时候,密云禅师把选择权交给随从徒众,最后才一起决定留住天童。四月三日入院,至佛殿基,有"虚空作殿,日月为灯"之语。据《年谱》可知,此时密云眼中的景德禅寺,已经相当破败不堪:

> 盖天童自晋义兴开山,宋宏智中兴以来,号江南第一宝坊,故宋舒王荆公有句云"三十里松行欲尽,青山捧出梵王宫",可想见之。而沧桑代变,晋殿唐宫不能与,丹崖翠壁磨岁月,强半干没,仅余甲乙相传之子院者五,然皆苔藓生房,荆榛满院,古先列宿之风陵夷至此极矣。师乃为作兴修偈,云:"太白山下天童寺,洪水漂流殿如洗。普告四众诸檀那,大家出手共扶起。"司李亦次以偈,云:"太白峰高,禅林榜样。一朝平地起风涛,推倒黄金瑞相,而今重整旧家风,安住十方。龙象面面玲珑,全无遮障。要明这段因缘,问取堂头和尚。"①

已是名重一方的高僧,并不嫌弃如此满目疮痍的寺院,可见此时密云禅师的审美观绝非世俗之见,他不仅有着重振名寺的审美理想,而且

---

① 《天童密云禅师年谱》,《禅宗全书》第52册,第526页。

有足够的信心和办法来实现。《年谱》中有两诗偈,或许可以很好体现密云择居天童的因缘和心态:"百城烟水阿谁边,一宿天童大有缘。归去千山尽红叶,谁云渡口有江船""说去一直便去,那怕雨泣风愁。为甚不生犹豫,被师捏过鼻头"①。但是,如何才能重振古寺雄风呢?关键是要取得权贵阶层和社会各界人士的信任和资助,也需要各地禅宗丛林的拥护和支持,而这些都取决于他在当时的巨大影响力。于是,他开始上下求索。五月至金粟;八月还天童,过明州,司李迎归公署,请益觉浪因缘之语,大为愧服;九月复为黎眉居士制五家语录序时,道声益振,王公大人皆自远趋风至,忘位貌之崇。在此后好长一段时间里,他安心住在天童("从今一日不离山,肃肃雍雍云水环"),与人酬唱应答,回复书信指点迷津,还以诗偈书写天童即景,著书立说,吸引更多关注天童的目光。六十七岁,四海云从,人人步道履德,规绳不束而严,其久侍筹室相与纪纲翼赞者,皆丛林老成。六十八岁,夏四月,建通堂,于大雄宝殿之西偏;复遣僧三十辈,航海入闽,伐山市木,于建瓯高阳之墟。而当他听说嗣法汉月藏每提唱时,喜为穿凿,恐后学效尤,有伤宗旨,及时加以规诲,并表明自己的立场观点:"破殿雨淋,茆径不辟,亦住山之常分。然老僧尤愿吾徒为众,当以直心直行,本色本分,不可私有别法加于众,是老僧之所望也,而老僧于天童虽有造殿之举,盖因天童旧僧请老僧之意无他,惟为佛殿空虚,故不得已而为之,至于成与不成亦随缘分,岂敢固必也哉"②"宁可遵上古之规绳饿死于林下,不可好热闹而耻辱于先圣"③。如此与狂徒划分界限,痛斥其非,及时消解误会,无疑可以避免与其他宗门的纷争。六十九岁,春建诸寮十九楹于方丈后山之麓,复于善法堂之西偏建屋一十四楹,著有《辟妄七书》;夏天闹水灾时,他亲自率领徒役筑长堤;秋天,建殿

---

① 《天童密云禅师年谱》,《禅宗全书》第52册,第527页。
② 同上书,第528页。
③ 同上书,第529页。

木材运到港口进关时被查封，他一气之下就准备离开天童，后经众人力挽留住。七十岁，著《辩天说》，建成天童祖席，包括天人师殿、演法之堂、护世四神王殿等，蔚为大观，"故师挝鼓上堂，有'不用材木殿阁成现，不劳斧斤法堂本彰，不动舌头只向青天，白日下要转便转'之语……是岁之冬，为师七旬降诞之期，堂众逾三万指，僧俗男女，蝇聚蚁附，无地以容。其四方问候者，昼夜络绎不休，而寺无恒产，岁用皆仰给十方，无匮乏焉。先是殿之左，有古柏枯且死，至是复荣。"①面对眼前的奇迹，密云禅师既是经历者，也是见证者，但在他看来一切都是因缘聚合，顺道而生，人心所向，自然而然。

七十一岁，著《辟妄三录》，继续扩充寺院规模，完善功能设施。七十二岁，挝鼓上堂举黄檗费隐容为座；三月，远近哄传以为密云禅师将赴大沩之请，阖郡士绅偕入山中计留。一年之内，他多次辞却诸方丛林的邀请。是岁建屋于寝堂之前，新增数处堂室。七十三岁，道风益播，无远弗届，虽下里穷荒之域，身形拘碍之人，莫不想望风裁，而咨决心疑者，密云禅师一以慈光摄受之。"春建下院于古拦路庵之前……冬浚外万工池，师亲自率众凿涧置堤，以杀壅阏之灾。"②七十四岁，正月修天童列祖塔，奉衣盂资为龙池传和尚营岁，祀之田善卷乐庵；八月，因修祖山为已茔，遭到寺邻徐氏之族责难，他径曳杖离开。此时的密云禅师为什么还会负气离开天童呢？《年谱》中道明了个中缘由：

> 按《梅溪语录答诸郡县留行书》，其略曰："贫道滥主天童法席，诚非其人。但既身处此地，不得不任其责。山中一切宜问，况历代祖师之塔？法道有今日者，以有历代祖师也。有历代祖师，故天童斯有今日。饮水尚当知源，学道人可以忘本乎？然则贫道

---

① 《天童密云禅师年谱》，《禅宗全书》第52册，第529—530页。
② 同上书，第531页。

初入天童，即当以修塔为第一义，所以迟迟至今者，于中良有不得已也。一则念久弊不可顿革；一则念已于天童无丝发之功，骤举难行之事，人必不谅；一则念徐宅万一不能以道义自持，或有烦言，则贫道唯有一去，如此则天童有再兴之机。而某宅实败之，上辜诸檀信，下陷某宅以无量罪过，非利生本愿也。今辛苦九年，百废粗张，自揣于诸檀相唤，初心稍可无愧，故敢为是举，然自知无德不足以化人，又不忍坐视祖塔终于毁坏。其势亦惟有一去而已。"①

在密云禅师一生行履中，之所以羁旅不定，很大程度上取决于个性鲜明的审美观，他往往能当机立断，对不投机的人和事绝不苟且和勉强，往往是"一言相契即住，一言不契即去"，真可谓直心直行，本色本分。正如他曾示人一偈云："一切二边俱坐断，本无中道可须安。掀翻海岳无人会，白棒当头为指南。"②而后暂时离开天童，辗转各地，所到之处瞻礼者成千上万，虽时有信士争相供养而不肯接受，受到多方人士的大力挽留，不得已再返回天童。七十五岁，正月再次辞却雪窦之请；著有《辩天主教说》，"只因人不知此，所以说天说地。老僧因不得已辩之，非多事也。"③又著《判朝宗说》和《复判朝宗书》；是岁，山中建置告厥成功。七十六岁，四月立石奇云为座元；五月国戚田弘遇为承乾宫皇贵妃田氏奉旨进香，赍紫衣入山，请他升座说法，并奏请朝廷，请求密云禅师住持重兴南京大报恩寺。八月，密云以老病衰迈而坚决推辞大报恩寺之命；九月，常住务殷众益繁，忌盈满，乃因事出山，僧俗遮留不止，遂曳杖渡江。过绍兴时，四方问道者，日户屦晨满如市莫能禁也。七十七岁，明州海道宋先之

---

① 《天童密云禅师年谱》，《禅宗全书》第52册，第532页。
② 同上。
③ 同上书，第534页。

特遣使迎师还山，且托侍御劝驾，师不得已，乃亲过甬水，以天童嘱累宋公，然后别诸护法士绅，径拂衣入天台。春日观雪化，示量侍者："腊雪凝山连涧塞，春风一拂尽成流。看来幻景浑如梦，忽醒江山故眼眸。"①正月二十四日，到达天台通玄寺。尽管此地山纡路僻，涧肃林寒，人迹罕登涉，而从学者日益亲依，虽任劳苦服役，杂佣作加诸驱逐，都不肯离开。六月初六日，再次辞却田国戚报恩之命。据《年谱》描述，七月，天台县百里内居民，都发现通玄峰四山变白夜，有流光如火照耀岩谷；"初三日，师示微疾……初七日，晨兴巡阅工作院务如故，日午归方丈语侍僧倦甚，因登寝榻卧，少顷起坐跏趺未竟，奄然示寂。"②后来，岩谷弟子奉全身建塔于天童寺前山幻智庵之右陇，僧俗四众送者以万计，哀声震山谷。

从密云禅师圆寂前几年的行履来看，由于不满别人的非议，毅然选择离开自己苦心经营十年的天童山，尽管仍有许多机会担任名山古寺的住持，但他都一一回绝，就连朝廷恩准入主大报恩寺的几次请命也毫不动心，最后选择前往荒僻偏远的天台通玄寺，并于此圆寂，可见他对通玄寺怀有特别深厚的情感。曾记得，他五十八岁到通玄开堂演法之时，有"通玄峰顶，别是人间"之叹，在此与十数弟子朝夕过从，深田旷野相依，静处无为，诲人不倦，很有成就感，也很有幸福感。这里既是他名扬四海的起点，也是他回归道山的终点，于此似乎可以隐约发现晚年密云禅师的审美归趋，耿介随心，来去自如，飘然于物外，忘形于道中。不愧是一代高僧！

（原载《美学与艺术评论》第十七辑，2018年，第116—132页）

---

① 《天童密云禅师年谱》，《禅宗全书》第52册，第535页。
② 同上书，第535—536页。

易理与佛理本无二致

——论《周易禅解》思想创新

《周易》作为儒家经典,有与佛学截然不同的思想体系,许多基本观点和思想范畴难以融通。所以,易学与佛学这两大学术体系在相当长的发展过程中,彼此之间联系很不密切。那么,如何才能揭示易学与佛学之间的思想联系呢?明末高僧蕅益智旭《周易禅解》,通过对《周易》经传文本的禅学解释,首次比较全面系统地回答了这个问题,因而被公认为援禅解《易》的代表作。智旭在解说《周易》的过程中,始终围绕着一个不变的思维导向,那就是如何证明易理就是"随缘不变,不变随缘"的佛理,并力求通过阐释《周易》经传的文辞来肯定易理是在天地之先,具有本体的概念,证明易理与佛理是相通的,易道跟佛性是同样的,易学与禅学的本根是相通的。由此进一步表明以禅解《易》是行得通的,儒释道三教的关系是相通的。所以说,智旭在解说《周易》过程中所体现的独特的禅易相通思想倾向,在理解易佛关系问题上明显具有相当的创新意义,无疑也具有一定的学术意义。《周易禅解》的解《易》思想尽管颇具特色,但大多散布在《周易》经传的文辞阐释之中,必须加以梳理才能凸显思想的体系和脉络。因此,必须深入分析和研究《周易禅解》的文本内容,才能更好地理解智旭是如何推论禅易相通思想的。

智旭撰写《周易禅解》是先完成《系辞》以下五传之后,再去解上、下经的。从总体上看,智旭在解说《易传》和《易经》中各有特色,体现了一系列既有区别又有联系的创新思想,归纳起来主要有三个方面。有鉴于此,本文侧重以解《系辞》等五传的内容为主,并结合《灵峰宗论》中与易学相关的内容,论述智旭在易理与佛理关系上的思想创新。

一、易即易理贯彻始终

"易"即"易理","易理"即本体的思想是智旭解《易》思想的基础和前提,具有鲜明的禅易相通思想倾向,也是《周易禅解》创新思想理论的一大体现。这一思想理论来源于智旭运用理学思想对《易传》文辞的推导,如其在解《乾·彖》"大明终始,六位时成,时乘六龙以御天"一句时指出:"圣人见万物之资始,便能即始见终,知其由终有始,始终止是一理。但约时节、因缘、假分六位,达此六位,无非一理,则位位皆具龙德,而可以御天矣。"由此可见,智旭"始终止是一理"的思想乃是贯通易佛关系的理论基础。所谓"始终一理"的思想内涵是什么呢?又是如何来贯通易佛关系呢?对此,智旭并不含糊其词,也不是简单沿袭旧说,而是实事求是地根据《周易》的文辞义理,逐层进行阐发和论证。以下先来分析智旭是如何导出"易即易理"之说的。

众所周知,《易传》中"易"字随处可见,其义并不固定。关于"易"字的解释,往往要牵涉到《周易》的性质、效用等问题。综观历代易家对《周易》的注解,由于对《周易》的性质各有看法,所以在"易"义的解释上也就常常出现分歧。那么,"易"字究竟是何种意义呢?在智旭看来,《易传》所言之"易"既指"易理",又指"易书",也可指"易学",但因是"由易理方有天地万物""由天地万物而为易书,由易书而成易学,由易学而契易理"[①],可见"易理""易书""易

---

① 《周易禅解》卷八解《系辞上传》开篇语。

学"在"理"的层面上相契相通,合而为一,所以完全可以"易理"来总称"易"的三种不同体现。于是,智旭借《系辞传》对"易"又作了种种新的阐释:"夫所谓易,果何义哉?盖是开一切物,成一切务,包尽天下之道也。是故圣人依易理而成易书,以通天下之志,使人即物而悟理;以定天下之业,使人素位而务本;以断天下之疑,使人不泣歧而侥幸"①"盖易即吾人不思议之心体,乾即照,坤即寂;乾即慧,坤即定;乾即观,坤即止。若非止观定慧,不见心体;若不见心体,安有止观定慧"②"盖易即不思议境之与观也"③"凡此皆易理之故然,而易书所因作也。是故易者,无住之理也。从无住本,立一切法,所以易即为一切事理本源,有太极之义焉……易理本自如此,易书所以亦然也。"④稍作归纳,智旭对"易"的理解主要包括三个方面:第一,"易"是包尽天下的大道,即为易理;第二,"易"是吾人不思议之心体,即为心理;第三,"易"为一切事理本源,有太极之义,即为本体。很显然,智旭认定了"易"即是所谓的"易理",既是心体,又是本体。正是因为智旭坚持把"易"义定为"易理",所以他在《周易禅解》中所提出的一系列思想都跟"易理"密切相关。

从智旭对"易"的理解来看,视"易"为"易理"和"心体"主要是直接援用理学和心学的成果来发挥,而视"易"为"本体"则是既有继承,又有创新。这里涉及一个非常重要的哲学理论问题,不仅仅是"易"与"易理""无极""太极"的关系问题,更重要的是"易"与"无住之理""随缘不变,不变随缘之理"的关系问题。所以,我们还得根据"无极太极"说的历史来分析这些问题。北宋理学先驱周敦颐在其《太极图·易说》中说:"无极而太极。太极动而生阳,动极而

---

① 《周易禅解》卷八解《系辞上传》"夫易,开物成务"等句。
② 《周易禅解》卷八解《系辞上传》"易不可见,则乾坤或几乎息矣"一句。
③ 《周易禅解》卷九解《系辞下传》"《履》以和行"一段。
④ 《周易禅解》卷八解《系辞上传》"是故易有太极"等句。

静，静而生阴，静极复动。一动一静，互为其根。分阴分阳，两仪立焉……阴阳一太极也，太极本无极也。"朱熹对周敦颐的"太极观"又从世界万物本原的角度加以揭示：

> 太极只是一个"理"字。太极只是天地万物之理。(《朱子语类》卷一）
>
> 总天地万物之理，便是太极。(《朱子语类》卷九十四）
>
> 上天之载，无声无臭，而实造化之枢纽，品汇之根柢也，故曰"无极而太极"。非太极之外，复有无极也。(《周敦颐集·太极图说解》)
>
> 盖合而言之，万物统体一太极也；分而言之，一物各具一太极也。(《周敦颐集·太极图说解》)
>
> 太极之有动静，是天命之流行也，所谓"一阴一阳之谓道"。(《周敦颐集·太极图说解》)
>
> 不言无极，则太极同于一物，而不足为万化之根。不言太极，则无极沦于空寂，而不能为万化之根。(《朱文公文集·答陆子美书》)
>
> 圣人谓之"太极"者，所以指天地万物之根也。周子因之而又谓之"无极"者，所以著夫无声无臭之妙也。然曰"无极而太极""太极本无极"，则非无极之后别生太极，而太极之上别有无极也。(《朱文公文集·答扬子直书》)
>
> 太极之义，正谓理之极至耳。有是理即有是物，无先后次序之可言，故曰"易有太极"。则是太极乃在阴阳之中，而非在阴阳之外也。(《朱文公文集·答程可久书》)

对周子的说法，历来有两种不同的理解：一是认为"无极"乃在"太极"之先，一是如朱子所认为的"无极而太极"。对于"无极"与

"太极"的关系问题,智旭主要是沿袭朱子的看法。我们先来看智旭《灵峰宗论》中的说法:

> 周濂溪曰:"无极而太极。"又曰:"太极本无极。"太极者,心为万法本原之谓。无极者,觅心了不可得之谓耳。惟心不可得,四大缘影亦不可得。①

> 何器而非道?何道而不具足一切器?先儒谓"物物一太极,太极本无极",庶几近之。盖以太极为太极,则太极亦一器矣。知太极之本无极,而物物无非太极,则物物无非道矣。以此持戒,名无上戒。以此念佛,名无上禅。以此阅教,名甚深般若。以此礼拜持诵作诸善事,名普贤行门。将此随类度生,名游戏神通。若未悟此,而勤修行门,祇名有漏有为。②

> 使有方有体,则是器非道,何名神?何名易哉?又不达无方无体,不惟阴阳是器,太极亦器也。苟达无方无体,不惟太极非器,阴阳乃至万物亦非器也。周子曰:"太极本无极也。"亦可曰:"阳本无阳也,阴本无阴也,八卦本无八卦也,六爻本无六爻也。"故曰"阴阳不测之谓神"也。③

> 《易》曰:"圣人以此洗心,退藏于密,吉凶与民同患。"又曰:"同人于野,亨。"盖不藏不足以致用,而不于野,不能为大同。《乾》之初九曰:"潜龙勿用。"潜即藏也。藏者,道之体也。历见、惕、跃、飞而不改其本体,故曰不变塞焉,知进、退、存、亡而不失其正也。世但谓乾为阳物,坤为阴物而已,孰知一阴一阳之谓道,即形而下是形而上。其君之也,即所以藏之。其藏之也,即所以君之。元非偏属者乎?故又曰:"乾坤其《易》之蕴

---

① 《灵峰宗论》卷六之三《孟景沂重刻医贯序》。
② 《灵峰宗论》卷四之二《法器说》。
③ 《灵峰宗论》卷二之五《法语五·示马太昭》。

邪！"蕴即藏也。藏乾坤于《易》，《易》外无乾坤。藏《易》于乾坤，乾坤外亦无《易》。又以《易》与坤而藏于乾，乾外无坤与《易》也。以乾与《易》而藏于坤，坤外无《易》与乾也。斯之谓物物一太极，太极本无极也。①

在《周易禅解》中也有不少阐述，如解《坤·文言》曰："天地不同，而同一太极。"解《屯》卦辞曰："《乾》、《坤》全体太极，则《屯》亦全体太极也。"比较完整的表述主要是在解《系辞上传》中：如解"天一地二"云："太极无极，只因无始不觉妄动强名为一。一即属天，对动名静。"解"言天下之至赜而不可恶也"云："若恶其赜，则是恶阴阳；恶阴阳，则是恶太极；恶太极，则是恶吾自心本具之易理矣。"解"大衍之数五十，其用四十有九"云："及揲蓍时，又于五十数中，存其一而不用，以表用中之体，亦表无用之用，与本体太极实非有二。"解"显道神德行"曰："八卦体是四象，四象体是两仪，两仪体是太极，太极本不可得。太极不可得，则三百八十四皆不可得，故即数可以显道也。"解"是故易有太极，是生两仪，两仪生四象，四象生八卦，八卦定吉凶，吉凶生大业"时指出：

> 是故"易"者，无住之理也。从无住本，立一切法，所以"易"即为一切事理本源，有太极之义焉。既云"太极"，则决非凝然一法，必有动静相对之机，而两仪生焉。既曰"两仪"，则动非偏动，德兼动静，静非偏静，亦兼动静，而四象生焉。既曰"四象"，则象象各有两仪之全体大用，而八卦生焉。既曰"八卦"，则备有动静阴阳刚柔善恶之致，而吉凶定焉。既有"吉凶"，则裁成辅相之道方为有用，而大业生焉。易理本自如此，

---

① 《灵峰宗论》卷四之二《藏野说》。

易书所以亦然也。

从上面所引的智旭言论，我们可以看到智旭对周、朱二子的思想既有继承又有创新。就继承而言，有三方面表现：一是认为"本体太极"，太极是理，是万物的本原；二是认为"物物一太极，太极本无极""全体太极""太极本不可得"；三是认为"太极有动静相对之机"。就创新而言，也有三方面表现：一是认为"太极者，心为万物本原之谓也；无极者，觅心了不可得之谓也"；二是认为太极即自心之易理；三是认为"易即为一切事理本源"，太极之义即无住之理。如果以"无极"为中心来考察，我们可以发现智旭并没有把"无极"当作"太极"之先，此点与朱子所言意思相近。但智旭又把"无极"和"太极"当作心体的两种不同表现形式，即持心体与本体合一的观点，这就与朱子有根本的不同。如果我们以"太极"为中心来考察智旭对《系辞传》"易有太极"的解说，可以发现其鲜明的思想主张，即所谓的"易""易理""物""理""心""本体""万物本原"与"太极"都是可以对等的概念。如此的"太极"概念，能与"心体"相契合，又与佛理相沟通，明显与朱子所说有本质的区别。可以肯定，智旭主要是运用"万法唯心"的思想来理解"太极"，并赋予更为深广的内涵和外延。而他之所以把"无极""太极"等本体概念，同"心体"联系在一起，很明显是要借此来打通易理与佛理、儒理与佛理的本质联系。为此，智旭除了在"易即易理"的层面上加以贯通外，还继续借助《易传》对"易"的表述来重新理解"易理"的概念，以进一步证明"易理"与"自心""不思议心体"的完全契合。

二、易理即自心之易理

智旭由《系辞传》推导出"易"即"易理"的命题，用意在于借助心体与"易理""禅理"互相联系的理论，把"易理"和"禅理"等同起来，从而为其所宣扬的"禅易相通"思想奠定理论基础。那么，禅易相通的思想是如何推导出来的呢？对此，《周易禅解》主要是对"易理"进行多角度的发挥。

第一，"易理"即"天"理。《系辞上传》"易与天地准，故能弥纶天地之道"为智旭提供了可靠的理论支持，由此他体认和规定了"易理"的原始性和永久性，如其所论："夫观象玩辞、观变玩占者，正以辞能指示究竟所趋之理故也。易辞所以能指示极理者，以圣人作《易》，本自与天地准，故能弥合经纶天地之道也。"[1]这种原始性和永久性的表述在《周易禅解·系辞上传》中比较多见，如解"易简而天下之理得矣"时认为"易理本在天地之先，亦贯彻于天地万物之始终"、解"易行乎其中矣"又认为"盖自天地设位以来，而易理已行于其中矣"。又如解"圣人设卦观象"一段，既认为"惟其易理全现乎天地之间，而人莫能知也，故伏羲设卦以诠显之……顺理者吉，逆理者凶。夫易理本具刚柔之用，而刚柔各有善恶之能……然刚柔又本互具刚柔之理，故悟理者能达其相推而生变化"，又认为"三极之道即先天易理……夫易理既在天而天，在地而地，在人而人……此乃自心合于天理，故为理之所祐，岂侥幸于术数哉！"再如解"是故阖户谓之坤"时认为"是故德既神明，方知易理无所不在"。在解《系辞下传》也有类似的表述，如解"乾坤其易之门耶"时认为"有易理即有乾坤，由乾坤即通易理，如城必有门，门必通城"，又如解"天地设位，圣人成能"时认为"天地一设位，易理即已昭著于中，圣人不过即此以成能耳"。从这些引文来看，智旭主要是把"易理"视为天造地设的本然之理，既贯穿始终，又无所不在。

第二，"易理"即"生"理。《系辞下传》既言"生生之谓易"，

---

[1] 《周易禅解》卷八解《系辞上传》"易与天地准，故能弥纶天地之道"一句。

又称"天地之大德曰生"。对于"生"与"生生"之义，智旭是这样阐释的："一既无始，则二乃至六十四皆无始也。无始之始，假名为生"①"业业之中具盛德，德德之中具大业，故为生生"②"上云'生生之谓易'，指本性易理言也。依易理作易书，故易书则同理性之广大矣。远不御，虽六合之外，可以一理而通知也。迩静而正，曾不离我现前一念心性也……《易》书不出乾、坤，乾、坤各有动静，动静无非法界，故得大生、广生而配于天地……是知天人性修境观因果，无不具在易书中矣"③"是故生生之谓易，而天地之大德，不过此无尽之生理耳。"④在智旭看来，"易"即"易理"，具有生生之本义，也就意味着"易理"与"生"理的自然契合。而这一"生"理，既是圣人"通神明之德于一念，类万物之情于一身"的准则，也是佛家"大慈大悲""积善行德"的法则。所以宇宙万物的生死轮回，也都包含在这一无尽的"生"理之中。

第三，"易理"即"心"理。《周易禅解》站在佛教心学的立场解说义理，认为《周易》为明心见性之书。智旭是这样解释《系辞上传》"神无方而易无体"的："神指圣人，易指理性，非无体之易理，不足以发无方之神知；非无方之神知，不足以证无体之易理。"很显然，这种"无体之易理"便是指不思议心体之理，即"心"理。这一思想在《周易禅解》中提得非常明确。解《系辞上传》时就直接提出，如解"言天下之至赜而不可恶也"时即言"吾自心本具之易理"与"太极"一样是"不可恶"的，解"默而成之不言而信，存乎德行"时认为"德行者，体乾、坤之道而修定慧，由定慧而彻见自心之易理者也"，解"天之所助者顺也，人之所助者信也"时认为"夫天无私情，所助

---

① 《周易禅解》卷八解《系辞上传》"原始反终"一句。
② 《周易禅解》卷八解《系辞上传》"生生之谓易"一句。
③ 《周易禅解》卷八解《系辞上传》"夫易广矣大矣"一段。
④ 《周易禅解》卷九解《系辞下传》"天地之大德曰生"一句。

者不过顺理而已;人亦无私好,所助者不过信自心本具之易理而已。诚能真操实履,信自心本具之易理,思顺乎上天所助,则便真能崇尚圣贤之书矣,安得不为天所祐,而吉无不利哉!"除此,智旭更多的是把"易理"同"一念之动"联系起来说解,对"心"之理进行具体的义理透视,提出一系列关于"心"理的思想:"夫吉凶悔吝,皆由一念之动而生者也"①"而天文地理所以然之故,皆不出于自心一念之妄动妄静"②"大衍不离河图,河图不离吾人一念妄动,则时劫万物,又岂离吾人一念妄动所幻现哉"③"十法界不出一心,名之为几。知此妙几,则上合十方诸佛本妙觉心,与佛如来同一慈力,故上交不谄;下合十方、六道、一切众生,与诸众生同一悲仰,故下交不渎"④。如果联系前面的引文,我们可以发现智旭也把人心"一念"当作本体来看待,并把这佛教的"十法界"统一到"一念"之心中,在理论上基本贯通了"易理"与佛法概念的关系。

稍稍对以上引述归纳一下,可以发现智旭给"易理"赋予了深广的内涵:不仅贯彻于天地万物之始终,而且与天理、心理相契相合,尤其是与"自心"冥契无间。如此来阐释禅易相通,无疑有着明显的思想倾向。这一倾向同时也表明,智旭有意借助《周易》来阐发"儒佛同心""三教同源"的思想主张。对此,如果结合《灵峰宗论》的相关说法,就能理解得更为透彻。智旭说:"自心者,三教之源,三教皆从此心施设。苟无自心,三教俱无;苟昧自心,三教俱昧。"⑤又说:"本心不昧,儒释老皆可也;若昧此心,儒非真儒,老非真老,释非真

---

① 《周易禅解》卷九解《系辞下传》"吉凶悔吝者生乎动者也"一句。
② 《周易禅解》卷八解《系辞上传》"仰以观于天文,俯以察于地理"一句。
③ 《周易禅解》卷八解《系辞上传》"乾之策二百一十有六"一段。
④ 《周易禅解》卷九解《系辞下传》"子曰:知几其神乎"一段。
⑤ 《灵峰宗论》卷七之四《金陵三教祠重劝施棺疏》。

释矣。"①由此可见,他把"易理"当作"自心"本具的,乃是别有用心的,追根究底就是为"三教合一"的思想在《周易》中寻找理论依据。从这个角度看,智旭提出的"自心之易理"思想,对于三教关系理论来说无疑也具有一定的创新意义。

三、易理即无住之佛理

智旭既认为"易即易理",又认为"易理即自心之易理",无疑也就是认为"易即自心之易理"。那么"自心之易理"又与"佛理"有何联系呢?这个问题是智旭构建禅易相通理论最关键的环节。智旭认为《周易》和禅学并无本质差别,因为孔门心学和佛门心学是一脉相承的,"易理"与"禅理"在本质上是一致无差的。他在《周易禅解·系辞上传》开篇总论就明确指出:"随缘不变,不变随缘之易理,天地万物所从建立也。卦爻阴阳之易书,法天地万物而为之者也。易知简能之易学,玩卦爻阴阳而成之者也。由易理方有天地万物,此义在下文明之。今先明由天地万物而为易书,由易书而为易学,由易学而契易理。"关于"易理"及其与易书、易学的关系,《周易禅解·系辞传》反复作了解释。为了进一步说明"易理"具有"随缘不变,不变随缘"之义,智旭在解《说卦传》时,一开始就着重阐述了易理"三才之道"与禅理"随缘不变"的内在联系:

> 吾人自无始以来,迷性命而顺生死,所以从一生二,从二生四,乃至万有之不同。今圣人作易,将以逆生死流,而"顺性命之理"。是以即彼自心妄现之天,立其道曰"阴与阳",可见天不偏于阳,还具易之全理,所谓"随缘不变"也。即彼自心妄现之

---

① 《灵峰宗论》卷二之三《法语三·示潘拱宸》。

地，立其道曰"柔与刚"，可见地不偏于柔，亦具易之全理，亦"随缘不变"也。即彼自心妄计之人，立其道曰"仁与义"，仁则同地，义则同天，可见人非天地所生，亦具易之全理，而"随缘常不变"也。①

在最后解广八卦一章时，又借传文论证了"性相近，习相远"与"不变随缘，随缘不变"的契合之处：

此广八卦一章，尤见易理之铺天匝地，不间精粗，不分贵贱，不论有情无情，禅门所谓"青青翠竹，总是真如；郁郁黄花，无非般若"。又云"墙壁瓦砾，皆是如来清净法身"。又云"成佛成祖，犹带污名；戴角披毛，推居上位"。皆是此意。前云"乾，健也；坤顺也"，乃至"兑，说也"，而此"健"等八德，则能具造十界。且如"健"之善者，则"为天""为君"；其不善者，则"为瘠""为驳"。"顺"之善者，则"为地""为母"；其不善者，则"为吝""为黑"。下之六卦无不皆然，可见不变之理常自随缘，习相远也。然"瘠""驳"等仍是"健"德，"吝""黑"等乃是"顺"德，可见随缘之习理元不变，性相近也。若以不变之体，随随缘之用，则世间但有"天""圜"乃至"木果"等可指陈耳，安得别有所谓"乾"！故《大佛顶经》云"无是见者"。若以随缘之用，归不变之体，则惟是一"乾健"之德耳，岂更有"天""圜"乃至"木果"之差别哉！故《大佛顶经》云"无非见者"。于此会得，方知孔子道脉，除颜子一人之外，断断无有能会悟者，故再叹曰"今也则亡"。②

---

① 《周易禅解》卷九解《说卦传》"昔者圣人之作易也"一段。
② 《周易禅解》卷九解《说卦传》"乾为天"一段。

从以上引文可以发现,智旭运用"随缘不变,不变随缘"来解说《说卦传》,既说明了"禅易相通",又证明了"儒佛相通"。但这些还只是该思想的局部,如果结合《灵峰宗论》的内容,就更容易看出《周易禅解》中最想表达的禅易相通思想是什么样的和怎么来的。如卷二之五《示马太昭》中说:"又闻'现前一念心性,不变随缘,随缘不变'之妙,方知'不易之为变易,变易之终不易'。"此处智旭明言其之所以能知"禅易相通"的来由。那么,什么是"不变随缘,随缘不变"之妙呢?智旭在《灵峰宗论》卷四之三《偶录一·藏性解难五则》中作了详尽的解答:

> 随缘那名不变,不变那得随缘?(一难)非不变之体,安有随缘之用?非随缘之用,安显不变之体?(一解)不变体常,随缘用无常,还是一分无常,一分常?(二难)体不变故妙用不变,体常用亦常;用随缘故举体随缘,用无常体亦无常。常与无常,二鸟双游。(二解)正随缘时,不变安在?悟不变后,岂更随缘?(三难)正随缘,随缘即不变,别无不变所在,如二月外无真月,二月即是真月。悟不变,不变随悟缘。了了常无迷惑,如净眼见真月,更不见二月。(三解)月是能随邪?见是所随邪?(四难)就月为喻,真月不变,一二皆随缘,真月随人见一见二,不变常自随缘;见一见二,实无他月,随缘常自不变。就见为论,见性不变,见一见二皆随缘,见一是真见,见二是妄见,只一见体,而有真妄,不变常随缘;真见妄见总是见,随缘常不变。(四解)月是能随,即是所随;见是能见,即是所随,名不二邪?(五难)此非不二。须知月不在天,见不在目。月在天,见在目,二物相远,如何成见?又复月不来目,见不往天。月来目,天则无月。见往天,目则无见。然非月何见?非见何月?月若是见,复何名月?月若非见,云何见月?见若是月,复何名见?见若非

月,月云何见? 从此体会,方知能所不二。不二之性,即是不变,迷者谓二。悟知不二,总号随缘。一性随迷悟两缘,迷悟总不改一性也。(五解)

以上引文的五难五解,充分表达了智旭对"随缘不变,不变随缘"之理的深刻理解,这一思想与他用来阐释"禅易相通理论"的思想也是基本一致的。关于"随缘不变,不变随缘"与"易理""太极""真如""佛性"等的内在联系,智旭在《灵峰宗论》卷三之二《性学开蒙答问》中指出:

然即此儒典,亦未尝不泄妙机。后儒自莫能察,及门亦所未窥。故孔子再叹"颜回好学,今也则亡",深显曾子以下,皆知迹而不知本,知权而不知实者也。何谓所泄妙机?如《易经·系辞传》云:"易有太极,是生两仪,两仪生四象,四象生八卦。"此语最可参详。夫既云"易有太极",则太极乃易之所有。毕竟易是何物,有此太极? 倘以画辞为易,应云"太极生天地,天地生万物。然后伏羲因之画卦,文、周因之系辞",何反云"易有太极"? 易有太极,易理固在太极之先矣。设非吾人本源佛性,更是何物? 既本源佛性,尚在太极先,岂得漫云"天之所赋"? 然不明言即心自性,但言易者,以凡夫久执四大为自身相,六尘缘影为自心相,断断不能理会此事,故悉檀善巧,聊寄微辞,当知易即真如之性,具有"随缘不变,不变随缘"之义,密说为易。而此真如,但有性德,未有修德,故不守自性,不觉念起而有无明。此无始住地无明,正是二种生死根本,密说之为太极。因明立所,晦昧为空,相待成摇之风轮,即所谓动而生阳;坚明立碍之金轮,即所谓静而生阴。风金相摩,火光出现,宝明生润,水轮下含,即所谓两仪生四象也;火腾水降,交发立坚,为海为洲,为山为木，即所谓四象生八卦，乃至生万物也。名相稍异，大体宛同。顺之则生死始，逆之则轮回息。故又云"易逆数也"，亦既微示人以出世要旨矣。老子道生天地，意亦相同，但亦不明言即心自性，皆机缘未熟耳。且《易传》"寂然不动，感而遂通"一语，即寂照无二之体；而"乾坤其易之门"一语，即流转还灭逆顺二修之关。以性觉妙明，本觉明妙，非干修证，不属迷悟。而迷则照体成散，寂体成昏，逆涅槃城，顺生死路，全由此动静两门，是名逆修，亦名修恶。悟则借动以觉其昏，名之为观；借静以摄其散，名之为止；逆生死流，顺涅槃海，亦由此动静两门，是名顺修，亦名修善。

在这里，智旭直接由"易有太极""易理固在太极之先""吾人本源佛性"推导出"真如即太极"和"易即真如之性"的说法，表明了两层思想：一是"易即真如之性，具有随缘不变，不变随缘之义，密说为易"；二是真如不守自性而生无明，无明即太极，是死生之根本，密说之为太极。如果再结合《周易禅解》的思想内容，我们可以发现引文的内容无疑是对《周易禅解》相通思想的归纳和引申。比如，根据以上这两层思想，我们就可以更充分理解智旭在解"易有太极"时直接把"易"说成"无住之理"的原因所在。试论智旭的推导过程：因为"易为一切事理本源"，即是"易理为一切事理本源"，那么"易有太极"也就等于说"易理有太极"或"易理即太极"，这样"易"与"易理"实际上也就与"无极"的概念相等同；又因为"易理"是有理体的，而"无极"是无体的，有如心体，那么"易"既是"无极"又是"易理"，也就意味着"易"既是"无体"又是"有体"的，如此便具有"从无住本"的意思，也就可与"无住之理"相对释。进论之，"易"既是"无体"的，说明"易"与"真如之性"是相同的，也就具有随缘不变之义；"易"又是"有体"的，有"太极"，能化生天地万物,也就具有不变随缘之义。所以说,此"无住之易理"即是"随缘不变,不变随缘之易理"。如果结合我们前文推导的过程和结论,我们就可清楚地发现和理解《周易禅解》中所独具的相通思想倾向:所谓的"易""易理""天理""生理""心理""禅理"在本质上都是相同的,都是具有"不变随缘,随缘不变"的"真如之性",也都具有原始性和永久性,都是宇宙间生死轮回、动静变化的根本;同样,易书和易学与它们之间的关系也是契合和相通的,只不过是体现形式不同罢了。如此说来,易理即是佛性,禅学和易学自然是本根相通的,以禅解《易》或以《易》解禅的做法自然也是合理合法的了。由此可证,儒学、道学、佛学也都是本源相同的,即同一"自心",同一"自性",同一"易理"。

由于智旭是在解说中表达思想,没有条件形成条理清晰、逻辑严密、完整系统的长篇文字内容,所以有必要对其"禅易相通"思想的理论内容逐步加以贯穿和总结。一是易理说。智旭认为易理是贯彻始终的自心之理体,是"易"在"天""地""人""心""性""理""物"等层面上的集中体现,即是"易"之"有体"的形象体现。二是无极太极说。智旭认为无极和太极都是万物的本体,是"易"之"无体"和"有体"的两种体现,"无极"是"易"之"无体",即是"不思议之心体";"太极"是"易"之"有体",即是"自心之易理",有如"真如之无明"。三是佛性论。智旭认为"易"与"佛性"是一致的,以"易"之"无体"同"真如之性",以"易"之"太极"本体同"无明佛性"。合而观之,智旭又认为所谓的"易""易理""无极""太极""佛性"等都是相通的,因为这些都具有"随缘不变,不变随缘"之义,都不离开"现前一念心性"。必须指出,在智旭的《周易禅解》中所谓的"易理说""无极太极说""佛性说",名称虽然不同,但实际上都是相通的。总而言之,智旭认为禅学与易学、儒学与佛学乃至儒释道三教之间都是可以相通的,因为它们同心同理同源。

如此以《周易》之"易"来建构学术相通的思想体系,在中国学术史上应该是非常少有的。①

(原载《周易研究》,2006年第5期,第29—35页;中国人大复印资料《中国哲学》全文转载,2007年第1期,第36—42页)

---

① 主要参考文献:(明)释智旭:《周易禅解》,载《续修四库全书》第15册(据上海图书馆藏清初释通瑞刻本影印);(明)释智旭著、成时辑录:《灵峰宗论》十卷,南京金陵刻经处刻本(据嘉庆辛酉和硕豫亲王裕丰刻本重印);张善文:《象数与义理》,辽宁教育出版社,1989年;朱伯崑:《易学哲学史》,华夏出版社,1995年;陈来:《宋明理学》,辽宁教育出版社,1991年;洪修平:《中国佛教文化历程》,江苏教育出版社,1995年;谢金良:《援禅以证易 诱儒以知禅——〈周易禅解〉易学思想与方法略论》,载刘大钧主编《大易集说》,巴蜀书社,2003年。

易辞与佛法互证互通

——再论《周易禅解》的思想创新

智旭所谓的"禅易相通",不是仅在理论上抽象说明而已,而是把这一思想贯穿到每一部分的解说中,以大量的事例加以印证。可以说,智旭通解《周易》经传,正是围绕这一思想主题来展开的。不仅根据《周易》经传论述了"禅易相通"思想的理论依据和构架,而且在具体揭示禅易关系方面下了不少功夫,得出了许多新见解。总的来看,这方面内容相当多,而且有很多都是智旭的创新。关于"禅易相通"的事例,以下侧重从创新的角度加以归纳和说明。

一、卦爻义理通佛法

为了打通易佛之间的隔阂,智旭除了认为《易经》卦爻辞可通佛法之外,还多处指出卦象和爻象的义理与佛理的相通,由此来反复证明易学与佛学是完全相通的。

首先,认为八卦、六十四卦之义全与佛学之理相通。智旭认为八卦之象可通佛理,如解"文王八卦次序"图说:"男即父,女即母。又父只是男,母只是女。坤体得乾为三男,有慧之定,即止而观也。震为观穿义,艮为观达义,坎为不观观义。乾体得坤为三女,有定之慧,即观而止也。巽为止息义,兑为停止义,离为不止止义。"又如其解《说卦传》"雷以动之,风以散之,雨以润之,日以暄之,艮以止之,兑以说之,乾以君之,坤以藏之"时指出:"先以定动犹如'雷',后以慧拔犹如'风'。法性之水如'雨',智慧之照如'日'。妙三昧为'艮止',妙总持为'兑悦'。果上智德为'乾君',果上断德为'坤藏'。"再如解《说卦传》"神也者,妙万物而为言者也"一段指出:"夫'神'不即万物,亦不离万物,故曰'妙万物'也。一念菩提心,能动无边生死大海,震之象也。三观破惑无不遍,巽之象也。慧火干枯惑业苦水,离之象也。法喜辨才自利利他,兑之象也。法性理水润泽一切,坎之象也。首楞严三昧,究竟坚固,艮之象也。凡此,皆乾、坤之妙用也。即八卦而非八卦,故曰'神'也。"此三处智旭引用佛法对八卦之象作特殊解释,从而巧妙地融通了易象与佛法。智旭还认为广八卦之象都有佛理内涵,如其解《说卦传》"乾为天"一段指出:"此广八卦一章,尤见《易》理之铺天匝地,不间精粗,不分贵贱,不论有情无情。禅门所谓'青青翠竹,总是真如;郁郁黄花,无非般若'。"《说卦传》广列八卦卦象,说明八卦不只象征天地雷风水火山泽,还可象征父母男女,身体手足,草木金石,颜色方位等宇宙万物,此处智旭认为这也正如佛法广大,有情无情均可涵摄,无疑是更进一步证明所有八卦的象征意象都可与禅理相通。智旭甚至还认为后天八卦的次序也能与佛法修行的顺序一一对应,如其解《说卦传》"帝出乎震,齐乎巽,相见乎离,致役乎坤,说言乎兑,战乎乾,劳乎坎,成言乎艮"时指出:

"帝"者,吾人一念之天君也,不愤不启,不悱不发,故"出乎震"。既发出生死心,须入法门以齐其三业。三业既齐,须以智慧之明见一切法。既有智慧,须加躬行,智行两备,则得法喜乐,又可说法度人。说法则降魔为战,战胜则赏赐田宅,乃至解髻珠以劳之。既得授记,则成道而登涅槃山矣。

而对六十四卦卦名的佛法内涵,智旭侧重以《乾》《坤》二卦为例来诠释，如其解释《乾》卦辞说："六画皆阳，故名为乾。乾者，健也。在天为阳，在地为刚，在人为智为义，在性为照，在修为观，又在器界为覆，在根身为首为天君，在家为主，在国为王，在天为帝。或有以天道释，或有以王道释者，皆偏举一隅耳。"解释《坤》卦辞说："六画皆阴，故名为坤。坤者，顺也。在天为阴，在地为柔，在人为仁，在性为寂，在修为止，又在器界为载，在根身为腹为腑脏，在家为妻，在国为臣。"《乾》与《坤》既是其余六经卦之父母，也是其余六十二卦的门户，此处智旭特别对此两卦的卦象之义进行佛法阐释，目的是证明所有卦名卦象之义都能与佛法相通。

其次，认为爻象之义无不与佛法佛理相沟通。以"六即"与"六爻"相对释、统论六爻表法等都是智旭沟通六爻之义与佛理的主要手法，此两种在前文已多有论及，此不赘述。智旭还在这方面作了不少的沟通，如解《坤·初六》指出："坤之六爻，即表六度。布施，如'履霜'，驯之可至坚冰。……持戒，则'直、方、大'：摄律仪，故'直'；摄善法，故'方'；摄众生，故'大'。忍辱，为'含章'，力中最故。精进，如'括囊'，于法无遗失故。禅定，如'黄裳'，中道妙定遍法界故。智慧，如'龙战'，破烦恼贼故。"此处智旭以"六度"释《易》，将六度与《坤》卦六爻之义紧密结合。不难看出，《坤》卦爻辞的内容，在开导人们观物、处世的基本原则，同佛教六度修行的原则对应解释，确有启发。又如以佛法解《屯·九二》爻辞"包蒙吉，纳妇吉，子克家"时指出："定慧平等，自利已成，故可以'包'容覆育群'蒙'而'吉'。以此教授群'蒙'修行妙定，名'纳妇吉'。定能生慧，慧能绍隆佛种，为'子克家'。'妇'是定，'子'是慧也。"此处以"定慧平等"来比释《蒙》之九二的阴阳得配之象，既能通解爻象之义，又能申发修禅之理，实在是恰到好处。《周易》认为阳刚阴柔，只有阴阳相应，刚柔相济，才能趋吉避凶。对此，智旭巧妙地以阳喻慧，以阴喻定，从而把佛法"定慧等持"与《周易》

"阴阳平衡"的思想联系在一起，如其所谓的"'妇'是定，'子'是慧"正是根据这一解说原则来发挥的。这一原则的取象内容很广泛，诸如"乾是慧，坤是定""刚是性德，柔是修德""刚是妙观，柔是妙止""刚是智慧，柔是禅定"，等等，都包涵在此原则中。总的来看，智旭在运用佛法沟通爻象义理时，大多根据这一原则，而且都能解说得恰到好处，几乎没有游离于爻象义理之外。不妨再举两个例子为证。如解《临·六五》"知临，大君之宜，吉"时指出："有慧之定，而应'九二'有定之慧，此所谓'王三昧'也。中道统一切法，名为'大君之宜'。"《临》之六五，位居尊位，以柔处中，下应九二，犹如任用刚健大臣、辅己"君临"天下，正见明智，故称"大君之宜，吉"。此处智旭以"有慧之定"来发挥该爻象的义理，与爻辞文义颇为契合。又如解《姤·九二》"包有鱼，无咎，不利宾"时指出："修显性，则性有修；定发慧，则慧有定。性修交成，定慧平等，'无咎'之道也。但可内自证知，岂可举似他人？世法亦尔，吾民吾子，岂可令他人分治哉？"《姤》之九二内禀刚中之德，虽下遇于初六，却能以"正道"为制约，不擅据初为己有，也不使之遇于"宾客"，实为善处"姤"时之象，故获"无咎"。此处智旭把爻中"不据不遇"之象理解成"以定发慧"而得"定慧平等"之"无咎"，于象于理无不切中肯綮。

由于《周易禅解》具有大量沟通《周易》卦爻义理与佛理的具体事例，充分展示了《周易》上下经、八卦、六十四卦、三百八十四爻的义理与佛理契合，所以使得全书具有鲜明的"禅易相通"思想倾向，且大多独具特色，具有一定的创新性。

二、经传义理契佛理

智旭不仅认为卦爻的义理能通佛理，而且明确指出《周易》上下经、《易传》、易图所蕴涵的义理，乃至《周易》所揭示的大道理，无一不与佛理相契相通。以下援引一些典型事例为证,以进一步归纳和理解《周易禅解》的"禅易相通"思想。

首先,认为《周易》上下经的主旨与佛理相通。如解下经《咸》卦之前指出:"上经始《乾》《坤》而终《坎》《离》,乃天地日月之象,又寂照定慧之德也。是约性德之始终。下经始《咸》《恒》而终《既济》《未济》,乃感应穷通之象,又机教相叩、三世益物之象也。是约修德之始终。又上经始于《乾》《坤》之性德,终于《坎》《离》之修德,为'自行'因果具足。下经始于《咸》《恒》之机教,终于《既济》《未济》之无穷,为'化他'能所具足。此二篇之大旨也。"此处认为《周易》上经,偏重"自行",即自利;下经重在"化他",即利他。即认为《周易》的效用与"佛之说法,不外自行、化他二途"的原则相同。

其次,认为孔子的《易传》与性修不二之学是相通的。这方面在前文已有专题论述,此处再略加说明。主要是认为《易传》的义理都通佛理。如解《谦》卦《大象传》说:"山过乎高,故多者亵之;地过乎卑,故寡者益之。趣得其平,皆所以为谦也。佛法释者:亵佛果无边功德之山,以益众生之地,了知大地众生皆具佛果功德山王,称物机宜,而平等施以佛乐,不令一人独得灭度。"又如其解《序卦传》就一句话:"《序卦》一传,亦可作世间流转门说,亦可作功夫还灭门说,亦可作法界缘起门说,亦可作设化利生门说。在儒内圣外王之学,在释则自利利他之诀也。"解《杂卦传》最后一章更是把他的"禅易相通"思想显露无遗:"问:何谓君子之刚?答:智慧是也。何谓君子之柔?答:慈悲是也。何谓小人之刚?答:瞋慢邪见是也;何谓小人之柔?答:贪欲痴疑是也。噫!读此一章,尤知宣圣实承灵山密嘱,先来此处度生者矣。不然,何其微言奥旨,深合于一乘若此也。思之佩之!"《周易》的基本观念是乾刚、坤柔,此处智旭引佛理释刚柔,充分证明孔子与佛陀思想的一致性。总之,智旭解说《易传》贯彻始终的就是具有鲜明特色的禅易相通思想。

再次，认为《周易》所揭示的大道理都与佛理相契合。（一）"易与不易"与"常与无常"理趣相同。如《周易禅解·易解跋》指出："至于历尽万别千差世事，时地俱易，而不易者依然如故，吾是以知'日月稽天而不历，江河竞注而不流'，肇公非欺我也。得其不易者，以应其至易；观其至易者，以验其不易；常与无常，二鸟双游。"此处智旭以"常与无常，二鸟双游"解释"易"与"不易"的辩证统一，并与僧肇《物不迁论》的名言互为印证，颇富哲理，也颇为得体，充分显示其引儒入禅的思想闪光。智旭还以"常与无常"来解释《咸》《恒》两卦义理，如其解《恒》卦辞指出："夫感应之机，不可一息有差；而感应之理，则亘古不变者也。依常然之理而为感应，故泽山得名为'咸'。依逗机之妙而论常理，故雷风得名为'恒'。泽山名'咸'，则常即无常。雷风名'恒'，则无常即常。又'咸'是泽山，则无常本常。'恒'是雷风，则常本无常。'二鸟双游'之喻，于此可悟矣。"解《恒·彖》时又继续指出："始既必终，终亦必始，始终相代故非常，始终相继故非断，非断非常，故常与无常二义俱存。天地则有成住坏空，日月则有昼夜出没，四时则有乘除代谢，圣道则有始终体用，皆常与无常二义双存。而体则非常非无常，强名为'恒'者也。"此处智旭不仅详细阐述"常与无常二义俱存"的辩证道理，而且把它完全与《周易》的义理相对释，充分证明了易理与佛理的相通。（二）"阳刚阴柔"之道与"止观定慧"之理相通。乾健坤顺，阳刚阴柔，是《周易》概括宇宙万有生成变化的基本范畴。智旭紧紧抓住乾坤阴阳的对立特性，以之解释修行中的止观定慧。如解《系辞上传》"乾坤其易之蕴耶"云："盖易即吾人不思议之心体，乾即照，坤即寂；乾即慧，坤即定；乾即观，坤即止。若非止观定慧，不见心体；若不见心体，安有止观定慧！"定与慧，止与观，相反相成，犹如《周易》阴阳对待、乾坤并举，此处智旭正是巧妙地贯通了两者的共性，使易理和佛理得到有机的统一。智旭还以三止、三观诠释乾父坤母及六子,如解《说卦传》"乾,天也"一段云:"方便为父,智度为母。三观皆能破一切法,为长男;三止皆能息一切法,为长女。三观皆能统一切法,为中男;三止皆能统一切法,为中女。三观能达一切法,为少男;三止皆能停一切法,为少女。"三观,指空观、假观、中观;三止,指体真止、方便随缘止、息二边分别止。三止同三观一一相对,止观双运,乃得解脱。正如智旭解《睽·上九》时所说:"惟根本正慧,能达以同而异,故即异而恒同。否则必待定慧相资,止观双运,乃能舍异生性入同生性耳。"由"定慧相资""止观双运",而达"即异而恒同",无疑是对《睽·象》"睽,君子以同而异"的很好解释。为了充分说明"止观定慧"之法与《周易》"阴阳刚柔"之理,确实是"虽异而恒同",智旭借助《易传》的思想作了不少的贯通。如解《乾·文言》"居上位而不骄,在下位而不忧"指出:"知至至之,是妙观;知终终之,是妙止。止观双行,定慧具足,则能上合诸佛慈力而不骄,下合众生悲仰而不忧矣。"此处以"定慧具足"的思想,来贯通"不骄不忧",既开拓了为人处世的易理范畴,也开阔了止观修行的高尚境界。又如解《贲·彖》"观乎天文以察时变,观乎人文以化成天下"时指出:

> 文质互资,定慧相济,性德固然,非属强设,名为"天文"。体其有定之慧,寂而常照,为观;体其有慧之定,照而常寂,为止,是谓以修合性,名为"人文"。性德则具造十界,故观之可"察时变";修德则十界全归一心,故观之可"化成天下"。

《贲》卦象上艮下离,上阳下阴,上刚下柔,上"天文"而下"人文"。此处智旭又以"止观定慧"之理来与卦象"文质互资"义理对释,充分证明了易理与佛理的相通。(三)"唯变所适"的原则与"不容执著"的法则一样。如其解《系辞下传》"为道屡迁"一段时指出:

"虽近在日用之间，而初无死法，故'为道屡迁'；随吾人一位一事中，具有十法界之变化，故'变动不居，周流六虚'；界界互具，法法互融，故'上下无常，刚柔相易'；所以法法不容执著而'唯变所适'。"此处显然是用"法界一如""不容执著"之理，来与"为道屡迁""唯变所适"的《周易》原则相对释，使易佛之理同时都得到了圆融和会通。《周易》主要是阐明阴阳变化的原理，智旭能以佛理佛法对这一原理进行完整系统而又合情合理的解说，不但体现了鲜明的"禅易相通"思想倾向，而且使以禅解《易》的思想理论得以创新和发展。

最后，认为易图所蕴涵的义理也与佛理处处相通。如解"河图"时指出："又约十度修德者：一是布施，六是般若，此二为福慧之主，如地生成万物，故居下。二是持戒，七是方便，此二为教化之首，如天普爱万物，故居上。三是忍辱，八是大愿，此能出生一切善法，故居左。四是精进，九是十力，此能成就一切善法，故居右。五是禅定，十是种智，此能统御一切诸法，故居中。实则界界互具，度度互摄。盖世间之数，以一为始，以十为终。《华严》以十表无尽，当知始终不出一心、一尘、一刹那也。"此处智旭援用《周易》"河图"之数及方位，来诠释十波罗密，所提示的内容，更为深刻。不难看出，将十波罗密组合为五对，与河图之数所居方位对应，以此解《易》，可谓别出心裁，别开生面。

三、易学心法通儒释

儒学的心性论，尽管不完全囿于所谓的"心"来解释，但无疑有相当的唯心成分存在。在智旭看来，既然易理是天地万物的本体，自然所有的心、理、气、道也都与易理相契合，无疑也就意味着这些在儒学中具有本体概念的东西跟佛理是并行不悖的，只要能把它们都统一在"万法唯心"的命题上，所有的争论问题马上就迎刃而解。智旭正是在如此理论的基础上，认为儒学与禅学的心性是相同的。《周易禅解》中的"儒佛相通"思想主要有以下表现。

首先，认为儒家的道德修养与佛家的修持方法相通。《易经·乾》卦辞有"元亨利贞"一语，《文言》称之为"四德"，儒家借此来阐发"五常"，即"仁义礼智信"。早在六朝时期，孙绰、昙靖、沈约、颜之推等人，在宣扬儒佛同一论时，就将"五常"与佛门"不杀生、不偷盗、不邪淫、不饮酒、不妄语"等"五戒"相比配。晚唐时期，圭峰宗密在疏释《涅槃》《胜鬘》《圆觉》等佛经时，又运用《周易》原理来说明"四德"与佛教"常乐我净"的对应关系，主要观点大致是：一是认为乾是天象，天是其体，乾是其用，乾的阳体和佛教的觉体是共同的，动用不息；二是认为乾和佛的德，都分四德，乾的德是无量无边，德的实体包括在"元亨利贞"四德里。所谓元，是始，始而生万物。所谓亨，是通，万物自在亨通。所谓利，是和，万物之性和谐而各利。所谓贞，是正，万物坚固贞正。佛的德也还是无量无边，但德的实体包括在"常乐我净"四德里；三是认为乾的四德是始于一气，佛的四德发于一心，一气一心是万物发生的根本原理；四是认为乾的四德从一气始，修炼一气，致柔成道，佛的四德基于一心，修炼此心而成佛。总起来看，宗密主要是认为"元亨利贞"与"常乐我净"意思相类同。智旭在《周易禅解》中对前代的"四德"说又加以发挥，并提出自己的见解，如其解《乾·文言》时指出：

> 统论"乾""坤"二义，约性则寂照之体，约修则明静之德，约因则止观之功，约果则定慧之严也。若性若修，若因若果，无非常乐我净。常乐我净之慧名一切种智，常乐我净之定名首楞严定，所以"乾""坤"各名元亨利贞四德也。今以儒理言之，则为仁义礼智。若一往对释者，仁是常德，体无迁故；礼是乐德，具庄严故；义是我德，裁别自在故；智是净德，无昏翳故。若互摄

互含者，仁义礼智性恒，故常；仁义礼智以为受用，故乐；仁义礼智自在满足，故我；仁义礼智无杂无垢，故净。又四德无杂，故为仁；四德周备，故为礼；四德为一切法本，故智也。

从上引文可见，智旭认为不仅"元亨利贞"本具"常乐我净"四德，而且"仁礼义智"四德可与"常乐我净"对释，"仁礼义智"四德乃与"常乐我净"互含互摄。除此之外，智旭在解《乾·彖》时，还把"元亨利贞"四德当"佛性"来看待，指出："以乾表雄猛不可沮坏之佛性，以元亨利贞表佛性本具常乐我净四德。佛性必常，常必备乎四德。"智旭更以《系辞》所列《履》《谦》《复》等九卦之义，与佛家修持之法相对释，将佛家修行与儒家道德修养相融通，如其解《系辞下传》"是故《履》，德之基也"一段时指出：

心慈而力健，故为"德基"；内止而外顺，故为"德柄"；天君为主，故是"德本"；动而深入，故"德"可"固"；譬如为山，故为"德修"；鼓舞振作，故为"德裕"；积而能流，故为"德辨"；入而能出，故为"德地"；遍入一切，故为"德制"。素位而行之谓《履》，蕴高于卑之谓《谦》，为仁由己之谓《复》，动而有常之谓《恒》，去恶净尽之谓《损》，积善圆满之谓《益》，历境人心之谓《困》，有源不穷之谓《井》，无入不得之谓《巽》。其实六十四卦，无非"与民同患"，内圣外王之学，且就九卦指点者，以其尤为明显故也。

又如解《系辞下传》"《履》以和行"一段指出：

按此九卦，亦即是以余九法助成不思议观之旨。盖易即不思议境之与观也。作易者有与民同患之心，更设九法以接三根。

《履》，是真正发菩提心，上求下化。《谦》，是善巧安心止观，地中有山，止中有观也。《复》，是破法遍，一阳动于五阴之下也。《恒》，是识通塞，能动能入也。《损》，是道品调适，能除惑也。《益》，是对治助开，成事理二善也。《困》，是知次位，如水有流止，不可执性废修也。《井》，是能安忍，谓不动而润物也。《巽》，是离法爱，谓深入于正性也。

《易传》"三陈九卦之义"，目的在为儒家树立修身之道，以处忧患之世。智旭不仅认为此九卦之义与用，"为内圣外王之学，所以能归非善非恶之至善，非邪非正之至正，而圣人与民同患之线索亦尽露于此"①，而且借佛家修行之要与九卦之义互证互通，既阐明儒家修身立德的内圣外王之学，又阐发佛家以断惑而立正见的性修不二之学，无疑乃是在引用易理以宣扬儒佛相通的思想主张。

其次，以心法解读《周易》，证明儒释的心性论是相通的。②心法概指修行中的种种心理、精神现象，反映了修行者的心态及功德的深浅。智旭以心法观念解《易》的目的有两个，一是认为卦爻辞和《易传》思想多是有关修行者心态的分析，可以此来启发修行者。如其解《谦·上六》时指出：

> 约内外四众者：初六是沙弥小众，故为"卑以自牧"；六二是守法比丘众，故为"鸣谦贞吉"；九三是弘法比丘，宰任玄纲，故为"劳谦君子"；六四是外护人中优婆塞等，故"恒谦"；让一切出家大小乘众，而为"扬谦"乃"不违则"；六五是护法欲界

---

① 《周易禅解》卷九解《系辞下传》"《履》以和行"一段。
② 以下两段参见唐明邦《以佛解〈易〉援儒证佛》，《佛学研究》1995年年刊，第174—177页。

诸天，故能摧邪以显正，而"征不服"；上六是色、无色天，虽亦护正摧邪，而禅定中无瞋恚相，不能作大折伏法门，故"志未得"。

此处智旭运用"统论六爻表法"，通过刻画修行者的六种不同心态，来与《谦》卦爻辞所描述的处"谦"之情态相对释，既把《周易》"藏否各有分寸"的处"谦"心法揭露无疑，又以入木三分的心态刻画来启迪修行者。又如其解《解·上六》时指出："初以有慧之定，上应九四有定之慧，惑不能累，故'无咎'。九二以中道之慧，上应六五中道之定，而六三以世间小定小慧，乘其未证，窃思乱之，故必猎退狐疑，乃得中直正道。……六五以中道之定，下应九二中道之慧，慧能断惑，则定乃契理矣。上六以出世正定，对治世禅世智、邪慢邪见，故'无不利'。"由于所具定慧果位不同，相互之间存在"相应"或"对治"关系。此处智旭以此佛理来说明《解》卦六爻之间的比应关系，为修行者对治"禅病"提供易学的心法要。再如其解《噬嗑·上九》时指出："观心释者：初九境界一发，即以正慧治之，如'灭趾'而令其不行。六二境界未深，即以正定治之，所噬虽不坚硬，未免打失巴鼻。六三境界渐甚，定慧又不纯正，未免为境扰乱，但不至于堕落。"《噬嗑》卦爻辞，反映古代对不同罪犯，量用轻重不同刑罚。此处智旭借用修行观心方法之别，来申发《噬嗑》治罪量刑之理，颇富启发性。再如解《剥·象》时指出：以《剥》之"六爻约世道，则朝野无非阴柔小人，唯一君子高居尘外。约佛化，则在家出家，皆以名利相縻，惟一圣贤远在兰若。约观心，则修善断尽，惟一性善，从来不断"。《剥》卦上艮下坤，其卦象乃一阳居五阴之上，智旭以此卦象比喻世道与佛理，尤其是从心法的角度阐发了"性善不断"的道理。再如解《系辞下传》"以小恶为无伤而弗去也，故恶积而不可掩"时指出："夫戒定之器，必欲其成；障戒障定之恶，必宜急去。勿轻小罪以为无殃，惩之于小则无咎，酿之于终则必凶，修心者所宜时时自省、自改也。"此处智旭明显是借此儒家易学心法来告诫修行者，修心证要当时时自省。类似的解说文字，可谓举不胜举，兹不赘述。

另一个目的是借助易学来融通儒释心法。智旭解《易》不仅借经传和易图来劝导人们一心向佛和诚意修行，而且将佛学思想贯通到《易》理诠释中去，大力宣扬"儒佛相通"的思想。如其解"易图"时指出："右图说有八，或与旧同，或与旧异，只贵遥通儒释心要而已。"① 解卦爻辞时也很注重以心法来贯通，如其解《大畜·象》时指出："一山之中具有天之全体，一念心中具摄十世古今。揽五时八教之'前言'，该六度万德之'住行'，以成我自心之德，以此自畜，即以此畜天下矣。"又如解《坎》卦辞"习坎。有孚，维心亨，行有尚"时指出："然世、出世法，不患有重沓之险难，但患无出险之良图，诚能如此卦之中实'有孚'，深信一切境界皆唯心所现，则'亨'而'行有尚'矣，又何险之不可济哉！"《周易》是儒家尊奉的首要经典，能如此从中解读出佛家的心法内容，无疑也是在说明儒和释的心性论是相通的。但是，我们也应该认识到，智旭以心法为解主要还是为了劝导众生重视修行，尤其是要修心成佛。如其解《乾·文言》"上下无常，非为邪也；进退无恒，非离群也；君子进德修业，欲及时也"时指出："直观不思议境，为上；用余九法助成，为下。心心欲趋萨波若海，为进；深观六即不起上慢，为退。欲及时者，欲于此生了办大事也，此身不向今生度，更向何生度此身？"此处智旭以修行佛法要求及时，来与"君子进德修业欲及时"对释，劝导众生及时修行。智旭甚至还认为修行中断惑识慧也要及时，才能早日证法身，识般若，获解脱。如其解《系辞下传》"《易》曰：公用射隼于高墉之上"一段指出："禽喻惑，器喻戒定，人喻慧。……如人有慧，故能以戒定断惑也。

---

① 《周易禅解》卷十解"图说"文末。

宗门云'一兔横身当古道,苍鹰才见便生擒',亦是此意。"这是说众生断惑趋佛,应如苍鹰擒兔一般,迅猛异常,毫无迟疑。智旭以此修行务在戒定断惑,来与《系辞下传》"君子藏器于身,待时而动"的词句相对释,使儒家的修养之道与佛家的修行之要紧密地结合在一起,充分表明了儒释在心性方面是可以相通的。

平实而论,《周易禅解》中虽然有多处涉及儒佛之间的关系,然而并没有明显论及儒释道三教之间的关系问题。但是从其所体现的"禅易相通"思想理论的内容,我们不难推证其中蕴涵着三教关系理论,而且有着"三教合一"的倾向。因为《周易》是儒、道两教共同尊奉的经典,两教的思想也基本上是借助《周易》思想来发挥的,所以智旭在易与佛相通的基础上,自然能够得出三教同源的结论。所谓的"同源",实际上也就是"同心""同理",按智旭的话来说就是具有相同的"自心之易理"。既然是同源,那么无论是主张道为本体,还是主张心或理为本体,其实都是意思相同,只不过是理解的方式和概念不同罢了。从这个角度看,智旭在解说《周易禅解》中所体现出来的禅易相通思想,无疑是为其推行三教合一的思想主张奠定理论基础的。从这个意义上说,智旭能借助公认的《周易》经典来建立自己独特的理论体系,自然是比前代那些执以某学说而言《易》的作品要高明得多。[①]

(原载《宗教学研究》,2009年第2期,第13—18页)

[①] 主要参考文献:(明)释智旭:《周易禅解》,载《续修四库全书》第15册(据上海图书馆藏清初释通瑞刻本影印);张善文:《象数与义理》,辽宁教育出版社,1993年;夏金华:《佛学与易学》,台湾新文丰出版有限公司,1997年;王仲尧:《易学与佛教》,中国书店,2001年;唐明邦:《以佛解〈易〉援儒证佛》,载《佛学研究》,1995年。

易道与佛性相提并论

——又论《周易禅解》的思想创新

易道广大,是历代所有学者公认的。对此,智旭也是持相同的看法。而且,智旭还通过对易道的深入认识和探讨,尽力来论证易道与佛法是可以相提并论的。而为了证明他的看法是对的,智旭在解说《周易》的过程中,每时每刻都在试图用佛法解释易理,而且有着明显的思想理论倾向:易理即佛性、乾道即佛性。这一理论同时发展了以往人们对易理和佛性的看法,使易道论和佛性论在得到沟通的同时也得到了丰富和发展。所以,笔者认为这又是智旭的一大创新。智旭对易道与佛性的融通,除了在解《系辞》等五传中具有"易理即佛性"的思想理论之外,在解《乾》《坤》等六十四卦经传中有着更为具体的体现。

一、易道即是乾道

为能深刻理解智旭的"易道即佛性"思想,我们可先通过《易传》来了解"易道"与"乾道"的关系。《四库全书总目提要·易类小序》指出:"易道广大,无所不包。"此处的"易道"主要是就易学适用的范围而言。确切地说,《四库》所言的"易道"并非直接取自《周易》,因为《周易》中并没有直接提出"易道"这个名词。但是,《周易》中的确有不少关于"易道"的表述。所谓的"易道",实际上就是指"易之道"。分而言之:何谓"易",《系辞上传》说"生生之谓易",乃取

"生生不息，变化无穷"之义；何谓"道"，《系辞上传》说"一阴一阳之谓道"，又说"形而上者谓之道"，乃取"阴阳变化，往来不穷"之义。合而言之："易之道"，即"变化之道""变动之道"，所以说"易道"也就是指《周易》关于动静变化的道理"。对于"易道"的内涵和外延，《易传》还有更明确的表述，主要有三层的意思。

第一，易道广大。如《系辞上传》说"易与天地准，故能弥纶天地之道"，《系辞下传》说"易之为书也，广大悉备，有天道焉，有人道焉，有地道焉。兼三才而两之，故六。六者，非他也，三才之道也"，又说"六爻之动，三极之道也"，《说卦传》说"昔者圣人之作易也，将以顺性命之理，是以立天之道，曰阴与阳；立地之道，曰柔与刚；立人之道，曰仁与义"。由此可见，"易道"既是"三才之道""三极之道"，又是阴阳、刚柔、仁义之道。按照智旭的理解，此"易道"既是"贯彻天地始终之易理"，也是"自心之易理"，又是"随缘不变，不变随缘之易理"。所以说"易道"广大悉备，无所不包，无所不在。

第二，易道屡迁。如《系辞下传》说"易之为书也不可远，为道也屡迁。变动不居，周流六虚，上下无常，刚柔相易，不可为典要，唯变所适"。由此观之，"易道"是"变化之道"，若隐若现，若即若离，随顺变化，不容执著。《乾》卦六爻之动，也是"变化之道"，所以说"易道"也就是"乾道"。

第三，易道守须恒。如《系辞下传》说"惧以终始，其要无咎，此之谓易之道也"，此话即言"自始至终恒守惧变之心，以求得无咎为要旨，这就叫做《周易》的道理"。看来，真正的"易道"不仅在于"明其道"和"知其变"，还在于"守其道"和"防其变"。智旭把"安不忘危，存不忘亡，治不忘乱"视为"万古之正理"，无疑正是从"恒守易道方得无咎"的意义出发的。可见，智旭所理解的佛理，完全都涵摄在"易道"之中。

什么是"乾道"呢？对此，《易传》有多处直接以"乾道"来展开论述，智旭也因此借佛法来重新理解《易传》所谓的"乾道"。如《系辞上传》说："乾道成男，坤道成女。乾知大始，坤作成物。"智旭解说："万物虽多，不外天地；易卦虽多，不出乾坤。圣人体乾道而为智慧，智慧如男；体坤道而为禅定，禅定如女。智如金声始条理，定如玉振终条理。"此处是把"乾道"视为"智慧"，"智慧"实际上乃是指"本性""心性"而言。顺便提及，对于"乾知大始，坤作成物"，我们在《周易禅解》中看不到智旭的解释，倒是在《灵峰宗论》中发现了两处：

> 惟得天下之最后者，能得天下之最先。惟知天下之最先者，能得天下之最后。故曰"乾知大始，坤作成物"。岂自强、载物有二体哉？[①]
>
> "乾知大始，坤作成物"，有坤无乾固不可，有乾无坤又岂可哉？非初步无以为究竟之始，非到家无以结初步之局，此儒门智仁合一之学，与佛门解行互彻之旨相类也。[②]

这两处引文中，没有直接涉及"乾道"，但对乾与坤的关系做了深究，由此可推智旭的"乾道"与"坤道"实际上也是合一的。又如《乾·彖》说"大哉乾元，万物资始，乃统天。云行雨施，品物流行。大明终始，六位时成，乾道变化，各正性命，保合太和乃利贞。首出庶物，万国咸宁"，《乾·文言》说"或跃在渊，乾道乃革"。从这两处引文来看，《易传》所谓的"乾道"也是指"变化之道"。可见智旭把"乾道"也当作"易道"来看待并没有离开《易传》的旨意。这

---

① 《灵峰宗论》卷二之五《法语五·示范得先》。
② 《灵峰宗论》卷三之三《答问三·答唐宜之问书义》。

里还涉及"乾道"与"乾元"的关系问题。什么是"乾元"呢？对于"乾元",《易传》除了说"大哉乾元"以外，在《乾·文言》中还有几处提到。如说"乾元者，始而亨者也"，又说"乾元用九，天下治也""乾元用九，乃见天则"；还说"元者，善之长也""君子体仁，足以长人"。从这些表述来看，"乾元"主要具有三个特点：一是大且资始，二是始而致亨，三是亨而长善。由此可见，《易传》所谓的"乾元"其实也是与"乾道"意义相同。综合《易传》的说法，我们可以得出结论："易道"即"乾道"，"乾道"即"乾元"。按照智旭的说法，所谓的"易道""乾道""乾元"都被"易理"贯穿始终，都是本体，也都是心体。因此，他在解"乾道变化"一句时说："盖一切万物既皆资始于乾元，则罔非乾道之变化也。既皆乾道变化，则必各得乾道之全体大用。非是乾道少分功能，故能各正性命。物物具乾道全体，又能保合太和；物物具乾元资始大用，乃所谓利贞也。"此处，智旭更是明言"乾道"与"乾元"都是全体大用的。明于此，我们就可以对智旭的"易道即佛性"论有更完整准确的认识。

二、佛性即名乾元

所谓佛性，又称佛界、如来界、佛藏、如来藏、法性、涅槃、般若、真如之性等，是佛教所说的一切众生都有觉悟成佛的可能性，也可以说是众生所以能觉悟成佛的内在依据。所谓佛性论，主要就是指关于佛性问题的思想、学说或理论。佛性论是佛教理论中最重要的思想理论之一。关于佛性论，《周易禅解》中谈得很多，除了解《乾》《坤》两卦有大量的阐述外，在解《系辞》上下传、《说卦传》，解上经的《屯》《比》《履》《同人》《大有》《观》《剥》《复》《颐》《离》以及下经的《遁》《晋》《革》《节》《中孚》《既济》等卦中都有明显的反映。以下主要以解《乾》《坤》两卦为例，来考察智旭的佛性论思想。

先谈解《乾》卦的佛性论。《周易》以乾为纯阳,具有刚健德性,它无所不在,主宰万物的生成变化。《乾》卦具有"元亨利贞"四德,资始统天,原始要终,极尽变化之道。对此,智旭援用中国佛性论"佛性无所不在,众生皆具佛性"的思想进行了多角度的阐释和发挥,主要表现在以下方面。

第一,以龙喻佛性,认为"六爻即六即"。如其解释《乾》卦六爻说:"佛法释《乾》六爻者:龙乃神通变化之物,喻佛性也。理即位中,佛性为烦恼所覆,故'勿用'。名字位中,宜参见师友,故'利见大人'。观行位中,宜精进不息,故曰'乾夕惕'。相似位中,不著似道法爱,故'或跃在渊'。分证位中,八相成道,利益群品,故'为人所利见'。究竟位中,不入涅槃,同流九界,故云'有悔'。"由此可见,智旭不仅把《乾》之象"龙"比喻作"佛性",而且把《乾》卦"六爻"的变化与佛性的"六即"行藏联系起来,使不可说的"佛性"变化在爻象中得到形象的体现。《文言》释《乾》之爻辞曰:"潜龙勿用,阳气潜藏;见龙在田,天下文明;终日乾乾,与时偕行;或跃在渊,乾道乃革。"描述了龙在不同形势下的不同表现。智旭的解说又以此来比喻佛性的种种变化:"佛性隐在众生身中,故'潜藏';一闻佛性,则知心、佛、众生三无差别,故'天下文明';念念与观慧相应无间,故'与时偕行';舍凡夫性入圣人性,故'乾道乃革'。"

第二,以元亨利贞表佛性。智旭认为《乾》之象可喻佛性,《乾》之德也可表佛性。如其统论《乾·彖》一传宗旨时指出:"以乾表雄猛不可沮坏之佛性,以元亨利贞表佛性,本具常乐我净四德。佛性必常,常必备乎四德。"

第三,以乾道通佛性。《乾·彖》曰:"乾道变化,各正性命,保合太和,乃利贞"。智旭认为佛性的变化亦如乾道,有保合太和之时,因此解说:"此常住佛性之乾道,虽亘古亘今,不变不坏,而具足一切变化功用,故能使三草二木各随其位而证佛性。既证佛性,则位位皆是法界。统一切法无有不尽,而保合太和矣。所以如来成道,首出九界之表,而刹海众生,皆得安住于佛性中也。"

第四,以乾元命名佛性。《乾·彖》曰:"大哉乾元,万物资始,乃统天。云行雨施,品物流行。"智旭以佛性论来解释说:"竖穷横遍,当体绝待,故曰'大哉乾元'。试观世间万物,何一不从真常佛性建立。设无佛性,则亦无三千性相,百界千如,故举一常住佛性,而世间果报天、方便净天、实报义天、寂光大涅槃天,无不统摄之矣。依此佛性常住法身,遂有应身之云,八教之雨,能令三草二木各称种性,而得生长。"《乾·彖》把"乾元"比作太阳(大明),认为"大明终始,六位时成"。智旭借"大明终始"之意,申论佛性的特点。他先解释说"但约时节、因缘、假分六位,达此六位,无非一理,则位位皆具龙德,而可以御天矣",又说"圣人则于诸法实相,究尽明了。所谓实相非始非终,但约究竟彻证名之为终。众生理本名之为始,知其始亦佛性,终亦佛性,不过因于迷悟时节因缘,假立六位之殊。位虽分六,位位皆龙,所谓'理即佛',乃至'究竟即佛'"。智旭在解《乾·文言》"大哉乾元,刚健中正,纯粹精也。六爻发挥,旁通情也。时乘六龙,以御天也。云行雨施,天下平也"时,认为"佛性"与"乾元"二者的性质、特点完全一致,并以"乾元"来命名"佛性"。对此,他是这样解说的:

佛性常住之理,名为乾元,无一法不从此法界而始,无一法不由此法界而建立生长,亦无一法而不即以此法界为其性情,所以佛性常住之理,遍能出生、成就百界千如之法。而实无能生所生,能利所利。以要言之,即不变而随缘,即随缘而不变。竖穷横遍,绝待难思,但可强名之曰"大"耳;其性雄猛,物莫能坏,故名"刚";依此性而发菩提心,能动无边生死大海,故名"健";非有无、真俗之二边,故名"中";非断常、空假之偏法,故名"正";佛性更无少法相杂,故名"纯";是万法之体要,故名"粹";无有一微尘处,而非佛性之充遍贯彻者,故名"精"。所以只此佛性乾体,法尔具足六爻始终修证之相,以旁通乎十界迷悟之情,此所谓性必具修也。圣人乘此即而常六之龙,以御合于六而常即之天,自既以修合性,遂能称性起于身,云施于法雨,悉使一切众生同成正觉而天下平,此所谓全修在性也。

从上引文可以看到,智旭不仅借"佛性"来比附"乾元"的特性,而且还巧妙地借助义理来阐发"全性起修,全修在性"的道理,使佛性论和修行论的有机结合在《周易》中也得到真实体现。对于"全性起修"的意义,智旭还进一步通过解说《乾·文言》"亢之为言也"等句加以说明。他说:"凡有慧无定者,惟知佛性之可尚,而不知法身之能流转五道也;惟知佛性之无所不在,而不知背觉合尘之不亡而亡也;惟知高谈理性之为得,而不知拨无修证之为丧也。惟圣人能知进退存亡之差别,而进亦佛性,退亦佛性,存亦佛性,亡亦佛性。进退存亡不曾增减佛性,佛性不碍进退存亡,故全性起修,全修在性,而不失其正也。若徒恃佛性,不几亢而非龙乎?"

智旭解《坤》卦也谈佛性论。《周易》讲乾元,总与坤元相对,乾与坤,一阴一阳,一刚一柔,不可分离。智旭深明其理,如其解《坤·彖》时说:"乾坤实无先后,以喻理智一如,寂照不二,性修交彻,福慧互严。"又说"惟'东北丧朋',则于一一行中具见佛性,而行行无非法界。当体绝待,'终有庆'矣。所以'安贞之吉',定慧均平,乃可应如来藏性之'无疆'也。"《坤·文言》曰:"直、方、大,不习无不利,则不疑其所行也。"智旭的解说就把这种君子的美德直接比作佛性:"正念真如,是定之内体;具一切义,而无减缺,是定之外相。既具内体、外相,则必大用现前'而德不孤',所以于禅开秘密藏,了了见于佛性而无疑也。"在解《坤·文言》"天玄而地黄"等句时，智旭还特别以此来阐明"一阐提也有佛性"的道理，他说："若本有寂照之性，则玄自玄，黄自黄，虽阐提亦不能断性善，虽昏迷倒惑，其理常存，岂可得而杂哉？"总的来看，智旭认为"以坤表多所含蓄，而无积聚之如来藏性"①，所以只有"坤道"顺承"乾道"，"坤元"应顺"乾元"，即所谓"以修合性"，才能彰显佛性。

智旭解《乾》《坤》两卦所蕴涵的佛性论思想，明显具有"乾道即佛性"的思想倾向。就这一思想的理论基础而言，主要是继承传统的佛性论思想，认为佛性无所不在，变化不定，且众生都本具有，就连阐提也不断佛性。就其思想的理论形态而言，主要是借"乾之龙象""乾之四德""乾道变化""乾元资始""坤元柔顺"等《周易》的义理，来比喻佛性的常住性、普遍性、变化性，在某种程度上为传统佛性论提供了更为感性和理性的根据，且其思想多有可取之处。以此观之，智旭的佛性论无疑也具有一定的创新。

三、易道皆有佛性

智旭认为《周易》中不止是《乾》《坤》两卦有佛性论思想，其他所有的卦爻义理也都可以申发佛性论，所以他在解卦爻辞时也尽量多加申发，以阐明"易道皆有佛性"的思想。因此，他反对"《乾》《坤》二卦大，余卦小"的思想，而强调"《乾》《坤》全体太极，则《屯》亦全体太极"②、"六十四卦三百八十四爻皆全体太极"③。于是，他

---

① 《周易禅解》卷一解《坤·象》。
② 《周易禅解》卷二解《屯》卦辞。
③ 《周易禅解》卷八解《系辞上传》"显道神德行"时说："然三百八十四爻，体是六十四卦；六十四卦，体是八卦。八卦体是四象，四象体是两仪，两仪体是太极。"卷五解《益·象》时说："《益》即全体《乾》《坤》，全体太极，全体易道，其余六十三卦无不皆然。"由此可见智旭"全体太极"的思想。

在解"余卦"时，又以佛性论与卦爻的义理相对释，尤其是解上经时有鲜明的体现。以下就先以解上经《屯》至《离》等卦为主，来考察智旭的佛性论。

第一，无明佛性即一念妄动。智旭在解《屯》卦辞时指出："盖《乾》《坤》二卦，表妙明、明妙之性觉，性觉必明，妄为明觉，所谓真如不守自性，无明初动。动则必至因明立所而生妄能。成异立同，纷然难起，故名为'屯'。"此处把无明初动比作一念初动之"屯"，即以"屯"之初生来喻佛性之初萌。解《比》卦上六《象》时指出："从《屯》至此六卦，皆有'坎'焉。'坎'得'乾'之中爻，盖中道妙慧也。"此处认为《屯》《蒙》《需》《讼》《师》《比》六卦都含有"乾"之"佛性"。"坎"之象有险、陷之义，于佛法即如"烦恼大海"，所以智旭从"烦恼即菩提"的思想出发，认为此六卦共有之"坎"即是源于"乾"体之佛性。《履》卦六三虽"以说应乾"而为卦主，但因与初九、九二两爻不合，故爻辞云"眇能视，跛能履，履虎尾，咥人凶"。智旭也以修行论结合佛性论为解，认为"知性德而不知修德，如眇其一目；尚慧行而不尚行行，如跛其一足。自谓能视，而实不见正法身也；自谓能履，而实不能到彼岸也。高谈佛性，反被佛性二字所害。本是鲁莽武人，妄称祖师，其不至于堕地狱者鲜矣"，此处明显是引用《履》卦义理来严厉呵斥不知修德，高谈佛性的人。《否》卦"内阴而外阳"，智旭解说："内证阴柔顺忍，而置阳刚佛性于分外。"①此处主要是把阳刚比作佛性。

第二，同证佛性为同人之道。智旭认为"如来成正觉时，悉见一切众生正觉。初地离异生性，入同生性，大乐欢喜，悉是此意。乃至证法身已入普现色身三昧，在天同天，在人同人，皆所谓利见大人，法界六道所同仰也"②，所以在解《同人》卦时也以佛性论来加以

---

① 《周易禅解》卷三解《否·象》"内阴而外阳"一句。
② 《周易禅解》卷一解《乾·文言》"九五曰：飞龙在天，利见大人"一句。

完整解释。如"约观心"解《同人》卦辞说:"既离顺道法爱,初入同生性,上合诸佛慈力,下同众生悲仰,故曰'同人'。"此处明显是以能与法身和众生相应合的"初入同生性"来指"同人"之佛性。在解《同人·彖》时佛性论思想更为明确,指出:

> 本在凡夫,未证法身,名之为"柔"。今得入正位,得证中道,遂与诸佛法身"乾"健之体相应,故曰"同人",此直以同证佛性为"同人"也。既证佛体,必行佛德,以度众生,名为"乾行"。"文明以健,中正而应",如日月丽天,清水则影自印现,乃"君子"之"正"也。惟君子已断无明,得法身中道,应本具二十五王三昧,故"能通天下之志",而下合一切众生,与诸众生同悲仰耳。

此处明确以"同证佛性"为"同人",言外之意当是"佛性"在天即是天道(乾道),在地即是地道(坤道),在人即是人道(同人之道),合起来说就是具有"佛性全体三才之道"的意味。明于此,我们就可进一步理解智旭解《同人·彖》所提出的"一心具足十界,十界互具,便有百界千如之异。而百界千如,究竟元只一心"。基于此,智旭又以"从凡夫地直入佛果尊位,证于统一切法之中道,而十界皆应顺之,名为'大有'"来解《大有·彖》"大有,柔得尊位",以"修恶须断尽,修善须满足,方是随顺法性第一义""十界皆是性具性造"来解《大有·象》"君子以遏恶扬善,顺天休命",以"既合本源自性,上同往古诸佛,则必冥乎三德秘藏,而入大涅槃也"来解《随·象》"君子以向晦入宴息",从而使其佛性论与《周易》义理的对释更显恰到好处。

第三,佛性名为天地之心。智旭认为,《剥》卦只有一阳在上,乃是"剥无一切因果""剥荡一切情执";《复》卦只有一阳在初,乃是

"复立一切法体"。《复·象》曰:"复,其见天地之心乎?"智旭借此大力申发佛性论思想,指出:

> 佛性名为天地之心,虽阐提终不能断,但被恶所覆而不能自见耳。苦海无边,回头是岸,一念菩提心,能动无边生死大海。"复"之所以得"亨"者,以刚德称性而发,遂有逆反生死之势故也。此菩提心一动,则是顺修,依此行去,则"出入"皆"无疾","朋来"皆"无咎"矣。然必"反复其道,七日来复"者,体"天行"之"健"而为"自强不息"之功,当如是也。充此一念菩提之心,则便"利有攸往"。以刚虽至微,而增长之势已自不可御也,故从此可见吾本具之佛性矣。又"出"谓从空出假,"入"谓从假入空,既顺中道法性,则不住生死,不住涅槃,而能游戏于生死涅槃,故"无疾"也。"朋"谓九界性相,开九界之性相,咸成佛界性相,故"无咎"也。

"反复其道",有"复归乾道"之义,智旭以此来与佛性对释,进一步阐明了"乾道即佛性"的思想。而以"天地之心"直接来命名"佛性",既拓宽了《复》卦义理,也加深了佛性理论的基础。基于此,智旭认为"但观现前一念之心,而未可遍历阴界入等诸境以省观也"[1]"自利利他,皆须深自省察,不可夹一念之邪,不可有一言一行之告"[2]"观行被魔事所扰,当念唯心"[3]"观心修证,只期复性,别无一法可取著也"[4],很明显又把佛性论和修行论结合在一起,并使之

---

[1] 《周易禅解》卷四解《复·象》。
[2] 《周易禅解》卷四解《无妄》卦辞。
[3] 《周易禅解》卷五解《家人》卦辞。
[4] 《周易禅解》卷五解《解》卦辞。

在与卦爻辞义理的对释中得到有机的统一。于此，又可见智旭的理论创新。

智旭认为《周易》上经"是约性德之始终"，下经"是约修德之始终"，所以解上经侧重以佛性论来解，解下经侧重贯穿修行论。我们在解上经部分可以读到不少关于"佛性"的释文，而解下经部分就难得一见，也正是这个原因。相对而言，《周易禅解》下经部分主要是结合佛性论谈"观心修证"，偶尔也谈及如来藏性，但比起上经明显是少而散。总的来看，《周易禅解》解上下经都能很好地把佛性论和修行论结合起来，努力为修行者指明证心要。不妨再以解上经为例来说明。如智旭解《乾·用九》时认为修证佛法最好的情况是"慧与定俱"，顿悟成佛，并提供了来自"禅易相通"的依据："阳动即变为阴，喻妙慧必与定俱。《华严》云：智慧了境同三昧；《大慧》云：一悟之后，稳贴贴地，皆是此意。"智旭还认为有两种情况的人是不宜观心修证的：一种是"定慧俱劣""善根断尽"，不可使之修定，如解《蒙·六三》时指出："不中不正，则定慧俱劣，而居阳位，又是好弄小聪明者，且在坎体之上，机械已深。若便更修禅定，心于禅中发起利使见；利使一发，则善根断尽矣。"因此认为这种人"须恶辣钳锤以锻炼之，不可使修定"。另一种是定而"无慧"，"不能断惑"，前途亦可悲，如解《屯·上六》时指出："一味修于禅定，而无慧以济之，虽高居三界之顶，不免穷空轮转之殃，决不能断惑出生死，故'乘马班如'；八万大劫，仍落空亡，故'泣血涟如'。"总之，智旭通过巧解《周易》卦爻辞、卦爻象，论述止观双修、定慧相济的佛法，针对修行者的不同心态，善导其深悟佛法，非空谈佛性者可比。

智旭在解《系辞》等五传时，主要是借传文推论"易理即佛性"的思想，几乎没有直接用"佛性"一词来解说。以"佛性"为解的，只有一处，即解《说卦传》"乾为马"一章云："读此方知蠢动含灵，皆有佛性。虽一物各象一物，而卦卦各有太极全德，则马、牛等，亦各有太极全德矣。"由此引文，足以证明智旭不但具有"易道皆有佛性"的思想，而且所做的比附和贯通是非常的全面和深刻。①

（原载《宗教学研究》，2012年第1期，第109—114页）

---

① 本文主要参考文献：（明）释智旭：《周易禅解》，载《续修四库全书》第15册（据上海图书馆藏清初释通瑞刻本影印）；（明）释智旭著、成时辑录：《灵峰宗论》十卷，南京金陵刻经处刻本（据嘉庆辛酉和硕豫亲王裕丰刻本重印）；黄寿祺、张善文撰：《周易译注》，上海古籍出版社，1989年；赖永海：《中国佛性论》，中国青年出版社，1999年；王仲尧：《易学与佛教》，中国书店，2001年；夏金华：《佛学与易学》，台湾新文丰出版有限公司，1997年。

杂论

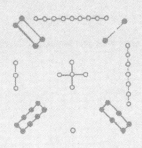

从先秦文化看当代别墅

《诗经·绵》曰:"爰始爰谋,爰契我龟。曰止曰时,筑室于兹。"从诗中可知,华夏先民建筑宫室,要先占卜选址。

为什么要选址呢?

因为受水源、土质、风向、气候等因素影响,并非处处都适合人类居住。古代科技落后,无法确知影响因素的优劣,故采用占卜。占卜方法虽然落后,却真实反映了古人对选址的慎重。随着古人认识能力的提高,尤其是罗盘的出现,选址更有了科学依据。罗盘是中国传统文化智慧的结晶,有着深厚的天文、地理、术数、阴阳五行、《周易》等学说思想内涵,有利于房屋朝向的选择。这也是1000多年来中国人择地选址经常依赖于此的主要原因。

《老子》曰:"万物负阴而抱阳,冲气以为和。"此语堪作布局和设计的基本原则。通俗地说,北半球居住区的房屋朝向,适宜坐北朝南,才能冬暖夏凉;内外构造都应尽量使外来气流能和顺地盘旋激荡,才能形成有益人体健康的气场。

生茂养园有相当可取的做法。为达到"负阴而抱阳"的效果,先确定坐西北朝东南的整体朝向,又在种植上做文章,如西北边以高大常绿乔木为主,东南方向则以低矮灌木、花草为主;引鹤鸣港的天然地表水与别墅区三十几口深井的水相沟通,并循顺时针方向环绕园区,有助于美化景观和调节气流;每一幢房子都以庭院式设计为主,充分考虑到气流的和顺畅通。如此"因景而设"和"藏风得水"的建筑模式,成功地建构了"冲气以为和"的养生园林。

《周易》曰："上古穴居而野处，后世圣人易之以宫室，上栋下宇，以待风雨，盖取诸《大壮》。"相传我国古代建造房屋乃得益于《易经》中《大壮》卦的启示：大壮卦，下乾上震，因下乾为"健"，上震为"动"，故如风雨动于上，而宫室壮于下；"健壮"栋宇，才能遮风挡雨。不少建筑物经不住长时间风雨的考验，跟材料、工匠技术是有关系的。所以，要打造优异的中国型别墅，必须严把质量关，尽可能沿用或改进传统的材料和技术，以待风雨的恒久考验。

《礼记·礼运》曰"大道之行也，天下为公""故人不独亲其亲，不独子其子""是谓大同"。别墅区乃是修身养性之所，如能在物业管理上融入以儒、道思想为特色的传统文化精髓，必能塑造出一方"大同社会"，让业主"崇德广业"，臻入"无为而无不为"的理想境界。

要打造独具中国风格特色的别墅，还有许多方面可以灵活援用传统的中国文化资源。如果能本着优良传统来创新，把文化底蕴、人文精神、生态环境、个性空间、完美服务等元素真正赋予"别墅"，相信将使当代中国型别墅成为人类建筑史上又一道奇观。

（原载《人民日报》2004年5月13日第20版）

略论东方管理与中国传统文化

中华民族在几千年的文明进程中,以博采众长的开阔胸襟不断提炼和整合东方各国优秀的管理文化,形成了以《周易》、儒家、道家、法家、墨家、兵家、佛教和伊斯兰教等有关管理思想和方法为主体的管理文化。东方管理文化是以中华优秀传统管理文化为核心,不断吸取包括西方管理文化、华商管理文化在内的世界各民族管理文化精华的开放系统。在复旦大学苏东水教授的带领下,经过大批学者多年的研究、探索和提炼,该系统已经形成具有国际影响力的东方管理学理论和学派。随着中国改革开放伟大实践的深入推进,以及儒教文化圈和海外华商的迅速崛起,特别是随着中国加入WTO、成功举办奥运会、应对全球经济危机和举办世博会等,东方管理学理论迎来了前所未有的发展机遇。有鉴于此,从中国传统文化的角度来探讨东方管理的思想底蕴,有助于人们对东方管理思想的认识和认同,也有利于东方管理中和谐思想的全面系统研究。

以东方管理思想与实践为研究对象的东方管理学是一门探究东方国家古今管理的理论与实践及其运行规律的现代科学,它是一门相对于西方管理学而言,汇集了东方各族人民管理智慧的学问。东方管理学根植于东方管理文化,其研究的主要范围涵盖着渊源于亚洲黄河、长江流域、印度恒河、印度河流域和两河流域,以及非洲尼罗河流域的一切人类管理活动的精华,它也是东方各民族在漫长的历史生产和生活实践活动过程中创造并积累下来的。[①]"东方管理"四个字,既是

[①] 苏东水:《东方管理学》,复旦大学出版社,2005年,第3页。

一个理论范畴，同时也是一个地域概念。①毋庸置疑，优秀的中国传统文化既是东方管理思想的来源，也是其学说理念的核心，这是经过历史和现实所证明的。因此，广泛而深入地了解中国传统文化的主要构成及其思想特色，对正确理解和运用东方管理思想具有重要作用。

一、东方管理思想来源于中国传统文化

中国传统文化博大精深而且富于智慧。所谓中国传统文化，就是中国古代思想家所提炼出的理论和非理论化的，并转而影响整个社会的、具有稳定结构的共同精神、心理状态、思维方式和价值取向等精神成果的总和。②这一定义得到许多学者认同，尤其是被东方管理学派创始人苏东水教授所认可。这一定义无疑是从思想本质角度来概括的，显得比较抽象，但还是很恰如其实的。也有论者从宏观现象上来理解，认为中国传统文化（traditional culture of China）是中华文明演化而汇集成的一种反映民族特质和风貌的民族文化，是民族历史上各种思想文化、观念形态的总体表征。简要地说，中国传统文化是指居住在中国地域内的中华民族及其祖先所创造的、为中华民族世世代代所继承发展的、具有鲜明民族特色的、历史悠久、博大精深、传统优良的文化。③它是中华民族几千年文明的结晶，除了儒家文化这个核心内容外，还包含有其他文化形态，如道家文化、佛教文化，等等。博大精深，历史悠久，世代相传，且富于民族特色。综而观之，中国传统文化有以下几个特色。

（一）概念繁多。如仁、义、礼、智、信、忠、孝、悌、节、恕、

---

① 《百度百科·东方管理学》：http://baike.baidu.com/view/1831657.htm?fr=ala0。
② 李宗桂：《中国文化概论》，中山大学出版社，1988年，第12页。
③ 《百度百科·中华文化》：http://baike.baidu.com/view/40254.htm?fr=ala0。

勇、让；琴棋书画、三教九流、三百六十行、四大发明、民间禁忌、精忠报国、竹、民谣、黄土、长江、黄河、红、月亮……

（二）百家争鸣。儒家（孔子、《论语》、孟子、《孟子》《荀子》；仁、义、礼、智、信；中庸）、道家（老子、庄子；道德，无为、逍遥）、墨家（墨子、《墨子》、兼爱）、法家（韩非、李斯、《韩非子》）、名家（邓析、惠施、《公孙龙子》）、阴阳家（邹衍、五行、金木水火土）、纵横家（鬼谷子、苏秦、张仪、《战国策》）、杂家（吕不韦、《吕氏春秋》）、农家、小说家、兵家、医家……

（三）种类丰富。举大类而言就有琴、棋、书、画、十二生肖、传统文学、传统节日、中国戏剧、中国建筑、汉字汉语、传统中医、宗教哲学、民间工艺、中华武术、地域文化、民风民俗、衣冠服饰、四大雅戏、动物植物、器物随身、饮食厨艺、传说神话、神妖鬼怪、旅游文化、方言文化……每个地方还有地方和民族的特色。真是举不胜举！不妨再略举一系列相关研究著作：《中华民族》《中国历史名人》《中国语言文字文化》《中国宗教文化》《中国宗法礼俗》《中国世界遗产》《中国姓氏文化》《中国国学思想》《中国传统道德》《中国图腾文化》《中国古建筑文化》《中国园林文化》《中国古桥文化》《中国名山文化》《中国文化名城》《中国中医药》《中国茶文化》《中国酒文化》《中国陶瓷文化》《中国丝绸文化》《中国服饰文化》《中国书法文化》《中国绘画文化》《中国文化名镇》《中国民乐文化》《中国民间艺术》《中国曲艺文化》《中国戏曲文化》《中国武术与传统体育》《中国民俗文化》《中国龙文化》《中国数字文化》《中国色彩文化》《中国养生文化》《中国饮食文化》《中国神秘文化》《中国古代文学经典名篇》《中国性文化》《中国钱币文化》《中国文史典籍》《中国科技与发明》《中国天文历法》《中国度量衡器》《中国皇室文化》《中国古代官职》《中国科举教育》《中国法律刑罚》《中国宫室车马》《中国衣食什物》《中国古代军事兵器》《中国古代商贾贸易》……这些包罗万象的文化研究，足以让人感悟到中华文化的博大精深。中国传统文化主要可以归纳为宗法文化、农业文化、血缘文化。与一般的宗教相比较，中国传统文化的优势在于它从哲学、科学的角度上揭示宇宙、社会、人生的本质和意义，既是充分说理的，又可以让人进行实证。中国传统文化是一种理性的文化，越是在科学发达，人们的文化水准提高，认识能力增强的情况下，越是有利于中国传统文化的传播。在人们文化素质较低的情况下，中国传统文化是不易推广与传播的，因为它不具备传播这种文化的软件与硬件。只有用现代语言把中国传统文化的内涵表达出来，对其理论体系进行系统细致地表述，才能使人们真正地理解中国传统文化。①这无疑也是中国传统文化需要不断传承和创新的根本原因。

  一般认为，东方的管理思想来源于中国的传统文化，就是因为中国传统文化不仅博大精深，而且富于智慧，这从《周易》《老子》《孙子》《三国演义》等几部闻名中外的经典著作中就可以找到答案。中国的传统文化是中华民族上下五千年文明智慧的结晶，是以中国本土文化为主又广泛融汇东方各国乃至西方文明的文化，是以儒家为主又以历代诸子百家为辅的文化，是以人为中心又全面涉及人与万物和谐与共的文化，是一种富于百家管理智慧又具有无数成功实践的文化。不妨举其主要，论说中国传统文化是富于管理智慧的，可以儒家的"修齐治平"思想为例。儒家以人为政治管理的中心，首先是把人当作宇宙的中心，但又强调听命于天；认为天的代表者是天子，同时强调"君权神授"，使天子的统治合法化。为能更好地"治人"，首要以"修身"为本，并提出大量的道德规范，要求人们"克己复礼"使"天下归仁"。而要复礼以求仁，最主要的方法原则是中庸。"中庸"已经成为一种富于智慧的管理方法。对此，有论者认为：

---

① 《百度百科·中华文化》：http://baike.baidu.com/view/40254.htm?fr=ala0。

中国人是讲究中庸之道，其最基本的含义是"过犹不及"，"礼之用，和为贵"。这是有东方特色的思维方式，又是传统文化所追求的一种理想人格和合理的道德规范。在孔子看来，这是一个最为高尚的美德。从某种意义上，中庸和中和的意义是相近的。中是循礼，和是行仁，以中和为用的中庸思想是礼与仁思想的集中表现，也就是说，儒家的礼和仁都是通过中庸来实现的，通过中庸从普通人修养成为至诚的圣人。这样一来，就有两个方面的作用。一是对自身，知进退，可以明哲保身；对国家，能做到"为政以德"，治国安民；对宇宙，可以自立于天地之间。这种思维方式的重要特点是：第一不走极端；第二就是要持久，这样就得发挥人性的平衡作用，以追求人与自然、社会的协调和统一。因此，一个人的行为，应既不偏向于此一面，也不偏向于彼一面，而是在两个极端中寻求一个高度的平衡。这种思维方式是以和谐为基础的，是一种理想化的人格。这是中国文化的特点，人与人之间可以和谐，家庭可以和谐，人与社会可以和谐。所以，中国人用平衡、协调、适应、统一来代替人与人之间，人与社会之间，家庭内部之间的冲突和矛盾。这种团体维系的思维方式有利于团体的发展。①

借助以上论述，我们可以更清楚地理解，儒家的中庸之道，既可用以修身事人，又可用于治国敬天，无可无不可，重在维护人与人、人与天地万物的和谐状态，所以不失为一种行之有效的管理方法。而中庸思想，其实又是来源于《周易》对阴阳关系的理解，是其中正和谐义理的另一种表述，同时也对中国传统文化中"天人合一"思想的形成与发展有很大的影响。

东方管理思想来源于中国传统文化。这一论断，不仅得到管理理

---

① 《东方的管理思想来源于中国的传统文化》：http://www.28.com/cydz/sp/n-42241.html。

论研究者的证实，而且得到管理实践者的认同。东方管理哲学学者、中国商学院联盟首席专家乾泉认为，"东方管理学"是以东方文化为背景，是以中国优秀传统文化与管理哲学思想为核心价值体系，以西方现代管理思想与方法为比较对象，以人为本，以建设和谐社会与和谐世界为目标，以资源节约、低碳环保、效率最大化、互利多赢、科学发展观为理念或管理手段，培育具有中国特色社会主义与东方文化理想的组织文化软实力，以期塑造和提升企业组织核心竞争力的，被国际上称为"中国发展模式"的系列管理方法与理论实践。①上海盛大网络发展有限公司原总裁唐骏说："在中国做管理，仅有一些基本的管理理念是不够的，还需要一些个性化，这源于中国文化。"TCL集团总裁李东生也说："20年前，中国企业家不看西方管理的书籍，那是无知；20年后还在看西方管理书籍，那就是无能了。"2005年11月5日，《解放日报》刊载《探寻"海派管理文化"要义》的文章中谈道："海派管理的融合创新，其基础是中国管理文化。……中国管理文化的要义，就是复旦大学苏东水教授归纳的：以人为本、以德为先、人为为人。"而苏东水教授确实是一贯以优秀的中国传统文化作为其管理文化思想的来源和核心，他认为："中华传统文化是东方（尤其是东亚国家）文化的渊源，中华传统文化对东方管理文化的价值观念、伦理道德和行为模式具有深远影响。因此，东方管理文化是一种以中华优秀传统文化为核心的、既继承传统又广泛吸取西方管理文化精华的开放管理文化。"②国内外学者的研究和企业家的实践都证明，良好的企业文化对企

---

① 转引自《百度百科·东方管理学》：http://baike.baidu.com/view/1831657.htm?fr=ala0。
② 按：苏东水教授在此对李宗桂"中国传统文化"的定义表示认同。并进一步指出：管理是一种社会实践活动，考察管理文化，不能只是研究文化的"观念模式"，还必须研究管理活动中的"行为模式"，所以我们用价值观念、伦理道德和行为模式三个要素来定义管理文化。

业经营绩效都有着明显的促进作用。进一步讲,优秀文化是一切组织持续成功的精神支柱和驱动力。东方管理学的管理文化覆盖治国、治生、治家、治身等多个层次,其研究的'组织'包括国家(政府和其他非营利组织)、企业、家庭和人本身。我们对东方管理文化的研究就是为了培养和建立一种同时具有历史连续性、内在一致性、普遍适用性和强大辐射能力的管理文化,指导国家治理、企业经营、家庭生活和个人修养。"①

二、中国优秀传统文化是东方管理学的核心

苏东水教授在《实践中的东方管理思想》讲演中指出:东方管理学是一门融合古今中外管理思想精髓的新学说。而且东方管理学在一定程度上跳出了管理学的范畴,还融合了经济学、社会学、心理学、伦理学、哲学和历史学等诸多学科的理论和方法。可见,东方管理思想的理论渊源并非来自一门一派,而是提炼和整合东方各国管理思想中的精华汇聚而成的。在东方的学说中,主要包括:①道家的"道法自然""无为而治"等思想;②《周易》中的"刚柔并济""崇德广业"等思想;③儒家的"修己安人""以民为本"等思想;④法家的"崇法尚术""唯法为治"等思想;⑤墨家的"兼爱""利人""非攻"等思想;⑥兵家的"运筹帷幄""知人善用""随机应变"等思想;⑦佛教的"与人为善"等思想;⑧伊斯兰教的"公平守信"等思想。在西方的现代管理学说中,行为学派和决策学派对东方管理学的影响比较大。从苏教授的讲述中不难发现,东方的学说主要内容是中国传统文化,即使是佛教与伊斯兰教文化也是与中国文化息息相关的。因为佛教虽始于古印度,但东传中土之后不断被中国化,形成了具有中国特色的

---

① 苏东水:《东方管理文化的发展与运用》,《当代财经》,2005年特刊。

佛教宗派和理论，如天台宗、华严宗、禅宗、唯识宗、净土宗等，使佛教文化在中国扎根并得到大力弘扬，而古印度的佛教文化在其本土反而逐渐失落和衰微；伊斯兰教虽始于西亚，但自古以来在中国西北少数民族地区仍拥有大量信众，从某种意义上说也是中国传统文化中不可分割的部分；此外，中国周边的东方国家和地区的文化，在历史上也都与中国文化有着千丝万缕的联系，而且大多数有根源于中国传统文化的内容，如日本、韩国等国家中至今仍信奉的儒家文化，便是源自中国。所以，我们有充分的理由证明中国传统文化是东方管理思想的核心，也是东方管理学的核心。

但是，我们也应注意到，东方管理学派对中国传统文化是有选择的，有扬弃的，有创新的，不是一种浅层次和低水平的继承，也不是一种无原则和无系统的融汇。东方管理学派对管理的研究不仅仅停留在知识的层次上，还进一步深入到形成和影响管理的文化背景之中，挖掘其背后的哲学内涵。20世纪90年代初，苏东水教授在阐述以中国传统管理文化为核心的东方管理学理论时，不仅提出东方管理学理论的知识基础——"三、六、九构成说"①，还把蕴涵在这些著作中的管理文化归纳为东方管理哲学"十五要素说"②，深化了"以人为本、以德为先、人为为人"的"三为"东方管理文化。从1992年开始，苏东水教授又连续参加IFSAM举办的世界管理大会，先后提交了《弘扬东方管理文化，建设中国特色的管理体系》《中华优秀文化与管理科学》

---

① "三、六、九"即"以人为本、以德为先、人为为人"的"三为"思想，儒、易、道、墨、法、兵六家学说，《周易》《老子》《论语》《荀子》《孙子兵法》《盐铁论》《富国策》《营造法式》《生财有大道》九部传统管理著作。
② "十五要素说"是指东方管理哲学包含道（治国之道）、变（随机应变）、人（以人为本）、威（运用权威）、实（实事求是）、和（以和为贵）、器（重器利器）、法（依法治国）、信（取信于民）、筹（运筹帷幄）、谋（预谋决策）、术（巧妙运术）、效（高效廉洁）、勤（勤俭致富）、圆（圆满合理）十五个方面。

《面向21世纪的东西方管理文化》《东方管理文化的复兴》等多篇关于管理文化和东方管理文化的论文,从一个侧面反映了中国对东方管理文化研究的进展,从另一个侧面也说明了中国传统管理文化乃是中国管理学界走向世界和未来的有力法宝。经过多年艰苦求索之后,苏东水教授于1996年主编出版了《中国管理通鉴》(四卷,280万字)。在这套书中,对中国传统管理思想进行了精心细致的梳理、提炼,对中国传统管理的理论、实践、效应等进行全方位的探索和研究,内容涉及儒、墨、道、法、兵、纵横、阴阳、杂、农、技等百家流派、人物和思想,并且比较系统地概括出治国、治生、治身学的理论框架。治国学主要是社会人口、田制、生产、市场、财赋、漕运、人事、行政、币制等方面管理的学问;治生学主要是农副业、工业、运输、建筑、市场经营等方面管理的学问;治身学主要研究谋略、人为、用人、造材、激励、修身、公关、博弈、奖惩、沟通等方面的学问。2001年,苏东水教授又在新出版的《管理学》一书中增加了治家学,从而将东方管理理论体系扩展为治国学、治家学、治生学、治身学四大子系统,用丰富翔实的理论材料证明了中华儿女主要是在这四大子系统积累的丰富实践经验与学问基础上形成了东方独特的管理文化。正是基于中国传统管理文化的完整系统而富于智慧,使苏东水教授形成了自己的管理学科体系——东方管理学。作为国家自然科学基金项目"东方管理学思想研究"的成果之一,苏东水等著《东方管理》一书于2003年1月正式出版,这部东方管理理论著作坚持以继承优秀的中华传统文化为主,广泛汲取东方管理文化中儒家、道家、释家、兵家、法家等合理的管理思想,及时结合华商管理实践与中国改革开放的成就,融合西方行为管理、过程管理、决策管理、权变管理、知识管理等管理理论的精华,形成了更为完善的东方管理理论体系。2005年9月,复旦大学出版社正式推出"东方管理学派著系"的首部著作《东方管理学》(苏东水著),正式宣告东方管理学派的形成。该书结构以

"学""为""治""行""和"为主线,共五篇十八章。第一篇:导论,论述东方管理学的形成发展,研究对象与理论基础;第二篇:三为,论述东方管理的"三为"创新思想,即"以人为本,以德为先,人为为人";第三篇:四治,论述东方管理的"四治"的运用,即:治国、治生、治家、治身的思想、原则、价值与运用;第四篇:五行,主要论述东方管理行为,即人道、人心、人缘、人谋、人才等管理行为;第五篇:和谐,主要论述人和,和合思想的运用与和谐社会的构建。全书条分缕析,结构完整系统,理论具体深入,以简驭繁地继承和创新了东方管理思想,构建了一个根植中国文化传统又能解决现实重大管理问题的东方管理学理论体系。书中新增对"和谐"的论述,高度体现东方管理对国计民生的关注,凝聚着东方古老文明和最新理想的睿智圆融之思想智慧。

自从东方管理学诞生以来,国内外专家、学者、政治家、企业家开始重视对东方管理文化的学习、研究与运用,东方管理文化在微观、宏观各领域都发挥着越来越多的作用。正如苏东水教授在《实践中的东方管理思想》讲演中所说:东方管理学的研究对象是全方位的,既包括官方层次的管理思想,也包括一种自发产生于民间和基层组织的"小传统",特别是普通劳动人民、小地主、小商人、中下层知识分子和基层官吏所摸索和实践的管理方法;东方管理学对大、小传统同样重视;东方管理学不仅研究企业管理,而且是一个囊括治国、治生、治家、治身多个层次的管理学说;东方管理学也非常关注当代中国管理实践中的现实问题,决不像有些人说的那样是在故纸堆里翻翻拣拣。在最近几年推出的《应用经济学》《产业经济学》(第二版)和《东方管理学》《中国管理学》中,都对现实管理问题进行了深刻的研究。

"持续、健康、稳定发展的中国经济和源远流长的中华优秀文化是我们研究东方管理文化的基础和信心之源,同时我们也坚信东方管理学派的研究成果和东方管理文化的广泛运用一定能够为祖国的经济腾飞和文化复兴提供新的强大动力。"① 在苏东水教授思想的感召下,我们更有信心把东方管理学理论体系不断推向前进,为造就一个和平崛起、和谐与共、和衷共济的人类理想社会奉献力量。②

（原载《经济管理》,2011年Z1期,第85—89页）

---

① 苏东水:《东方管理文化的发展与运用》,《当代财经》,2005年特刊。
② 主要参考文献:李宗桂:《中国文化概论》,中山大学出版社,1988年;芮明杰:《管理学》(第二版),高等教育出版社,2005年;苏东水:《东方管理》,山西经济出版社,2003年;苏东水:《东方管理学》,复旦大学出版社,2005年;苏东水:《管理心理学》,复旦大学出版社,2005年;苏东水:《中国管理通鉴》,浙江人民出版社,1996年;吴照云主编:《第九届世界管理论坛暨东方管理论坛论文集》,《当代财经》,2005年特刊;颜世富:《东方管理学》,中国国际广播出版社,1999年。

先秦政治决策思想绎评

——儒道文化的互补功能

春秋战国时期，王室衰微，诸侯力政，列国争霸，礼崩乐坏，社会动荡，中国正经历着巨大而深刻的变革。在这场变革中，从经济到政治，从政治到文化，无不呈现出激烈的竞争局面。激烈的竞争，来自残酷的战争；战争的胜负，取决于治国的成败。而治国离不开政治理论的指导和优秀人才的支持，尤其不能没有适合国情、切实可行的治国方案和政治策略。因而选择治国方案，一直是这时期列国君主最关注的问题。这就要求思想家们提供多样化的政治理论，来满足列国君主们选择和制定合理治国方略的迫切需要。正是在这一政治目标的驱动下，各派学者本着各自观察和研究问题的角度和方法，纷纷提出一系列关于政治观点、价值观念、人生态度和试图解决社会与人生问题的思路和方法，并相互辩驳，展开竞争，使思想文化领域呈现出"百花齐放、百家争鸣"的局面。

其中，代表着先秦时代思想主流的主要是道家学派和儒家学派，他们沿着几乎相反的角度，为寻找行之有效的治国治人方略作了积极创新的思索，并各自形成了一套独特而又相对完整的政治决策思想体系。

本文拟结合已有相关的学术成果，对先秦道、儒家学派的主要管理思想及其与古代政治决策文化的密切关系，从总体上作探讨和评述。

一、道家管理思想与政治决策

先说老、庄学派。该学派的管理思想,主要以《老子》《庄子》二书为代表,而主要又是集中在《老子》一书。《老子》一书所形成的以"道"为核心的政治决策文化观,可从五个方面加以归纳和总结。

第一、从天道原则出发,要求政治决策者要顺从天道和人道。在道家看来,道是万物所遵循的客观法则,也是决策管理所应遵从的根本原则。在老子那里,"道"乃天道,不仅是世界的本源,也是为人处事的普遍法则。如《老子》第二十五章论"道",既说是"先天地生,寂兮寥兮,独立而不改,周行而不殆,可以为天下母",又言"人法地,地法天,天法道,道法自然",显然是把"道"看作宇宙世界的本源,并引作顺从自然的最高法则。因此,他要求统治者在作政治决策时也要以"道"为法则,具体而言即以"天道""人道""地道""自然"等变化规律为法则,做到"常无为而无不为"(《老子》第三十七章)、"莫之命而常自然"(《老子》第五十一章)、"善利万物而不争"(《老子》第八章)、"知足不辱"(《老子》第四十四章)、"以正治国"(《老子》第五十八章)等,主张不能破坏自然,也不能违背人性之道。

第二、以天道原则作指导,要求政治决策者必须遵循"顺从自然"的规律。从政治角度而言,这一规律概指"顺从人性自然"的规律,如《老子》第七十七章"天之道,损有余而补不足;人之道,则不然,损不足以奉有余",又第七十五章"民之饥,以其上食税之多,是以饥。民之难治,以其上之有为,是以难治。民之轻死,以其上求生之厚,是以轻死",即要求统治者知晓并顺从"人道"这一自然规律,方能达到"我无为而民自化,我好静而民自正,我无事而民自富,我无欲而民自朴"(《老子》第五十七章)的政治效果。

第三、贯彻"道法自然""道常无为"的精神,提出"无为而无不为"的决策管理宗旨。如《老子》中"道常无为,而无不为。侯王若能守之，万物将自化"(《老子》第三十七章)、"无为而无不为，取天下常以无事"(《老子》第四十八章)、"为无为，事无事"(《老子》第六十三章)、"治人事天莫若啬"(《老子》第五十九章)、"治大国若烹小鲜"(《老子》第六十章)、"我无为而民自化"(《老子》第五十七章)等思想，都可看出他为政的宗旨是坚持"无为"而顺从民意的。《老子》中"知足""不争"的思想，也是这一宗旨的体现。

第四、汲取"上善若水"的智慧，采取以柔克刚的决策管理方略。《老子》中"上善若水，水善利万物而不争"(《老子》第八章)、"天下莫柔弱于水，而攻坚强者莫之能胜"(《老子》第七至八章)、"江海所以能为百谷王者，以其善下之，……以其不争，故天下莫能与之争"(《老子》第六十六章)等言论，都是根据水的优点——"善利""蓄胜""能容""能强"，来阐发为政之道，喻示决策之理的。另外，从"其安易持，其未兆易谋""为之于未有，治之于未乱"(《老子》第六十四章)等文句，也可说明老子对治国时应先制定决策方略的重视。

第五、根据"有生于无"的道理，发现并阐明了"反者道之动，弱者道之用"(《老子》第四十章)的决策管理艺术。贯穿《老子》全书的"无为""不争""以弱胜强"等思想，可以说都是"有生于无"这一辩证思想的体现。从这一思想出发，《老子》又阐明了"将欲夺之，必固与之"(《老子》第三十六章)、"有无相生，难易相成"(《老子》第二章)、"祸兮福之所倚，福兮祸之所伏"(《老子》第五十八章)、"有之以为利，无之以为用"(《老子》第十一章)、"无为之有益"(《老子》第四十三章)、"柔弱胜刚强"(《老子》第三十六章)等道理，来喻示统治者在决策时要善于运用"守弱固本""欲强故弱""知雄守雌""因反得正"的艺术，方能达到顺从自然而国泰民安、政通人和的目的。

《庄子》的政治决策文化观大致与《老子》相同，不过在论证时显然比较具体深入。如对天道原则的看法，《庄子·在宥》说："有天道，有人道。无为而尊者,天道也;有为而累者,人道也。"如对君臣决策管理方式的看法,《庄子·天道》认为"上无为也,下亦无为也,是上与下同德。上下同德则不臣。下有为也,上亦有为也,是上与下同道。上与下同道则不主。上必无为而用天下,下必有为为天下用,此不易之道也"。这些决策言论无疑都是沿着《老子》探讨"道""无为"的思路,并吸取稷下黄老学派的道家思想,进一步加以阐发的。

再说稷下黄老学派。该派的道家决策管理思想,从总体上说乃是对《老子》的继承和改造。所谓黄老之学,实是战国时期一部分热衷于为政之道的道家学者为适应当时的政治需要,将老子之学同春秋以来流行的"黄帝之言"结合起来进行综合改造的结果。因其学者大都集结在齐国稷下学宫开展学术活动,故史称稷下黄老学派。该派从传统道家思想中择取的,实际上只有其道论的宇宙观以及由此演生出的自然无为的方法论,并以此作为自己政治主张的哲学基础。跟《老子》学说相比,他们的学说显然更注重对政治生活的干预。该派的代表著作是《黄帝四经》,即包括《经法》《十大经》《称》《道原》四篇,其中所涵道家成分的政治决策思想主要有两方面。一是对《老子》的继承与发挥。如也以"道"为最高范畴,认为把握最根本的道,便可"握少以知多""遍知天下而不惑"(《道原》)。再如继承和发挥了《老子》"涤除玄览"说,提出把握道的途径和方法是"见知之道,唯虚无有"(《经法·道法》)。二是对《老子》的扬弃与修正。如老子主张贵柔守雌,认为"柔弱胜刚强"。《四经》也贵柔屈刚,提倡"卑约主柔""守弱节",强调"辨雌雄之节"。再如贯通《老子》的"不争"思想,《四经》却灵活加以修正,指出"善予不争"(《称》)、"好德不争,立于不敢,行于不能"(《十大经·姓争》)"作争者凶,不争亦毋以成功"(《十大经·姓争》),使老子关于"不争"的绝对原则趋于相对化。该派田骈、慎到、接子等人,也都有自己的政治决策思想和看法,很值得认真挖掘。

二、儒家治国方略与政治决策

相对道家思想而言，长期处于统治地位的儒家思想，在指导各种社会政治事务中，从理论到实践都与政治决策有着极为密切的关系。渊源于华夏上古文化的儒家思想，一经孔子的确立，便已具有了较为完整的政治决策思想体系。这一体系是以人为中心，以"礼""仁""中庸"三大观念为基本理论框架构筑而成的。具体体现在以下几方面。

第一，从人道观出发，形成一套以求仁为本的治国方略。孔子用来为儒学奠基的是关于"修己"和"安人"的人道观，即所谓"修己以安人""修己以安百姓"（《论语·雍也》）的求仁之道。这种以"修己"为本的"安人"之道，也就是孔子孜孜以求的经世之道、为政之道。后世儒家的政治学说实质上也都与孔子的修己安人一脉相承，如孟子的存心养性与仁政，《大学》的明明德和新民、修身和治国、平天下，《中庸》的成己和成物，《易传》的"敬以直内"和"义以方外"，以及宋儒鼓吹的"内圣外王"之道，等等。这无疑也是他们的政治决策之道。而"修身""修己""安人"归根结底都是为了求仁，从而实现天下归仁，所以说儒家所提出的治国方略自然也是以求仁为本的。

第二，在重视决策的同时，强调人在管理决策中的重要作用。孔子说"人无远虑，必有近忧"（《论语·卫灵公》），又说"凡事豫则立，不豫则废。……事前定，则不困"（《礼记·中庸》），可说明他对行动和决策之前的预测是很重视的。但在具体的管理决策活动中，他更重视的是人的地位和作用。《礼记·中庸》引孔子的话说："文武之政，布在方策。其人存，则其政举；其人亡，则其政息。人道敏政，地道敏树。夫政也者，蒲卢也。故为政在人，取人以身，修身以道，修道以仁。"可见，他十分重视以人为中心的政治决策。孔子以人作为研究对象，重视人的主客观作用，以至把治人当作治国的根本，都是缘于他的人道观。而以仁作为人的本质规定性，则是他把求仁作为治人之本的直接原因和理论基石。所以，只有充分理解了孔子心目中的"人"与"仁"，才有可能完全理解其思想的全部。

第三、求仁是孔子为政之道的根本，也是他一贯坚持的政治决策原则。"仁"是孔子对各种善的品德的最高概括，是其全部学说的精髓和制高点，也是贯穿他一生的崇高理想和主要观点。由于儒家的治国方略始终是建立在孔子的人道观基础之上的，所以他们对治国先治人和治人即求仁的思想总是情有独钟。《礼记·中庸》引孔子的话说："好学近乎知，力行近乎仁，知耻近乎勇。知斯三者，则知所以修身；知所以修身，则知所以治人；知所以治人，则知所以治天下国家矣。"可见，孔子对治人的高度重视。而说到底，这种修身为本的治人，目的还是为了求仁。因为只有求仁，修己和安人才有良好的归宿，所以孔子在政治上所坚持的决策原则，也是求仁。

第四、坚持求仁原则，强调"以礼治国"，即把礼当作政治决策的重要手段。在孔子看来，礼具有约束和规范政治关系的作用，是治人的必要手段，也就是治本之策。因为仁与礼是统一的，仁是内在的道德情感，礼是外在的行为规范；仁是礼的基础和灵魂，礼是仁的体现和落实。求仁与复礼也是统一的，没有内在的仁爱精神，礼就徒具形式；没有礼的规范，仁的精神便无所依托。既然要想使天下太平的关键在于治人，而治人的理想目标又是通过修己和安人来使天下归仁，那么以礼治人也就是治国的必要手段。对此，孔子是反复强调的，如"为国以礼"(《论语·先进》)、"道之以政，齐之以刑，民免而无耻；道之以德，齐之以礼，有耻且格"(《论语·为政》)、"为政以德"(《论语·为政》)、"能以礼让为国乎，何有？不能以礼让为国，如礼何？"(《论语·里仁》)等话语都是他坚决主张礼治和德治的表现。

所以，要达到天下归仁的政治目的，作政治决策时也就要特别考虑是否合礼，因为不合礼的决策所造成的政治结果自然也是不仁不善的。

第五、在决策方法上,主张"至诚"和"中庸"。孔子认为在作政治决策时,不管是采取何种方法,首先一定要明察事理,方能真正明辨是非。而要做到这一点,就必须有"至诚"和"自诚"的心态。

《礼记·中庸》所引孔子的话中,一再强调"至诚"和"自诚"对管理决策的巨大作用,如"唯天下至诚,为能尽其性……唯天下至诚为能化。至诚之道,可以前知。……唯天下至诚,为能经纶天下之大经,立天下之大本,知天地之化育,夫焉有所倚""自诚明,谓之性;自明诚,谓之教;诚则明矣,明则诚矣",而且具体指出了实行这个诚的方法,首先是"诚之者,择善而固执之者也。博学之,审问之,慎思之,明辨之,笃行之"。其次要善于运用"中庸之道"来处理和解决各种政治问题。孔子认为"过犹不及"(《论语·先进》),如果片面追求仁和礼都容易导致极端,惟有中庸才是执礼求仁的根本方法。他说:"舜其大知也与!舜好问而好察迩言,隐恶而扬善,执其两端,用其中于民,其所以为舜乎!"(《礼记·中庸》)所以能治理好天下,除了极其明智且好问好察外,主要是靠"执其两端,用其中于民"的中庸之道。又说"吾有知乎哉?无知也。有鄙夫问于我,空空如也,我叩其两端而竭焉"(《论语·子罕》),即认为自己所奉行的也是"叩其两端"的中庸之道。可见孔子在决策方法论上也是主张"中庸"的。

子贡说:"夫子之文章,可得而闻也;夫子之言性与天道,不可得而闻也。"(《论语·公冶长》)。此语道出了孔学思想体系的大缺陷:仅从人道观出发,没有人性论和天道观作为基础,思想大多停留在主观论断层次上。儒家思想的这一缺陷,直到战国时期孟子、荀子等人的学说出现之后才真正得到补救。

首先是孟子。在决策思想方面,孟子不仅继承和发展了孔子关于修己和安人的人道观,而且根据孔子"为仁由己"的思想提出了性善说。在性善说基础上,孟子着重发展了孔子的修己之道和安人之道。在修己之道方面,提出了反身而诚、存心养性、自我扩充的修养方法;

在安人之道方面，强调"使先觉觉后觉"(《孟子·万章上》)、"保民而王"(《孟子·梁惠王上》)、"与民同乐"(《孟子·梁惠王下》)、"以不忍人之心，行不忍人之政，治天下可运于掌上"(《孟子·公孙丑上》)等，从而把孔子的德政思想发展为仁政和王道思想。此外，在决策方法上孟子既固守孔子的"至诚"和"中庸"之道，如他说："至诚而不动者，未之有也"(《孟子·离娄上》)，又认为要善于随机应变，不可固执一偏，如他说"执中为近之，执中无权，犹执一也。所恶执一者，为其贼道也，举一而废百也"(《孟子·尽心上》)。又说"汤执中立贤无方"(《孟子·离娄下》)。在政治决策目标上孟子跟孔子大体上是一致的，即修己安人使天下归仁，但在安人方面，孟子显然更明确提出要行仁政以安民，并在保民、爱民、养民、教民、治民等方面提出了不少具体可行的建议和措施。不难发现，与孔子的政治决策观相比，孟子的仁政主张及其措施不仅更切合实际，而且具有一定的可操作性，但也因其性善说的局限而使之失于片面。

其次是荀子。荀子是先秦儒家最后一个大师，他的学说吸收了先秦各家学说的成果，明显地带有综合百家的倾向，但其中心思想还属于儒家。荀子治国方略的理论基础主要有两方面。一是在人性论上发展孔、孟的人道观，根据"克己复礼"的思想提出性恶说。在性恶说的基础上，荀子也进一步发展了孔子的修己之道和安人之道：在修身方面，强调不能"从人之性，顺人之情"(《荀子·性恶》)，认为外在礼法约束、君师的管教起决定作用，因而强调隆礼，即主张用隆重的"礼义"来区分人们的名分和等级，使人们的社会关系协调一致，从而增强力量，征服万物，得到利益；在安人方面，强调至法和刑政的作用，如他说"隆礼至法而国有常"(《荀子·君道》)，又说"故为之立君上之势以临之，明礼义以化之，起法正以治之，重刑罚以禁之，使天下皆出于治，合于善也"(《荀子·性恶》)。这种隆礼重法的思想，显然是想把礼治和法治结合起来。二是从人性论向天道观深化，反对天命论，认为必须"明于天人之分"（《荀子·天论》），应当"制天命而用之"（《荀子·天论》）。

荀子在肯定"天有常道"的同时，更为注重人为的主观能动作用，认为社会的治乱兴衰与天无关，主要取决于执政者，他说"天行有常，不为尧存，不为桀亡。应之以治则吉，应之以乱则凶"（《荀子·天论》）。在"制天命而用之"的基础上，主张人定胜天，反对怨天尤人，如他说"怨天者无志"（《荀子·荣辱》）。从性恶说和制天论出发，荀子在政治决策上提出了不少方法和措施，诸如在用人方面，主张"尚贤使能"，反对任人唯亲；在治人方面，主张"平政爱民"，反对暴政害民；在经济方面，主张"富国裕民"，反对"强国弱民"和"富国贫民"；在外交方面，主张独立自主，反对"以力兼人"；在学习方面，主张"以心知道"，反对不学无思，等等。

尽管荀子的治国理念有别于孔、孟，但政治目标并未改变。他政治主张的核心是"天下为一"（《荀子·成相》），即如他常说的"臣使诸侯一天下"（《荀子·王霸》）、"四海之内若一家"（《荀子·儒效》）之义。可以说，儒家思想发展到荀子，不仅使其体系趋于完整系统，而且也开始从封闭逐渐变成开放，这无疑为秦汉以来的儒家能对各家学说之长兼收并蓄、融会贯通，奠定了坚实的基础，开辟了崭新的道路。

三、道儒思想在政治决策中的互补功能

从以上的论述中，我们可以很清楚地看到，由于儒家的创始者孔子只侧重研究社会不太研究自然，道家的始祖老子只注重崇尚自然而不积极参与社会管理，所以他们各自形成的政治决策思想体系就很不一样：儒家管理决策思想的核心是"仁""礼""中庸"三大观念，而道家则是以"道"为核心，强调"自然无为""无知无欲""以弱胜强"

等思想。在决策方法上,儒家注重人为,主张有为,尚刚崇阳,固执"至诚"和"中庸"之道,主张用"执礼求仁"并"用其中于民"的决策方法;而道家崇尚自然,强调无为,尚柔崇阴,恪守"上善"和"自然"之道,主张用"知雄守雌"和"以柔克刚"的水式管理方法。

从表面上看,儒与道的决策思想主张是截然相反的。其实,在深层次上两家的思想仍是统一的,有着许多惊人的相似之处。就管理决策思想而言其相同点主要有如下方面。

首先,两家的政治决策出发点与目标大体上是一致的。儒与道都对当时的社会现状不满,都有复古倾向,都希望社会安定和天下太平,儒家痛心于"礼崩乐坏""天下无道",主张效法先王,让社会退到夏商周时代去;道家则痛感于"国家昏乱""圣人不仁",向往小国寡民的生活,提出退回到原始社会去。儒家强调"孝悌",关心"足食""经界";道家也重视"孝慈"(《老子》第十九章),向往"甘其食,美其服,安其居,乐其俗"(《老子》第八十章)的社会生活。在具体的治国方略上,孔子提出"不患寡而患不均"(《论语·季氏》),老子提出"损有余而补不足"(《老子》第七十七章),表现出共同的平均主义的价值取向。

其次,从决策主体和对象上看,儒与道都围绕着天人关系展开思辨。儒学与道学归根结底都是人学,儒家从人道观出发渐渐向天道观深化,目的是寻找治人的有效方法;道家从天道观出发来寻找做人之道,争取个体生命的长久保全,目的也是在治人上。

有意思的是,儒与道都强调关怀"人"和塑造"人"。儒学中的"仁",作为人的本质规定性,要义即是关心人、爱护人;道学的"明哲保身",强调个体生命的宝贵,也有关爱人的意味。为了使人人都成为一个真正有价值有意义的人,儒家用"礼"来规范和约束人的言行举止,以"志士仁人"作为成人的理想目标;道家用"道"的思辨来促使人格的升华,以所谓"圣人""神人""真人"的完美形象作为做人的楷模。

再次，儒与道不仅都注重治国与治人的密切关系，而且都特别重视执政者本身的个人素质修养。儒家认为治国应以修身为本，提倡"反求诸己""能近取譬""推己及人""正心诚意""反身而诚""慎独""内省""尽心"等，即要求执政者首先要"克己复礼"以"求仁"，才有可能使天下归仁；道家也强调养生之道，提出通过"致虚极，守静笃""涤除玄览""心斋"等途径来修心养性，以达到"全性葆真""物我两忘"的境界，即要求执政者务必要先净化自身的心灵，摒弃功利之心，才能治理好天下。此外，在处理社会人际关系上，儒家的求和守中与道家的无为不争，实际上也都是为了追求社会和谐与平衡的决策效果。

最后，值得我们注意的是，儒与道的相似之处中还隐藏着许多相互联结、相互融会、相互转化的成分。如道家重视个人自由，主张君道无为等，是儒家可接受的，如孔子和孟子也都重视个人的人格及独立意志，也都反对苛政，荀子还吸取了道家天道观中"道法自然"的积极因素，提出了"万物为道一偏"（《荀子·天论》）自然天道观。儒家关于善的决策目标，道家亦可以容纳，《老子》第八章所论"上善若水"和第七十九章"天道无亲，常与善人"之说，以及书中对所有传统文化的抨击言论，都立足于绝对的善，这在更深层次上与儒家一贯强调的"至善至诚"之理是相近相通的。

通过比较之后，我们可以进一步发现，儒与道各自形成的决策思想体系，尽管都很独立完整，也都有优胜之处，但由于都过于片面强调自己的哲学观，所以在具体的决策实践上都有一定的缺陷。从总体上看，儒与道的优缺点刚好是相对的，无疑可以互补。儒家从正面看社会，从积极面关注社会的进步与发展，道家从反面看社会，从消极面批判社会的不足与失误，正与反是相互依存的，所以说儒与道是可以互补的。

可以说，儒与道的区别是儒道互补的前提，儒与道的统一是两者互补的基础。综观历史，在政治决策上儒与道互补的功能也确实发挥着巨大作用。

首先，以道补儒。就儒学发展史观之，先秦儒家都有从道学中汲取养分的事实。从《史记·孔子世家》"(孔子)适周问礼，盖见老子云……"和《史记·老庄申韩列传》"孔子适周，将问礼于老子……"的记载来看，孔子曾得到老子的启发。如果说《史记》之说未必可信，那么《论语》的记载应该是可以佐证的，如《论语》中"有道则仕""无道则隐"的思想基本上是得益于《老子》避世的思想。到了荀子，道家思想大举入儒，开拓了儒学的视野，如荀子"天道自然"的理论同老庄崇尚自然的思想，性恶说与杨朱的"为我"论，都是一脉相承的。

就理论本身而言，道学管理决策思想可补儒学之弊。以忠、孝、仁、义等道德规定为基石的儒家管理，在政治决策上主要有三个明显的弊端：一是过于重视人之常情，任人唯亲，损害"为公"的决策要求；二是过于强调社会稳定，因循守旧，缺乏创新意识和开拓精神；三是片面强调道德义务，忽视人身自由与权利，造成礼教"吃人"和"以理杀人"的不良后果。而道家管理思想正可救此之弊，如道家主张天下为公，以公去私，即《老子·五十四章》所言"以身观身，以家观家，以乡观乡，以邦观邦，以天下观天下"；强调通过"无为"而实现"无不为"，体现了创新进取精神；重视个体生命的自由，使人的心灵得到净化和超脱，等等。概而言之，道家"清净无为"的出世思想往往可以跟儒家"积极有为"的入世思想相互补，起到补偏救弊的功效，从而使执政者尽量避免因急功近利而伤天害民。汉初的"休养生息"政策所换来的"文景之治"，正是以道补儒在政治决策上的成功范例。

其次，儒如何补道。儒道互补的主要形态是以道补儒，但援儒入道也值得重视。道家的"无为"思想，一开始在杨朱那里是一种无所作为的"为我"论，到了老子才发展成"无为而无不为"。老子的"无不为"，跟儒家的"有为"其实并无二致，只是争取的途径不同罢了。从某种意义上说，这很有可能是老子借助儒家的思想来改造杨朱之学的结果。到了庄子，对儒家的思想可以说是既批判又吸收，如他吸收了儒家求善的精神而扬弃老学权变的思想。到了战国、秦汉之际的"黄老学派"那里，连儒学中最鲜明的"集权"的内容和"大一统"的意识都被摄进他们的理论体系里。

可见，援儒入道的做法也早在先秦时期就蔚然成风。援儒入道的必然，从根源上正暴露了道学管理的某些缺陷，如道家们大多拒绝从政，缺乏治国实践和经验，以致治国方略不切合实际，有流于空想之嫌，加之态度消极，终究无法使"自然无为"取得"无不为"的政治效果。倘若不是有着历代无数在儒家精神感召下的志士仁人，在真正为治国平天下的伟大事业而努力奋斗，也许我们的社会真的有可能退回到老子所向往的原始社会中去。从以道补儒到以儒补道，乃至儒道互补功能在政治决策中发挥出积极的作用，对推动中国历史的发展进程，意义实在重大。

（原载《文化中国》（加拿大）第三十一期特辑，2001年第4期，第11—18页）

后　记

　　从事高校的教学与科研已经三十年了。刚开始，从易学文化研究起步，在张善文教授的指导下，快速进入儒家经学的领域，又在詹石窗教授的指引下接触道家和道教文化，之后有幸在南京大学攻读哲学博士学位时又师从洪修平、赖永海教授研习了佛学与佛教文化，2003年博士毕业后旋即到复旦大学中国语言文学博士后流动站工作，在联系导师王振复教授的指导下从事中国古典美学的研究。出站后不久，正式调到复旦大学中文系，一直从事中国古典美学的教学与科研，易学与儒佛道审美文化也因此成为我所感兴趣的主攻方向之一。在这三十年里，陆陆续续发表了一百余篇学术论文，比较集中在易学、美学方面的，已经结集成《〈周易〉与审美文化论稿》出版了。为了更进一步体现本人在国学与文化、易学与审美、道家与道教、中国古典美学、儒家经学、佛学与佛教、文化与管理决策等方面的研究成果，一直想再编著一本与这几方面都相关的论文集，姑且名曰"易学与儒佛道审美文化"。衷心感谢复旦大学中文系的大力支持，感谢上海市高峰学科科研经费的支持，使我的心愿得以早日实现；感谢小女申妍帮忙题写书名，感谢众多师友同道一直以来的关心与支持！尤其要感谢刘月博士在编辑和出版此书过程中所付出的辛苦与努力！感谢博士生刘朝元同学在文本转换中的技术支持和辛苦劳动！

　　本次结集，共有41篇文章，长短不一，良莠不齐，旨在较为全面体现个人的治学特点。内容一共由七个部分组成：引论、水部、木部、火部、土部、金部、杂论，只是大致分类以便阅读而已，并非严格区分。易学乃是大本大源，故为水部；水生木，木色青，乃道家道教崇尚之本色；木生火，火主礼，恰好体现审美文化；火生土，土色黄而居中独尊，如儒家儒学备受尊崇；土生金，位居西方，如乾如兑，健美欣悦，与源自西方的佛学佛教文化颇为一致。选录的文章，大多是已发表的学术论文。此次重新修订，个别地方与发表之文略有不同，以此次修订为准。

  之所以在高中阶段就接触易学，真的要感谢先父当时慈悲，出资让我购买一本课外书《白话易经》。这是改变我人生的转折点！本书的出版允当献给先父谢文生先生，这也是对他离世二十周年的缅怀和纪念。

2024年6月17日父亲节
于上海梦想寓所

图书在版编目(CIP)数据

易学与儒佛道审美文化/谢金良著. --上海：复旦大学出版社,2024.11. -- ISBN 978-7-309-17607-0

Ⅰ.B2-53

中国国家版本馆 CIP 数据核字第 2024TG3101 号

易学与儒佛道审美文化
谢金良　著
责任编辑/刘　月

复旦大学出版社有限公司出版发行
上海市国权路 579 号　邮编：200433
网址：fupnet@fudanpress.com　http://www.fudanpress.com
门市零售：86-21-65102580　团体订购：86-21-65104505
出版部电话：86-21-65642845
上海盛通时代印刷有限公司

开本 890 毫米×1240 毫米　1/32　印张 16.875　字数 437 千字
2024 年 11 月第 1 版第 1 次印刷

ISBN 978-7-309-17607-0/B·816
定价：98.00 元

如有印装质量问题，请向复旦大学出版社有限公司出版部调换。
版权所有　　侵权必究